POSSE E AÇÕES PROTETIVAS

ANÁLISE PELOS CÓDIGOS CIVIS DE 2002 E DE 1916 E PELO CÓDIGO DE PROCESSO CIVIL

CLÁUDIO TEIXEIRA DE OLIVEIRA

POSSE E AÇÕES PROTETIVAS

ANÁLISE PELOS CÓDIGOS CIVIS DE 2002 E DE 1916 E PELO CÓDIGO DE PROCESSO CIVIL

Belo Horizonte

2011

© 2011 Editora Fórum Ltda.

É proibida a reprodução total ou parcial desta obra, por qualquer meio eletrônico, inclusive por processos xerográficos, sem autorização expressa do Editor.

Conselho Editorial

Adilson Abreu Dallari
André Ramos Tavares
Carlos Ayres Britto
Carlos Mário da Silva Velloso
Carlos Pinto Coelho Motta (*in memoriam*)
Cármen Lúcia Antunes Rocha
Cesar Augusto Guimarães Pereira
Clovis Beznos
Cristiana Fortini
Dinorá Adelaide Musetti Grotti
Diogo de Figueiredo Moreira Neto
Egon Bockmann Moreira
Emerson Gabardo
Fabrício Motta
Fernando Rossi
Flávio Henrique Unes Pereira
Floriano de Azevedo Marques Neto

Gustavo Justino de Oliveira
Inês Virgínia Prado Soares
Jorge Ulisses Jacoby Fernandes
José Nilo de Castro
Juarez Freitas
Lúcia Valle Figueiredo (*in memoriam*)
Luciano Ferraz
Lúcio Delfino
Marcia Carla Pereira Ribeiro
Márcio Cammarosano
Maria Sylvia Zanella Di Pietro
Ney José de Freitas
Oswaldo Othon de Pontes Saraiva Filho
Paulo Modesto
Romeu Felipe Bacellar Filho
Sérgio Guerra

Editora Fórum

Luís Cláudio Rodrigues Ferreira
Presidente e Editor

Coordenação editorial: Olga M. A. Sousa
Revisão: Cida Ribeiro
Bibliotecário: Ricardo Neto – CRB 2752 – 6ª Região
Indexação: Clarissa Jane de Assis Silva – CRB 2457 – 6ª Região
Capa, projeto gráfico: Walter Santos
Diagramação: Deborah Alves

Av. Afonso Pena, 2770 – 15º/16º andares – Funcionários – CEP 30130-007
Belo Horizonte – Minas Gerais – Tel.: (31) 2121.4900 / 2121.4949
www.editoraforum.com.br – editoraforum@editoraforum.com.br

O48p   Oliveira, Cláudio Teixeira de

           Posse e ações protetivas: análise pelos Códigos Civis de 2002 e de 1916 e pelo Código de Processo Civil / Cláudio Teixeira de Oliveira. Belo Horizonte: Fórum, 2011.

           295 p.
           ISBN 978-85-7700-495-9

           1. Direito civil. 2. Direito processual civil. 3. Direito agrário. 4. Direito administrativo. 5. Direito constitucional. I. Título.

                                                 CDD: 342.1
                                                 CDU: 347

Informação bibliográfica deste livro, conforme a NBR 6023:2002 da Associação Brasileira de Normas Técnicas (ABNT):

OLIVEIRA, Cláudio Teixeira de. *Posse e ações protetivas*: análise pelos Códigos Civis de 2002 e de 1916 e pelo Código de Processo Civil. Belo Horizonte: Fórum, 2011. 295 p. ISBN 978-85-7700-495-9.

Homenagem

Como reconhecimento pela digna postura que sempre tiveram e, ainda, pelos ensinamentos, dentre outros, de honradez e honestidade que me transmitiram, é que dedico esta obra, em primeiríssimo plano, *in memoriam*, a minha mãe, Marina, e a meu pai, Nicanor.

A eles, pois, minha eterna gratidão e perene saudade...

E, ainda, para: Jean Cláudio (Advogado, OAB-SC: 21.083), Marcus Vinicius (Advogado, OAB-SC: 28.647) e Rosana Vanessa, (Psicóloga, CRP-12/SC-09343), meus filhos, profissionais dedicados, competentes e extremamente éticos, o que muito me orgulha.

Por fim, para: Carmen Maria (Artista Plástica), esposa e companheira de jornada de vida, pelo permanente incentivo em relação a minhas atividades jurídicas; Cristiano (Acadêmico de Design Industrial) e Adriane Cristhine (Acadêmica de Arquitetura), meus enteados, sempre presentes e participativos no meu dia a dia, com o reconhecimento em razão de nossa convivência sempre harmoniosa.

SUMÁRIO

LISTA DE ABREVIATURAS 13

CONSIDERAÇÕES INICIAIS 15

CAPÍTULO 1
ASPECTOS HISTÓRICOS DA POSSE NO DIREITO BRASILEIRO 19
1.1 Introdução 19
1.2 A posse em razão das conquistas das coroas portuguesa e espanhola 20
1.3 As sesmarias e a colonização do Brasil 23
1.4 A regularização das posses imobiliárias no Brasil 27
1.5 Implantação do registro de terras (registro paroquial ou do vigário) no Brasil 29
1.6 Apontamentos complementares sobre a questão fundiária no Direito brasileiro 31
1.7 Breves apontamentos sobre a situação das terras devolutas em relação à União 33
1.8 Alguns apontamentos sobre a atual questão fundiária no Brasil 36
1.9 Explicações finais sobre os tópicos abordados no capítulo ...39

CAPÍTULO 2
NOÇÕES INTRODUTÓRIAS SOBRE DIREITOS REAIS E POSSE E SUAS CONTROVÉRSIAS JURÍDICAS E DOUTRINÁRIAS 41
2.1 Direitos reais e a posse 41
2.2 Questão conceitual dos direitos reais e seu campo de abrangência 43
2.2.1 Bens de natureza imaterial ou incorpóreos 45
2.3 Controvérsias doutrinárias em relação à posse (pelo prisma do possuidor, do detentor e, ainda, se a posse é poder fático ou jurídico, ou ambos) 46
2.4 Tipos de sujeição da coisa à pessoa e à posse 49
2.5 Consequências jurídicas da posse em relação ao possuidor efetivo e o fâmulo da posse 49

2.6 Conceituação doutrinária da posse 52
2.7 Natureza jurídica da posse (se se trata de mero fato, ou se se trata de direito, ou, ainda, se se trata de direito e fato) 54
2.7.1 Natureza jurídica da posse (direito pessoal, ou direito real) 56
2.8 Teorias, Subjetiva e Objetiva, relativas à posse 60
2.8.1 Teoria Subjetiva 61
2.8.1.1 Questão da posse derivada em face da Teoria Subjetiva 62
2.8.2 Teoria Objetiva 63
2.8.3 Linha teórica seguida pelo Código Civil 65
2.9 Função social da posse no direito positivo brasileiro 67

CAPÍTULO 3
EFEITOS ADVINDOS DA POSSE EM RAZÃO DE SUA CLASSIFICAÇÃO LEGAL E DOUTRINÁRIA 75
3.1 Introdução 76
3.2 Classificação pelo exercício 76
3.2.1 Posse direta 77
3.2.2 Posse indireta 77
3.3 Classificação pela aquisição 79
3.3.1 Posse justa 79
3.3.2 Posse injusta 80
3.3.2.1 Simbiose da posse justa e da posse injusta 80
3.4 Classificação pelas virtudes e pelos vícios 82
3.4.1 Boa-fé *(bona fides)* 82
3.4.2 Má-fé *(mala fides)* 83
3.4.3 Destaque da boa e da má-fé em relação aos frutos *(fructus)*, com a diferença em relação aos produtos e às benfeitorias *(impensa)* 84
3.4.3.1 Modalidades de frutos 86
3.4.3.2 Direitos que assistem ao possuidor de boa-fé 87
3.4.3.3 Direitos e obrigações do possuidor de má-fé 87
3.4.3.4 Direitos em relação à indenização por benfeitorias 88
3.4.3.4.1 Possuidor de boa-fé tem direito 88
3.4.3.4.2 Possuidor de má-fé 88
3.5 Classificação pelo tempo 89
3.5.1 Posse nova 89
3.5.2 Posse velha 89
3.5.3 Prova da posse em razão do tempo 90
3.5.3.1 Esclarecimento sobre o tratamento processual da posse em razão do tempo (idade) 92
3.6 Classificação pelo número de pessoas (composse) 93
3.6.1 *Pro diviso* 94
3.6.2 *Pro indiviso* 95

3.6.3	Composse em relação aos interditos possessórios	96
3.6.3.1	Divisão de direito	97
3.6.3.2	Posse exclusiva	98
3.7	Classificação pelos efeitos: *ad interdicta e ad usucapionem*	98
3.8	Apontamentos sobre o instituto do usucapião (Que é matéria específica do direito de propriedade)	99
3.8.1	Considerações gerais e conceito de usucapião	100
3.8.2	Posse originária e posse derivada. Posse que gera direito ao usucapião. Direito do usucapiente (prescribente) de alegar o direito de usucapião como matéria de defesa. Sentença declaratória de usucapião	101
3.8.3	Modalidades de usucapião disciplinadas pelo direito positivo brasileiro e a possibilidade da *accessio possessionis*	104
3.8.4	Contagem do tempo para fins de usucapião	108
3.8.5	Aplicação ao usucapião das causas que obstam, suspendem e interrompem a prescrição	108
3.8.6	Bens que não podem ser usucapidos	109
3.8.7	Regras processuais civis aplicáveis às diversas modalidades de usucapião	111
3.8.8	Síntese dos requisitos e/ou pressupostos para a concretização do usucapião	112

CAPÍTULO 4
A AQUISIÇÃO E PERDA DA POSSE E DOS EFEITOS DA POSSE 117

4.1	Introdução	117
4.2	Modos de aquisição da posse	120
4.2.1	A enumeração do Código Civil	120
4.2.2	Quem pode adquirir a posse	121
4.2.3	Como se transmite a posse	123
4.2.4	União, ou não, de posses anteriores	124
4.2.5	Atos que não induzem posse	125
4.2.6	A posse do principal em razão do acessório	127
4.3	Da perda da posse	128
4.3.1	Dispositivos sobre a perda da posse	128
4.3.2	Modos em que ocorre a perda da posse	128
4.3.2.1	Abandono	130
4.3.2.2	Tradição	130
4.3.2.3	Perda da própria coisa	131
4.3.2.4	Destruição da coisa	131
4.3.2.5	Extracomercialidade (coisa fora do comércio)	132
4.3.2.6	Constituto possessório	133

4.3.3	Como é considerada perdida a posse para o possuidor que não presenciou o esbulho 134
4.4	Dos efeitos da posse 135
4.4.1	Disciplinamento da matéria 135
4.4.1.1	Tratamento jurídico da posse e sua proteção 136

CAPÍTULO 5
AÇÕES PARA DEFESA DA POSSE 139

5.1	Introdução 141
5.2	A defesa judicial da posse em face das ações típicas 142
5.2.1	Antecedentes históricos das ações típicas de defesa da posse....142
5.2.2	A defesa da posse, por meio das ações possessórias típicas, no Direito Processual Civil brasileiro 146
5.2.3	As ações possessórias típicas e sua inserção nos procedimentos de natureza especial do Código de Processo Civil brasileiro 146
5.2.3.1	Proteção da posse no Direito Processual estrangeiro 146
5.2.3.1.1	Proteção possessória pelo procedimento comum no Direito Processual de Portugal 147
5.2.3.1.2	Proteção possessória pelo procedimento comum no Direito Processual do Uruguai 148
5.2.3.1.3	Proteção possessória pelo procedimento especial no Direito Processual da Argentina 150
5.2.3.1.4	Proteção possessória pelo procedimento sumário no Direito Processual de Honduras 151
5.2.3.1.5	Proteção possessória no Direito Civil do México 152
5.2.3.1.6	Proteção possessória no Direito Processual de Macau (China).......153
5.2.4	Razão mais plausível que justifica a proteção judicial da posse por meio das ações típicas 155
5.3	Modalidades de ações possessórias típicas no Direito Civil brasileiro 157
5.3.1	Ação de reintegração de posse 157
5.3.1.1	Embargos de retenção em razão de benfeitorias realizadas pelo demandado de boa-fé 158
5.3.2	Ação de manutenção de posse 164
5.3.2.1	Contagem do tempo quando continuada a turbação, ou pela prática de reiterados atos turbativos 164
5.3.2.2	Ocorrência de novo esbulho ou turbação à posse que, após sentença — envolvendo a mesma matéria e as mesmas partes —, foi apreciada de forma favorável 166
5.3.3	Ação de interdito proibitório 167
5.4	As ações possessórias típicas e seu caráter dúplice 170
5.4.1	Liminares nas ações possessórias típicas e seus desdobramentos jurídicos 173
5.4.1.1	Turbação e esbulho, desde que se trate de força nova 173

5.4.1.2	Contagem do prazo	174
5.4.1.3	Liminar *initio litis* ou após justificação prévia	176
5.4.1.4	Agravo de instrumento contra a concessão de liminar	179
5.4.1.5	Possibilidade de o juiz rever, fora do juízo de retratação, a liminar concedida	181
5.4.1.6	Prestação de caução	183
5.4.1.7	Liminar no interdito proibitório	185
5.5	Perdas e danos nas ações possessórias típicas	186
5.6	Proteção das servidões por meio das ações possessórias típicas	190
5.7	Proteção possessória, nas ações típicas, dos direitos imateriais, ou incorpóreos	192
5.8	Aplicação das ações possessórias típicas em relação às coisas de natureza móvel	195
5.9	Modalidades de ações possessórias atípicas	196
5.9.1	Ação de nunciação de obra nova	197
5.9.2	Ação de dano infecto	200
5.9.3	Ação de embargos de terceiro	203
5.9.3.1	Ação de embargos de terceiro e sua aplicação contra os atos de apreensão determinados pelo juiz criminal	205
5.10	Outras considerações relativas às ações possessórias típicas e às ações atípicas	207
5.11	Exceção de domínio (*exceptio proprietatis*) considerando o art. 505 do Código Civil de 1916 e o art. 923 do Código de Processo Civil	209
5.12	Exceção de domínio (*exceptio proprietatis*) em face do art. 1.210, §2º, do Código Civil de 2002	210
5.13	Partes, foro competente, ação rescisória, juizado especial e valor da causa nas ações possessórias típicas e atípicas	212
5.13.1	Partes (polos ativo e passivo)	213
5.13.2	Litisconsórcio (ativo e passivo), participação de ambos os cônjuges nas ações possessórias típicas, substituição processual, oposição, nomeação à autoria, denunciação à lide, assistência e intervenção do Ministério Público	215
5.13.2.1	Litisconsórcio (ativo e passivo)	215
5.13.2.2	Participação de ambos os cônjuges nas ações possessórias (típicas) de natureza imobiliárias	216
5.13.2.3	Substituição processual	218
5.13.2.4	Oposição	219
5.13.2.5	Nomeação à autoria	220
5.13.2.6	Denunciação à lide	220
5.13.2.7	Assistência	221
5.13.2.8	Intervenção do Ministério Público	221

5.13.3	Foro competente	222
5.13.4	Ação rescisória em relação às demandas possessórias (típicas e atípicas)	223
5.13.5	Juizado especial	224
5.13.5.1	Juizado Especial Estadual Cível	226
5.13.5.2	Juizado Especial Federal Cível	227
5.13.5.3	Competência do Juizado Especial Estadual e Federal Cível em relação às demandas possessórias típicas sobre bens móveis	230
5.13.5.4	Possibilidade de opção do autor da demanda possessória pelo Juizado Especial Cível ou pelo juizado comum	231
5.13.5.5	Litisconsórcio no Juizado Especial Cível em relação às demandas possessórias e o não cabimento de ação rescisória	233
5.13.5.6	Intervenção do Ministério Público no Juizado Especial Cível em relação às demandas possessórias	235
5.13.5.7	Agravo de instrumento no Juizado Especial Cível em relação às demandas possessórias	235
5.13.5.8	Medidas cautelares e antecipação de tutela no Juizado Especial Cível em relação às demandas possessórias	237
5.14	Valor da causa	239
5.15	Desforço pessoal	241
5.16	A fungibilidade das ações possessórias	245
5.17	A ação de imissão de posse e sua controvérsia jurídica	247
5.18	A antecipação de tutela e a questão da ação possessória de força velha	252

CONSIDERAÇÕES FINAIS 259

ANEXOS
ANEXO A – TEXTOS COMPARADOS, ALUSIVOS AOS ARTIGOS DO CÓDIGO CIVIL DE 2002 E DO CÓDIGO CIVIL DE 1916 SOBRE A POSSE COMO MATÉRIA DE DIREITOS REAIS 265
ANEXO B – DESTAQUES DE ARTIGOS DO CÓDIGO CIVIL DE 1916 NÃO REPETIDOS PELO CÓDIGO CIVIL DE 2002............271
ANEXO C – DESTAQUES DE ARTIGOS DO CÓDIGO DE PROCESSO CIVIL EM MATÉRIA DE AÇÕES POSSESSÓRIAS............273

REFERÊNCIAS 277

ÍNDICE DE ASSUNTO 285

ÍNDICE DA LEGISLAÇÃO 291

ÍNDICE ONOMÁSTICO 293

LISTA DE ABREVIATURAS

CC – Código Civil
CC/2002 – Código Civil de 2002
NCC – Código Civil de 2002
CC/1916 – Código Civil de 1916
CPC – Código de Processo Civil
CPP – Código de Processo Penal
Art. – Artigo
Arts. – Artigos
Inc. – Inciso
Incs. – Incisos
S. – Seguinte
Segs. – Seguintes
Coord. – Coordenador
CF – Constituição da República Federativa do Brasil de 1988
Ha. – Hectare
Obs. – Observação

CONSIDERAÇÕES INICIAIS

A posse é reconhecida— tanto pela doutrina pátria, como, de resto, pela doutrina alienígena — como um dos institutos de direito dos mais controvertidos, mesmo porque ela nasce de uma relação de natureza fática, embora, logicamente, com repercussões de natureza jurídica. A própria inserção da posse no campo dos direitos reais também é objeto de calorosas discussões doutrinárias.

Para dar um norte à matéria é que, pontuando, em parte, a mesma trilha seguida por outros doutrinadores, trabalhamos no presente estudo do instituto da posse objetivando torná-lo mais claro e conciso e, para tanto, para o desenvolvimento da matéria, centramos o estudo no Código Civil de 2002 (Lei nº 10.406, de 10 de janeiro de 2002) e no Código Civil de 1916 (Lei nº 3.071, de 1º de janeiro de 1916), bem como, no que diz respeito a questão puramente processual, pelo Código de Processo Civil (Lei nº 5.869, de 11 de janeiro de 1973).

No estudo levado a cabo, conforme poderá ser aquilatado no desenrolar desta obra, tivemos o cuidado de realizar primoroso estudo das questões legais e doutrinárias sobre o instituto da posse. Embora tenhamos optado em desenvolver o estudo com a adoção de uma metodologia diferente de outras obras do gênero, não nos descuidamos de enfrentar todas as questões, complexas ou não, que envolvem o instituto da posse.

Tendo em conta que esta obra nasceu, em grande parte, de uma monografia jurídica (que desenvolvemos no curso de pós-graduação, *lato sensu*, de Direito Empresarial) sobre a questão possessória, é que para elaborá-la nos valemos da técnica da pesquisa legislativa e bibliográfica, principalmente os dispositivos legais dos Códigos Civis de 2002 (em vigor) e o de 1916, que, embora revogado, ainda projeta os seus efeitos em razão do contido no art. 2.028, do atual Código Civil; também alicerçamos o estudo da posse no Código de Processo Civil (Lei nº 5.869, de 11 de janeiro de 1973), e na Constituição da República Federativa do Brasil de 1988, quando pertinentes ao tópico estudado, assim como da legislação infraconstitucional, e, também, com amparo em pesquisa encetada tanto no campo doutrinário, como no campo jurisprudencial.

Além de todos os meios de que nos valemos para a realização desta obra, conforme acima declinado, outro fator que contribuiu, e muito, para a realização da mesma foi o nosso conhecimento teórico e prático da matéria, pois que trabalhamos com a matéria possessória há vários anos, isto tanto como Advogado quanto como Procurador-Seccional da União, além de vários anos de exercício do magistério superior, em atividade que desenvolvemos no campo do Direito Civil, especialmente na Cadeira de Direitos Reais (Direito das Coisas).

A questão da posse sempre foi matéria extremamente árdua e complexa e sua análise demandou, como de resto ainda demanda, questionamentos variados e, de outra banda, variados efeitos. Os efeitos que a posse gera e seus mecanismos de proteção são fundamentais para o perfeito entendimento e aplicação, inclusive prática, da matéria.

Saber se a posse é ou não matéria de direito, e mais, se de direito real, é tema que diz respeito aos próprios efeitos da posse e isto será objeto de análise acurada no desenrolar desta obra. Não perdemos de vista, por outro lado, a precisa noção (e compreensão) do que a posse redunda em prol da comunidade, haja vista que a mesma funciona como um instrumento modelador da paz social, na medida em que possibilita a regularização legal de questões nascidas tão somente de situações fáticas.

Destacamos, na presente obra, as questões como a posse se apresenta e quais os efeitos jurídicos que decorrem de cada situação e, ao mesmo tempo, não deixamos de tecer comentários sobre questões polêmicas que envolvem o instituto de direito real da posse, como, exemplificativamente, a questão do cabimento, ou não, em matéria exclusivamente possessória, da denominada ação de imissão de posse e, por outro turno, a questão novíssima, pelo menos em termos de entendimento doutrinário, do cabimento da antecipação de tutela em matéria possessória, desde que a mesma não mais esteja amparada pelo rito especial das ações possessórias.

Ainda, no campo das novidades doutrinárias em matéria de posse, trouxemos à baila a questão de que a posse deve, assim como a propriedade, cumprir com a sua função social, em face de mandamento esculpido na Constituição Federal de 1988, como de resto na moderna visão da posse qualificada, em razão de legislação infraconstitucional que reconhece a verdadeira função social que a posse exerce ao lado do direito de propriedade e, às vezes, até de forma mais acentuada que a própria propriedade.

Procedemos, por outro lado, na análise completa de todos os artigos do atual Código Civil de 2002, assim como, comparativamente (quando o caso), dos artigos do derrogado Código Civil de 1916, isto no que diz respeito ao instituto da posse, e com isto possibilitamos que esta obra tivesse um alcance de ordem geral sobre todos os comandos da lei material que se relacionem com a posse. Neste mesmo caminho, enveredamos pelos artigos do Código de Processo Civil, no que tange às ações para defesa da posse.

De outra banda, para ampliar e facilitar mais o entendimento do consulente sobre o instituto da posse, apresentamos ANEXO (no caso, o ANEXO A, e mais ANEXO B) específico com comparativo de artigos do Código Civil de 2002 e do Código Civil de 1916, atinentes ao instituto da posse. Inserimos, também, por meio do ANEXO C, artigos do Código de Processo Civil com relação à matéria possessória.

A presente obra é desenvolvida por meio de cinco capítulos, os quais estão assim distribuídos:

No Capítulo 1, apontamos e estudamos os aspectos históricos da posse no Brasil. Este capítulo teve por escopo apontar os principais marcos históricos da posse nos primórdios do Brasil até o advento do Código Civil de 1916, onde a matéria passou a ser tratada pelo campo dos direitos reais.

No Capítulo 2, tecemos considerações sobre a posse e os direitos reais e também a posse e suas controvérsias jurídicas. De forma que, neste capítulo, o assunto posse terá vários desdobramentos, partindo da questão conceitual até as Teorias da Posse e, ainda, sobre a função social que deve ter a posse, principalmente em razão da Constituição Federal de 1988, bem como o enfoque dado pela legislação extravagante.

No Capítulo 3, desenvolvemos o estudo da posse e sua classificação doutrinária e legal. Destacamos, neste capítulo, a posse e os efeitos que a mesma produz em relação aos frutos e em relação às benfeitorias.

No Capítulo 4, apresentamos uma análise completa e sistemática dos meios da aquisição e, na contrapartida, de perda da posse e, por derradeiro, os efeitos que a posse gera.

No Capítulo 5, desenvolvemos alentado estudo sobre as mais diversas ações destinadas à proteção da posse, com forte embasamento no pensamento doutrinário e, pontualmente, com reforço jurisprudencial em relação ao assunto em comento. Com o estudo realizado neste capítulo, completamos a análise doutrinária e jurídica da posse.

No ANEXO A, apresentamos um quadro comparativo dos artigos do Código Civil de 2002 e do Código Civil de 1916, todos atinentes a parte específica da matéria possessória, o que facilitará sobremaneira a compreensão do consulente sobre a matéria.

Ainda no mesmo ANEXO A, procedemos a uma fragmentação por meio dos ANEXOS B e C, onde destacamos, respectivamente, os artigos do Código Civil de 1916 (sobre matéria possessória) que não foram acolhidos pelo Código Civil de 2002, como também destacamos os artigos do Código de Processo Civil, relativos às ações de cunho possessório, inclusive aquelas que, embora não específicas, também podem ser utilizadas pelo possuidor para defesa de sua posse, desde que violada ou com veementes indícios de que será violada.

Em cada momento, e no devido tempo, a posse estará sendo apresentada e estudada naquilo que tem de maior relevância e de consequência prática e jurídica. Os capítulos desenvolvidos englobam a matéria possessória de forma integral, o que torna esta obra (pelo menos é o que almejamos) de grande valia para todos aqueles que desejarem conhecer os principais efeitos e consequências jurídicas advindos da posse.

Deixamos, por oportuno, registrado que procuramos realizar uma abordagem sucinta em relação a cada um dos tópicos destacados e abordados nesta obra e assim procedemos para torná-la mais versátil e, ao mesmo tempo, útil para todos aqueles que queiram conhecer a posse em todos os seus contornos doutrinários e legais.

Na pesquisa, elaboração e forma de apresentação desta obra, tivemos o firme propósito de dar ao consulente uma visão o mais detalhada possível sobre o instituto da posse, isto tanto na parte material, assim como na parte processual, e, desta maneira, oferecer as condições para o estudo da matéria, objetivando seu conhecimento teórico e sua aplicação prática.

CAPÍTULO 1

ASPECTOS HISTÓRICOS DA POSSE NO DIREITO BRASILEIRO

Sumário: 1.1 Introdução – **1.2** A posse em razão das conquistas das coroas portuguesa e espanhola – **1.3** As sesmarias e a colonização do Brasil – **1.4** A regularização das posses imobiliárias no Brasil – **1.5** Implantação do registro de terras (registro paroquial ou do vigário) no Brasil – **1.6** Apontamentos complementares sobre a questão fundiária no Direito brasileiro – **1.7** Breves apontamentos sobre a situação das terras devolutas em relação à União – **1.8** Alguns apontamentos sobre a atual questão fundiária no Brasil – **1.9** Explicações finais sobre os tópicos abordados no capítulo

1.1 Introdução

O conhecimento, ainda que perfunctório, de pontos históricos da matéria possessória se torna necessário para que, acompanhando a evolução, tenhamos o necessário discernimento para fins de verificação daqueles tópicos que foram pinçados pelo legislador por ocasião da elaboração do Código Civil (tanto o de 1916, como o atual, de 2002), assim como do Código de Processo Civil (tanto o de 1939, como o atual de 1973).

Sabido é, hodiernamente, que as terras do Brasil decorreram de apossamento, por meio de ocupação originária, como *res nullius* — já que não tinham qualquer dono,[1] salvo os povos primitivos habitantes

---

[1] As propriedades decorrentes de apossamento, considerando que não tinham dono, e aquelas provindas de conquistas, as quais passaram a fazer parte da propriedade real, chamavam-se presúria.

da terra, no caso os índios, que não foram considerados pelos conquistadores portugueses.

O enfoque a ser tratado neste capítulo é o de possibilitar um estudo das situações fáticas e jurídicas, sob o prisma dos direitos reais imobiliários, da questão da ocupação e das concessões de posse das terras brasileiras, as quais pertenciam à Coroa Portuguesa e, após a Proclamação da Independência do Brasil, ao Governo Imperial do Brasil.

1.2 A posse em razão das conquistas das coroas portuguesa e espanhola

Portugal e Espanha partiram, especialmente no século XV, para conquistas de além-mar, e com isto se fez necessário que adotassem algumas regras para se protegerem, mutuamente, na tomada de posse — com direitos originários — sobre as novas terras ocupadas por seus prepostos, isto é, pelos denominados capitães, os quais tomavam posse das terras "descobertas" em nome dos seus soberanos.

Antes da chegada efetiva dos portugueses em solo brasileiro, quando vieram tomar posse das terras em nome do Rei de Portugal,[2] os espanhóis passaram a ter uma marcante influência no continente americano, e isto graças ao aporte de Cristóvão Colombo à América, que historicamente consta como tendo sido "descoberta" em 12 de outubro de 1492, quando, do alto da caravela Pinta, Rodrigo de Triana, que fazia parte da expedição de Colombo, avistou terra.

Portugal, por sua vez, não podia ficar inerte e possibilitar que a Espanha se apossasse de todas as terras do novo continente e com isto mandou sua expedição para o Brasil — que, logicamente, e assim retrata a história, ainda não era "apossado", ou, em outros termos, "descoberto" — e, sob o comando de Pedro Álvares Cabral, a nova terra foi devidamente conquistada em razão de sua "descoberta" em 22 de abril de 1500.

Portugueses e espanhóis já tinham suas preferências sobre as novas conquistas de territórios e a prova disto é a bula papal, conhecida

---

[2] Marcos Alcino de Azevedo Torres anota: "Em Portugal vigia, como de regra noutras nações, desde a Idade Média, o princípio de que pertenciam ao rei, juridicamente por título originário, as terras conquistadas dos infiéis, a propriedade territorial abandonada, aquelas consideradas sem dono efetivo e terrenos baldios" (TORRES, Marcos Alcino de Azevedo. *A propriedade e a posse*: um confronto em torno da função social. Rio da Janeiro: Lumen Juris, 2007. p. 18).

como *bula inter-coetera*, de 1493 e, após, o Tratado de Tordesilhas,[3][4] este elaborado em 1494.

Os chamados impérios coloniais — e este foi o caso do Brasil — surgiram destes "descobrimentos", embora, como se deu com o Brasil, não tenha ocorrido um descobrimento propriamente dito, e sim uma simples tomada de posse e respectiva ocupação das terras, já habitadas pelos silvícolas, em nome da Coroa Portuguesa.

Deste "descobrimento" originou-se o surgimento de uma nova colônia para a Coroa Portuguesa; inegavelmente, os "descobrimentos" foram, por assim dizer, de fundamental consequência política e de ordem financeira, e a partir deles (os "descobrimentos") a história passou a tomar outro curso, haja vista que novas rotas marítimas foram descobertas e com isto o antigo Império Romano do Oriente — que tinha por capital Constantinopla, que em 1453 foi conquistada pelos turcos otomanos, liderados por Maomé II — perdeu sua importância como sendo a única via que possibilitava o comércio pelo mediterrâneo.

Foi com a queda de Constantinopla que as navegações passaram, principalmente as portuguesas e espanholas, a terem novo curso, haja vista a necessidade de uma nova rota alternativa para a navegação com destino ao Oriente.

---

[3] ALVES, Heitor. *História das Américas*. Rio de Janeiro: Ed. do Brasil, 1954. p. 46-47, aduz: "Temos que lembrar que a Espanha e depois Portugal, — como iniciantes dos movimentos marítimos, de que resultaram tão grandes descobrimentos, — transformam-se em 'Impérios Coloniais'. Convém destacar, também, aqui, uma consequência política de larga repercussão: Em 1493, o Papa Alexandre VI, Bórgia, baixou a 'bula inter-coetera', a qual, para fins de catequeses, dividiu as terras descobertas ou a descobrir, entre Portugal e a Espanha, assim fixando 'tudo o que estivesse aquém de uma linha passaria a 100 léguas a oeste das Ilhas de Cabo verde, seria de Portugal; tudo o que estivesse além dessa linha seria da Espanha'. Dessa 'bula inter-coetera' resultou em 1494, o Tratado de Tordesilhas que dilatou de 100 para 370 léguas, o meridiano que limitaria as possessões espanholas e portuguesas".
Adverte, finalmente, o autor: "Para evitar uma guerra entre Portugal e Espanha, por mediação do Papa, foi feito, em Tordesilhas, na Espanha, um tratado que estabelecia, como possessão portuguesa, tudo o que estivesse aquém de uma linha que passaria a 370 léguas, a oeste das Ilhas de Cabo-Verde, e pertenceria à Espanha, tudo quanto se encontrasse além desse meridiano. No Brasil, na ocasião ainda não descoberto, a linha de Tordesilhas passaria, conforme posterior verificação, ao norte mais ou menos em Belém do Pará, enquanto no sul atravessaria Laguna, em Santa Catarina".
[4] De registrar, ainda, sobre o Tratado de Tordesilhas: "Por ele se buscou traçar uma linha imaginária entre o Pólo Ártico e o Antártico, situado a 370 léguas das ilhas de Cabo Verde em direção ao poente. Seriam portuguesas as terras à direita de tal linha imaginária (meridiano) e espanholas aquelas situadas à esquerda. Dele consta: 'E tudo o que até aqui tenha achado e descoberto e daqui em diante se achar e descobrir pelo dito Senhor Rei de Portugal e por seus navios, tanto ilhas como terra firme, desde a dita raia e linha dada na forma supracitada indo pela dita parte do Levante ou do Norte e do Sul dele, contanto que não seja atravessada dita raia, que tudo seja, e fique e pertença ao dito Senhor Rei de Portugal, e aos seus sucessores, para sempre'".

A mudança de percurso sofrida pelas novas descobertas ou simples tomada e ocupação de terras — como se deu com o Brasil — mudou as feições do mundo até então dominado pelos povos da antiguidade, e os novos rumos tiveram como marcos o descobrimento, por Bartolomeu Dias, do chamado "Cabo das Tormentas", isto em 1488, e, por outro lado, com Vasco da Gama, que, em 1498, chegou até Calicut, na Índia, o que possibilitou o conhecimento de uma nova rota de navegação, ficando em plano secundário Constantinopla, antes Bizâncio, e atual Istambul[5] — cidade que é "frente e fundo" de dois continentes, de um lado o continente ocidental e de outro o continente oriental, pois parte fica na Europa e parte fica na Ásia.

O Brasil despontou dessa "turbulência" e desde o início as suas terras foram ocupadas de forma originária pela Coroa Portuguesa, haja vista que não foram respeitados e nem reconhecidos os direitos imemoriais dos índios sobre as mesmas. Aliás, os povos indígenas eram tidos como primitivos e hereges e em razão disto necessitavam ser evangelizados para terem suas almas salvas e, assim, poderem ingressar nos reinos do céu. "Eram, na visão da época, gentios, incrédulos e, portanto, indignos da posse da terra dada por Deus aos homens de bem",[6] em razão dos dogmas da Igreja Católica Apostólica Romana.

Aliás, com relação ao apontado na parte final do anterior parágrafo, aponta Marcos Alcino de Azevedo Torres: "Interessante apontar que todas as atrocidades realizadas contra os povos (inclusive contra os nativos 'selvagens' para a cultura predominante) das terras conquistadas, por vezes até dizimando-os, e todas as apropriações que daí resultavam, tinham como sustentáculo uma Bula (título, no sentido de instrumento e também no sentido de modo de aquisição) da Igreja Católica, através de sua autoridade máxima, o Papa, considerado como representante de Deus na Terra. Para a Igreja — sob a justificativa de catequização e conversão dos gentios (nativos ou não) ao cristianismo — e para os reis, o domínio da terra conquistada através da outorga que a Igreja concedia, era uma verdadeira troca de favores".[7]

---

[5] Em 74 a.C., Bizâncio é incorporada ao Império Romano; em 330, tem o nome mudado para Nova Roma, o que é feito por Constantino, e torna-se a capital do Império; em 395 ocorre a divisão do Império e, agora já com no nome de Constantinopla, em homenagem a Constantino, torna-se a capital do Império Romano do Oriente e, por fim, em 1453 é renomeada como Istambul.

[6] TORRES, Marcos Alcino de Azevedo. *A propriedade e a posse*: um confronto em torno da função social. Rio de Janeiro: Lumen Juris, 2007. p. 5-6.

[7] TORRES, Marcos Alcino de Azevedo. *A propriedade e a posse*: um confronto em torno da função social. Rio de Janeiro: Lumen Juris, 2007. p. 9.

A bem da verdade, registramos, toda conquista do solo americano motivou a tomada das terras dos habitantes primitivos em prol do império do conquistador. O que aconteceu, entretanto, no Brasil, é que a resistência contra o apossamento das terras praticamente não existiu, pois os índios não tinham a ideia de uma posse própria e exclusiva das terras, mesmo porque, via de regra, não se fixavam muito tempo num só lugar, ainda que permanecessem localizados dentro da mesma área geográfica.

Os portugueses fizeram, então, à época do "descobrimento do Brasil", o que era praxe entre os conquistadores, isto é, o apossamento das terras — e demais riquezas — em favor do imperador ou rei. Assim, pois, "nasceu" o Brasil.

1.3 As sesmarias[8][9][10] e a colonização do Brasil

O começo da história da posse de terras no Brasil ocorreu, originariamente, em forma de *ocupação*. Tal modalidade de ocupação tanto decorre de uma relação puramente originária, ou seja, a aquisição da posse, ou até mesmo da propriedade, em relação àquelas coisas que nunca tiveram donos, no caso as denominadas *res nullius*, como, em situações outras, em razão do abandono, formal e intencionalmente, pelo seu anterior possuidor, podendo ser tão somente possuidor, ou possuidor e proprietário, o que decorre da denominada *res derelicta*.

Para os portugueses, como visto, as terras apossadas eram *res nullius* e, assim sendo, realizaram uma ocupação de forma originária,

---

[8] As Ordenações Manoelinas e Philippinas consideravam as sesmarias como sendo dadas (eram doações feitas pelos Municípios de terrenos de cidades e vilas e destinavam-se às edificações de construções por particulares) de terras que foram ou são de alguns senhorios. É de salientar que o instituto das sesmarias teve seu início com os romanos e, após, pelos idos do ano de 1375, foi incorporada ao direito lusitano. A origem, portanto, da sesmaria é que a mesma representava, para o beneficiário, numa obrigação de pagar uma renda, ou sesma, atinente à sexta parte sobre os frutos colhidos na gleba.

[9] As Ordenações Philippinas, segundo leciona Reynaldo Porchat (*Curso elementar de direito romano*. São Paulo: Duprat & Cia., 1909. p. 48), foram "inspiradas no direito romano, cujas instituições foram fartamente adotadas, ainda determinaram, por expressa disposição contida no liv. 3º, tit. 64 que esse direito fosse invocado como subsidiário, recorrendo-se na falta dele, as opiniões dos célebres romanistas Accurcio e Bartolo". É de lembrar, por outro lado, que as ordenações anteriores, Manuelinas e Affonsinas, disciplinavam da mesma maneira, em razão, respectivamente, do constante no Livro 2º, Título 5, e Livro 2, Título 2. O que, por si mesmo, faz prova irrefutável da influência do direito romano no direito lusitano e, por via de consequência, no próprio direito brasileiro, além disto, não custa lembrar (ou relembrar), o direito romano é fonte para todo o direito ocidental, exceto, em parte, em relação ao *commow law*.

[10] Por meio da Resolução de 17.07.1822, expedida por D. Pedro I, então Príncipe Regente do Brasil, as sesmarias foram suspensas e, posteriormente, extintas por meio da Lei Imperial nº 601, de 18.09.1850, quando, então, era Imperador do Brasil D. Pedro II.

o que foi feito em nome do Rei D. Manuel I, que reinava, à época do "descobrimento" do Brasil, em Portugal.

A primeira fase de ocupação das terras do Brasil se deu em caráter público e somente mais tarde é que passaram — pelas sesmarias[11] e capitanias hereditárias[12] — a terem o caráter de terras privadas. Eram, na verdade, no início, pequenos feudos instituídos em solo brasileiro, objetivando a colonização e desenvolvimento da nova terra.

Sabemos, e disso também nos dá conta a doutrina sobre questões agrárias, como bem retratam Paulo Tadeu Haendchen e Remôlo Letteriello, que — em síntese ao que aludimos alhures —, "a história da propriedade imobiliária brasileira tem seu ponto primordial com a posse da terra pelo descobridor, em 1500, o que equivale dizer que todas as terras da nação eram de *domínio público*".

Destacando, ainda, os autores "que o domínio privado, por seu turno, constituiu-se inicialmente pelas doações e benemerências da Coroa Portuguesa àqueles que primeiro por aqui aportaram. Essas doações visavam, sobretudo, interessar os súditos da Coroa para a ocupação da terra recém-descoberta. Contudo, eram reguladas por leis portuguesas, de onde se tira a conclusão que a *história legal* da nossa propriedade retrocede à época anterior ao descobrimento, que, como muitos autores registram, não passou de ocupação efetiva da terra que já se sabia existente, tanto que foi objeto de divisão entre Portugal e Espanha, pelo Tratado de Tordesilhas de 1494. Ocorre que pela ocupação

---

[11] Sesmaria era uma medida agrária. Na conversão da medida agrária linear de comprimento para o sistema métrico decimal temos: Braça = 2,20 m.; Légua = 6.000 m.; Légua de Sesmaria = 6.600 m (seria: 1 Légua de Sesmaria = 6.600 m X 6.600 m = 4.356,00 hectares (ha.) e Braça de Sesmaria = 6.600 m (seria: 2,20 m X 6.600 m = 1,45 hectare (ha.).
A carta sesmarial, por sua vez, era de 14.400 hectares, registrando, neste sentido, Altim de Souza Maia: "Na área do Distrito Federal, chagamos a conhecer pelo menos três dessas famosas cartas, medidas, confirmadas e aproveitadas, medindo exatos 14.400 hectares que sempre se admitiu como a medida correta de uma carta sesmarial" (MAIA, Altim de Souza. *Discriminação de terras*. Brasília: Fundação Petrônio Portela, 1982. p. 14).

[12] Waldemar Ferreira (*História do direito brasileiro*: as capitanias coloniais de juro e herdade. São Paulo: Saraiva, 1962. p. 62-63), esclarece que as capitanias "se concederam por cartas de doação, passadas quase nos mesmos termos. Daí o terem-se chamado — de Capitanias donatárias; ou, simplesmente — as donatárias.
Doou-as El-Rei, não somente mercê de seus poderes majestáticos ou reais, senão ainda na qualidade de Governador e administrador perpétuo da Ordem e Cavalaria do Mestrado de Cristo, investido, que foi, por bula do Papa Júlio III, em 1551, *in perpetuum*, para si e os reis seus sucessores, na dignidade de Grão-Mestre das Ordens Militares.
Fez ele mercê a cada donatário 'de uma Capitania na costa do Brasil com cinqüenta léguas de extensão pela mesma costa, com todas as ilhas que se acharem der léguas ao mar, fronteira a ela; e pelos sertões adentro com a extensão que se achar'. As capitanias eram inalienáveis; mas se transmitiam por herança. Por isso, se houveram como Capitanias Hereditárias".

portuguesa resultou a aplicação em nosso território apenas de leis lusitanas, definitivamente efetivadas após a nossa independência".[13]

Pertencentes, como de fato pertenciam, as terras do Brasil à Coroa Portuguesa, havia, no entanto, urgência de colonizar as terras de além-mar e para isto tinha que ocorrer uma forma de entregá-las à exploração privada, sem que o rei viesse a perder o direito sobre as mesmas, muito embora os "administradores" pudessem exercer total poderio sobre as glebas recebidas, inclusive dividindo-as em pequenos feudos. Daí, pois, o surgimento das sesmarias e das capitanias hereditárias.

Neste contexto, o donatário, embora tivesse a posse plena da terra, estava sujeito à reversão da mesma, por ordem do rei, à Coroa Portuguesa. A reversão podia ocorrer a qualquer tempo. Em princípio era, então, o donatário, na verdade, um "administrador" das terras recebidas, ainda que com bastante poder exercido sobre sua capitania (que foram implantadas no Brasil em 1532).

Consoante Darcy Ribeiro, as capitanias hereditárias eram "distribuídas a grandes senhores, agregados ao trono e com fortunas próprias para colonizá-las, constituíram verdadeiras províncias. Eram imensos quinhões com dezenas de léguas encrestadas sobre o mar e penetrando terra adentro até onde topassem com a linha das Tordesilhas".[14]

Embora continuassem a pertencer à Coroa Portuguesa, o verdadeiro domínio sobre as terras dadas em sesmaria, os possuidores,[15]

---

[13] HAENDCHEN, Paulo Tadeu; LETTERIELLO, Rêmolo. *Ação reivindicatória*. 4. ed. São Paulo: Saraiva, 1988. p. 2.

[14] RIBEIRO, Darcy. *O povo brasileiro*: a formação e o sentido do Brasil. São Paulo: Companhia das Letras, 1995. p. 86. Destaca, por outro lado, o autor (p. 87): "O donatário era um grão-senhor investido de poderes feudais pelo rei para governar sua gleba de trinta léguas de cara. Com o poder político de fundar vilas, conceder sesmarias, licenciar artesãos e comerciantes, e o poder econômico de explorar diretamente ou através de intermediários suas terras e até com o direito de impor a pena capital".

[15] No Brasil a questão da propriedade fundiária, isto no sentido *lato*, pois que, *stricto senso*, também se incorpora a questão possessória, decorre ou de doações relativas às sesmarias, ou então de ocupação primária. Sobre a questão de que as sesmarias não passavam de posse, transcrevemos, em parte, o contido em ação relativa a uma ação demarcatória. Deste modo: "Trata-se de ação demarcatória na qual os autores, ora recorrentes, na qualidade de sucessores, pleiteiam a demarcação e imissão na posse de área de sesmaria concedida segundo a legislação anterior ao regime da Lei n. 601/1850. A sentença lançada nos autos em 1959 deixou clara a inexistência de posse anterior sobre a área, com base na qual se poderia, eventualmente, implementar a aquisição da propriedade decorrente de carta de sesmaria. Sem a posse, não havia como adquirir propriedade naquelas condições. E sem propriedade dos antecessores, não havia propriedade a transmitir aos recorrentes. Sem esta, não há direito à ação demarcatória nos termos do art. 422 do CPC/1939 e, atualmente, do art. 950 do CPC/1973. Pela tradição histórica da actio finium regundorum (ação de demarcação de confins), necessária é a exigência de prova documental da propriedade com histórico das transmissões até os promoventes, prova, aliás, que sempre foi exigida tanto sob a legislação atual como sob a legislação anterior.

no caso, os denominados sesmeiros, acharam meios de ampliar seus "feudos", pois com base em brechas legais ampliavam suas glebas com base nos chamados "testa de ferro", os quais recebiam concessões de terras públicas que, entretanto, destinavam-se, na verdade, para integrarem a posse de um único senhor que já possuía vasta extensão de terras públicas. Este era um dos "artifícios" que utilizava o sesmeiro para aumentar suas posses sobre as terras tupiniquins.

Por fim, arrematando, para deixar sedimentado o que representou a questão inicial fundiária das posses no Brasil, consoante estudo levado a cabo por Warren Dean, "o tamanho da sesmaria fora em geral limitado a não mais que uma légua quadrada (43,56 km²) em regiões adequadas à agricultura. Para os notáveis rurais, isso parecia uma benesse insignificante e freqüentemente reivindicavam direitos sobre diversas sesmarias mediante testas-de-ferro ou parentes. A prática era comum também entre funcionários da Coroa, que não estavam qualificados a solicitar concessões mas consideravam natural valer-se de seus cargos para obtê-las".[16]

Assim se deu o início da posse (e até mesmo o início da propriedade) sobre bens imóveis no Direito brasileiro, situação que perdurou por longos anos em decorrência da falta de uma legislação específica que tratasse, objetivamente, sobre a questão fundiária. Tudo isto representou o verdadeiro caos que imperou (e, o que é pior, ainda impera,

---

Nos autos, não está demonstrado o domínio dos antecessores, sendo insuficiente a configurá-lo o direito de sesmeiro, especialmente quando desacompanhado da posse, integrativa da própria sesmaria. O recebimento de sesmaria jamais se equiparou, por si só, à propriedade no Direito brasileiro. Sempre teve reconhecimento como justo título para a posse que, se longeva, podia e pode amparar pretensão de usucapião, mas nunca tendo constituído, por si só, título de propriedade apto à transcrição no registro de imóveis, como é a essência dos títulos de propriedade. Os autores tiveram titulação que vem do sistema de carta de sesmaria, mas não tiveram a posse sobre a área em causa, tanto que a pleiteiam na presente ação demarcatória. Na petição inicial, não fazem menção à posse anterior, nem expuseram circunstâncias fáticas em que ela possa ser vista em favor deles, não tiveram jamais título transcrito anteriormente à propositura da demarcatória, de modo que falta requisito essencial à pretensão demarcatória. As provas testemunhal e pericial jamais poderiam suprir a falta de título de propriedade, não havendo como deduzir propriedade da antiga carta de sesmaria, que legitimaria a posse, que os antecessores dos autores, contudo, nunca tiveram ou perderam, tanto que, na inicial, pretendem a imissão. Assim, a Turma não conheceu do recurso quanto à letra c do art. 105 da CF/1988 e negou provimento quanto à letra a do mesmo artigo" (REsp nº 926.755-MG, Rel. Min. Sidnei Beneti, julgado em 12.05.2009).

[16] DEAN, Warren. *A ferro e fogo*: a história e a devastação da mata atlântica brasileira: São Paulo: Companhia das Letras, 1996. p. 163.

principalmente na Região Amazônica, em decorrência de "grilagem"![17]) em relação à questão fundiária no Brasil.

Para regularizar, ou pelo menos amenizar, a situação caótica que imperava em relação à questão fundiária brasileira é que o Governo Imperial impôs a todos os súditos uma legislação disciplinadora da matéria, o que veremos logo a seguir.

1.4 A regularização das posses imobiliárias no Brasil

Com a Independência, ocorrida em 7 de setembro de 1822, o Brasil teria que ter uma legislação própria que viesse a regularizar a situação *fundiária*, todavia, isto somente ocorreu em 1850,[18] com a promulgação da Lei nº 601, de 18 de setembro.

Até a edição da Lei nº 601/1850 continuava o possuidor da terra como mero posseiro, embora dessa posse é que passou para a condição,

---

[17] Em conformidade com pesquisas históricas, verificamos que o termo "grilagem" encontra respaldo, na sua origem, da prática que era utilizada para proceder no envelhecimento de documentos, e, com isto, permitir, de forma fraudulenta, a obtenção de posse de determinada gleba de terra, considerando que estes papéis envelhecidos davam, falsamente, a determinada pessoa o direito à posse de uma referida gleba fundiária. Consta que "os papéis eram colocados em uma caixa com grilos. Com o passar do tempo a ação dos insetos dava aos documentos uma aparência antiga e com uso", e, deste modo, faziam que a mera aparência de legalidade se constituísse numa verdadeira legalidade e o "grileiro" passava, ardilosamente, a ser o efetivo possuidor da terra, considerando que o documento apresentado passava, via de regra, a ter reconhecimento legal.
Nota: Mesmo nos dias atuais as modalidades de aquisição de terras, principalmente, na Região Amazônica, ainda ocorrem por meio de "grilagem", só que agora por meio de uso de outras técnicas. Destacamos: "A ocupação ilegal de terras públicas continua fundamentada na falsificação de papéis e documentos. Muitas vezes, o grileiro sequer conhece a terra pretendida. Atualmente, artifícios mais sofisticados, como mapas baseados em imagens de satélite e GPS, substituem a ação dos grilos no processo de apoderação de terras públicas. Com o registro no cartório de títulos de imóveis, o grileiro repete o mesmo procedimento nos órgãos fundiários do governo (Incra, na esfera federal, e órgãos de controle estaduais) e perante à Receita Federal. Através do cruzamento de registros, o grileiro tenta dar uma aparência legal à fraude, imitando a ação dos grilos dentro da caixa" (Disponível em: <http://www.mst.com.br>. Acesso em: 15 jan. 2009.
[18] Ementa da *Lei nº 601/1850*: Dispõe sobre as terras devolutas no Império, e acerca das que são possuídas por título de sesmaria sem preenchimento das condições legais, bem como por simples título de posse mansa e pacífica; e determina que, medidas e demarcadas as primeiras, sejam elas cedidas a título oneroso, assim para empresas particulares, como para o estabelecimento de colônias de nacionais e de estrangeiros, autorizado o Governo a promover a colonização estrangeira na forma que se declara.
Oportuno, ainda, destacar o contido no art. 1º da aludida lei: "Ficam proibidas as aquisições de terras devolutas por outro título que não seja o de compra. Excetuam-se as terras situadas nos limites do Império com países estrangeiros em uma zona de 10 léguas, as quais poderão ser concedidas gratuitamente".

legal, de possuidor qualificado (o que poderia dar margem a tornar-se, *lato sensu*, proprietário), e tudo isto em razão daquela lei, onde as posses passaram a contar com mecanismos jurídicos próprios e específicos objetivando suas regularizações perante o poder público.

Em face de tão longo hiato, da Independência do Brasil até a edição da Lei nº 601/1850, ocorreu, como registram os doutrinadores Paulo Tadeu Haendchem e Rêmolo Letteriello, "de um lado, a incerteza dominial, e de outro, favorecendo o regime da posse, caracterizando uma etapa histórica".[19] Esse período, como registra Altim de Souza Maia, "chamado por Paulo Garcia, de 'a fase áurea do posseiro',[20] caracteriza-se como sendo aquele que 'a ocupação primária se firmou como modo originário da aquisição do domínio de imóveis'".[21]

A Lei nº 601/1850, primeira legislação efetiva editada com o escopo de disciplinar, objetivamente, a questão fundiária no Brasil, não resolveu definitivamente o problema das posses (e, por via de consequência, da própria propriedade), pois nem sempre aqueles que estavam na efetiva posse tinham condições de regularizá-las e, ainda, tinham que enfrentar "especuladores" poderosos, que, na grande maioria dos casos, acabavam ficando com as terras de forma totalmente fraudulenta.

Mesmo com todos os percalços iniciais, se constituiu a Lei nº 601/1850[22] como sendo o marco inicial da regularização fundiária no Brasil. Foi a contar da referida lei que passamos a contar com um efetivo — embora

---

[19] HAENDCHEN, Paulo Tadeu; LETTERIELLO, Rêmolo. *Ação reivindicatória*. 4. ed. São Paulo: Saraiva, 1988. p. 5.

[20] Fora do texto do autor registramos, tomando por base a lição de Marcos Alcino de Azevedo Torres: "Posseiro, naquele tempo, segundo o magistério de Fernando Sodero, era o cultivador ou criador que se mantinha com o seu trabalho e da sua família, elemento de poucos haveres ou mesmo nenhum, fosse qual fosse o tipo de exploração e, por tais motivos, 'cuidava de pouca terra, apenas daquela onde morava e cultivava o que fosse normal para a força de trabalho familiar'" (TORRES, Marcos Alcino de Azevedo. *A propriedade e a posse*: um confronto em torno da função social. Rio de Janeiro: Lumen Juris, 2007. p. 61-62).

[21] MAIA, Altim de Souza. *Discriminação de terras*. Brasília: Fundação Petrônio Portela, 1982. p. 15.

[22] Aponta Dirley da Cunha Júnior: "Os pontos básicos da Lei 601 foram: a proibição de doações de terras devolutas, exceto as situadas nas zonas de dez léguas limítrofes com países estrangeiros; a conceituação de terras devolutas, conceito este que até hoje serve de base para as legislações estaduais; a revalidação das sesmarias ou outras concessões do Governo Geral ou Provincial, que se achassem cultivadas ou com princípios de cultura e morada habitual do sesmeiro ou concessionário ou algum representante; a legitimação das posses mansas e pacíficas, adquiridas por ocupação primária, ou havidas do primeiro ocupante, que se achassem cultivadas ou com princípio de cultura, e morada habitual do posseiro ou representante; o usucapião nas sesmarias ou outras concessões do Governo; a discriminação das terras devolutas; a reserva de terras devolutas; o registro paroquial; as formas de venda de terras devolutas, etc." (CUNHA JÚNIOR, Dirley da. Terras devolutas nas constituições republicanas. *Justiça Federal em Sergipe – JFSE*. Disponível em: <http://www.jfse.jus.br/obras%20mag/artigoterrasdevdirley.html>. Acesso em: 05 fev. 2009).

nem sempre, do ponto de vista jurídico, confiável — registro de terras, o que será visto *infra*.

1.5 Implantação do registro de terras (registro paroquial ou do vigário[23]) no Brasil

Com a Lei nº 601/1850, art. 13,[24] [25] foi instituído o registro das terras possuídas pelos posseiros, sendo que tal registro, conhecido como registro paroquial ou do vigário, deveria ser feito ante o vigário responsável. A denominação, de registro do vigário, decorre do fato de que deveria ser feito perante o vigário da paróquia que tinha a responsabilidade por uma determinada região (freguesia), onde estava, obviamente, situada a terra a ser registrada.

Não tinha, contudo, o registro a função de transferir ou dar surgimento à aquisição da propriedade, haja vista que seu objetivo era de simples controlador da relação de todas as terras e de seus possuidores.

Tratava-se, na verdade — o registro paroquial —, de simples forma de cadastro de terras e tão somente isto, mesmo porque não conferia e nem gerava qualquer direito de domínio; mantinha, e não mais do que isto, um controle das terras e a relação de seus possuidores. Dava, todavia, mais segurança ao possuidor em razão de que a partir do registro tinha o mesmo como provar a existência de sua posse sobre a terra ocupada.

Em face da relevância, para melhor entendimento da matéria até aqui explanada, transcrevemos os arts. 93 e 94 do Decreto nº 1.318/1854. Assim:

Art. 93. As declarações para o registro serão feitas pelos possuidores, que as escreverão, ou farão escrever por outrem, em dois exemplares

---

[23] Para alguns autores a lei de implantação de regularização fundiária no Brasil — Lei nº 601/1850 — também é conhecida como Lei da Migração, pois disciplinou, além da questão do registro das terras, sobre a questão das migrações.

[24] Redação do art. 13, da Lei nº 601/1850: "O mesmo Governo fará organizar por freguesias o registro das terras possuídas, sobre as declarações feitas pelos respectivos possuidores, impondo multas apenas àqueles que deixarem de fazer nos prazos marcados as ditas declarações, ou as fizerem inexatas".

[25] Foi, todavia, pelo Decreto nº 1.318, de 30 de janeiro de 1854 (com a seguinte ementa: Manda executar a Lei nº 601, de 18 de setembro de 1850), que ficou devidamente caracterizado onde deveria ser efetuado o registro. Desta forma, consoante o preconizado pelo art. 97 do Decreto nº 1.318: "Os vigários de cada uma das Freguesias do Império são os encarregados de receber as declarações para o registro das terras, e os incumbidos de proceder a esse registro dentro de suas Freguesias, fazendo-o por si, ou por escreventes, que poderão nomear e ter sob sua responsabilidade".

iguais, assinando-os ambos, ou fazendo-os assinar pelo indivíduo que os houver escrito, se os possuidores não souberem escrever. Art. 94. As declarações para o registro das terras possuídas por menores, índios, ou quaisquer Corporações, serão feitas por seus Pais, Tutores, Curadores, Diretores, ou encarregados da administração de seus bens e terras. As declarações de que tratam este e o artigo antecedente, não conferem algum direito aos possuidores.

Em que pese as falhas existentes, o que sempre ocorre em qualquer legislação, principalmente em decorrência das novas interpretações dadas ao assunto, como de resto pela "astúcia" dos que buscam suas imperfeições para tirarem proveito próprio, como ocorreu, e muito, com a aludida lei e seu decreto regulamentador, não resta dúvida de que tais institutos jurídicos se constituíram como verdadeiros marcos na história do direito de posse, e por via de consequência, da propriedade imobiliária no Direito brasileiro.[26]

Por outro lado, como bem acentua Marcos Alcino de Azevedo Torres: "Na Lei de Terras o legislador protegeu sobremodo a *posse com função social*, em razão do reconhecimento do seu valor, não para o indivíduo como pessoa, mas também pelo interesse econômico e social da nação com a produção e o povoamento".[27] Foi, inegavelmente, com a Lei nº 601/1850 e com o Decreto nº 1.318/1854, que a posse — na sua acepção lata — teve efetiva regularização e proteção.[28] Não quer, contudo, isto dizer que todas as mazelas envolvendo questões possessórias em matéria de natureza fundiária foram resolvidas, ou mesmo totalmente pacificadas, pois que ainda neste limiar do século XXI continuam dando margem aos mais variados processos de apossamento — principalmente de terras públicas — por meio de documentos fraudulentos.

---

[26] Pinto Ferreira segue, em parte, esta mesma linha de entendimento. Declina o aludido autor: "Uma outra grande etapa na história da propriedade rural foi a Lei nº 601, de 18 de setembro de 1850, regulada pelo Decreto nº 1.318, de 30 de janeiro de 1854. A finalidade dessa lei, que realmente assinala um grande marco, era a de definir o que se encontrava na propriedade ou na posse dos particulares e, mediante exclusão, determinar o que era de domínio público" (*Curso de direito agrário*. 2. ed. São Paulo: Saraiva, 1995. p. 4).

[27] TORRES, Marcos Alcino de Azevedo. *A propriedade e a posse*: um confronto em torno da função social. Rio de Janeiro: Lumen Juris, 2007. p. 77.

[28] Registra Paulo Garcia *apud* Thales Brognoli: "De uma leitura atenta da Lei nº 601 e do Decreto nº 1.318, de 30 de janeiro de 1954, que a regulamentou, o que se pode deduzir é que ela teve como preocupação constante proteger e amparar a posse firmada na terra, quer essa posse fosse estabelecida em virtude de um título, quer não o fosse. Quer a posse fosse jurídica, quer fosse mesmo contrária ao direito, a lei procurou proteger o seu titular, reconhecendo-lhe o direito de obter o domínio da terra" (BROGNOLI, Thales. *Das terras nas ilhas e do dos terrenos de marinha*. Florianópolis, 2001. p. 38).

1.6 Apontamentos complementares sobre a questão fundiária no Direito brasileiro

Embora os apontamentos feitos acima, no que tange à evolução da legislação sobre a questão das terras no Brasil, principalmente no que diz respeito à regularização fundiária, a situação ainda não está de toda pacificada, e as práticas de "grilagem",[29] estas com maior intensidade na Região da Amazônia Legal, continuam a desafiar uma regulamentação eficaz e que venha a dar, de uma vez por todas, um basta no caos em que se constituiu tal matéria.

Buscando normatizar de forma mais consistente a questão das terras no Brasil, no que diz respeito ao aspecto de natureza fundiária, foi editada a Lei nº 4.504, de 30 de novembro de 1964 (*Estatuto da Terra*).

[Pelo] Estatuto da Terra foi definida nova sistemática para decretação das áreas prioritárias da Reforma Agrária com fins de desapropriação por interesse social.

O fato é que a Lei nº 4.504, de 1964, ao inovar em matéria de política agrária, procurou uma solução democrática para os problemas fundiários, na medida em que estimulando a criação de propriedade privada e garantindo aos pequenos agricultores o fruto de seu trabalho, condicionou a existência dessa propriedade à atividade econômica e a sua função social.

A partir do Estatuto da Terra, apareceram novos instrumentos legais, representados por decretos, regulamentadores de suas disposições básicas, leis complementares e outros documentos, que vem permitindo corrigir as distorções do sistema de posse e uso da terra, visando sobretudo, à extinção gradual dos latifúndios improdutivos e de minifúndios antieconômicos.[30]

---

[29] A posse de terras por meio de "grilagem" é uma prática perniciosa, viciosa e ilegal, mas que tem, em grande escala, a conivência de Cartório de Registro de Imóveis, de órgãos públicos e servidores públicos. "A grilagem de terras acontece normalmente com a conveniência de serventuários de Cartórios de Registro Imobiliário que, muitas vezes, registram áreas sobrepostas umas às outras — ou seja, elas só existem no papel. Há também a conivência direta e indireta de órgãos governamentais, que admitem a titulação de terras devolutas estaduais ou federais a correligionários do poder, laranjas ou mesmo a fantasmas — pessoas fictícias, nomes criados apenas para levar a fraude a cabo nos cartórios" (MINISTÉRIO DA POLÍTICA FUNDIÁRIA E DO DESENVOLVIMENTO AGRÁRIO. Instituto Nacional de Colonização e Reforma Agrária. *O livro branco da grilagem de terra no Brasil*. p. 12. Disponível em: <http://www.mst.org.br/mst/pagina.php?cd=5700>).

[30] Extraído do artigo "Os dez anos de atividade do INCRA", publicado no *Jornal do Comércio*, em 15.07.80, p. 2, onde consta, ainda, que: "O INCRA já identificou que a origem da maioria dos conflitos pela disputa da posse da terra tem sido a ocupação indiscriminada das terras públicas que, desde a suspensão das concessões de sesmarias ficaram à mercê de quantos as quisessem ocupá-las. Esta situação se agrava pela precariedade da documentação de

Não há como desconhecermos o papel preponderante que o Estatuto da Terra — Lei nº 4.504, de 30 de novembro de 1964 — representa na história moderna do país, no que se refere à tentativa da regularização efetiva das terras rurais, quer públicas, especificadas no art. 9º, incs. I, II e III,[31] quer privadas, conforme art. 12.[32] Embora o preconizado pelo Estatuto da Terra, no que tange à busca de regularização das terras públicas e privadas, não há como desconhecer que muito há de ser feito para a perfeita harmonização da questão fundiária no Brasil, pois, mesmo modernamente, como já apontado alhures, a matéria ainda continua a desafiar a criação de mecanismos legais que ponham — de uma vez por todas — fim aos "apossamentos" de terras públicas e, do mesmo modo, que erradique, em definitivo, a questão da "grilagem", mormente aquela reinante na Região da Amazônia Legal.[33] Através da Lei nº 11.952, de 25 de junho de 2009 (que se acha,

---

presumíveis proprietários. Esses documentos têm as mais variadas origens, tais como os registros paroquiais, títulos de posse, títulos outorgados pelos Governos Estaduais, pelo Governo Federal e, até mesmo, por Governo de outros países quando se trata de imóveis localizados nas regiões de fronteiras".

[31] Lei nº 4.504, de 30 de novembro de 1964 (Estatuto da Terra):
"Art. 9º. Dentre as terras públicas, terão prioridade, subordinando-se aos itens previstos nesta Lei, as seguintes:
I – as de propriedade da União, que não tenham outra destinação específica;
II – as reservadas pelo Poder Público para serviços ou obras de qualquer natureza, ressalvadas as pertinentes à segurança nacional, desde que o órgão competente considere sua utilização econômica compatível com a atividade principal, sob a forma de exploração agrícola;
III – as devolutas da União, dos Estados e dos Municípios".

[32] Lei nº 4.504, de 30 de novembro de 1964 (Estatuto da Terra):
"Art. 12. À propriedade privada da terra cabe intrinsecamente uma função social e seu uso é condicionado ao bem-estar coletivo previsto na Constituição Federal e caracterizado nesta Lei".
Nota: Como abordamos nesta obra, Capítulo 2, subitem 2.9, a posse também tem de cumprir com sua função social.

[33] Ariovaldo Umbelino de Oliveira, ao tratar de questão envolvendo a atividade do INCRA e da "grilagem" de terras na Amazônia Legal, onde a situação é — modernamente — mais caótica, aponta várias considerações sobre o tema, inclusive no que diz respeito às terras devolutas. Destacamos, a título de ilustração, considerando a atualidade do tema "para manter o controle destas terras que não lhes pertencem, os grileiros atuaram de modo a impedir politicamente que os governos estaduais e a União fizessem as ações discriminatórias das terras sob sua jurisdição. É neste particular também que está a resistência da maioria dos proprietários de terra à reforma agrária. Ou seja, a luta pela reforma agrária desencadeada pelos movimentos sócio-territoriais colocou a nu esta estratégia ilegal das elites agrárias da apropriação privada do patrimônio público.
Dessa forma, a grilagem das terras públicas na Amazônia revela apenas uma das dimensões do problema fundiário nacional, pois nesta região brasileira estão mais de 168 milhões de hectares de terras públicas, devolutas ou não. A sua apropriação privada foi estimulada pelas políticas públicas da 'Marcha para o Oeste' de Getúlio Vargas, dos incentivos fiscais da Sudam durante o regime militar e, na atualidade, pelo estímulo à rápida expansão do agronegócio, da madeira, pecuária e soja nesta região", situação que continua ainda nesta

presentemente, regulamentada pelo Decreto nº 7.348, de 22 de outubro de 2010), o Governo Federal busca melhorar a questão fundiária, no que diz respeito às terras públicas da União, reinante na Amazônia Legal.

1.7 Breves apontamentos sobre a situação das terras devolutas em relação à União

No que diz respeito às terras públicas, vem se perpetuando no tempo as tentativas de regularização, as quais antecedem, inclusive, a independência do Brasil em relação a Portugal. Trata-se de matéria mais afeta a questão de direito público e de Direito Agrário. Desse modo, não iremos aprofundar o tema, e sim apontar alguns balizamentos sobre a questão, considerando nosso objetivo de dar uma visão ampla sobre a *questão possessória no Direito brasileiro*.

A *classificação das terras públicas* engloba tanto aquelas que já integram o patrimônio público como bem de uso especial ou patrimonial,[34] que são terras já discriminadas (*stricto sensu*), e de outro lado, terras devolutas, que são terras que ainda deverão ser discriminadas. Embora a distinção entre terras discriminadas e terras a serem discriminadas, ambas são terras pertencentes ao patrimônio público, estando englobadas na conceituação genérica (*lato sensu*) de terras públicas, consoante desponta do comando do art. 188, *caput*, da Constituição Federal de 1988.[35]

No que diz respeito particularmente à questão das terras devolutas merece registro que se trata de matéria que encontra várias vertentes conceituais pela doutrina, contudo nos colocamos de comum acordo com o pontuado por Dirley da Cunha Júnior, podendo, desde modo, em aglutinação das várias nuances conceituais da matéria, ser estabelecido: "são terras devolutas aquelas adquiridas pelo Estado

---

primeira década do século XXI gerando inúmeros conflitos e variadas tentativas do Governo Federal em criar os meios adequados de pacificação a fim de levar a denominada "paz ao campo" e proporcionar, de forma sustentada, a continuidade da exploração agrícola, pecuária, extrativa de madeira e de exploração mineral (MINISTÉRIO DA POLÍTICA FUNDIÁRIA E DO DESENVOLVIMENTO AGRÁRIO. Instituto Nacional de Colonização e Reforma Agrária. *O livro branco da grilagem de terra no Brasil*. p. 12. Disponível em: <http://www.mst.org.br/mst/pagina.php?cd=5700>. Acesso em: 20 jan. 2009).

[34] Código Civil de 2002, art. 99 (e art. 66 do CC de 1916): "São bens públicos: II – os de uso especial, tais como edifícios ou terrenos destinados a serviço ou estabelecimento da administração federal, estadual, territorial ou municipal, inclusive os de suas autarquias".

[35] Constituição Federal de 1988, art. 188 (*caput*): "A destinação de terras públicas e devolutas será compatibilizada com a política agrícola e com o plano nacional de reforma agrária".

brasileiro por sucessão à Coroa portuguesa tendo em vista os fatos históricos do descobrimento e da independência, e por compra ou permuta a outros Estados, que não foram alienadas, por qualquer forma admitida à época, aos particulares, ou que por estes não foram adquiridas por usucapião, assim como aquelas que, transmitidas aos particulares, retornaram ao patrimônio do Poder Público por terem caído em comisso ou por falta de revalidação ou cultura, não se destinando a algum uso público, encontrando-se, atualmente, indeterminadas".[36]

As terras arrecadadas de antigos senhores, sesmeiros e posseiros, ou herdadas da Coroa, ou ainda, adquiridas por permuta, por compra, doação, etc., e que não foram devidamente passadas para os Estados, em conformidade com a Constituição Federal de 1891,[37] permaneceram na posse da União na condição de terras devolutas,[38] o que perdura até os dias atuais. As terras devolutas devem ser arrecadadas por meio de *ação discriminatória*, quer por meio administrativo, quer por meio judicial,[39] para fins de separar as terras públicas das terras de particulares. Os Estados-Membros são titulares de terras devolutas que lhe pertençam, excluídas as que são da União (art. 26, da Constituição Federal de 1988[40]).

---

[36] CUNHA JÚNIOR, Dirley da. Terras devolutas nas constituições republicanas. *Justiça Federal em Sergipe* – *JFSE*. Disponível em: <http://www.jfse.jus.br/obras%20mag/artigoterrasdevdirley.html>. Acesso em: 05 fev. 2009.

[37] Constituição de 1891, art. 64. "Pertencem aos estados as minas e terras devolutas situadas nos seus respectivos territórios, cabendo à União somente a porção de território que for indispensável para a defesa das fronteiras, fortificações, construções militares e estradas de ferro federais.
Parágrafo único – Os próprios nacionais, que não forem necessários para serviços da União, passarão ao domínio dos estados, em cujo território estiverem situados".

[38] "Compõem a categoria das devolutas, em princípio, as terras que uma vez foram repassadas a particulares, como sesmarias ou concessões de outra espécie, e que, por haverem caído em comisso, foram devolvidas (ou deveriam ter sido devolvidas) ao patrimônio da Coroa Portuguesa. Entretanto, na verdade, o conceito veio a abranger também aquelas que nunca vieram a ser repassadas ao domínio particular [e] nem foram objeto de ocupação primária."

[39] Lei nº 6.383, de 7 de dezembro de 1976: Disciplina sobre a discriminação, administrativa ou judicial, de terras devolutas.
"Art. 1º – O processo discriminatório das terras devolutas da União será regulado por esta Lei.
Parágrafo único. O processo discriminatório será administrativo ou judicial.
(...)
Art. 13 – Encerrado o processo discriminatório, o Instituto Nacional de Colonização e Reforma Agrária – INCRA providenciará o registro, em nome da União, das terras devolutas discriminadas, definidas em lei, como bens da União.
Parágrafo único. Caberá ao oficial do Registro de Imóveis proceder à matrícula e ao registro da área devoluta discriminada em nome da União".

[40] Constituição Federal de 1988:
"Art. 26. Incluem-se entre os bens dos Estados:
IV – as terras devolutas não compreendidas entre as da União".

Os Estados-Membros da federação brasileira somente podem legislar sobre as terras que efetivamente lhes pertence, não podendo adentrar em questões que envolvam terras que pertencem à União, ainda que devolutas e disto já cuidou de dizer o Supremo Tribunal Federal, onde, ao apreciar questão envolvendo terras devolutas que continuavam com a União, deixou sedimentado, tomando por base, em citação da obra de Paulo Garcia, que: "Os Estados-membros, em suas leis, não podem se arrogar o direito de conceituar e definir, a seu talante, o que sejam terras devolutas, emitindo conceitos amplos e ilimitados. Têm os Estados o direito de legislar sobre o que lhes pertence. Podem legislar sobre aquelas terras que passaram a integrar o seu patrimônio, em 1891, em virtude de disposição constitucional. Não podem, porém, forçar conceitos e definições novas, para trazer terras ao seu patrimônio".[41]

Mesmo posicionamento ainda continua a ser perfilhado, ainda que sob outras vertentes, pelo Supremo Tribunal Federal, sendo, a título de ilustração, de destacar: "O Supremo Tribunal, julgando procedente ação cível originária ajuizada pelo INCRA contra o Estado do Tocantins em que se discutia se as terras sob litígio eram do referido Estado ou da União, declarou a nulidade de títulos de propriedade rural expedidos em favor de particulares pelo Instituto de Terras do Estado do Tocantins – ITERTINS, bem como o cancelamento de suas matrículas e respectivos registros, por serem as glebas em causa patrimônio da União. Reconhecendo a constitucionalidade do Decreto-Lei 1.164/71, que declarou indispensáveis à segurança e ao desenvolvimento nacionais as terras devolutas situadas na área em questão, o Tribunal entendeu que as glebas em causa não passaram para o domínio do Estado-membro com a edição do Decreto-Lei 2.375/87 — que passara a incluir tais terras entre os bens do Estado —, uma vez que foram excetuadas de sua incidência aquelas terras que já estivessem registradas em nome de pessoa jurídica pública e configurassem objeto de situação jurídica constituída (na espécie, a área estava registrada em nome da União e era objeto de projeto de loteamento)".[42]

---

[41] *Revista Trimestral de Jurisprudência*, v. 115, do Supremo Tribunal Federal, março de 1986, p. 992, em decisão do Tribunal Pleno, na Representação nº 1.100-AM.
[42] Conforme desponta do: ACO 477-TO, rel. Min. Moreira Alves, 27.6.2002. Disponível em: <http://www.notadez.com.br/content/noticias.asp?id=10130>. Acesso em: 06 fev. 2009.

1.8 Alguns apontamentos sobre a atual questão fundiária no Brasil

Em se tratando de matéria relativa à *questão fundiária envolvendo terras públicas*, principalmente da União, a situação ainda continua bastante densa e geradora de conflitos no Brasil. Como este livro não tem por escopo a discussão pormenorizada de matéria de direito público, mormente no campo do Direito Agrário, é que, como foi feito no tópico relativo às terras devolutas, somente faremos breves apontamentos sobre aspectos da regularização (ou pelo menos da tentativa!) da questão envolvendo terras públicas federais.

Os apontamentos que se seguem são mais para pontuar o conhecimento da legislação regedora da matéria e com isto possibilitar um conhecimento mais amplo sobre o tema.

Deste modo:

a) para fins de consulta histórica da evolução da legislação agrária no Brasil: Lei nº 601, de 18 de setembro de 1850, e sua regulamentação, por meio do Decreto nº 1.318, de 30 de janeiro de 1854. Legislação concernente à primeira tentativa de disciplinar de forma efetiva sobre terras no Brasil, já que antes a matéria decorria, basicamente, do que era disciplinado pelas Ordenações do Reino;

b) modernamente, como fonte principal de consulta: Lei nº 4.504, de 30 de novembro de 1964 (Estatuto da Terra), que teve pela Lei nº 4.947, de 6 de abril de 1966 fixada normas de Direito Agrário e de ordenamento, fiscalização e controle de atos administrativos, no que diz respeito ao planejamento de reforma agrária;[43]

c) sobre bens imóveis da União: Decreto-Lei nº 9.760, de 5 de setembro de 1946 (basicamente art. 1º);[44]

---

[43] Lei nº 4.947/1966:
"Art. 1º – Esta Lei estabelece normas de Direito Agrário e de ordenamento, disciplinação, fiscalização e controle dos atos e fatos administrativos relativos ao planejamento e à implantação da Reforma Agrária, na forma do que dispõe a Lei nº 4.504, de 30 de novembro de 1964.
Parágrafo único. Os Atos do Poder Executivo que na forma da Lei nº 4.504, de 30 de novembro de 1964, aprovarem os Planos Nacional e Regionais de Reforma Agrária, fixarão as prioridades a serem observadas na sua execução pelos órgãos da administração centralizada e descentralizada".

[44] Estabelece o Decreto-Lei nº 9760/1946:
"Art. 1º Incluem-se entre os bens imóveis da União:
a) os terrenos de marinha e seus acrescidos;
b) os terrenos marginais dos rios navegáveis, em Territórios Federais, se, por qualquer título legítimo, não pertencerem a particular;

d) ainda sobre imóveis da União: Constituição Federal de 1988 (basicamente art. 20);[45]
e) *Lei nº 10.267, de 28 de agosto de 2001* (alterou dispositivos das Leis nºs 4.947, de 6 de abril de 1966, 5.868, de 12 de dezembro de 1972, 6.015, de 31 de dezembro de 1973, 6.739, de 5 de dezembro de 1979 e 9.393, de 19 de dezembro de 1996). Importante destacar que por meio desta lei (Lei nº 10.267/2001)

---

c) os terrenos marginais de rios e as ilhas nestes situadas na faixa da fronteira do território nacional e nas zonas onde se faça sentir a influência das marés;
d) as ilhas situadas nos mares territoriais ou não, se por qualquer título legítimo não pertencerem aos Estados, Municípios ou particulares;
e) a porção de terras devolutas que for indispensável para a defesa da fronteira, fortificações, construções militares e estradas de ferro federais;
f) as terras devolutas situadas nos Territórios Federais;
g) as estradas de ferro, instalações portuárias, telégrafos, telefones, fábricas oficinas e fazendas nacionais;
h) os terrenos dos extintos aldeamentos de índios e das colônias militares, que não tenham passado, legalmente, para o domínio dos Estados, Municípios ou particulares;
i) os arsenais com todo o material de marinha, exército e aviação, as fortalezas, fortificações e construções militares, bem como os terrenos adjacentes, reservados por ato imperial;
j) os que foram do domínio da Coroa;
k) os bens perdidos pelo criminoso condenado por sentença proferida em processo judiciário federal;
l) os que tenham sido a algum título, ou em virtude de lei, incorporados ao seu patrimônio".
[45] Constituição Federal de 1988
"Art. 20. São bens da União:
I – os que atualmente lhe pertencem e os que lhe vierem a ser atribuídos;
II – as terras devolutas indispensáveis à defesa das fronteiras, das fortificações e construções militares, das vias federais de comunicação e à preservação ambiental, definidas em lei;
III – os lagos, rios e quaisquer correntes de água em terrenos de seu domínio, ou que banhem mais de um Estado, sirvam de limites com outros países, ou se estendam a território estrangeiro ou dele provenham, bem como os terrenos marginais e as praias fluviais;
IV – as ilhas fluviais e lacustres nas zonas limítrofes com outros países; as praias marítimas; as ilhas oceânicas e as costeiras, excluídas, destas, as que contenham a sede de Municípios, exceto aquelas áreas afetadas ao serviço público e a unidade ambiental federal, e as referidas no art. 26, II; (Redação dada pela Emenda Constitucional nº 46, de 2005)
V – os recursos naturais da plataforma continental e da zona econômica exclusiva;
VI – o mar territorial;
VII – os terrenos de marinha e seus acrescidos;
VIII – os potenciais de energia hidráulica;
IX – os recursos minerais, inclusive os do subsolo;
X – as cavidades naturais subterrâneas e os sítios arqueológicos e pré-históricos;
XI – as terras tradicionalmente ocupadas pelos índios.
§1º – É assegurada, nos termos da lei, aos Estados, ao Distrito Federal e aos Municípios, bem como a órgãos da administração direta da União, participação no resultado da exploração de petróleo ou gás natural, de recursos hídricos para fins de geração de energia elétrica e de outros recursos minerais no respectivo território, plataforma continental, mar territorial ou zona econômica exclusiva, ou compensação financeira por essa exploração.
§2º – A faixa de até cento e cinqüenta quilômetros de largura, ao longo das fronteiras terrestres, designada como faixa de fronteira, é considerada fundamental para defesa do território nacional, e sua ocupação e utilização serão reguladas em lei".

é criado o Cadastro Nacional de Imóveis Rurais (CNIR).[46] Com relação à mesma lei, deve ser consultada a sua regulamentação, a qual se deu por meio do Decreto nº 4.449, de 30 de outubro de 2002;

f) Lei nº 11.763, de 1º de agosto de 2008, estabelece novo regramento para o disciplinado pelo art. 17, §2º-B, inc. II, da Lei nº 8.666, de 21 de junho de 1993 (que trata sobre licitação e contrato da administração pública), ao preconizar que é dispensada a licitação para áreas de até 15 (quinze) módulos fiscais, limitados a 1.500 ha. (mil e quinhentos hectares);[47]

g) Lei nº 11.952, de 25 de junho de 2009,[48] por meio desta lei ficou estabelecido mais um regramento para o art. 17 da Lei nº 8.666, de 21 de junho de 1993 (que trata sobre licitação e contrato da administração pública), onde estabelece, por meio do inc. I, alínea "i", a alienação e concessão de direito real de uso, gratuita ou onerosa, de terras públicas rurais da União na Amazônia Legal onde incidam ocupações até o limite de 15 (quinze) módulos fiscais ou 1.500 ha. (mil e quinhentos hectares), para fins de regularização fundiária.

Merece, por outro lado, registro o fato de que por meio da lei apontada (Lei nº 11.952/2009), a União pode, em razão da redação dada ao art. 17, inc. II, da Lei nº 8.666/1993, conceder à pessoa natural, na forma da lei, regulamento ou ato normativo do órgão competente, a concessão de título de propriedade ou de uso sem necessidade de licitação, bastando que a pessoa natural a ser beneficiada comprove que preenche os requisitos mínimos de cultura, ocupação mansa e pacífica e exploração direta sobre área rural situada na Amazônia Legal,

---

[46] Lei nº 10.2667/2001:
"Art. 2º. Os arts. 1º, 2º e 8º da Lei nº 5.868, de 12 de dezembro de 1972, passam a vigorar com as seguintes alterações:
(...)
§2º Fica criado o Cadastro Nacional de Imóveis Rurais – CNIR, que terá base comum de informações, gerenciada conjuntamente pelo INCRA e pela Secretaria da Receita Federal, produzida e compartilhada pelas diversas instituições públicas federais e estaduais produtoras e usuárias de informações sobre o meio rural brasileiro".

[47] Decreto nº 6.553, de 1º de setembro de 2008, limita em até 15 (quinze) módulos fiscais o direito de concessão de título de propriedade ou de direito real de uso, sobre área situada na Amazônia Legal (na forma da definida pelo art. 2º, da Lei nº 5.173, de 27 de outubro de 1966).

[48] Lei nº 11.952/2009. Trata sobre a regularização fundiária das ocupações incidentes em terras situadas em áreas da União, no âmbito da Amazônia Legal e altera as Leis nºs 8.666, de 21 de junho de 1993 (Lei Geral relativa às Licitações), e 6.015, de 31 de dezembro de 1973 (Lei de Registro Público).

desde que tal área seja superior a 1 (um) módulo fiscal e limitada a 15 (quinze) módulos fiscais, e, ainda, desde que não exceda a 1.500 ha. (mil e quinhentos hectares). A matéria tratada por meio da Lei nº 11.952, de 25 de junho de 2009, foi regulamentada por meio do Decreto nº 6.992, de 28 de outubro de 2009, que deverá ser observado, salvo quando se tratar de situação preconizada pelo art. 28, que disciplina: "O disposto neste Decreto não se aplica às alienações ou concessões de direito real de uso precedidas de processo licitatório ocorrido após a edição da Lei nº 11.952, de 2009".

1.9 Explicações finais sobre os tópicos abordados no capítulo

O principal objetivo deste capítulo foi alinhavar algumas considerações sobre as múltiplas e intrincadas questões que envolvem a matéria de natureza possessória pela própria história do Brasil, o que se reflete até o tempo presente.

Neste primeiro momento, à guisa de esclarecimento, não nos ativemos sobre a questão possessória disciplinada pelo Código Civil de 2002 e pelo Código Civil de 1916, assim como, quando o caso, pelo Código de Processo Civil, e assim procedemos pela simples razão de que o tratamento, específico e de forma consistente, será feito em estudo levado a cabo por meio dos Capítulos 2, 3 e 4, desta obra.

Dúvida não paira, contudo, que estudar o instituto da posse é uma tarefa bastante árdua, embora, indubitavelmente, também seja muito prazerosa. Outro, aliás, não é o pensamento esposado por Washington de Barros Monteiro, quando diz que "o estudo da posse, conquanto atraente, é dos mais árduos de todo o direito civil".

Complementa o autor, aludindo sobre a dificuldade do estudo da posse: "Como diz CLÓVIS, dificilmente se encontrará tema que mais tenha cativado a imaginação dos juristas. Em compensação, dificilmente se encontrará outro que mais haja resistido à penetração da análise e às elucidações da doutrina".[49]

Embora não desconhecendo toda a complexidade — em razão da magnitude — que envolve o estudo atinente à matéria possessória, incluindo seus aspectos de ordem puramente material, como, de outro lado, seus aspectos de ordem processual, procuramos realizar estudo o mais coerente e detalhado possível sobre o assunto, sem, todavia,

---

[49] MONTEIRO, Washington de Barros. *Curso de direito civil*: direito das coisas. 37. ed. Atualizado por Carlos Alberto Dabus Maluf. São Paulo: Saraiva, 2003. p. 16.

ignorarmos a dificuldade de análise já apontada pelo baluarte do Direito Civil pátrio, ou seja, o grande civilista Clóvis Beviláqua, pois que, de fato, a posse é, de todos os institutos alusivos ao estudo do Direito Civil, aquele que se apresenta como o mais árduo e complexo de todos, o que, também, faz com que seja, na contrapartida, o instituto mais estimulante e desafiador para fins de estudo.

CAPÍTULO 2

NOÇÕES INTRODUTÓRIAS SOBRE DIREITOS REAIS E POSSE E SUAS CONTROVÉRSIAS JURÍDICAS E DOUTRINÁRIAS

Sumário: 2.1 Direitos reais e a posse – **2.2** Questão conceitual dos direitos reais e seu campo de abrangência – **2.2.1** Bens de natureza imaterial ou incorpóreos – **2.3** Controvérsias doutrinárias em relação à posse (pelo prisma do possuidor, do detentor e, ainda, se a posse é poder fático ou jurídico, ou ambos) – **2.4** Tipos de sujeição da coisa à pessoa e à posse – **2.5** Consequências jurídicas da posse em relação ao possuidor efetivo e o fâmulo da posse – **2.6** Conceituação doutrinária da posse – **2.7** Natureza jurídica da posse (se se trata de mero fato, ou se se trata de direito, ou, ainda, se se trata de direito e fato) – **2.7.1** Natureza jurídica da posse (direito pessoal, ou direito real) – **2.8** Teorias, Subjetiva e Objetiva, relativas à posse – **2.8.1** Teoria Subjetiva – **2.8.1.1** Questão da posse derivada em face da Teoria Subjetiva – **2.8.2** Teoria Objetiva – **2.8.3** Linha teórica seguida pelo Código Civil – **2.9** Função social da posse no direito positivo brasileiro

2.1 Direitos reais e a posse

Para podermos adentrar no que tange aos aspectos jurídicos decorrentes da posse, temos que, preliminarmente, tecer algumas considerações sobre o próprio *instituto dos direitos reais*, caso contrário a matéria ficará sem um eficaz suporte de sustentação e isto pode comprometer o entendimento do instituto da posse enquanto matéria relativa aos direitos reais.

Sobre o instituto jurídico dos direitos reais, parte da doutrina trata a matéria por meio da identificação terminológica de direitos reais (às vezes com a primeira letra maiúscula, por exemplo, Direitos Reais), assim como, por vezes outras, trata-o sob a denominação de direito das coisas (também, às vezes, com a primeira letra maiúscula, por exemplo, Direito das Coisas), necessário, no entanto, que fique claro que tanto uma como a outra expressão usada (reais ou coisas) têm a mesma significação terminológica e pode, sem qualquer comprometimento da matéria, ser utilizada.

No que diz respeito ao uso dos dois vocábulos (reais e coisas), esclarece Sílvio de Salvo Venosa, "o vocábulo reais decorre de *res*, rei, que significa coisa. Desse modo, nada obsta que se denomine indiferentemente este compartimento do direito civil sob uma ou outra denominação".[50]

Nosso entendimento, quando prescindir de suporte em citação de algum autor, será sempre com a utilização do vocábulo: direitos reais. Isto posto, destacamos que direito real é o ramo do Direito que regula as relações entre o indivíduo e os bens sobre os quais ele exerce o seu poder.[51] Os direitos reais, como coerentemente aponta Arnoldo Wald, "reflete a vida, política, social e econômica do tipo de sociedade em que impera. Tem assim características próprias em cada legislação e nele a tendência conservadora se mantém com maior vigor do que em outros ramos do direito civil".[52]

Nos direitos reais não pode ser ignorada a vinculação estrita de suas características fundamentais, quais sejam: sequela e preferência, como de resto sua oponibilidade contra todos, *erga omnes*, sempre presente nos direitos de natureza real; por outro lado, também a aderência se insere neste rol das características fundamentais que tem o direito real.

Com relação ao direito de sequela e de preferência, é merecedor de destaque o fato de que o direito de sequela é o que possui o titular

---

[50] VENOSA, Sílvio de Salvo. *Direito civil*: direitos reais. 3. ed. São Paulo: Atlas, 2003. v. 5, p. 35.

[51] Este poder exercido sobre a coisa é o *rerum dominium*, fundamental nos direitos reais, como se extraí de João Henrique (*Direito romano*. Porto Alegre: Livraria do Globo, 1938. t. II, p. 11), quando o mesmo pontua: "Os direitos reais nascem, das relações das pessoas com as coisas. Deles nascem poderes que lembram imediatamente um sujeito (*persona*) que domina um objeto (*res*). Vem daí o domínio sobre as coisas *rerum dominium*. Esse domínio sobre as coisas dá ao homem, como sujeito do direito, o título *dominus rei*, e o direito que ele tem sobre a coisa, dá-lhe poder chamado *jus in re*". Este mesmo autor define o direito real de forma bastante direta, deste modo: "Direito real é o poder jurídico que a pessoa exerce imediatamente sobre a coisa".

[52] WALD, Arnoldo. *Curso de direito civil brasileiro*: direitos das coisas. 10. ed. São Paulo: Revista dos Tribunais, 1993. p. 15-16.

de direito real de seguir a coisa, incessantemente, em poder de todo e qualquer detentor ou possuidor, desde que a mesma esteja com ele de forma não respaldada por lei. Assim é, como assevera Orlando Gomes, "para significá-lo, em toda a sua intensidade, diz-se que o direito real adere à coisa como a lepra ao corpo (*uti lepra cuti*). Não importam usurpações; acompanhará sempre a coisa. Se grava determinado bem, como no caso de servidão, nenhuma transmissão o afetará, pois, seja qual for o proprietário do prédio serviente, terá de suportar o encargo. Enfim, a inerência do Direito ao seu objeto é tão substancial que o sujeito pode persegui-lo seja qual for a pessoa que detenha o objeto".[53]

Podemos, *a priori*, verificar que na concepção do direito real (que se configura numa relação entre a pessoa e a coisa, isto no sentido de afastar qualquer terceiro de ingerência sobre a mesma) se sobressaem a aderência, a preferência e também, de forma intrínseca, o direito de sequela,[54] que consiste na prerrogativa concedida ao titular do direito real de seguir a coisa nas mãos de quem quer que a detenha de forma injusta e de apreendê-la, para sobre a mesma exercer seu direito real na plenitude.

Assim, em razão dos princípios do direito real, se, como acentua Silvio Rodrigues, "o proprietário dá seu imóvel em garantia hipotecária e depois aliena, o credor hipotecário pode apreender a coisa nas mãos do adquirente, ou dos eventuais subadquirentes, para sobre a mesma fazer recair a penhora, levando à praça, a fim de se pagar com o produto da arrematação. Seu direito real dá-lhe legitimação para perseguir a coisa, onde quer que ela se encontre, pois o vínculo se prende de maneira indelével à coisa e dela não se desliga pelo mero fato de ocorrerem alienações subseqüentes".[55]

2.2 Questão conceitual dos direitos reais e seu campo de abrangência

Pelos elementos anteriormente apresentados (tópico 2.1), está perfeitamente caracterizado o conceito do que venha a ser direito real,

---

[53] GOMES, Orlando. *Direitos reais*. 6. ed. Rio de Janeiro: Forense, 1978. p. 17-18.
[54] BITTAR, Carlos Alberto. *Direitos reais*. Rio de Janeiro: Forense Universitária, 1991. p. 17, diz: "As características básicas dos direitos reais são: oponibilidade *erga omnes*; aderência imediata ao bem, sujeitando-o diretamente ao titular; atribuição ao titular dos direitos de seqüela, e, em alguns casos, o de preferência. Decorrem dessas qualidades atributos outros, que complementam a respectiva textura, a saber: a exclusividade e a conferência de ação real ao titular".
[55] RODRIGUES, Silvio. *Direito civil*: direito das coisas. 22. ed. São Paulo: Saraiva, 1995. 5 v. em 7, p. 7.

entretanto, para uma melhor compreensão da matéria, destacamos a clássica definição apregoada por Clóvis Beviláqua, quando o mesmo assevera: "Direito das Coisas, na terminologia do Direito Civil, é o complexo de normas reguladoras das relações jurídicas referentes às coisas suscetíveis de apropriação pelo homem. Tais coisas são, ordinariamente, do mundo físico, porque sobre elas é que é possível exercer poder de domínio. Todavia há coisas espirituais, que também entram na esfera do direito patrimonial, como é o direito dos autores sobre as suas produções literárias, artísticas ou científicas".[56]

Este direito real exercido sobre a coisa, conforme exposto *retro*, é oponível contra todos (*erga omnes*), desde que se trate de: a) coisa apreensível; b) que não exista em abundância na natureza; que c) gere disputa entre os homens; e que d) tenha valor econômico. São, inclusive, estes os elementos nucleares que qualificam a coisa como sendo objeto de direito real.

Cumpre delimitar, por outro lado, o campo dos direitos reais com os direitos pessoais (direito das obrigações), haja vista que ambos têm expressão econômica; sendo que os primeiros cuidam das relações estabelecidas entre o homem e o objeto (= indivíduo + objeto, objeto este que pode ser imóvel ou móvel, inclusive incorpóreo, como é o caso dos direitos autorais e dos direitos de marca e patente) e o segundo trata das relações entre pessoas (= pessoa + pessoa, ou seja, sujeitos ativos e passivos, podendo envolver ou não um determinado objeto).

Por fim, ainda no campo conceitual e de abrangência do instituto de direito real, temos que o bem, enquanto coisa,[57] deve despertar disputa entre os homens, ou seja, o interesse sobre o bem/coisa deve ser manifestado por mais de uma pessoa, o que significa dizer que o bem/coisa deve ter valor econômico e se tratar de coisa passível de comercialização. Portanto, os bens inesgotáveis ou aqueles existentes em grande quantidade na natureza, como é o caso, por exemplo, da luz

---

[56] BEVILÁQUA, Clóvis. *Direito das coisas*. 2. ed. Rio de Janeiro: Freitas Bastos, 1946. 1 v. em 2, p. 9.
[57] Vilson Rodrigues Alves (*Uso nocivo da propriedade*. São Paulo: Revista dos Tribunais, 1992. p. 78), doutrina: "Bem e Coisa – Bem, em estritíssimo sentido, é a coisa como objeto de direito, ainda que nem toda coisa possa ser objeto de direito, ainda que nem toda coisa seja objeto de direito. E, em amplo sentido, é o que, objeto de direito, coisa não é.
A coisa insusceptível de ser objeto de direito é não bem.
O ar, o mar, o sol, e.g., indispensáveis à vida terrestre, são coisas que não são bens, porque o sistema jurídico não os concebe como objeto de direito, como matéria de relação jurídica. Dizer-se que bem é coisa como objeto de direito não é o mesmo que afirmar-se que o bem é coisa que pode ser objeto, porque a coisa que pode ser objeto de direito não é bem, é coisa: 'ser como' não é 'poder ser'; o que pode ser não é e, se o é, redunda inócuo o dizer-se que pode ser".

solar e da água do mar, são "inaproveitáveis por sua natureza"[58] e, por isso, não dizem respeito aos direitos reais, haja vista que não têm valor econômico e não são passíveis de disputa entre os homens, bem com aqueles bens que estão fora do comércio (por exemplo, praça pública).

2.2.1 Bens de natureza imaterial ou incorpóreos

No que diz respeito aos bens de natureza incorpórea também constarem do mesmo rol daqueles que estão inseridos na proteção conferida aos direitos reais, a explicação mais plausível, como acentua Miguel Maria de Serpa Lopes, é no sentido de que "os bens imateriais podem ser de duas classes: a primeira, a daqueles bens incapazes de uma existência jurídica autônoma, por se encontrarem intimamente ligados a uma pessoa, como é a vida, a honra ou a liberdade; a segunda, a dos bens imateriais de caráter patrimonial, suscetíveis de formarem um objeto jurídico. Só a estes últimos se dirigem às normas do Direito das Coisas. As categorias desses bens imateriais podem ser assim distribuídas: a) obras literárias, artísticas e científicas; b) as invenções industriais; c) as firmas comerciais, em seu sentido objetivo, destinadas à individuação de um estabelecimento mercantil; d) as insígnias de um estabelecimento mercantil, que são sinais distintivos e identificadores, de uso exclusivo pelo dono do estabelecimento; e) as marcas de fábrica, etc.".[59]

A proteção dos direitos imateriais, ou incorpóreos, abre possibilidade jurídica do manejo, quando o caso, das ações possessórias típicas, basicamente a relativa ao interdito proibitório, o que veremos por meio do estudo desenvolvido através do Capítulo 5 desta obra.

A proteção dos bens de natureza incorpórea decorre de mandamento constitucional, em face do disciplinado pelo art. 5º, incs. XXVII e XXVIII, da Constituição Federal de 1988. Também legislação extravagante cuida da matéria, como é o caso da Lei nº 9.620, de 19 de fevereiro de 1998, que trata sobre direitos autorais;[60] Lei nº 9.609, de 19 de fevereiro de 1998, que trata sobre a propriedade intelectual sobre programa de computador,

---

[58] Sílvio de Salvo Venosa utiliza tal expressão. Lembra, por outro lado, que tanto ar, como o mar em geral, e sol, são fontes que podem dar margem à captação de energia e "uma vez captadas, são alienáveis" (VENOSA, Sílvio de Salvo. *Direito civil*: parte geral. 3. ed. São Paulo: Atlas, 2003. v. 1, p. 343).
[59] LOPES, Miguel Maria de Serpa. *Curso de direito civil*. 4. ed. Rio de Janeiro: Freitas Bastos, 1996. 6 v., p. 49.
[60] A violação de direito autoral é crime previsto no Código Penal, art. 184, tendo sido ampliado o leque de proteção penal em razão da alteração ocorrida pela Lei nº 10.965, de 1º de julho de 2003.

e a Lei nº 9.279, de 24 de maio de 1996, que trata sobre a propriedade industrial.

2.3 Controvérsias doutrinárias em relação à posse (pelo prisma do possuidor, do detentor e, ainda, se a posse é poder fático ou jurídico, ou ambos)

O Código Civil de 2002 (assim como pelo revogado Código Civil de 1916), não define de forma direta o que seja posse, mesmo porque não é função primordial do código tratar de definição, papel este que é reservado, via de regra, para a doutrina. Mesmo não definindo, formalmente, o mesmo deixa antever, por via oblíqua, o delineamento da mesma, conforme desponta pelo *art. 1.196 do Código Civil de 2002* (e art. 485 do Código Civil de 1916), onde consta: "Considera-se possuidor todo aquele, que tem de fato o exercício, pleno, ou não, de algum dos poderes inerentes à propriedade".[61] [62]

Pelo enunciado do artigo, conforme transcrição acima, ficam destacadas as figuras do possuidor e da posse de determinada coisa. Parte, assim, o Código Civil (tanto o de 2002, como o de 1916) da relação de que a posse é representada pela figura de um possuidor que tem de fato o exercício, que pode ser pleno ou não, de determinada coisa e age como se proprietário dela fosse.

O possuidor age, em relação à posse, com base em poderes típicos do proprietário, portanto, fica assegurado ao possuidor o exercício do poder de uso, gozo e disposição da coisa, que são, também, poderes inerentes e próprios da propriedade, conforme consta do *art. 1.228 do Código Civil de 2002* (e art. 524 do Código Civil de 1916), que diz: "O

---

[61] Não é só o Código Civil Brasileiro que não define a posse em si mesmo, pois outros Códigos Civis estrangeiros também não o fazem. Assim, exemplificativamente:
Código Civil do Chile, art. 700: "La posesión es la tenencia de una cosa determinada con ánimo de señor o dueño, sea que el dueño o el que se da portal tenga la cosa por sí mismo, o por otra persona que la tenga en lugar y a nombre de él.
El poseedor es reputado dueño, mientras otra persona no justifica serlo".
Código Civil do Equador, art. 734: "Posesión es la tenencia de una cosa determinada con ánimo de señor o dueño; se que el dueño o el que se da por tal tenga la cosa por si mismo, o bien por otra persona en su lugar y a su nombre.
El poseedor es reputado dueño, mientras otra persona no justifica serlo".
[62] Outros códigos civis estrangeiros, no entanto, definem a posse. Assim, exemplificativamente:
Código Civil do Paraguai, art. 1.909: "Poseedor es quien tiene sobre una cosa el poder físico inherente al propietario, o al titular de otro derecho real lo confiera".
Código Civil do Uruguai, art. 646: "La posesión es la tenencia de una cosa o el goce de un derecho por nosotros mismo con ánimo de dueños o por otro en nombre nuestro".

proprietário tem a faculdade de usar, gozar e dispor da coisa, e o direito reavê-la do poder de quem quer que injustamente a possua ou detenha".

A posse tem dado margem, ao longo dos tempos, a inúmeras controvérsias de ordem doutrinária e até mesmo sua definição enseja conflitos. Trata-se, como a doutrina reconhece, de instituto bastante controvertido em matéria de Direito, embora não chegue aos extremos do apontado pelo doutrinador Tito Lívio Pontes, quando o mesmo afirma: "A posse é uma *vexata quoestio*, um assunto atormentado e extremamente difícil".[63] Ou, ainda, o que é pior, não reconhecer, como fazem alguns autores, dentre os quais se sobressai Silvio Rodrigues,[64] a posse como matéria de direito real.

As dificuldades apontadas pela doutrina com relação à posse têm sua origem nos textos romanos, pois que os mesmos são, na maioria das vezes, contraditórios e interpolados. Na história romana, o próprio conceito de posse foi sendo alterado nas diversas épocas, recebendo influência do Direito Natural, Direito Canônico e Direito Germânico. Ademais, os ordenamentos jurídicos existentes não são homogêneos, tratando do tema com enfoques de diversos matizes.

Em razão de todas as controvérsias é que, por certo, a posse não encontra facilmente pensamento linear na doutrina, na jurisprudência e até mesmo pela própria legislação, e isto se deve a sua situação fática, embora também do fato decorra o direito, "pois todo o fato que tem efeito é fato jurídico".[65] [66] E disso se apercebeu Ihering, ainda que por

---

[63] PONTES, Tito Lívio. *Da posse no direito civil brasileiro*. São Paulo: Juscrédi, [1961?]. p. 18.
[64] Silvio Rodrigues (*Direito civil*: direito das coisas. 22. ed. São Paulo: Saraiva, 1995. 5 v. em 7, p. 21), que afirma: "Aliás, não se pode considerar a posse direito real porque ela não figura na enumeração do art. 1.225 do Código Civil, e, como vimos, aquela regra é taxativa, não exemplificativa, tratando-se ali, de *numerus clausus*. Esse o meu ponto de vista".
Nota: A posição de Silvio Rodrigues é a mesma que já manifestava em relação ao art. 674 do Código Civil de 1916. O art. 1.225, do Código Civil de 2002, e o art. 674, do Código Civil de 1916, enumeram os direitos reais e no bojo não incluem a posse. Ora, sedimentando nosso posicionamento, embora não incluída naquele rol, dos artigos em referência, não deixa a posse de ser matéria de direito real em razão de que é tratada como tal pelo próprio Código Civil, tanto o de 2002, como o de 1916, no Livro que cuida do Direito das Coisas.
[65] THEODORO JÚNIOR, Humberto. *Curso de direito processual civil*: procedimentos especiais. 28. ed. Rio de Janeiro: Forense, 2002. 3 v, p. 113. O autor, no entanto, busca, e reconhece isto na obra, inspiração em Pontes de Miranda, que dizia: "Os que dizem que a posse é fato, mas, por seus efeitos, direito..., não prestaram atenção a que não há direito sem ser efeito de fato jurídico e a que todo fato que tem efeitos é fato jurídico".
[66] Ao discorrer sobre o fato jurídico, assevera, a seu turno, Fábio Ulhoa Coelho: "Toda norma jurídica, inclusive a de direito civil, pode ser descrita como a indicação de um evento ao qual se liga uma conseqüência. O evento descrito como pressuposto é um fato jurídico. Se o fato jurídico é a conduta de direito, chama-se ato jurídico.
Se o ato jurídico é praticado com a intenção de gerar a conseqüência prevista na norma jurídica (isto é, produzir efeitos), denomina-se negócio jurídico" (COELHO, Fábio Ulhoa. *Curso de direito civil*. São Paulo: Saraiva, 2003. v. 1, p. 278-279).

linhas transversais, ao afirmar que "a posse é a exterioridade, a visibilidade da propriedade";[67] e tal afirmação, que se perpetuou no Direito brasileiro, era correta, segundo entendimento de Max Weber.[68]

O vocábulo posse, na concepção que é mais aceita e coerente, segundo Sílvio de Salvo Venosa, "provém de *possidere*; ao verbo *sedere* apõe-se o prefixo enfático por. Nesse sentido semântico, posse prende-se ao poder físico de alguém sobre a coisa".[69]

Em outra vertente doutrinária, conforme apregoa Ebert Chamoun, "a palavra *possessio* provém de *potis*, radical de *potestas*, poder, e *sessio*, do mesmo étimo que *sedere*, estar assente. Indica, portanto, um poder que se prende a uma coisa. Com efeito, já nas origens era a posse o exercício de uma senhoria, quer sobre a terra que o chefe da *gens* concedia aos seus clientes, com a obrigação de restituir logo que exigida (*precarium*), quer, depois da constituição da cidade, sobre o *ager publicus*, de que era titular a *civitas* e que era objeto de concessão aos cidadãos, quer, mais tarde ainda, sobre o solo provincial. Esse exercício se denominava *usus*, *usufructus*, *possessio*, e, nos dois primeiros casos, era essencialmente revogável".[70]

Na essência, portanto, a posse representa efetivamente o poder físico que determinada pessoa exerce sobre uma determinada coisa. De outra banda, deve ficar patente que se trata de poder físico em razão de que a relação do possuidor com o bem, enquanto coisa, é, exclusivamente, de ordem fática, contudo, age o possuidor como se proprietário do bem fosse, o que redunda dizer que age com o respaldo do exercício jurídico que lhe é assegurado, pois do contrário, se não tiver o exercício como se proprietário efetivamente fosse, estará agindo como simples fâmulo da posse, ou seja, como mero detentor da coisa.

O agir do possuidor é, desta maneira, respaldado pelo próprio Direito, pois que o Direito tem a função precípua da proteção dos "interesses juridicamente protegidos"[71] e tanto assim é verdadeiro que a própria lei assegura ao possuidor igualdade de agir como se proprietário (quando não o é) do bem fosse.

---

[67] IHERING, Rudolf von. *Teoria simplificada da posse*. Trad. Pinto Aguiar. 2. ed. Bauru: Edipro, 2002. p. 34.
[68] WEBER, Max. *História agrária romana*. São Paulo: Martins Fontes, 1994. p. 80, escreveu o autor: "[...]. Sobre o tema da proteção para a aquisição de áreas, o ponto de vista de Ihering, referente à época mais antiga, é válido no sentido literal: a proteção da posse devia preceder a proteção da propriedade".
[69] VENOSA, Sílvio de Salvo. *Direitos reais*. São Paulo: Atlas, 1995. p. 37.
[70] CHAMOUN, Ebert. *Instituições de direito romano*. 4. ed. Rio de Janeiro: Forense, 1962. p. 218.
[71] IHERING, Rudolf von. *Teoria simplificada da posse*. Trad. Pinto Aguiar. 2. ed. Bauru: Edipro, 2002. p. 43.

2.4 Tipos de sujeição da coisa à pessoa e à posse

Em linhas gerais, o direito real sujeita a coisa à pessoa. Tal sujeição pode ser de direito ou de fato. Assim, pode haver o domínio sobre uma coisa (senhorio de direito) e estar ela nas mãos de outra pessoa (senhorio de fato). Esta noção é essencial para compreender-se a posse. A sujeição de direitos se estabelece de diversas formas: domínio ou propriedade e os outros direitos reais. A sujeição de fato pode ser compreendida, também, de diversas maneiras. Primeiro, há uma sujeição de fato, que é mero fato, reservando-se para ela o nome de detenção, onde está presente a figura do fâmulo da posse; segundo, há uma sujeição de fato, que depende de certas circunstâncias e que engendra consequências jurídicas relevantes, é esta, no caso, a posse.

Existem, pois, na sujeição de uma coisa a uma pessoa, três graus plenamente distintos. A saber:

a) domínio e direitos reais vem a ser a existência de uma efetiva sujeição de ordem jurídica, nascida e regulada pelo próprio Direito.

b) posse, representada por uma situação de fato, mas que, entretanto, engendra consequências jurídicas tão importantes que é, hoje, conceituada como sendo um direito.

c) detenção, representa uma situação de fato, que os romanos, em certa época, designaram com a expressão *possessio naturalis* e que nada mais é do que a relação material de dependência que se estabelece entre uma coisa e uma pessoa, sem qualquer consequência de relevância jurídica.

Os efeitos do domínio já são conhecidos: em primeiro lugar, as amplas faculdades que tem o proprietário de usar, gozar e de dispor da coisa e, por último, a faculdade de reivindicá-la das mãos de quem quer que a detenha. A reivindicação é o próprio poder de sequela representada pelo domínio.

É importante salientar que a posse de determinada coisa — que deve ser bem imóvel ou móvel — está no rol dos direitos reais e, embora nascendo de uma condição meramente fática, gera consequências jurídicas próprias e que gozam da proteção legal, o que será objeto de considerações no tópico 2.5.

2.5 Consequências jurídicas da posse em relação ao possuidor efetivo e o fâmulo da posse

As consequências jurídicas da posse são, principalmente, duas: em primeiro lugar, conduz ao domínio, mediante o usucapião;

em segundo dá ao possuidor o direito aos interditos.[72] Os interditos possessórios são, no caso, de manutenção de posse, de reintegração de posse e interdito proibitório.

De todos os efeitos jurídicos engendrados pela posse, o que tem consequência mais significativa é, via de regra, a condução do possuidor à condição de proprietário, e tal ocorre, não havendo outra relação jurídica distinta, pela ocorrência do usucapião. Não deixa, todavia, de ter sua grandeza os meios de defesa da posse que são colocados à disposição do possuidor.

Pela posse temos, além da figura de maior relevância representada pelo instituto do usucapião — possibilidade que quando ocorre transforma o possuidor em proprietário da coisa sobre a qual mantinha posse —, as figuras dos interditos possessórios,[73] dos quais se assegura o possuidor para defesa de sua posse, conforme artigos 1.210 a 1.212 do Código Civil de 2002 (e artigos 499 e 501 do Código Civil de 1916).

Relevante destacar que os interditos possessórios não são garantidos em prol do detentor, pois este age, sempre, em nome do verdadeiro possuidor.[74] E assim é porque o detentor tem a posse sem que com a mesma possa consolidar direitos que o conduza à condição de proprietário, em razão de usucapião, e também não pode se valer dos interditos possessórios; inclusive é possível que a mesma coisa tenha mais de um detentor, e isto de forma simultânea, o que não descaracteriza a figura da mera detenção, pois que nenhum dos que figuram como detentores está consolidando posse sobre a coisa mantida em detenção.

Ainda, quanto a não ser o fâmulo da posse titular do direito de proteção por meio das ações possessórias, alude Misael Montenegro Filho, "também não pode propor a ação possessória o detentor da coisa ou *fâmulo da posse*, geralmente um funcionário do possuidor, que exerce a posse em seu nome, e aquele que se encontra em contato físico

---

[72] San Tiago Dantas (*Programa de direito civil*: direito das coisas. 3. ed. Rio de Janeiro: Ed. Rio, 1984. 3 v., p. 25-26), de quem nos socorremos doutrinariamente, inclusive em relação ao tópico 2.4, adota a mesma linha de pensamento que registramos no texto.

[73] A matéria atinente aos interditos possessórios — meios de defesa da posse — será objeto de análise específica no Capítulo 4 desta obra.

[74] Ao comentar o art. 1.198 do Código Civil de 2002, aponta Ricardo Aronne, em relação ao fâmulo da posse: "Trata-se de regra que dissocia a figura do detentor da figura do possuidor. Quem é detentor não é possuidor, não se legitimando ao pólo ativo dos interditos. Detentor é todo aquele que exerce a posse de outrem, em nome daquele. É o caso do zelador ou do caseiro, no que diz respeito ao bem zelado, onde o sujeito atua como fâmulo da posse, na dicção do Direito Civil tradicional" (ARONNE, Ricardo. *Código Civil anotado*: direito das coisas: disposições finais e legislação especial selecionada. São Paulo: IOB Thomson, 2005. p. 62).

com a coisa por permissão ou tolerância do possuidor. Há, na espécie, uma posse desqualificada, que não confere ao detentor o direito de se amparar na proteção possessória na busca da retomada do bem".[75] [76]

O próprio Código Civil, tanto o atual (de 2002), como o revogado (de 1916), deixa claro que o servidor da posse, que é o detentor, ou, ainda, fâmulo da posse, não exerce direitos possessórios próprios quando está em relação de dependência para com outro (que é o verdadeiro possuidor da coisa), pois que é em nome deste, e recebendo as devidas instruções, que conserva a posse da coisa, conforme disposto no art. 1.198 do Código Civil de 2002 (e art. 487 do Código Civil de 1916).

Não há como ser feita qualquer confusão com a figura do detentor e a do possuidor direto,[77] pois que, neste último caso, o mesmo estará amparado para manejar ação possessória, inclusive contra o próprio possuidor indireto, e este, salvo casos específicos, contra aquele. Neste mesmo sentido é a lição que se extrai da doutrina de Aluísio Santiago Júnior: "No relacionamento entre os dois possuidores qualquer um pode manejar ação possessória contra o outro, sem a conduta de um deles representar esbulho, turbação ou ameaça à situação do outro".[78]

Deflui isto, a questão da posse direta, do comando do art. 1.197 do Código Civil de 2002 (e art. 486 do Código Civil de 1916), onde desponta que a posse direta decorre de direito pessoal ou real, donde podemos

---

[75] MONTENEGRO FILHO, Misael. *Ações possessórias*. São Paulo: Atlas, 2004. p. 42-43.

[76] O fâmulo da posse, como simples detentor físico da coisa, não tem direito aos interditos possessórios e quando demandado em nome próprio deve proceder a nomeação à autoria do titular da posse, em conformidade com o art. 62 do Código de Processo Civil. Fâmulos da posse são, por exemplo, como aponta Arnoldo Wald: "O bibliotecário, em relação aos livros que guarda, o soldado, quanto às suas armas, o motorista de ônibus, quanto a este". São considerados, dentre outros, como simples detentores da posse em razão de "que exercem o seu poder em nome alheio, sem autonomia, de acordo com as instruções de terceiro" (WALD, Arnoldo. *Curso de direito civil brasileiro*: direito das coisas. 11. ed. São Paulo: Saraiva, 2002. p. 58).

[77] É de bom alvitre lembrar que na questão da posse direta e na figura do detentor, a causa pode decorrer da mesma coisa, só que na figura do possuidor está presente uma relação jurídica, enquanto que na do detentor a mesma decorre de uma relação de dependência, de ordem econômica, deste para com o legítimo possuidor. Melhor explicando, tomando por base a doutrina de Marcus Vinicius Rios Gonçalves (*Dos vícios da posse*. São Paulo: Oliveira Mendes, 1998. p. 27): "Moreira Alves explica que o critério para distinguir uma da outra é que a relação entre o servidor e o possuidor possui uma forte carga de dependência de natureza social, e a relação na hipótese de posse direta é mais estritamente jurídica. Assim, na hipótese de posse direta, o vínculo jurídico é específico e circunscrito ao desdobramento da posse, o que não acontece com o servidor, que, por causa do vínculo, deve subordinar-se integralmente às decisões do possuidor, não podendo dar à coisa qualquer utilização ou destino sem que este determine".

[78] SANTIAGO JÚNIOR, Aluísio. *Posse e ações possessórias*: doutrina, prática e jurisprudência. Belo Horizonte: Mandamentos, 1999. p. 47.

verificar que, embora não tendo sido repetido pelo art. 1.197 do CC de 2002, continuam válidos os exemplos dados pelo art. 486 do CC de 1916, onde o usufrutuário, o credor pignoratício e o locatário são possuidores diretos; neste rol, também se encaixa a figura do depositário, pois que é o mesmo, também, possuidor direto, haja vista que detém a coisa em razão de direito pessoal ou obrigacional.

2.6 Conceituação doutrinária da posse

Por meio do Código Civil (tanto o de 2002, como o de 1916) somente é definida (como já apontamos alhures) a figura do possuidor e não da posse em si mesma, situação esta que leva o doutrinador civilista Renan Falcão Azevedo a dizer que "em lugar de definir-se o direito, definiu-se o titular do direito".[79] Não obstante tal situação, a falta de definição legal por meio do Código Civil em nada obsta que firmemos doutrinariamente o conceito de posse, mesmo porque é pela doutrina e não, necessariamente, pela legislação que o conceito em matéria jurídica deve ser formulado.

A doutrina acena com vários conceitos, todavia, todos, ao fim e ao cabo, convergem para os mesmos elementos nucleares, o que é corretíssimo, pois o que não pode ficar de fora do conceito são, exatamente, os *elementos nucleares*. Destacamos, dentre os mais variados *conceitos* apontados pela doutrina: "Posse é o conjunto dos atos, não defesos em lei (posse justa), exercidos sobre a coisa pelo sujeito, ou por terceiros em seu nome (fâmulo da posse), tal como se dela fosse o proprietário, ou titular de algum respectivo direito real (quase-posse)".[80][81][82]

Pelo conceito transcrito está destacada a posse propriamente dita, que é aquela que pode conduzir o possuidor à condição de proprietário em razão de usucapião, como também a posse decorrente de mera detenção, onde o possuidor não tornar-se-á proprietário da

---

[79] AZEVEDO, Renan Falcão de. *Posse*: efeitos e proteção. 3. ed. Caxias do Sul: Universidade de Caxias do Sul – EDUCS, 1993. p. 36.
[80] AMARAL, Ricardo Rodrigues do. *Direito das coisas*. Presidente Prudente: Data Juris, 1994. p. 31.
[81] De conformidade com a doutrina de João Henrique (*Direito romano*. Porto Alegre: Livraria do Globo, 1938. t. II, p. 51), a posse é assim definida: "Posse é o poder físico que a pessoa tem sobre uma coisa corpórea com a intenção de exercer um direito".
[82] Por outro lado, ainda sobre o conceito de posse, diz Valência Zea *apud* Marcus Vinicius Rios Gonçalves (*Dos vícios da posse*. São Paulo: Oliveira Mendes, 1998. p. 23), que é "toda relación material del hombre con las cosas que se traduce en la capacidad de influir con nuestra voluntad sobre ellas y da derecho al poseedor para defender-se por si, o por intermedio de la justicia, de los ataques que los demás dirijan a dicha relación".

coisa possuída em razão de usucapião; não é esquecida, por fim, no conceito, a figura da quase-posse, que é aquela exercida em direitos reais fracionados do direito maior, como, por exemplo, a posse do usufrutuário, que tem, além da própria posse, o direito de uso e gozo da coisa recebida em usufruto, inclusive com possibilidade do manejo das ações possessórias típicas (manutenção de posse, reintegração de posse e interdito proibitório) contra terceiros e até contra o próprio nu-proprietário,[83] sem que tenha, no entanto, a disposição da mesma, conforme elementos nucleares provenientes do art. 1.228 do Código Civil de 2002 (e art. 524 do Código Civil de 1916).

Resumindo, em razão do conceito em comento, a *posse decorre de três situações distintas*, ou seja:

a) posse propriamente dita, que é aquela que o possuidor possui a coisa como se sua realmente fosse (tem o *animus* de senhor e possuidor);

b) posse impropriamente dita, que é aquela em que o possuidor possui a coisa sem que, no entanto, faça com a intenção de tê-la como se sua efetivamente fosse (possui a coisa em nome de outrem, é, pois, mero fâmulo da posse); e,

c) posse derivada, que é aquela em que o possuidor possui a coisa em decorrência de tê-la recebida em razão de desdobramento de outra até então plena (no caso, por exemplo, a posse decorrente de um contrato de aluguel, onde o locatário possui apenas a posse direta da coisa, pois que a posse indireta continua com o locador).

A posse propriamente dita é a que melhor se apresenta no quadro possessório, pois é ela que guarda todos os requisitos para conduzir o possuidor à condição de proprietário, isto em razão da prescrição aquisitiva que está sendo formada, pelo decurso do tempo, em seu favor para usucapir a coisa. Consolidado o tempo e as demais condições, inclusive a própria continuidade da posse, passará o possuidor, pela aquisição da coisa em razão de usucapião, à condição de proprietário.

---

[83] Lecionam Ney Rosa Goulart e Paulo Eurides Ferreira Sefrin: "Como titular da posse, para bem poder gozar a coisa frutuária, o usufrutuário dispõe de todas as ações possessórias contra quem quer que a lese. Inclusive contra o nu-proprietário, se este lhe embaraçar o livre exercício do usufruto. Só não pode exercitar a ação de reivindicação, visto que não é proprietário, sendo ela, então, prerrogativa do nu-proprietário" (GOULART, Ney Rosa; SEFFRIN, Paulo Eurides Ferreira. *Usufruto, uso e habitação*: teoria e prática. Rio de Janeiro: Forense, 1986. p. 19).

2.7 Natureza jurídica da posse (se se trata de mero fato, ou se se trata de direito, ou, ainda, se se trata de direito e fato)

No que se refere à natureza jurídica da posse, a discussão entre os doutrinadores ainda é, mesmo nos tempos atuais, objeto de muita polêmica. Para uns, a posse é mero fato; outros, entretanto, tem-na como sendo um direito; outros, por fim, como sendo um direito e um fato que agem simultaneamente. Assevera, neste sentido, Darcy Bessone: "Desde o Direito Romano controverte-se a questão de saber se a posse é fato ou é direito. Não se chegou, ainda, a um entendimento definitivo, no que toca a tal dissídio".[84]

A situação dantes apontada também encontra controvérsia por meio da doutrina do Direito Civil de Portugal.[85] [86]

Embora tais discordâncias doutrinárias, não há, contudo, modernamente, mais razão para a existência da polêmica, pois é inequívoco que a posse resulta de uma situação de fato, no entanto, isto somente quando de sua formação inicial, embora com todo os requisitos de proteção do direito. Melhor explicando, a posse decorre de uma situação inicial de fato em razão de que se fosse, desde logo, decorrente de uma situação de direito, *lato sensu*, não estaríamos diante da posse, e sim, desde logo, diante de propriedade, e a propriedade decorre de uma relação jurídica pura e simples, e não em razão de situação fática (mas geradora de relação jurídica), como acontece especificamente com a posse.

Releva, por outro lado, levar em consideração que a posse, por ser sempre proveniente de uma situação de fato, tem o seu cunho de direito e tanto é verdade que os institutos de proteção em matéria possessória, que são de natureza de ordem jurídica, lhe garantem a devida proteção, o que bem retrata o comando contido no art. 1.210 do Código Civil de 2002 (e arts. 499 e 501 do Código Civil de 1916).

---

[84] BESSONE, Darcy. *Da posse*. São Paulo: Saraiva, 1996. p. 64.
[85] Na doutrina civilista de Portugal, também a matéria — sobre a posse ser um direito ou um fato — é tratada com muita polêmica. Neste sentido, pela doutrina de José de Oliveira Ascensão (*Direito civil*: reais. 5. ed. Coimbra: Coimbra Ed., 1993. p. 77-78): "Discute-se se a posse é um facto ou um direito. Excluindo entendimentos menos significativos, opõem-se os que afirmam que a posse é uma realidade extrajurídica, de que derivam efeitos jurídicos, àqueles que pretendem que a posse é ela própria uma situação jurídica, embora tenha o exercício fáctico de poderes na sua génese".
[86] Por outro lado, no direito civil brasileiro, já pontificava o entendimento do Conselheiro Lafayette sobre a questão da posse ser direito ou fato (ou ambos, simultaneamente): "É, pois, força reconhecer que a posse é um fato e um direito: – um fato pelo que respeita à detenção, um direito por seus efeitos" (PEREIRA, Rodrigues Lafayette. *Direito das coisas*. 5. ed. Rio de Janeiro: Freitas Bastos, 1943. 1 v. em 2, p. 40).

A polêmica em matéria possessória é — e por certo continuará a ser por muito tempo ainda — por demais prolixa, contudo, em se analisando de forma criteriosa o Código Civil de 2002, assim como o revogado Código Civil de 1916, além do Código de Processo Civil, percebe-se, nitidamente, a proteção que é dada à posse.

Aliás, pelo revogado Código Civil de 1916, já estava assentado de forma lapidar, no art. 75: "A todo o direito corresponde uma ação, que o assegura". E isto, via de regra, os autores ignoravam quando discutiam sobre a proteção jurídica da posse, pois se fosse ela mero fato sem consequência jurídica não poderia, como dúvida não deixa a redação do artigo transcrito, ser objeto de defesa por meio de uma ação judicial. O fato que gera efeito é, logicamente, como já asseverava com justa razão Pontes de Miranda, o fato de natureza jurídica, logo, a posse como fato do qual decorrem efeitos é, indubitavelmente, fato de natureza jurídica. O fato decorrente da posse é de ordem jurídica e por assim ser é que recebe proteção pelo direito, pois é da essência do direito proteger o fato jurídico,[87] e como forma de proteção é que podem ser manejadas as ações protetivas da posse.

De sorte que, e assim entendemos, a questão envolvendo a juridicidade da posse fica — em razão da proteção que recebe do próprio direito (decorrente dos efeitos produzidos pelo fato jurídico) — pacificada, haja vista que recebe a mesma proteção que é dada a qualquer outro direito, até mesmo porque é da essência processual civil que a lei assegura a todos o direito de ação[88] para proteção de seus direitos violados, ou que

---

[87] Aponta, de forma coerente Miguel Reale: "A norma envolve o fato e, por envolvê-lo, valora-o, mede-o em seu significado, baliza-o em suas conseqüências, tutela o seu conteúdo, realizando uma mediação entre o valor e o fato" (REALE, Miguel. *Filosofia do direito*. 5. ed. São Paulo: Saraiva, 1969. v. 1, p. 237).

[88] Ação é, não custa relembrar, na preciosa e clássica definição de Celso: "*Actio nihil aliud est quam jus persequendi in judicio quod sibi debentur*". Em livre tradução: "Ação é o direito de alguém pleitear em juízo o que lhe é devido".
É verdade, e isto é inegável, que a definição clássica de ação serve, presentemente, como mera referência histórica, haja vista que a ação envolve aspectos mais abrangentes do que os do conceito apontado. Sobre a ação dizem, modernamente, os doutrinadores Nelson Nery Junior e Rosa Maria Andrade Nery: "Sentido do termo ação. O vocábulo ação deve ser aqui entendido em seu sentido mais lato, ora significando o direito público subjetivo de pedir a tutela jurisdicional (*ação stricto sensu*), em todas as suas modalidades (ação, reconvenção, ação declaratória incidental, denunciação da lide, chamamento ao processo, oposição, embargos do devedor, embargos de terceiro, incidente de falsidade documental etc.), ora o direito de solicitar do Poder Judiciário a administração de certos interesses privados (jurisdição voluntária), bem como de opor exceções, recorrer, ingressar como assistente e suscitar incidentes processuais" (NERY JUNIOR, Nelson; NERY, Rosa Maria Andrade. *Código de Processo Civil comentado*. 5. ed. São Paulo: Revista dos Tribunais, 2001. p. 329).

estejam na iminência de o sê-los, como acontece, exemplificativamente (em matéria possessória), com o instituto do interdito proibitório.

Se o direito positivo brasileiro assegura o direito do possuidor, como assegura concretamente, não persiste qualquer dúvida de que a posse (embora decorrente de uma situação fática, mas que é decorrente de um fato de natureza jurídica) é protegida pelo direito. E tanto é verdade tal assertiva, que goza ela da competente proteção jurídica decorrente do direito material e do Direito Processual. E a proteção jurídica é assegurada para a proteção do direito, haja vista que para cada direito existe uma ação que assegura o seu exercício, desde que, logicamente, haja o efetivo interesse e legitimidade.[89]

Sintetizando a questão relativa à natureza jurídica da posse, destacamos o abalizado ensinamento de Roberto Wagner Marquesi, quando o mesmo aponta (no que se coaduna com que expusemos anteriormente): "Muito se discute sobre se a posse é um fato ou um direito, ou ambos os fatores reunidos. Não pairam dúvidas sobre constituir-se um fato, mas o dissenso doutrinário surge quanto a ser ela também um direito. A despeito de vozes autorizadas em sentido contrário, não há negar à posse o caráter de verdadeiro direito. Não se pode confundir o direito com o fato que lhe dá origem. Os direitos subjetivos, como se sabe, assentam-se num fato, oriundo ou da manifestação de vontade ou de um acontecimento natural. A posse manifesta-se através da vontade do titular de manter um bem para sua serventia. Mas, como seus atos ou sua vontade traduzem um interesse, quer dizer, uma aspiração à utilidade-valor da coisa, surge o direito subjetivo e, com ele, a proteção possessória".[90]

2.7.1 Natureza jurídica da posse (direito pessoal, ou direito real)

Sendo, como afirmado anteriormente, a posse um direito — como de fato é, no que comungamos plenamente —, deve ficar delimitado,

---

[89] O Código de Processo Civil, em seu art. 3º, estabelece: "Para propor ou contestar ação é necessário ter interesse e legitimidade".
[90] MARQUESI, Roberto Wagner. *Direitos reais agrários e função social*. Curitiba: Juruá, 2001. p. 45-46. Aponta, ainda, o autor: "Fora do campo dos direitos reais também é assim, os direitos nascem de um fato, dito jurídico. É o caso das uniões estáveis, previstas nas Leis 8.971/94 e 9.278/96. Embora a união seja um fato, dela decorrem os direitos dos companheiros, como os de alimentos e sucessão. Para a aquisição do direito foi necessário um fato que o gerasse. Assim ocorre na posse. Conquanto constitua um direito, não se pode esquecer que ela se manifesta no mundo dos sentidos. Por isso, como registra Ihering, fato e direito se conjugam na posse".

por outro lado, se se trata de um direito pessoal ou de um direito real. Eis, então, a questão: A posse é direito de cunho estritamente pessoal, ou é direito de natureza real?

A resposta demandaria algumas perquirições de ordem doutrinária, pois que longa foi a controvérsia doutrinária em definir se a posse era de natureza real ou simplesmente de natureza pessoal. Não iremos nos ater com muita amplitude sobre a questão, pois que, modernamente, as divergências já estão superadas. Não há, via de regra, nenhum doutrinador civilista que comungue, presentemente, com a posição adotada no passado e que teve como expoente maior Rui Barbosa, que entendia que a posse se inseria no rol dos direitos pessoais.

A questão da proteção da posse em favor dos direitos pessoais não merece qualquer crédito e, assim sendo, trataremos da posse pelo prisma de seu verdadeiro alcance como matéria de direito real, como de fato é, mesmo porque, como acentua acertadamente Humberto Theodoro Júnior, "não se pode, em conseqüência, utilizar os interditos possessórios para realizar a pretensão de tutela a direitos pessoais ou obrigacionais", pensamento este que se amolda com o ponto de vista que defendemos e que também encontra eco na lição de Roberto J. Pugliese, quando o mesmo acentua: "O instituto da posse, incluído no direito das coisas, por mais afinidade que venha a ter com direitos pessoais ou personalíssimo, torna inadmissível aplicação das regras que são àquelas pertinentes. O instituto objetiva tutela de direito sobre algo e não sobre a relação humana ou sobre emanações inerentes à pessoa humana".[91]

Isto era assim pelo Código Civil de 1916 e é assim pelo Código Civil de 2002, pois mesmo no Código Civil de 1916, quando havia a expressão relativa a posse de direitos (como é o caso dos arts. 488; 490, 493 e 520, parágrafo único), tal expressão decorria, na verdade, dos direitos reais, "porque só estes proporcionam o poder físico do titular sobre a coisa".[92]

Como a expressão "posse de direitos" não significa posse de direitos pessoais — que não existe, pois o que existe, repetimos, é posse de direitos reais — é que o legislador do Código Civil de 2002, nos arts. 1.199 (art. 488 do CC de 1916), art. 1.201 (art. 490 do CC de 1916), não utilizou a expressão "direito", e com isto afastou qualquer incorreção

---

[91] PUGLIESE, Roberto J. *Summa da posse*. São Paulo: Livraria e Ed. Universitária de Direito – LEUD, 1992. p. 36.
[92] THEODORO JÚNIOR, Humberto. *Curso de direito processual civil*: procedimentos especiais. 28. ed. Rio de Janeiro: Forense, 2002. 3 v., p. 125-126.

de linguagem ou interpretação dúbia. Os arts. 493 e 520 do Código Civil de 1916 não foram repetidos pelo Código Civil de 2002.

O doutrinador Adroaldo Furtado Fabrício, *apud* Humberto Theodoro Júnior, aponta que "soa absurda a própria expressão 'posse de direitos pessoais'. Isto porque 'é incabível sobre direitos. Não há poder fático sobre abstrações'".[93]

Não pode ser concebida, com o mínimo de razoabilidade, a possibilidade de ser utilizada a figura possessória para dar sustentação à questão de proteção de direitos pessoais, pois estes, quando existentes, são protegidos — e tratados — por meio de matéria própria.

Não foi da tradição do Direito português, que seguiu a mesma vertente do Direito romano, tratar da questão possessória — que sempre envolveu coisa — com a questão de direitos pessoais. No Direito brasileiro, na mesma trilha perfilhada pelo Direito de Portugal, que serviu como fonte de inspiração para o nosso ordenamento jurídico, não houve qualquer tipo de previsão de ordem legal que matéria de direitos pessoais poderia receber tratamento pelo campo dos direitos possessórios.

A base do Direito brasileiro que norteou o Código Civil de 1916 foi de total separação dos direitos possessórios dos direitos de natureza pessoal.

Registramos o ponto de vista defendido por Rui Barbosa, que admitia a proteção possessória para resguardo de direitos pessoais e de posições doutrinárias em contrário que não a admitiam, para fins de ilustração da matéria e pesquisa histórica, em notas de rodapé, o que possibilitará ao consulente tomar conhecimento, em maior profundidade, da questão.[94,95,96,97] Rui Barbosa adotou, para a defesa dos direitos pessoais, critérios oriundos do Direito canônico, em face da *actio spolii*, matéria que será vista no Capítulo 5.

Tendo em vista os seus aspectos intrínsecos e extrínsecos, não resta dúvida de que a posse é um direito de natureza real, haja vista que suas principais características são as mesmas, *lato sensu*, decorrentes

---

[93] THEODORO JÚNIOR, Humberto. *Curso de direito processual civil*: procedimentos especiais. 28. ed. Rio de Janeiro: Forense, 2002. 3 v., p. 126.

[94] A defesa da posse como direito pessoal, feita por Rui Barbosa, decorreu dos estudos efetuados com base no Direito português (que vigia, à época, no Brasil), que teria recepcionado do Direito canônico a posse dos direitos pessoais, para sustentar uma ação de reintegração de 16 (dezesseis) professores que haviam sido demitidos da Escola Politécnica do Rio de Janeiro (isto em 1896). Não logrou, no entanto, êxito, pois que a ação foi perdida. O relevante é que na condição de Senador da República, ele apresentou emenda ao art. 485 do Anteprojeto do Código Civil (que mais tarde foi promulgado, isto em 1º de janeiro de 1916), onde foi inserida a palavra propriedade, enquanto na redação do projeto só figurava a palavra domínio.

do direito de propriedade, sem, obviamente, a figura do domínio em si mesmo, mas, como visto, com a possibilidade da utilização, por parte do possuidor, dos institutos possessórios, isto é, das ações interditais típicas (reintegração, manutenção e interdito proibitório).

A posse possibilita ao possuidor ser mantido ou até mesmo reintegrado e, em situações outras, resguardado no seu direito de não sofrer qualquer ameaça e, finalmente, esta garantia que lhe é juridicamente assegurada pode ser utilizada até mesmo contra o próprio proprietário da coisa em litígio.

A doutrina moderna reconhece a posse como sendo um direito, embora, logicamente, decorrente de uma situação de fato, e além de ser direito também a tem como sendo de direito real. Consolidando esta tomada de posição, encontramos eco no pensamento doutrinário de Ney Rosa Goulart,[98] o qual reconhece que tem a posse os mesmos corolários dos direitos reais, que são intrínsecos à propriedade, ou seja,

---

[95] A posição de Rui Barbosa, em relação à posse de direitos pessoais, não logrou acolhida entre os juristas mais abalizados da época, dentre os quais merece destaque Clóvis Beviláqua, o idealizador do Código Civil de 1916. De fato, nas palavras de Clóvis Beviláqua: "Discutiu-se por algum tempo se o nosso direito civil, admitindo a posse de direitos, incluía nessa classe os direitos pessoais.
Ficou, porém, assentado na jurisprudência, como na doutrina, que somente os direitos reais poderiam corresponder ao conceito de posse dado pelo art. 485 do Código Civil: o exercício, de fato, de algum dos poderes inerentes ao domínio ou propriedade. Os direitos pessoais não são poderes componentes do domínio ou propriedade; portanto o seu exercício não pode ser defendido por ações possessórias. Outros são os remédios, que o direito oferece à sua garantia e proteção" (BEVILÁQUA, Clóvis. *Direito das coisas*. 2. ed. Rio de Janeiro: Freitas Bastos, 1946. 1 v. em 2, p. 48).

[96] Ainda, sobre a posição de Rui Barbosa, em querer que a proteção possessória se estendesse aos direitos pessoais, aduz, de forma mordaz, Pontes de Miranda: "A posse recai sobre a coisa. Uma das confusões mais graves, e ninguém errou mais a esse respeito do que Rui Barbosa, foi a de se falar da posse de direitos reais e posse de direitos pessoais" (MIRANDA, Pontes de. *Tratado das ações*: ações mandamentais. Atualizado por Vilson Rodrigues Alves. Campinas: Bookseller, 1999. v. 7, t. VI., p. 104).

[97] À guisa de esclarecimento, os direitos pessoais são defendidos, via de regra, por meio da Ação de Mandado de Segurança, principalmente se objetivar a reintegração de alguém a algum cargo efetivo do qual foi demitido ou exonerado. O mandado de segurança tem amparo constitucional, em face do art. 5º, inc. LXIX, da Constituição Federal de 1988. Atualmente, o mandado de segurança tem disciplinamento por meio da Lei nº 12.016, de 7 de agosto de 2009 (anteriormente, a matéria era tratada por meio da Lei nº 1.533, de 31 de dezembro de 1951, que tratava sobre o mandado de segurança, enquanto a Lei nº 4.348, de 26 de junho de 1964, tratava das normas processuais relativas ao mandado de segurança, sendo que tais leis foram revogadas pelo art. 29 da Lei nº 12.016/2009). Estabelece a Lei nº 12.016/2009: "Art. 1º. Conceder-se-á mandado de segurança para proteger direito líquido e certo, não amparado por *habeas corpus* ou habeas data, sempre que, ilegalmente ou com abuso de poder, qualquer pessoa física ou jurídica sofrer violação ou houver justo receio de sofrê-la por parte de autoridade, seja de que categoria for e sejam quais forem as funções que exerça".

[98] GOULART, Ney Rosa. *Direito das coisas*. Santa Maria: Universidade Federal de Santa Maria, 1979. v. 1, p. 30-31.

ser oponível contra todos, com o correspondente direito de sequela, aderência e a característica básica de sua natureza *erga omnes*.

Não diverge deste modo de pensar o doutrinador processualista civil Celso Agrícola Barbi, ao dizer: "Antiga é a discussão acerca da natureza da posse e, portanto, das ações possessórias. Predomina hoje, entre nós, o entendimento de que a posse é um direito, e de natureza real".[99]

A colocação da posse como sendo um direito (e mais, como sendo de direito real), em que pese ter como nascimento uma questão meramente fática,[100] fica clara com os posicionamentos da doutrina moderna, no que, aliás, comunga do mesmo posicionamento o legislador civilista, e tal posição é, indubitavelmente, a mais sensata e coerente em relação à questão que envolve a posse como matéria inserida — e com a devida proteção — no campo dos direitos reais.

2.8 Teorias, Subjetiva e Objetiva, relativas à posse

Para explicar a existência da posse, em que pese divergências existentes de ordem histórica, existem algumas teorias sobre a matéria (que para fins de consulta procedemos em rápida indicação por meio de apontamentos lançados em nota de rodapé, o que possibilitará uma confrontação imediata com as teorias dominantes[101] [102]). Considerando,

---

[99] BARBI, Celso Agrícola. *Comentários ao Código de Processo Civil*. 2. ed. Rio de Janeiro: Forense, 1981. 1 v., p. 130.

[100] Em outra obra jurídica de nossa autoria, Cláudio Teixeira de Oliveira (*Direitos reais no Código Civil de 1916 e no Código Civil de 2002*: anotações doutrinárias, textos legais e notas comparadas e remissivas. Criciúma: UNESC, 2003. p. 32-33), anotamos, em relação à controvérsia da natureza jurídica da posse: "O que importa, no entanto, é destacar que a posse, muito embora decorra de uma situação de fato, engendra conseqüências jurídicas relevantíssimas e, com isto, é modernamente conceituada como sendo um direito. As conseqüências da posse são de duas grandezas bem definidas, ou seja, a primeira delas é a de conduzir o possuidor à condição de proprietário em razão da ação de usucapião e, em segundo lugar, é que o possuidor pode utilizar-se, para fins de proteção da própria posse, das ações possessórias".

[101] Eduardo Espíndola (*Posse, propriedade, compropriedade ou condomínio, direitos autorais*. Atualizado por por Ricardo Rodrigues Gama. Campinas: Bookseller, 2002. p. 93), diz: "Rudolf von Jhering, passando em revista as teorias formuladas em torno do problema da proteção possessória, divide-as em absolutas e relativas, acrescentando alguns autores as teorias mistas e as histórico-negativas".
Diz ainda o autor, com suporte no escrito por Edmundo Lins, que as teorias relativas, absolutas, mistas e negativas, decorrem de uma classificação que "é uma combinação da que faz Jhering com a de Dalman que as divide em filosófico-jurídicas e histórico-negativas; subdividindo as primeiras em relativas absolutas e mistas, e as segundas em meramente históricas e estritamente negativas".

[102] Pela compilação histórica, encontramos autores que dizem que antes dos estudos sobre a posse, levados a cabo por Savigny, existiam mais de 70 teorias que tentavam explicá-la e isto de modo totalmente dissonante e sem qualquer cunho de logicidade e plausibilidade. Coube, pois, a Savigny o mérito de dar nova luz sobre a questão possessória.

contudo, a sua aplicação prática e de maior destaque sobre as demais teorias, destacamos as duas principais, isto é, a *Teoria Subjetiva* e a *Teoria Objetiva*, pois foram elas que efetivamente deram o verdadeiro norte para o estudo da posse.

No estudo *infra* (tópicos 2.8.1 e 2.8.2), discorreremos, para melhor compreensão da matéria possessória, sobre as duas principais teorias, conforme alusão *supra*. Vejamos, então, cada uma de *per si*.

2.8.1 Teoria Subjetiva

Tem como seu expoente máximo Savigny (Friederich Carl von), que tinha a posse como sendo dependente do *corpus* (que é o objeto em si = a coisa/bem) mais *animus domini* (que é a manifesta intenção de ter a coisa como sendo sua, ou seja, como sendo coisa própria). Em outras palavras: *corpus* = elemento material (físico) significa o contato de ordem material com a coisa (= bem/objeto) e *animus* = o elemento subjetivo (de ordem espiritual) representa a intenção de ser dono, não sendo necessária a convicção de que é o proprietário.[103]

Dessa forma, pela linha seguida por Savigny, somente se configuraria a posse com a existência das duas figuras componentes, isto é: *corpus* e (+) *animus domini*, que sempre deveriam figurar de forma conjugada, caso contrário não poderia haver posse, salvo a questão pertinente a posse derivada, também referida como quase-posse. A posse, para Savigny, dependia do poder físico, em razão da conjugação do *corpus et animus domini*, que era exercido sobre a coisa, e isto não pode servir como verdade absoluta, aliás, sobre tal situação se posicionou

---

[103] Em relação ao *corpus* e ao *animus*, anota Saleilles *apud* Tito Lívio Pontes: "O *animus* e o *corpus*, em matéria possessória, não são mais do que os dois aspectos de uma mesma relação. O *animus* é o propósito de servir-se da coisa para suas necessidades, e o *corpus*, a exteriorização desse propósito. O *corpus* não é, portanto, uma simples relação material, a ter a coisa em seu poder real, mas a manifestação externa de uma vontade, e, por conseguinte, não se verifica sem o *animus*, que é o propósito exteriorizado, fato visível, mediante o corpus" (PONTES, Tito Lívio. *Da posse no direito civil brasileiro*. São Paulo: Juscrédi, [1961?]. p. 24). Saleilles, segundo anota Tito Lívio Pontes, foi autor de teoria bastante difundida sobre a posse, sendo que no seu modo de ver "o que caracteriza a posse, a relação possessória, é um vínculo econômico". Entendia, assim, Saleilles, que "todas as coisas estão sempre a serviço de alguém, serviço econômico da posse, exceto apenas as *res nulliuns*. Assim, em cada caso particular, o que cumpre fazer é estabelecer esta identificação de relação econômica entre a coisa e a pessoa. Este o nó que não se desfaz, o vínculo que não se quebra, pois é da ordem daquelas coisas ligadas à própria subsistência e possibilidade de vida, a um tempo material e social". O ponto de vista teórico defendido por Saleilles não logrou, no entanto, ofuscar as Teorias Subjetiva e Objetiva, pois que Savigny e Ihering é que tiveram (e ainda têm!) a primazia de merecerem a atenção dos codificadores dos códigos civis modernos, como se dá, do mesmo modo, no direito civil brasileiro.

Ihering, quando o mesmo aponta: "O erro fundamental de SAVIGNY consiste, a meu ver, na identificação da noção da posse com a do poder físico sobre a coisa, sem notar que esta última na passa de uma verdade relativa e limitada, pelo que chega a constrangê-la, de tal sorte, que perde afinal toda a verdade e fica reduzida a ser a negação de si mesma".[104]

Pela Teoria Subjetiva, não havia campo, todavia, para o entendimento da posse daquelas pessoas que tinham a coisa sem a configuração de senhor e possuidor, ou seja, tinham a coisa sem o efetivo *animus* de proprietário. Para resolver (ou pelo menos tentar explicar) tal situação é que Savigny denominou aquelas situações em que o possuidor possuía a coisa sem o *animus* de senhor (proprietário) como sendo uma posse derivada, o que será visto infra (tópico 2.8.1.1).

2.8.1.1 Questão da posse derivada em face da Teoria Subjetiva

Pela Teoria Subjetiva não havia campo para o reconhecimento da posse, por exemplo, do locatário, do depositário e do mandatário, considerando que nenhum deles tem, efetivamente, o *animus domini*. O reconhecimento, em casos tais, dava-se no sentido de que os mesmos eram, e somente isto, simples detentores (fâmulos da posse).

Savigny, em sua Teoria Subjetiva, deixou muito a desejar na questão daqueles que detêm a coisa como precaristas, considerando que não entendia possível a posse sem a existência do *corpus* e do *animus domini*, do precarista ou servidor da posse. Neste sentido, o credor pignoratício e o sequestrário não eram considerados por Savigny como possuidores, haja vista que estes não tinham a posse com o *animus domini*. Para resolver este conflito, relacionado à posse exercida pelos detentores, denominou o exercício de posse dos mesmos como sendo de uma *posse derivada*, haja vista que a eles faltava o *animus domini* para que pudessem ser vistos como possuidores.

Ainda, neste particular aspecto, da denominada posse derivada, também conhecida como *quase-posse*, é que a Teoria Subjetiva encontrou seu maior ponto de rejeição por parte da doutrina.[105]

---

[104] IHERING, Rudolf von. *Posse e interditos possessórios*. Trad. Adherbal de Carvalho. Salvador: Livraria Progresso Ed., 1959. p. 174.

[105] Arnoldo Wald (*Curso de direito civil brasileiro*: direito das coisas. 10. ed. São Paulo: Revista dos Tribunais, 1993. p. 35-36), refere que "[...] o elemento subjetivo faltava em outros casos, como os do credor pignoratício, do precarista e do seqüestrário. Querendo manter a sua coerência, Savigny referiu-se nestes casos, à posse derivada, ou seja, a uma transferência da posse que seria feita do proprietário para estes três titulares de direitos. A teoria da posse derivada constitui inegavelmente o ponto mais controvertido da doutrina de Savigny".

Percebemos, desta maneira, que não havia uma base muito sólida na linha defendida pela Teoria Subjetiva, haja vista que necessitava, em determinadas situações, de uma subdivisão, que era a denominada posse derivada, também conhecida como quase-posse.[106]

O próprio Ihering, ao se manifestar sobre Teoria Subjetiva de Savigny, ponderou em seus estudos: "Eu, entretanto, não posso atribuir-lhe importância maior que a passagem de um brilhante meteoro. Do ponto de vista da história do assunto, terá sempre o mérito de haver excitado e favorecido, poderosamente, a investigação científica no terreno da teoria possessória. Quanto aos seus resultados reais para a ciência, considero-os muito medíocres; ao meu ver Savigny não fez justiça nem ao Direito Romano nem à importância prática da posse, porque, por um lado, as idéias preconcebidas que tinha impediam-no de ter a necessária imparcialidade para reconhecer exatamente o Direito Romano, e por outro porque, quando empreendeu o seu trabalho, estava desprovido de toda e qualquer noção relativa à prática, defeito que devia ser duplamente pernicioso, sobretudo na teoria da posse, a qual não pode ser compreendida se não se leva em conta o seu lado prático".[107]

2.8.2 Teoria Objetiva

Tem como seu principal expoente Rodolf Von Ihering, cuja teoria, em matéria possessória, teve o acolhimento, na essência, pelo direito positivo brasileiro, conforme deflui do comando do art. 1.196 do Código Civil de 2002 (e art. 485 do Código Civil de 1916), o que será destacado *infra* (tópico 2.8.3).

Diz, por outro lado, Arnoldo Wald: "Alegou-se que inexistia base para tal teoria no direito romano e que com ela se explicava a transferência da posse de certos casos determinados, quando a mesma não ocorria em casos análogos, como, por exemplo, em relação ao depositário que não era considerado possuidor pelo direito romano, embora fosse detentor do objeto em virtude de transferência que lhe fizera o seu legítimo proprietário".

[106] No nosso modo de ver, embora isto não conste de afirmação consolidada por outros autores, Savigny tomou por parâmetro para a questão da quase-posse interpretação que fez de Celso, no *Digesto*, para o que apontamos: Celsus, libro XXIII. Digestorum. "Quod meo nomine possideo, possum alieno nomine possidere; Nec enim muto mihii causam possessionis, sed desino possidere, et alium possessorem ministério meo facio; nec idem este, possidere, et alieno nomine possidere. Nam possidet, cujus nomine possidetur. Procurator alienae possessioni praestat ministerium". Em livre tradução: Celso, *Digesto*, Livro XXIII. "Posso possuir em nome de outro, aquilo que possuo em meu nome. Porque, quando possuo por meio de outro, não perco o título de minha posse, mas cesso de possuir, e é por minha ação que outro possui por mim; e não é a mesma coisa possuirmos nós mesmos ou possuirmos em nome de outro; porque então possuímos de direito aquilo que esse outro possui de fato. O procurador presta o seu ministério para posse de outro".
[107] IHERING, Rudolf von. *Teoria simplificada da posse*. Trad. Pinto Aguiar. 2. ed. Bauru: Edipro, 2002. p. 78-78.

Partia Ihering da afirmação de que a posse era o resultado da existência, e não mais do que isto, da matéria, ou seja, do *corpus* (coisa/bem em si mesmo). Por meio de tal teoria, não há razão para a existência de perquirição sobre o elemento subjetivo (o *animus*). Para Ihering, o único elemento que se prova, e necessita para a configuração da posse, é o *corpus*, competindo à parte contrária provar, se o caso, que a aludida posse decorre "de uma causa jurídica com a qual é incompatível a *possessio*". Não afastava, no entanto, Ihering a presença da existência do *animus domini*, só que este figura de forma implícita, e não como elemento norteador para a existência da posse.

Desta maneira, sendo a posse mera representação da exterioridade da propriedade,[108] o *corpus* se apresenta como sendo o modo pelo qual o proprietário usa, de fato, de sua propriedade. E aí se acham unidos os dois elementos, o físico e o moral: o estado de fato exterior e a vontade de se utilizar economicamente da coisa.[109]

Na sustentação da Teoria Objetiva, consoante posição firme da doutrina, verificamos que Ihering, como aponta Sílvio de Salvo Venosa, "principia por negar que o *corpus* seja a possibilidade material de dispor da coisa, porque nem sempre o possuidor tem a possibilidade física dessa disposição. Por outro lado, por vezes será impossível provar o *animus*, porque se trata de elemento subjetivo. Em razão disso, a teoria de Ihering é dita objetiva. Para ele o conceito de *animus* não é nem a apreensão física, nem a possibilidade material de apreensão. O importante é fixar o destino econômico da coisa. O possuidor comporta-se como faria o proprietário. O *animus* está integrado no conceito *corpus*. É o ordenamento jurídico que discrimina o seu arbítrio, sobre as relações possessórias, criando assim artificialmente a separação da chamada detenção jurídica relevante de outras situações não protegidas".

De modo que em decorrência da doutrina apregoada por Ihering, "um ponto ficou definitivamente claro na doutrina da posse, qual seja, a distinção entre esta e a detenção não pode depender exclusivamente do arbítrio do sujeito. Há que se examinar em cada caso se o ordenamento

---

[108] Afirmava Ihering: "A proteção da posse, como exterioridade da propriedade, é um complemento necessário da proteção da propriedade, uma facilidade de prova em favor do proprietário, que necessariamente aproveita também ao não proprietário". Aludindo, ainda: "A posse é exercício da propriedade, é a propriedade presumida, possível, em começo; está em relação constante com a propriedade: o próprio SAVIGNY, que afinal não perfilha esta doutrina, lhe reconheceu um certo grau de verdade; talvez mesmo não tenha ele deixado de influir sobre a sua descoberta do *animus domini*" (IHERING, Rodolf von. *Posse e interditos possessórios*. Trad. Adherbal de Carvalho. Salvador: Livraria Progresso Ed., 1959. p. 59).

[109] Clóvis Beviláqua (*Direito das coisas*. 2. ed. Rio de Janeiro: Freitas Bastos, 1946. 1 v. em 2, p. 26), defende, *verbo ad verbum*, este entendimento.

protege a relação com a coisa. Quando não houver proteção, o que existe é mera detenção. Como consequência, a posse deve ser a regra. Sempre que alguém tiver uma coisa sob o seu poder, deve ter direito à proteção. Somente por exceção o direito a priva de defesa, quando então se estará perante o fenômeno da detenção. Ou seja, em cada caso deve ser examinado se a pessoa se comporta como dono, existindo *corpus* e *animus*". Toda vez que, "no caso concreto se prova que existe degradação nessa posse, e o ordenamento a exclui, ocorre uma causa *detentionis*, relação jurídica excludente da posse. Nesse sentido, devem ser lembrados dispositivos de nosso Código Civil que tipificam exclusão da posse em determinadas situações. A própria lei estabelece as *causae detentionis*, traçando perfil objetivo do qual não pode fugir o julgador".[110]

Neste contexto doutrinário, temos uma perfeita identificação da questão da posse em si mesmo e da questão que diz respeito não à posse como tal, e sim a uma mera detenção, esta decorrente do tipo da *causae detentionis*.

2.8.3 Linha teórica seguida pelo Código Civil

Em relação às Teorias Subjetiva e Objetiva, defendidas por Savigny e Ihering, respectivamente, foi, indiscutivelmente, a deste último que o nosso legislador deu preferência. De fato, consta do *art. 1.196*, do Código Civil, de 2002: "Considera-se possuidor todo aquele que tem de fato o exercício, pleno ou não, de algum dos poderes inerentes à Propriedade". Tal linha de entendimento já era a perfilhada pelo legislador ordinário do Código Civil de 1916, tanto é verdade que dispunha o *art. 485* de 1916: "Considera-se possuidor todo aquele que tem de fato o exercício pleno, ou não, de algum dos poderes inerentes ao domínio, ou propriedade".

Esta preferência do legislador civilista brasileiro pela Teoria Objetiva em matéria de posse é fato incontroverso e tanto é verdade que os próprios artigos acima transcritos retratam tal verdade. Embora não deixando de lado, em menor escala, de adotar posição onde a presença da Teoria Subjetiva também desempenha papel relevante (por exemplo, usucapião, onde um dos elementos presentes deve ser o da vontade do sujeito, em outras palavras, deve existir o *animus domini*).

Na doutrina também desponta o entendimento anteriormente exposto quanto à prevalência da Teoria Objetiva. Deste modo, mais

---

[110] VENOSA, Sílvio de Salvo. *Direitos reais*. São Paulo: Atlas, 1995. p. 42.

para fins de consideração de ordem histórica, pontuamos posição doutrinária que esclarece que "ao se elaborar o Projeto do Código Civil, a situação predominante em matéria de posse era caótica, dada a inexistência, no Direito então vigente, de qualquer disposição legal tendente a imprimir-lhe uma orientação concreta e definitiva. A posição de Lafayette orientou-se na doutrina de Savigny. Clóvis Beviláqua, porém, o nosso insigne jurista, tomou um rumo definido em prol da concepção objetiva de Ihering; dela extraiu a noção de posse, consoante a vemos na definição contida no art. 485 do Código Civil [art. 1.196 do Código Civil de 2002, com a mesma posição adotada pelo legislador do Código Civil de 1916, esclarecemos], na qual nenhuma alusão é feita ao requisito subjetivo do *animus sibi habendi*".[111] [112]

Entendemos, em reforço ao traçado *retro*, embora reconhecendo alguns pontos de vista doutrinários em contrário, que o legislador civilista deu preferência, em maior escala, ao tratar sobre a posse no Código Civil (tanto o atual, de 2002, como o revogado, de 1916), à Teoria Objetiva, de Ihering, sem que com isso tivesse deixado de lado, de todo, a aplicação da Teoria Subjetiva, de Savigny.

A posição do legislador civilista em ter adotado, com maior ênfase, a Teoria Objetiva, em detrimento da Teoria Subjetiva, não representa, como a primeira vista poderia parecer, nenhuma anomalia jurídica, pois que, em determinadas situações, a posse deve ser encarada, pelo prisma do possuidor, em face do *jus possessionis* (direito de posse) e, por vezes outras, pelo *jus possidenti* (direito à posse). Em qualquer situação, no entanto, a existência do *corpus* e do *animus domini* estará presente, o primeiro, obrigatoriamente, e o segundo como consequência lógica da existência daquele.

Não há contradição no tratamento da posse pelo Código Civil, quando trata como sendo possuidor aquele que tem a coisa como se

---

[111] LOPES, Miguel Maria de Serpa. *Curso de direito civil*. 4. ed. Rio de Janeiro: Freitas Bastos, 1996. 6 v., p. 149. Refere, ainda, o autor: "Sobrelevando esse fato, ASTOLFO REZENDE aplaudiu, com calor, a diretiva eleita por CLÓVIS, dizendo completo triunfo, porque a consciência jurídica do Brasil já estava amadurecida para repelir as idéias anacrônicas, ligadas à velha metafísica jurídica".

[112] Anota, por sua vez, Rodrigues de Meréje (*Teorias jurídicas da posse*. São Paulo: Edições e Publicações Brasil, 1942. p. 155): "Referindo-se ao livro máximo de Ihering, sobre a posse: O papel da vontade na posse — Guérin disse: 'há nesse livro lampejos de gênio que projetam uma luz brilhante sobre os pontos escuros da ciência, e contribuem para fazer dessa obra uma das mais importantes dentre as que se tenham publicado sobre a ciência do direito'. E Beviláqua, que introduziu a doutrina objetiva de Ihering em nosso Código Civil, reitera: 'É nesse livro genial, que a célebre teoria de Savigny sobre a posse é batida com uma cópia tão abundante de argumentos e com tão minucioso conhecimento das fontes romanas que o leitor sente a impressão de quem emerge das ilusões do sonho para a realidade da vida!'".

proprietário fosse (art. 1.196 do Código Civil de 2002, e art. 485 do Código Civil de 1916), onde está presente a materialidade (*corpus*), com o tratamento dado ao possuidor que mantém a coisa em razão, por exemplo, de um contrato. Em ambas as situações, os interditos possessórios, que são efeitos da posse, estão presentes. Isto não quer representar, como numa leitura mais apressada poderia parecer — erro no qual incorrem alguns doutrinadores civilistas[113][114] —, que o Código Civil de 2002 (como já havia feito o Código Civil de 1916) não tem como pedra de toque a Teoria Objetiva em matéria possessória.

2.9 Função social da posse no direito positivo brasileiro

A inserção do estudo da posse em razão de *cumprimento de função social* é ponto de vista novo na ordem doutrinária, contudo, não há como negar que também a posse, além da propriedade, deve cumprir com uma finalidade social.[115]

O legislador do novo Código Civil (de 2002) perdeu a oportunidade de aperfeiçoar mais o instituto da posse ao não tratar, especificamente, da matéria pelo seu lado de ordem social, o que leva, inclusive, Ricardo Aronne, a dizer: "Sinto como ausência a função

---

[113] No rol dos doutrinadores que se negam a reconhecer que o Código Civil, tanto o atual, como o revogado, tem nítida inclinação pela Teoria Objetiva, desponta Ricardo Aronne, que, ao comentar o art. 1.196 do Código Civil de 2002, estabelece: "Colhe-se do dispositivo em apreço que a codificação não adota especificamente as teorias clássicas em matéria possessória. Afasta-se da Teoria Objetiva, na medida em que admite trânsito jurídico àquele que faticamente exerce a posse do bem, e tampouco adota a Teoria Subjetiva visto não chancelar através do *animus* a jurisdicidade do fenômeno possessório" (ARONNE, Ricardo. *Código Civil anotado*: direito das coisas: disposições finais e legislação especial selecionada. São Paulo: IOB Thomson, 2005. p. 54).

[114] Não é de todo equivocada a posição de Ricardo Aronne, como fizemos ver no corpo do texto, pois que o legislador se mantém mais afeto a tratar a posse de forma geral e sem uma preocupação mais acentuada no que diz respeito ao cumprimento de sua efetiva função social, todavia isto, por si só, não quer dizer que a Teoria Objetiva deixou de nortear o posicionamento do Código Civil (tanto o atual, como o revogado). Aduz Sílvio de Salvo Venosa: "Seguindo a tradição romana e dentro da teoria exposta por Jhering, adotada como regra geral em nosso Direito, enfoca-se a posse como um postulado da proteção da propriedade. A proteção possessória, pelas vias processuais adequadas dentro do ordenamento, surge então como complemento indispensável ao direito de propriedade"(VENOSA, Sílvio de Salvo. *Direitos reais*. São Paulo: Atlas, 1995. p. 57).

[115] Discorrendo sobre o então Projeto do Código Civil de 2002, acentuou o jurista Miguel Reale (que teve papel fundamental na nova codificação do direito civil): "Na realidade, a lei deve outorgar especial proteção à posse que se traduz em trabalho criador, quer este se corporifique na construção de residência, quer se concretize em investimento de caráter produtivo ou cultural. Não há como situar no mesmo plano a posse, como simples poder manifestado sobre uma coisa, 'como se' fora atividade do proprietário, com a 'posse qualificada', enriquecida pelos valores do trabalho" (REALE, Miguel. *O projeto do novo Código Civil*. 2. ed. refor. e atual. São Paulo: Saraiva, 1999. p. 82).

social da posse, que passou em branco em todo o direito possessório codificado, no meu sentir".[116] Tal constatação é verdadeira, pois que não é dado um tratamento moderno à posse em relação ao papel que desempenha dentro do contexto de ordem social. Embora tal omissão no Código Civil sobre o tratamento da posse em relação à sua função social, não significa que a matéria não tenha pontos de apoio para figurar no contexto do direito positivo brasileiro, o que encontramos pinçando enfoques legais dados pela legislação extravagante e até mesmo pelo Código Civil, ainda que não de forma direta e específica, como é o caso do tratamento do usucapião decorrente da posse-trabalho.

A não menção de forma específica de que a posse deve cumprir com a finalidade social é irrelevante, pois que se ela (a posse) é, como já apontava Ihering, a visibilidade da propriedade, também é verdade que ela deve cumprir com o preceito da função social de forma isolada, isto é, sem necessidade de decorrer de propriedade. O atendimento da função social é dispositivo de alcance geral e não poderia estar — como de fato não está — adstrito tão somente à questão da propriedade, o que representaria um verdadeiro contrassenso quanto ao atendimento da questão primordial que é a do cumprimento da finalidade social que deve ter o bem, seja ele decorrente de propriedade, seja ele decorrente de posse.

Pela Constituição Federal da República Federativa do Brasil de 1988 está patente que a propriedade deve cumprir com sua função social,[117] [118] conforme art. 5º, inc. XXIII, e art. 170, inc. III. Isto é fato incontroverso.

---

[116] ARONNE, Ricardo. *Código Civil anotado*: direito das coisas: disposições finais e legislação especial selecionada. São Paulo: IOB Thomson, 2005. p. 28.

[117] A função social da propriedade — e que, por linhas transversas, também deve ser aplicada à posse — é que, pela Constituição Federal de 1988, "a função social da propriedade privada deve ser considerada em relação à propriedade urbana e à propriedade rural, classificando-se a propriedade privada urbana em edificada (= predial) e não-edificada (= territorial)". É o que assevera, e no que concordamos (CRETELLA JÚNIOR, José. *Comentários à Constituição brasileira de 1988*. Rio de Janeiro: Forense Universitária, 1993. v. 8, p. 3974. Art. 170 a 232.). No que tange à propriedade de terra rural, acrescenta o autor, à p. 3973-3974, tomando por base o art. 2º da Lei nº 4.504, de 30 de novembro de 1964 (Estatuto da Terra): "A propriedade da terra desempenha integralmente a função social, quando simultaneamente, favoreço o bem-estar dos proprietários e dos trabalhadores que nela labutam, assim como o de suas famílias, mantém níveis satisfatórios de produtividade; assegura a conservação dos recursos naturais; observa as disposições legais que regulam as justas relações de trabalho entre os que a possuem e a cultivam".

[118] De tudo isto, como apontado na nota acima e, ainda, como consta do próprio corpo do texto, conclui-se, com suporte em Celso Ribeiro Bastos e Ives Gandra Martins (*Comentários à Constituição do Brasil*. São Paulo: Saraiva, 1989. v. 2. Art. 5º a 17) "que o núcleo fundamental do conceito de preenchimento da função social é dado pela sua eficácia atual quanto à geração de riqueza".

No entanto, o que releva notar é que por vias transversas, do próprio comando constitucional, em face, principalmente, dos arts. 183 e 191, que tratam, respectivamente, sobre o usucapião especial urbano e rural, a mesma Constituição Federal insere a posse no contexto da função social, mesma função, *mutatis mutandis*, que deve desempenhar a propriedade.

A doutrina, pelo menos a mais moderna e arejada pelos ventos da mudança de paradigmas, não diverge deste modo de pensar, como bem retrata Roberto Senise Lisboa, quando assevera que "não é apenas a propriedade que deve atender a sua função social. Como ensina Fachin, não se pode restringir a noção de posse à mera exteriorização da propriedade, noção estreita do liberalismo clássico, porque cronologicamente a propriedade começou pela posse. Além disso, a posse assumiu outra perspectiva, qual seja, a de uma concessão à necessidade da pessoa".

Registra, ainda, o autor em comento: "Lembra Hernández Gil que a posse possui uma função social que deve ser reconhecida pelo ordenamento jurídico porque a legislação tem de corresponder à realidade da sociedade e, quando possível, até mesmo modificar as suas estruturas. Assim, pode-se afirmar que há uma função social da posse, que não se confunde com a função social da propriedade, cujo tratamento legislativo deve compatibilizar-se com a outorga do patrimônio mínimo que possa garantir a dignidade humana".[119]

Por outro lado, o próprio Código Civil de 2002 adota a linha, embora sem um enfoque mais consistente e específico sobre o tema, de que a posse tem que cumprir com sua função social e tanto isto é verdade que protege e concede maiores "regalias" aos possuidores que dão uma destinação social às suas posses, o que pode ser visto, dentre outros, pelos comandos dos artigos 1.239 e 1.240[120] do Código Civil de 2002, que tratam do usucapião, que é instituto que decorre exclusivamente da posse; também, em face do art. 1.228, *caput*, do CC de 2002 (que pelo CC de 1916 correspondia ao art. 524, *caput*), desponta pelos incs. 4º e 5º (sem correspondências pelo CC de 1916) que pode ocorrer desapropriação judicial em razão da denominada posse-trabalho.[121]

---

[119] LISBOA, Roberto Senise. *Manual elementar de direito civil*: direitos reais e direitos intelectuais. 2. ed. São Paulo: Revista dos Tribunais, 2003. 4 v. em 5, p. 42-43.
[120] Os artigos estão transcritos no Capítulo 4 desta obra.
[121] "Art. 1.228. O proprietário tem a faculdade de usar, gozar e dispor da coisa, e o direito de reavê-la do poder de quem quer que injustamente a possua ou detenha.
(...)
§4º O proprietário também pode ser privado da coisa se o imóvel reivindicado consistir em extensa área, na posse ininterrupta e de boa-fé, por mais de cinco anos, de considerável número de pessoas, e estas nela houverem realizado, em conjunto ou separadamente,

Nos aludidos artigos (no caso, 1.239 e 1.240 do CC de 2012), conforme acima identificados, que guardam as mesmas feições dos artigos 191 e 183, da Constituição Federal de 1988, respectivamente, é levada em conta a função social que o possuidor deu à sua posse, pois que, em face do art. 1.239 do Código Civil de 2002, deve tornar produtiva a terra por trabalho próprio e/ou trabalho conjugado com sua família e, além do mais, também deve ter residência no próprio imóvel objeto da posse que será objeto de usucapião e/ou até mesmo ter realizado obras de relevante valor social e econômico no aludido imóvel.

Embora sem receber um tratamento mais consistente e abalizado por meio da doutrina, é inegável que a posse tem, de muito, sua proteção no direito positivo brasileiro. Esta afirmação encontra eco no próprio texto da Lei nº 601, de 18 de setembro de 1851, posteriormente regulamentada pelo Decreto nº 1.318, de 30 de janeiro de 1854, quando, inclusive, foi criado o primeiro sistema registral de terras no Brasil.[122]

De outra banda, a legislação agrária brasileira, em face da Lei nº 4.504, de 30 de novembro de 1964, que instituiu o Estatuto da Terra, também teve a preocupação de deixar regrado que valorava a denominada posse *pro labore*, conforme o contido em seus artigos 97 a 102, onde fica claro que a posse — assim como a propriedade — também deve cumprir com sua função social.[123] Mesmo decorrente de posse, é inegável que a coisa tem de cumprir com a sua função social e sendo assim é que o direito agrário, especificamente, quer que a coisa possuída tenha por fim último o cumprimento de um papel socialmente relevante para a sociedade.

Após análise pormenorizada da posse agrária no direito positivo brasileiro, refere, contextualizando a matéria em seus aspectos fáticos e jurídicos, Getúlio Targino Lima, que a posse agrária "é o exercício direto, contínuo, racional e pacífico, pelo possuidor, de atividade agrária

---

obras e serviços considerados pelo juiz de interesse social e econômico relevante.
§5º No caso do parágrafo antecedente, o juiz fixará a justa indenização devida ao proprietário; pago o preço, valerá a sentença como título para o registro do imóvel em nome dos possuidores."
[122] A matéria foi objeto de estudo no Capítulo 1 desta obra.
[123] É a posse agrária, portanto, uma posse qualificada por sua própria função de ordem social e econômica e isto faz com que a mesma difira "do mero apossamento, que tem natureza puramente fatual de exercício de alguma das faculdades/poderes dominiais". Sedimentado, então, fica que a posse agrária tem um cunho inconfundível de posse "no sentido publicístico que lhe confere o direito agrário, em relação à concepção privatística, própria do Código Civil, elemento de suporte fático da aquisição por usucapião".

desempenhada sobre um imóvel rural, apto ao desfrute econômico, gerando a seu favor um direito de natureza real especial, de variadas consequências jurídicas e visando ao atendimento de suas necessidades sócio-econômicas, bem como as da sociedade".[124]

De fato, é assim mesmo, como anteriormente exposto, e isso também verificamos na lição de Luciano Godoy de Souza, quando o mesmo afirma que "é a promoção da produção, da produção agrária, que constitui o valor em destaque, importante elemento econômico e social, uma vez que patrocina os fatores de abastecimento de alimentos e matérias-primas, visando à manutenção de uma população, por meio de sua alimentação, e assim é expressão direta da concessão da dignidade humana e da cidadania às populações relacionadas com o campo. Nesse sentido, a Constituição federal de 1988 regulou nossa Política Agrária".[125]

Modernamente, não pode pairar dúvida de que também a posse, pela figura do possuidor, tem de ter, e objetivar, uma efetiva destinação social. E isto é assim em decorrência de que a coisa possuída, embora sem o domínio em favor do possuidor, deve atentar para o preenchimento de sua finalidade social, isto é, deve, em última análise, servir não só ao possuidor mais também à própria sociedade.

Não pode haver, presentemente, espaço para entendimento em que não se admita a posse como matéria inserida dentro do contexto da função social que deve desempenhar — no mesmo pé de igualdade com a propriedade —, mesmo porque, além das legislações apontadas, inclusive da própria Constituição Federal de 1988, também a Lei nº 10.257, de 10 de julho de 2001, que estatuiu o Estatuto da Cidade, dá o devido tratamento à matéria, conforme, especificamente, dispõe em seus arts. 9º a 14, os quais tratam sobre o usucapião urbano.

Pela Medida Provisória nº 2.220, de 4 de setembro de 2001, que trata sobre a concessão de uso especial, de que trata o §1º do art. 183 da Constituição Federal de 1988, também aflora a presença da posse em razão de sua função social, pois que é reconhecido o direito de concessão de uso especial para quem ocupava, na condição de possuidor, até 30 de junho de 2001 imóvel público em área urbana, em metragem de até 250 m² (duzentos e cinquenta metros quadrados), para fins de moradia; com o requisito de que a posse já se prolongasse pelo prazo de 5 (cinco) anos.

---

[124] LIMA, Getúlio Targino. *A posse agrária sobre bem imóvel*. São Paulo: Saraiva, 1992. p. 92.
[125] GODOY, Luciano de Souza. *Direito agrário constitucional*: o regime da propriedade. São Paulo: Atlas, 1998. p. 31.

A Medida Provisória nº 2.220/2001 reconhece, mediante outras condições especificadas em seu texto, a concessão de uso especial de imóvel público em favor de possuidor, e tudo isto no sentido de implementar e valorizar a própria posse, pois se o mesmo implementou todos os requisitos legais, a concessão de uso especial não poderá ser negada administrativamente; caso, por ventura, negada a concessão, o possuidor, que implementou todos os requisitos legais, terá garantido o direito ao reconhecimento pela via judicial.

A posse, como de resto a própria propriedade,[126] está submetida a normas próprias no ordenamento positivo, e ambas, posse e propriedade, devem cumprir, inapelavelmente, com a denominada função social em prol do bem-estar coletivo, pois que devem atender aos anseios da coletividade como um todo.

Sintetizando a matéria sobre a inserção da posse dentro do rol dos direitos sociais e, por conseguinte, da necessidade de a mesma cumprir com uma função de ordem social, anotamos, com embasamento na doutrina de Marcos Alcino de Azevedo Torres: "Pode-se dizer que no Brasil, de 1500 [ano do "descobrimento"] a 2002 [ano da instituição do atual Código Civil], o exercício da posse através do cultivo e da moradia, pelo menos teoricamente, sempre gozou de proteção especial do sistema. Num primeiro momento, a partir da primeira concessão de terras, como condição de nascimento do direito de propriedade pela transformação da concessão de direito público em propriedade privada da terra. Depois, pelo reconhecimento da aquisição da propriedade pelo exercício da posse qualificada pela moradia e cultivo no período de legitimação das posses; no primeiro código [Código Civil de 1916], através do reconhecimento do instituto do usucapião e por último com a redução dos prazos de usucapião e criação de novas modalidades de proteção da posse".[127]

Visto os aspectos essenciais e fundamentais da posse, inclusive os que dizem respeito ao cumprimento de sua função social (em igualdade

---

[126] Cásssia Celina Paulo Moreira da Costa (A constitucionalização do direito de propriedade privada. Rio de Janeiro: América Jurídica, 2003. p. 90), declina: "Assim, pelo aspecto principiológico da função social imbuída na propriedade privada atual, constata Osório Godinho que, sua natureza normativa se reveste de força e eficácia imediata em sua aplicabilidade, de modo que todo o ordenamento jurídico norteado pela essência dos princípios econômicos e sociais republicanos vigentes e dentre esses, o da função social da propriedade privada atual, direciona o encaminhamento de posturas por parte dos particulares, onde a finalidade econômica e especulativa do bem submete-se aos interesses da sociedade, em prol da realização de orientações primadas pela solidariedade política e social".
[127] TORRES, Marcos Alcino de Azevedo. *A propriedade e a posse*: um confronto em torno da função social. Rio de Janeiro: Lumen Juris, 2007. p. 357.

de condições com a propriedade), abordaremos, nos Capítulos 3 e 4, os tópicos relativos a classificação; forma de aquisição e, em contrapartida, perda da posse e, ainda, os efeitos que são gerados por ela.

CAPÍTULO 3

EFEITOS ADVINDOS DA POSSE EM RAZÃO DE SUA CLASSIFICAÇÃO LEGAL E DOUTRINÁRIA

Sumário: **3.1** Introdução – **3.2** Classificação pelo exercício – **3.2.1** Posse direta – **3.2.2** Posse indireta – **3.3** Classificação pela aquisição – **3.3.1** Posse justa – **3.3.2** Posse injusta – **3.3.2.1** Simbiose da posse justa e da posse injusta – **3.4** Classificação pelas virtudes e pelos vícios – **3.4.1** Boa-fé – **3.4.2** Má-fé – **3.4.3** Destaque da boa e da má-fé em relação aos frutos (*fructus*), com a diferença em relação aos produtos e às benfeitorias (*impensa*) – **3.4.3.1** Modalidades de frutos – **3.4.3.2** Direitos que assistem ao possuidor de boa-fé – **3.4.3.3** Direitos e obrigações do possuidor de má-fé – **3.4.3.4** Direitos em relação à indenização por benfeitorias – **3.4.3.4.1** Possuidor de boa-fé tem direito – **3.4.3.4.2** Possuidor de má-fé – **3.5** Classificação pelo tempo – **3.5.1** Posse nova – **3.5.2** Posse velha – **3.5.3** Prova da posse em razão do tempo – **3.5.3.1** Esclarecimento sobre o tratamento processual da posse em razão do tempo (idade) – **3.6** Classificação pelo número de pessoas (composse) – **3.6.1** *Pro diviso* – **3.6.2** *Pro indiviso* – **3.6.3** Composse em relação aos interditos possessórios – **3.6.3.1** Divisão de direito – **3.6.3.2** Posse exclusiva – **3.7** Classificação pelos efeitos: *ad interdicta e ad usucapionem* – **3.8** Apontamentos sobre o instituto do usucapião (Que é matéria específica do direito de propriedade) – **3.8.1** Considerações gerais e conceito de usucapião – **3.8.2** Posse originária e posse derivada. Posse que gera direito ao usucapião. Direito do usucapiente (prescribente) de alegar o direito de usucapião como matéria de defesa. Sentença declaratória de usucapião – **3.8.3** Modalidades de usucapião disciplinadas pelo direito positivo brasileiro e a possibilidade da *accessio possessionis* – **3.8.4** Contagem do tempo para fins de usucapião – **3.8.5** Aplicação ao usucapião das causas que obstam, suspendem e interrompem a prescrição – **3.8.6** Bens que não podem ser usucapidos – **3.8.7**

Regras processuais civis aplicáveis às diversas modalidades de usucapião – **3.8.8 Síntese dos requisitos e/ou pressupostos para a concretização do usucapião**

3.1 Introdução

Vários são os desdobramentos sobre os efeitos gerados pela posse e o estudo de sua classificação depende da análise individualizada de cada um deles. A posse tem, e gera, extraordinários efeitos, todos são devidamente protegidos, e o entendimento dos mesmos, em face da classificação, se faz necessário para a perfeita compreensão de todos os seus contornos fáticos e jurídicos.

A *classificação dos efeitos da posse* gera algumas divergências de ordem doutrinária, contudo, no nosso modo de ver, as divergências são mais de estilo do que propriamente de fundo. De tal modo, deixando de lado as querelas sem maiores repercussões em matéria possessória, embora não desconhecendo a existência das mesmas (pelo menos na parte histórica), como faz a doutrinadora Cláudia Aparecida Simardi,[128] é que apresentamos, *infra*, os efeitos gerados pela posse.

3.2 Classificação pelo exercício

Está prevista a classificação pelo art. 1.196 do Código Civil de 2002 (e art. 486 do CC de 1916), podendo ser direta ou indireta.

Desdobradamente:

---

[128] SIMARDI, Cláudia Aparecida. *Proteção processual da posse*. São Paulo: Revista dos Tribunais, 1997. p. 30-31, apresenta, na classificação, a posse natural e a posse civil, os quais não aduzimos à nossa classificação e não aduzimos em razão de que estas duas modalidades classificatórias não têm qualquer importância para os fins da proteção jurídica da posse.
Em relação à posse natural e à posse civil, diz a autora: "A posse civil (*possessio civilis*) é aquela fundamentada em uma causa que a tenha originado, isto é, num título decorrente de direito real ou pessoal. Por exemplo, são possuidores civis o proprietário de imóvel que tenha realizado contrato formal válido (escritura pública), o locatário assim considerado em função de contrato de locação válido em vigor.
A posse natural (*possessio naturalis*) é a decorrente do simples e puro estado de fato do exercício de poder sobre a coisa. Não se exige para a posse natural título algum".
Esclarece, ainda: "Essa classificação, encontrada nos textos romanos, não tem importância para fins de proteção possessória, posto que tanto o possuidor civil como o possuidor natural, segundo nossa sistemática normativa, podem utilizar-se dos meios de defesa da posse, quando esta for o fundamento da tutela pleiteada". Então, como afirmamos no texto, se não tem importância, não há porque ser objeto de análise pormenorizada em matéria onde se classificam os efeitos da posse.

3.2.1 Posse direta

A posse direta também é denominada de imediata. Nasce do desdobramento da posse plena e é exercida pelo possuidor, que passa a manter materialmente a coisa. É derivada, porque cedida pelo proprietário, geralmente. É temporária, porque a cedência nunca é definitiva. Em razão disso tudo, alguns autores preferem chamá-la de posse derivada.[129]

Embora seja a posse exclusiva, isto por força de sua própria natureza, haja vista que não há possibilidade da existência de mais de um possuidor sobre a mesma coisa, é possível o seu desdobramento, e isto não só no que diz respeito ao campo de seu exercício, como também no que concerne à simultaneidade daquele exercício. Quanto ao campo de seu exercício, admite-se a distinção entre a posse direta e a indireta; quanto à simultaneidade do exercício, o legislador permite a existência da composse.[130]

Assim, podemos ter a posse direta nas mãos de um possuidor e a posse indireta nas mãos de outro; enquanto, por outro lado, é perfeitamente possível a posse simultânea em decorrência de uma composse. Na primeira situação, exemplificamos com a locação, onde o proprietário, como locador, continua na posse indireta do bem, contudo, a posse direta passa a ser exercida pelo inquilino, que é o locatário; na segunda situação, também exemplificando, aludimos a posse relativa a um bem que esteja em relação condominial, em que os condôminos, em razão de uma posse *pro indiviso*, estejam no exercício de posse direta e indireta sobre o aludido bem. Neste último caso, ambos os compossuidores exercem, simultaneamente, uma posse comum (composse) sobre a mesma coisa/bem.

3.2.2 Posse indireta

A posse indireta também é denominada de mediata — é a posse que, originariamente plena, desmembrou-se ou bipartiu-se. É aquela cujo titular concedeu a outrem (possuidor direto) o poderio material sobre a coisa, ou seja, concede a faculdade de o mesmo usá-la diretamente.[131]

---

[129] Ney Rosa Goulart (*Direito das coisas*. Santa Maria: Universidade Federal de Santa Maria, 1979. v. 1), adota esta mesma linha de entendimento.

[130] Silvio Rodrigues (RODRIGUES, Silvio. *Direito civil*: direito das coisas. 22. ed. São Paulo: Saraiva, 1995. 5 v. em 7, p. 24), adota, integralmente, tal entendimento.

[131] Ney Rosa Goulart (*Direito das coisas*. Santa Maria: Universidade Federal de Santa Maria, 1979. v. 1, p. 36), defende este entendimento.

Em linhas gerais, tanto o que detém a posse direta, como o que detém a posse indireta gozam da proteção dos interditos possessórios. A doutrina nos fornece os elementos para a identificação de cada uma das situações. Dessa forma é que, firme na lição de Arnoldo Wald, verificamos que tanto a posse direta como a indireta dão margem à proteção possessória contra terceiros, mas só o possuidor indireto pode adquirir a propriedade em virtude do usucapião, jamais o possuidor direto, cuja posse se explica por relação jurídica com o proprietário ou com quem tem a posse derivada deste.

São possuidores indiretos, entre outros, o nu-proprietário, o enfeuticador, o locador, o comodante, o depositante. São possuidores diretos, em relação aos primeiros, o usufrutuário, o enfiteuta, o locatário, o comodatário, o depositário. O proprietário, não havendo direito real limitado ou obrigacional referente à coisa, é possuidor pleno. Tanto os possuidores indiretos como os diretos praticam sobre o objeto possuído atos que exteriorizam um dos poderes inerentes ao domínio, e como tais merecem a proteção interdital em caso de esbulho ou turbação.

Admite-se até que os interditos sejam utilizados pelo possuidor indireto contra o possuidor direto e por este contra aquele, no caso em que um dos possuidores viola a posse do outro. Evidentemente, nestes casos, a parte pode optar entre a *ação possessória* e a *ação ex contractu*. Assim, o locatário, possuidor do objeto alugado, cuja posse tenha sido violada pelo locador, poderá, conforme preferir, utilizar os interditos ou então a ação oriunda do contrato de locação.[132]

Importante, no entanto, salientar que o locador somente pode manejar contra o locatário a *ação ex contractu*.[133] [134] Não pode, portanto, se valer da ação possessória contra o locatário, pois que com ele tem somente uma relação de ordem obrigacional decorrente do contrato

---

[132] Arnoldo Wald (*Curso de direito civil brasileiro*: direito das coisas. 10. ed. São Paulo: Revista dos Tribunais, 1993), registra tal entendimento.

[133] Washington de Barros Monteiro (MONTEIRO, Washington de Barros. *Curso de direito civil*: direito das coisas. 32. ed. São Paulo: Saraiva, 1995. 3 v. em 6, p. 28-29), faz ver: "O possuidor indireto, por seu turno, também goza de proteção possessória para defesa da posse direta. O locador, por exemplo, pode defender-se pelos interditos contra turbações de terceiros, mas não contra o próprio locatário".

[134] Eduardo Espíndola (*Posse, propriedade, compropriedade ou condomínio, direitos autorais*. Atualizado por por Ricardo Rodrigues Gama. Campinas: Bookseller, 2002. p. 102-103), na mesma linha esboçada por Washington de Barros Monteiro, aduz: "Quanto à defesa possessória do possuidor direto contra o indireto, não há como desconhecer-lhe a procedência; não assim, em relação à do possuidor indireto contra o direto; não lhe cabe a ação possessória, podendo, por meio de ações que lhe são próprias, assegurar a integridade e conservação dos elementos integrantes de sua posse".

de locação. Pode, no entanto, manejar os interditos possessórios contra terceiro que ofenda a locação, e assim é, pelo fato de que não estabeleceu qualquer relação jurídica contratual com este, isto é, o terceiro ofensor da posse.

No estudo da posse direta e da posse indireta, como se apresentam por meio da classificação, seguimos a metodologia predominante na doutrina e também em razão de que a mesma é a que tem mais consistência com o Código Civil (tanto o atual, de 2002, como o revogado, de 1916). Isto não quer dizer que desconhecemos a existência do ponto de vista doutrinário defendido por Pontes de Miranda,[135] o qual, em certa medida, conflita com o nosso modo de ver a matéria sobre a posse imediata e a posse mediata. Fica o registro.

3.3 Classificação pela aquisição

Deflui este modo de classificação do próprio comando do art. 1.200 do Código Civil de 2002 (e art. 489 do Código Civil de 1916) e se desdobra em forma de dois comandos, um de ordem positiva, que vem a ser a posse justa, e outro de ordem negativa, que é a posse injusta.

Desta maneira:

3.3.1 Posse justa

A posse justa nada mais é do que aquela posse isenta dos vícios da violência, da clandestinidade e, também, da precariedade. É, portanto,

---

[135] No estudo procuramos levar em conta as questões com maior aproveitamento no campo prático-jurídico, embora não desconhecendo que a matéria recebe, mais pelo lado acadêmico, algumas restrições doutrinárias, como as encetadas por Pontes de Miranda, que não comunga que a posse imediata (direta) deva ter, em razão de desdobramento, uma vinculação jurídica com a posse mediata (indireta). Entende ele que nem sempre a posse imediata necessita da posse mediata, pois, como afirma, tomando por exemplo uma questão de posse imediata decorrente de locação, "o possuidor imediato só o é porque se porta como tal, e não porque exista a relação jurídica de locação: o limite da posse imediata está nela mesma. Por isso mesmo, turva o trato do problema dizer-se que a posse imediata deriva sempre do *ius possessionis* do dono, ou do que se mediatizou. O possuidor imediato pode ter recebido (e é provável que tenha recebido) de alguém, possuidor mediatizado, a posse, mas posse derivada e posse imediata nem sempre coincidem" (MIRANDA, Pontes de. *Tratado das ações*: ações mandamentais. Atualizado por Vilson Rodrigues Alves. Campinas: Bookseller, 1999. v. 7, t. VI, p.113-114). Embora havendo campo para a discussão acadêmica, mantemos o entendimento doutrinário dominante sobre a matéria e, não só por isto, por ser o que melhor ressonância pelo Código Civil, quando trata da posse direta e da posse indireta. Em favor de Pontes de Miranda, contudo, é de salientar que o mesmo faz uma observação perfeita sobre a posse direta e indireta, quando assevera: "Posse imediata só há uma; posses mediatas podem coexistir, em graus diferentes (e.g., dono-locador, locatário-sublocador)".

aquela posse onde o possuidor possui a coisa sem a existência de qualquer mácula; é a posse adquirida às claras e de forma definitiva (*nec vi, nec clam, nec precario*).[136]

3.3.2 Posse injusta

A posse injusta nada mais é, em interpretação *a contrario sensu* da posse justa, do que aquela posse onde esteja presente um dos elementos (ou mais de um, ou até todos) que a tornam injusta, ou seja, é a posse que tem a marca da violência, da clandestinidade e até mesmo da precariedade (*vi, clam, precario*).

3.3.2.1 Simbiose da posse justa e da posse injusta

A posse para ser justa tem que se caracterizar como sendo aquela posse não proibida pela lei. Desta forma toda a posse que for exercida com amparo na lei é justa. É aquela posse em que o possuidor está exercendo um direito legalmente protegido, tendo, inclusive, direito à proteção dos interditos possessórios, podendo, ainda, valer-se do desforço pessoal (= legítima defesa da posse), quando o caso e na forma preconizada pelo art. 1.210, §1º, do Código Civil de 2002 (e art. 502 do Código Civil de 1916).

Por outro lado, a posse injusta é aquela contrária à lei, ou seja, é aquela inquinada dos vícios da violência, da clandestinidade e da precariedade, que podem se afigurar cada um de *per si*, ou mais de um, ou até mesmo todos de forma simultânea.

Pelo comando do art. 1.200 do Código Civil de 2002 (e art. 489 do Código Civil de 1916), vislumbramos o desdobramento da posse injusta, que vem a ser:

a) *posse violenta* – é a posse adquirida mediante violência física, ou coação moral, é a que não se apresenta como sendo mansa, pacífica e tranquila. Traz em seu âmago o vício da violência e da má-fé (*mala fides*). Com relação à violência física e à coação moral, há de ficar claro que na primeira — violência física — "não há qualquer manifestação de vontade, portanto o negócio

---

[136] O Código Civil da Argentina define a posse justa de bem móvel e de bem imóvel, conforme artículo 2364: "La posesión será viciosa cuando fuere de cosas muebles adquiridas por hurto, estelionato, o abuso de confianza; y siendo de inmuebles, cuando sea adquirida por violencia o clandestinidad; y siendo precaria, cuando se tuviese por un abuso de confianza".

jurídico é inexistente"; na segunda situação — coação moral —, "há opção, há manifestação de vontade, e o negócio jurídico é anulável".[137]

b) posse clandestina – é a posse tomada às escondidas. Trata-se da posse adquirida furtivamente, de modo oculto, sem ciência dos interessados. É a posse que não é de conhecimento público. O que exige do intérprete um maior tirocínio é o de saber quando a clandestinidade deixa de existir, razão pela qual, dentre as variantes possíveis, se nos afigura como viável aquela corrente doutrinária que entende que "é essencial que o esbulhado saiba — ou possa saber — que o esbulho foi perpetrado. Para essa doutrina, a cessação do esbulho não exige demonstração de que a vítima tenha efetivamente sabido. Exigi tão só que o esbulhador não o oculte mais dela, tornando possível que a vítima venha a saber do ocorrido".[138]

c) posse precária – é a do fâmulo da posse, ou seja, daquele que recebe a coisa com a obrigação de devolvê-la, e, abusando da qualidade de possuidor (mero detentor, ou servidor, ou servo da posse), recusa-se a fazer a devolução ao proprietário. É, deste modo, a precariedade caracterizada como inversão da *causa possessionis* (onde o precarista passa, irregularmente, a agir como se efetivamente possuidor fosse).

Mesmo antes da "modificação da *causa possessionis* o esbulhador já tinha consigo a coisa, e a tinha com autorização do esbulhado. O vício da precariedade surge com o esbulho, ou seja, quando se torna inequívoca a recusa do esbulhador em restituir a coisa, a quem lha entregou".[139]

Havendo recusa na entrega da coisa, que estava com possuidor em caráter precário, pratica o mesmo contra o verdadeiro possuidor esbulho possessório, pois que se recusa a devolver bem/coisa que estava consigo em caráter precário.[140]

---

[137] GONÇALVES, Marcus Vinicius Rios. *Dos vícios da posse*. São Paulo: Oliveira Mendes, 1998. p. 48.
[138] GONÇALVES, Marcus Vinicius Rios. *Dos vícios da posse*. São Paulo: Oliveira Mendes, 1998. p. 51. Acrescenta, ainda: "Em síntese, para cessar a clandestinidade não se exige a difícil prova de que a vítima tomou conhecimento, mas apenas de que tinha condições de tomar, porque o esbulhador não mais oculta a coisa". Arrematando: "Concordamos com Labori, quando afirma que a posse somente não se há de considerar clandestina quando o proprietário puder conhecer a usurpação cometida em seu bem".
[139] GONÇALVES, Marcus Vinicius Rios. *Dos vícios da posse*. São Paulo: Oliveira Mendes, 1998. p. 53.
[140] O Tribunal de Justiça do Distrito Federal e Territórios já se posicionou em matéria relativa à precariedade, tendo deixado plasmado, pelo aresto: "DIREITO CIVIL E PROCESSUAL

Em relação aos vícios da posse (violenta, clandestina e precária), é de notar que o vício da precariedade é o único que não cessa, pois que se trata de vício que marca de forma indelével a coisa. Já dizia Planiol, e ainda continua atual, sobre os vícios da posse, como aponta José Luiz Ribeiro de Souza: "Notaremos, finalmente, que a violência cessa, desde que cessem os atos de violência; que, uma vez pública a posse, cessa a clandestinidade, mas que a precariedade, como afirma Planiol, é perpétua por sua própria natureza".[141][142]

3.4 Classificação pelas virtudes e pelos vícios

A Classificação pelas virtudes e pelos vícios decorre, basicamente, da identificação da forma como se deu a aquisição da posse, se de boa ou se de má-fé. Em razão da forma de aquisição, portanto, é que se qualificam as virtudes, ou os vícios que a posse guarda. Conhecer os elementos é importante, pois deles decorrem direitos e obrigações, conforme apontaremos *infra*, de forma destacada.

3.4.1 Boa-fé *(bona fides)*

A posse de boa-fé é aquela em que a coisa é adquirida pelo possuidor na convicção inabalável de que realmente tal coisa lhe pertence. O possuidor tem a certeza de que praticou um ato com amparo na lei e que a coisa não contém nenhum vício que desvirtue a sua aquisição.

CIVIL – REINTEGRAÇÃO DE POSSE – RECURSO CONHECIDO E DESPROVIDO À UNANIMIDADE – I – Na hipótese em que restou provado que as partes receberam a posse do imóvel e que se recusaram, injustamente, a devolvê-lo, justifica-se a proteção possessória requerida e devidamente concedida, ante o esbulho verificado. Inteligência dos artigos 499 [o artigo apontado tem como referência o Código Civil de 1916, pelo Código Civil de 2002, a referência é o art. 1.210, *caput*] do Código Civil e, 927 do Código de Processo Civil. II – Recurso conhecido e desprovido à unanimidade" (TJDF, APC nº 20010810004383-DF. 3ª T. Cív. Rel. Des. Wellington Medeiros. *DJU*, p. 54, 30 out. 2002).

[141] SOUZA, José Luiz Ribeiro de. *Acções possessorias*: theoria e pratica. São Paulo: Typografia Condor, 1927. p. 16.

[142] Sobre a questão da precariedade em matéria possessória — no caso envolvendo bens dominiais da União —, apontamos o seguinte aresto proferido pelo Tribunal de Justiça do Distrito Federal e dos Territórios: "A mera tolerância do Poder Público na ocupação de bens dominiais, não gera direito aos interditos possessórios. Constitui pedido juridicamente impossível a proteção possessória deduzida por particular sobre bem público quando o poder físico exercido sobre a coisa constitui mera tolerância — Precária é a posse que se origina de abuso de confiança, ou seja, que resulta da retenção indevida de coisa que deve ser restituída. O vício da precariedade macula a posse, não permitindo que ela gere efeitos jurídicos" (Apc nº 42777/96, Reg Ac nº 94320, 2ª Turma Cível, Rel. Des. Hermenegildo Gonçalves, *DJU*, p. 10150, 21 maio 97).

Toda a aquisição proveniente de justo título tem a favor do possuidor a presunção de que o mesmo agiu de boa-fé; esta indução de ordem presuntiva, portanto subjetiva, é somente de caráter *juris tantum*, o que significa dizer que é vencível por prova mais robusta e convincente. A presunção da boa-fé pelo justo título é comando legal que resulta do parágrafo único do art. 1.201 do Código Civil de 2002 (e pelo art. 490, parágrafo único, do Código Civil de 1916).

3.4.2 Má-fé *(mala fides)*

A posse de má-fé é aquela que o possuidor tem conhecimento do vício que lhe obstaculizava a aquisição. Assim, o possuidor adquire determinada coisa com a ciência, de forma antecipada, ou, então, posterior à aquisição, de que a mesma contém algum vício que lhe desvirtua da condição, essencial, de ser mansa, pacífica e justa.

A posse de boa-fé, como mencionado, poderá vir a se transformar em posse de má-fé a partir do momento que o possuidor (que ignorava o vício, quando da aquisição) vier a tomar conhecimento da existência do mesmo. Com relação ao assunto, o art. 1.201 do Código Civil de 2002 (e art. 491 do Código Civil de 1916) é bastante elucidativo.

Doutrinariamente, como pondera, a seu turno, Antônio José de Souza Levenhagen, a boa-fé e má-fé[143] "são qualidades que dependem de exame subjetivo, ao contrário do que se exige para a constatação da precariedade, da injustiça ou da violência, que objetivamente podem ser constatadas. Segundo o art. 490 do Código [de 1916], será de boa-fé a posse se o possuidor ignora o vício ou o obstáculo que lhe impedem a aquisição da coisa, ou do direito. Ao contrário, portanto, a posse será de má-fé se o possuidor a exerce ciente de que o está fazendo por violência, por clandestinidade, por precariedade, ou que essa posse por ele exercida está comprometida por qualquer outro obstáculo que impeça sua legitimidade".[144]

A importância em sabermos se a posse é de boa ou de má-fé decorre das consequências jurídicas que advirão de cada um dos tipos

---

[143] A classificação da posse de boa ou má-fé já constava do *Digestorum Justiniani, Libro XLI, De adquirenda, vel amittenda possessioni* (Digesto de Justiniano, Livro 41, De como se adquire e se perde a posse), cujo §22 dispunha: "Vel etiam potest dividi possessionis genus in duas species, ut possideatur aut bona fide, aut non bona fide". Em livre tradução: "Pode-se ainda dividir a posse em duas espécies, de boa-fé e de má-fé".
[144] LEVENHAGEN, Antônio José de Souza. *Comentários didáticos*. 4. ed. São Paulo: Atlas, 1995. p. 29. Não custa registrar que o art. 490 do Código Civil de 1916, referido na citação, corresponde ao art. 1.201 do Código Civil de 2002, que se acha transcrito no Capítulo 5, desta obra.

de posse. A forma de aquisição da posse reflete no direito aos frutos e no que diz respeito às benfeitorias (o que pode, inclusive, gerar direito de retenção). A doutrina tem posição firme, sem maiores discrepâncias, em relação à importância e repercussão de tais aspectos legais, aludindo, Silvio Rodrigues, que "a distinção entre posse de boa-fé e posse de má-fé é desmedida, pois variados são os efeitos, conforme se trate de uma ou de outra dessas espécies de posse".

E, ainda conforme o autor citado, "um é o regime legal no que diz respeito às benfeitorias, aos frutos, ao prazo de prescrição aquisitiva, à responsabilidade pelas deteriorações, se se tratar de posse de boa-fé; outro se se tratar de má-fé. Para um rápido exame basta conferir e comparar os artigos 1.216 e 1.218 do Código Civil".[145] Pelo Código Civil de 1916 estes mesmos artigos, citados no Código Civil de 2002, são correspondentes aos arts. 513 e 517.

3.4.3 Destaque da boa e da má-fé em relação aos frutos (*fructus*), com a diferença em relação aos produtos e às benfeitorias (*impensa*)[146]

Face à relevância da repercussão da existência da boa ou da má-fé em matéria possessória, para fins de aquisição (considerando o estudo em sua classificação, item 3, subitens 3.4.1 e 3.4.2), destacamos, *infra*, cada uma das modalidades dos frutos que podem estar presentes; também destacamos a questão das benfeitorias.

Os *frutos* diferem dos produtos, pois os primeiros podem ser vistos como utilidades periodicamente produzidas pela coisa, sob o aspecto objetivo. Sob a visão subjetiva, frutos são riquezas normalmente produzidas por um bem, podendo ser uma safra, como os rendimentos de um capital.

---

[145] RODRIGUES, Silvio. *Direito civil*: direito das coisas. 22. ed. São Paulo: Saraiva, 1995. 5 v. em 7, p. 32.
[146] Embora o tratamento específico da matéria, sobre frutos, esteja contido nos artigos 1.214 a 1.216 do Código Civil de 2002 (e artigos 510 a 513 do Código Civil de 1916) e sobre as benfeitorias nos artigos 1.219 a 1.222 do Código Civil (e artigos 516 e 519 do Código Civil de 1916), todos transcritos no ANEXO A desta obra, preferimos tratá-los neste Capítulo 3, e não no Capítulo 4, onde também deixamos tais considerações consignadas no tópico 4.4. Preferimos tratar a matéria no campo da classificação, neste Capítulo 2, da posse em razão das virtudes e dos vícios gerados em razão da posse de boa ou de má-fé levados a cabo pelo possuidor. *No nosso modo de ver, é na classificação que a matéria sobre frutos recebe melhor tratamento.*

O Código Civil trata dos frutos sob o aspecto subjetivo. Esses frutos podem ser naturais, industriais e civis. Naturais os provenientes da força orgânica, como os frutos de uma árvore e as crias dos animais. Industriais são aqueles decorrentes da atividade humana, como a produção industrial. Civis são as rendas auferidas pela coisa, provenientes do capital, tais como juros, aluguéis e dividendos. Frutos civis são, então, os rendimentos gerados em razão da própria coisa.

Os frutos nascem da coisa principal, mas isso não significa dizer que sejam sempre acessórios, pois uma vez separados da coisa principal podem vir a ter individualidade distinta daquela de que se originou. Só são, *stricto sensu*, acessórios os frutos pendentes. Pois que não têm individualidade própria.

A relação de independência — e, portanto, geradora de fatos jurídicos próprios — dos frutos é de fundamental importância, pois que, embora tendo provindo de uma coisa principal, o mesmo poderá deixar de ser acessório e isto se dá, como anota Marky Thomas, porque uma vez "destacado o fruto da coisa frugífera, fruto separado, passa ele a ter individualidade própria e pode, então, ser objeto de relações jurídicas separadamente da coisa produtora. Neste último aspecto, do ponto de vista jurídico, os frutos separados podem ser considerados como colhidos (*percepti*), a serem colhidos (*percepiendi*), considerados como colhidos (*consumpti*) e também *exstantes*, que são os colhidos e já existentes no patrimônio de alguém, aguardando o consumo oportuno e posterior".[147][148]

A importância desta classificação dos frutos tem a ver com a questão da boa e da má-fé, conforme preconizado pelo Código Civil, e de conformidade com os apontamentos *retro* (tópicos 3.4.1 e 3.4.2).

Frutos e produtos não são coisas iguais, pois que os *produtos* são bens extraídos da coisa e que diminuem sua substância, haja vista que não se reproduzem periodicamente como acontece com os frutos. Assim, na classe dos produtos, colocam-se as riquezas minerais, por exemplo, o ouro, o petróleo, as pedras preciosas, etc. Os produtos são, então, a própria coisa principal em si mesmo, de forma que os frutos somente abrangem os produtos quando a palavra é empregada genericamente, ou seja, de forma ampla.[149]

---

[147] MARKY, Thomas. *Curso elementar de direito romano*. 8. ed. São Paulo: Saraiva, 1995. p. 44.
[148] Pelo próprio Código Civil (2002), verificamos, de forma clara, que os frutos que podem ser separados da coisa principal podem constituir relação jurídica distinta. Diz o art. 95: "Apesar de ainda não separados do bem principal, os frutos e produtos podem ser objeto de negócio jurídico".
[149] Darcy Bessone (*Da posse*. São Paulo: Saraiva, 1996. p. 99), pondera no sentido de que "expressão 'frutos' é empregada de forma ampla, isto é, de maneira a compreender

As *benfeitorias*, por seu turno, como o próprio nome já está a enunciar, são atinentes aos melhoramentos feitos na coisa, tais melhoramentos são com referência à conservação ou a facilitar a utilização ou o embelezamento da coisa. Todas as melhorias importam em obras ou despesas com o bem.

Dividem-se as benfeitorias em voluptuárias, úteis e necessárias, conforme disposto no art. 96, *caput*, do Código Civil de 2002 (e art. 63 do Código Civil de 1916).

Voluptuárias são as benfeitorias de mero deleite, não ampliando a utilização da coisa, embora possam elevar o seu valor econômico, conforme §1º do art. 96 do Código Civil de 2002 (e §1º do art. 63 do Código Civil de 1916); *úteis* são as benfeitorias que ampliam a utilização da coisa, conforme §2º do art. 96 do Código Civil de 2002 (e §2º do art. 63 do Código Civil de 1916); e *necessárias* são as benfeitorias efetuadas para conservar a coisa ou evitar a sua deterioração, conforme §3º do art. 96 do Código Civil de 2002 (e §3º, do art. 63 do Código Civil de 1916).

A matéria, relativa aos frutos e às benfeitorias, ganha consistência e relevância em decorrência da geração de consequências que traz em relação aos direitos e aos deveres a que estão sujeitos os possuidores, o que será apurado pela existência da posse de boa-fé, ou, então, pela posse de má-fé. Também, no que toca às benfeitorias, a relevância do entendimento é primordial, tanto em razão da indenização das mesmas, como com relação ao direito de redenção.

Numa outra vertente, sem colidir com o já exposto, transcrevemos, em relação às modalidades de frutos, e, por outro lado, das benfeitorias, a classificação de como se apresentam. Destacamos, deste modo, em relação aos frutos e às benfeitorias, as considerações *infra*, o que fizemos com o intuito de possibilitar o entendimento mais acentuado de cada modalidade.

3.4.3.1 Modalidades de frutos

Os mesmos se apresentam como sendo:
a) *naturais* – frutos naturais são aqueles que a coisa gera por si mesma, espontaneamente, independentemente da intervenção do trabalho humano. Releva ponderar que não perdem essa

---

também os produtos da coisa". Dizendo, ainda: "Os produtos distinguem-se dos frutos pelo fato de ocasionarem diminuição ou alteração da substância da coisa, enquanto os frutos são percebidos sem alteração ou diminuição de tal substância. Em relação aos frutos, além de não diminuírem, são de produção periódica, pois nascem e renascem, ao passo que isso não sucede com os produtos".

qualidade pelo fato de a pessoa humana concorrer apenas com processos técnicos para a melhoria da sua qualidade ou aumento da sua produção.

b) *industriais* – frutos industriais são as utilidades que provêm da coisa, porém com a contribuição necessária e indispensável do trabalho humano.

c) *civis* – frutos civis são, por uma extensão gerada pela capacidade de abstração, os rendimentos ou benefícios que alguém tira de uma coisa utilizada por outrem. Também são chamados frutos comerciais. Exemplo: o aluguel, os juros, etc.

d) *pendentes* – frutos pendentes são os que ainda não foram separados da coisa principal.

e) *percipiendos* – frutos percipiendos são aqueles que deveriam ter sido colhidos, contudo ainda não foram.

f) *estantes* – frutos estantes são os frutos armazenados ou acondicionados para a venda.

g) *percebidos* ou *colhidos* – Frutos percebidos ou colhidos são aqueles que já foram colhidos, ou seja, já estão destacados da coisa principal.

h) *consumidos* – frutos consumidos são os que não mais existem, visto que foram efetivamente consumidos pelo possuidor.

3.4.3.2 Direitos que assistem ao possuidor de boa-fé

O possuidor de boa-fé, em relação aos frutos, tem direitos que lhe são assegurados, inclusive mesmo em caso de cessação da boa-fé permanece com algum direito, o que se justifica para evitar, basicamente, que haja o enriquecimento sem causa em prol de outrem. Assim é que tem: a) direito aos frutos percebidos enquanto durar a posse, conforme art. 1.214 do Código Civil de 2002 (e art. 510 do Código Civil de 1916), e, b) com a cessação da boa-fé, deve o possuidor restituir os frutos pendentes, deduzidas as despesas de custeio, e, ainda, deve restituir os frutos que porventura colheu por antecipação, conforme parágrafo único do art. 1.214 do Código Civil de 2002 (e art. 511 do Código Civil de 1916).

3.4.3.3 Direitos e obrigações do possuidor de má-fé

Em relação às consequências jurídicas advindas da má-fé do possuidor, o mesmo fica compelido: a) responder por todos os frutos colhidos e percebidos; responder pelos frutos colhidos por antecipação, e responder pelos frutos pendentes, conforme art. 1.216 do Código Civil de 2002 (e art. 513 do Código Civil de 1916); b) responder, ainda, pelos frutos que deixou de perceber, desde que iniciou a má-fé, conforme art. 1.216 do Código Civil de 2002 (e art. 513 do Código Civil de 1916); e, c) com relação a todos os frutos pelos quais responde, vale dizer, tendo que os devolver ou pagar o equivalente, tem direito, como não poderia deixar de ser, às despesas de custeio e produção, conforme art. 1.216, *in fine*, do Código Civil de 2002 (e art. 513, *in fine* do Código Civil de 1916).

3.4.3.4 Direitos em relação à indenização por benfeitorias

No que diz respeito à indenização relativa às benfeitorias, há direitos em favor do possuidor de boa-fé e direitos e obrigações em relação ao possuidor de má-fé.

3.4.3.4.1 Possuidor de boa-fé tem direito

Direitos assegurados ao possuidor de boa-fé: a) indenização das benfeitorias necessárias e úteis que construiu, conforme art. 1.219 do Código Civil de 2002 (e art. 516 do Código Civil de 1916), e, b) levantamento, se não lhe forem pagas, das benfeitorias voluptuárias, desde que puder ser efetivado sem detrimento da coisa principal, conforme art. 1.219 do Código Civil de 2002 (e art. 516 do Código Civil de 1916).

3.4.3.4.2 Possuidor de má-fé

O possuidor de má-fé tem direito exclusivamente ao ressarcimento pelas benfeitorias necessárias, mas não lhe assiste o direito de retenção pela importância destas. Também não tem direito ao *jus tollendi*, ou seja, o direito de levantar as benfeitorias voluptuárias, conforme art. 1.220 do Código Civil de 2002 (e art. 517 do Código Civil de 1916).[150][151]

---

[150] Ney Rosa Goulart (*Direito das coisas*. Santa Maria: Universidade Federal de Santa Maria, 1979. v. 1, p. 99-100, 102), adota, com pequenas variantes, esta forma de disposição e apresentação da matéria.

[151] A indenização de benfeitorias necessárias independe da existência de boa ou má-fé, assim é que também desponta da Apelação Cível nº 1997.36.00.005864-3/MT, 6ª Turma, Rel. Des. Federal Souza Prudente, DJ, p. 156, 22 maio 2006, onde é mandado aplicar o art. 1.220 do CC de 2002 em favor de possuidor de má fé.

A matéria tratada, no que tange aos frutos e benfeitorias, decorrentes de boa ou de má-fé, terá importância vital nas questões das ações possessórias típicas (manutenção de posse, reintegração de posse e interdito proibitório), o que será objeto de estudo no Capítulo 5.

3.5 Classificação pelo tempo

No que diz respeito ao tempo, a posse pode se configurar como sendo nova ou velha. Pelo Código Civil de 2002, não houve específico tratamento da matéria, como era feito pelo Código Civil de 1916, e isto porque a matéria é de ordem processual e, como tal, recebe o devido tratamento pelo Código de Processo Civil.

Embora não tendo a matéria, como mencionado acima, tratamento específico pelo Código Civil de 2002, não quer isto significar que a mesma não tem sua relevância e aplicação às questões de ordem possessória, no campo do direito material, principalmente aquelas que digam respeito à turbação e ao esbulho. Vejamos.

3.5.1 Posse nova

Posse nova é aquela em que o possuidor está com a coisa a menos de ano e dia (um ano e um dia). Dá maior proteção ao que postula a coisa, pois terá este o direito de ser restituído, de forma liminar, na posse. Tem a ação, inicialmente, o rito especial.

3.5.2 Posse velha

Posse velha é aquela em que o possuidor está com a coisa a mais de ano e dia (um ano e um dia). Neste caso, a proteção de forma liminar não é possível em benefício daquele que postula a coisa; a proteção somente ocorrerá, se o caso, quando da apreciação do mérito da ação, que segue, desde logo, o rito ordinário. Na ação de força velha, pode, considerando que a mesma corre pelo rito ordinário, ocorrer, desde que preenchidos os requisitos legais, a concessão de antecipação de tutela, em face do art. 273 do Código de Processo Civil (o que será objeto de estudo no Capítulo 5, em relação às ações possessórias típicas).

Estas modalidades classificatórias de como a posse se apresenta, em razão do tempo, são extremamente relevantes em razão dos efeitos que geram, pois que, como registra Maria Helena Diniz, "quanto à sua idade, a posse pode ser distinguida em posse nova e posse velha (CPC, arts. 924 e 927, III). É nova se tiver menos de ano e dia e velha se possuir mais de ano e dia (RT, 498:169). Esse prazo é importante porque contra a posse nova pode o titular do direito lançar mão do desforço imediato (CC, art. 1.210, §1º) ou obter a reintegração liminar em ação própria (CPC, arts. 926 e s.). Entretanto, se velha for a posse o possuidor terá a proteção dos interditos possessórios, até que o órgão judicante o convença da existência de um direito melhor do que o seu".[152]

Na conceituação pura da posse velha está presente o princípio de que *prior tempore, potiur in jure* (no caso, em tradução livre, o primeiro no tempo é preferido no direito), pois não havendo direito mais robusto (velho) que o seu, que deverá ser provado por quem alega, a posse da coisa deverá continuar com aquele que tem posse velha sobre a coisa.

Por ser este um tópico, dentro do contexto da classificação da posse em razão do tempo, de significativa relevância jurídica, é que ampliaremos mais as considerações sobre o mesmo, o que será tratado *infra* (tópico 3.5.3).

3.5.3 Prova da posse em razão do tempo

A proteção que está sendo tratada, nas modalidades de posse nova ou velha, é a do esbulhador ou turbador em relação à figura do possuidor. Tratando-se de proteção do possuidor, é a posse velha — aquela que ele mantém a mais de ano e dia —, que será objeto de proteção de imediato com a concessão de liminar de reintegração ou de manutenção.

Neste sentido, dispunha o art. 508 do Código Civil de 1916, não recepcionado, por se tratar de matéria de cunho estritamente processual, pelo Código Civil de 2002. Dizia o Código Civil de 1916, art. 508: "Se a posse for de mais de ano e dia, o possuidor será mantido sumariamente, até ser convencido pelos meios ordinários".

Embora a matéria sobre a idade da posse não tenha sido contemplada pelo Código Civil de 2002 — considerando que tal requisito é exclusivamente de ordem processual —, não significa isto que tal qualidade não é mais necessária ou de que ficou sem previsão de ordem legal, pois a disciplina legal está inserida no art. 926, do Código de Processo Civil, cuja redação diz: "O possuidor tem direito a ser mantido na posse em caso de turbação e reintegrado no de esbulho".

---

[152] DINIZ, Maria Helena. *Curso de direito civil brasileiro*: direito das coisas. 17. ed. São Paulo: Saraiva, 2002. 4 v. em 7, p. 58.

Enquanto, por sua vez, dispõe, também do Código de Processo Civil, o art. 927:

Incumbe ao autor provar:
I – a sua posse;
II – a turbação ou esbulho praticado pelo réu;
III – a data de turbação ou do esbulho;
IV – a continuação da posse, embora turbada, na ação de manutenção; a perda da posse, na ação de reintegração.

O inc. III do art. 927 do Código de Processo Civil é que vai delimitar se se trata de posse velha ou nova. Sendo nova, o autor será reintegrado ou manutenido na posse de forma liminar, sem a oitiva do réu. Sendo, entretanto, velha a posse do réu, o autor não será, de plano, manutenido ou reintegrado na posse, e a ação tramitará, desde logo, pelo rito ordinário, perdendo, no caso, a regalia (legal) de ser tratada pela parte especial do Código de Processo Civil.[153]

Pelo art. 927, incs. I e III, do Código de Processo Civil, estão enumerados, taxativamente, os requisitos relativos à prova da posse. Tais requisitos são peremptórios e não admitem qualquer tipo de incerteza ou vacilação. Deve ficar claro, e de forma inequívoca, a existência da posse e a data em que se deu a turbação ou esbulho, considerando que são marcos para justificarem a adoção de um ou outro tipo de rito de natureza processual.

A matéria, no seu campo de ordem processual, em relação ao art. 927, incs. I a IV, tomando por parâmetro o magistério de Adroaldo Furtado Fabrício, pode ser gizada no sentido de que "dois se apresentam [incs. I e III] como especialmente exigentes: a posse, que é o pressuposto fundamental e comum a todas as formas de tutela possessória, e a data da turbação ou esbulho, decisiva no caracterizar ou não a 'força

---

[153] Carlos Roberto Gonçalves (*Direito das coisas*. São Paulo: Saraiva, 2003. p. 20), destaca, o que entendemos como extremamente relevante e daí a razão de repetirmos: "Não se deve confundir posse nova com ação de força nova, nem posse velha com ação de força velha. Classifica-se a posse em nova ou velha quanto à sua idade. Todavia, para saber se a ação é de força nova ou velha, leva-se em conta o tempo decorrido desde o ocorrência da turbação ou do esbulho. Se o turbado ou esbulhado reagiu logo, intentando a ação dentro do prazo de ano e dia, contado da data da turbação ou do esbulho, poderá pleitear a concessão de liminar (CPC, art. 924), por se tratar de ação de força nova. Passado esse prazo, no entanto, o procedimento será ordinário, sem direito a liminar, sendo a ação de força velha. É possível, assim, alguém que tenha a posse velha ajuizar ação de força nova, ou de força velha, dependendo do tempo que levar para intentá-la, contado o prazo da turbação ou do esbulho, assim como também alguém que tenha posse nova ajuizar ação de força nova ou de força velha".

nova', sem a qual fica de pronto afastada a possibilidade de proteção provisional da posse, ainda que provada esta".

Prossegue o autor citado: "Dissemos que se deve colocar ênfase nesses dois requisitos porque eles, no confronto com os dois incisos II e IV, evidenciam a maior maleabilidade destes últimos. Com efeito, enquanto aqueles inadmitem vacilações ou alternativas, estes podem ser provados em certo desacordo com a inicial e os fatos nela expostos, sem que só por isso resulte excluída a tutela liminar. Assim, se provada turbação quando se alegara esbulho, ou vice-versa; ou ainda — o que resulta igual — prova-se a continuação da posse que se afirmara perdida, ou o contrário, nem por isso o juiz terá de indeferir o mandado liminar. É que a regra do art. 920, no sentido da conversibilidade dos interditos, incide já nessa fase preliminar do procedimento, permitindo que o juiz outorgue ao autor, ainda *in limine litis*, a tutela possessória adequada, mesmo diversa da pedida".[154]

3.5.3.1 Esclarecimento sobre o tratamento processual da posse em razão do tempo (idade)

Quando do tratamento específico das ações possessórias, o que será feito no Capítulo 5, nos ateremos, de forma pormenorizada, em relação às modalidades das ações possessórias.

Trataremos, pois, no Capítulo 5, das ações possessórias típicas — ação de manutenção de posse, ação de reintegração de posse e ação de interdito proibitório —, além de outras mais que também podem ser utilizadas para a proteção da posse, que as denominamos atípicas — ação de dano infecto, ação de nunciação de obra nova e ação de embargos de terceiro; veremos, ainda, a questão do desforço pessoal, que nada mais é do que ação física de que se vale o ofendido para a defesa da posse violada.

Os meios processuais apontados acima, com relação às ações típicas para a defesa da posse, são válidos tanto para as ações possessórias de força nova, como para as ações possessórias de força velha. O que muda em relação às ações de força nova e as de força velha é que na primeira há possibilidade de o ofendido ser beneficiário de liminar; enquanto nas ações de força velha não há espaço para a concessão *in limine litis*, todavia, como será visto (no Capítulo 5, em

---

[154] FABRÍCIO, Adroaldo Furtado. *Comentários ao Código de Processo Civil*. Rio de Janeiro: Forense, 1980. v. 8, p. 546-547.

relação às ações possessórias típicas), é possível a antecipação de tutela, desde que preenchidos os requisitos exigidos pelo art. 273 do Código de Processo Civil.

3.6 Classificação pelo número de pessoas (composse)

A classificação da posse pelo número de pessoas é representada pela composse[155] — que não tem nada a ver com a posse direta e indireta —,[156] [157] conforme disciplinado pelo art. 1.199 do Código Civil de 2002 (e art. 488 do Código Civil de 1916).

De conformidade com o art. 1.199 do Código Civil de 2002, o compossuidor exerce todos os poderes inerentes à posse, competindo-lhe, destarte, direito de recorrer aos interditos possessórios, sem que, no entanto, possa excluir os demais compossuidores do mesmo direito. O exercício dos direitos de cada um dos compossuidores não pode resultar em exclusão, em forma de lesão, dos direitos dos demais condôminos.[158] Esta forma, como se apresenta a composse, às vezes possibilitando o exercício individualizado do bem por um dos compossuidores (sem anuência dos demais), e vezes outras só possibilitando o exercício quando em comum (conjuntamente) com os demais consortes, se dá, como bem acentua Ricardo Luís Maia Loureiro, em razão de que a compossessão pode ser: a) simples e b) de mão comum.

Podemos identificar, como leciona o autor acima mencionado, a composse simples como sendo aquela "na qual qualquer dos compossuidores pode exercer atos tendentes à utilização econômica do bem,

---

[155] ESPÍNDOLA, Eduardo. *Posse, propriedade, compropriedade ou condomínio, direitos autorais*. Atualizado por por Ricardo Rodrigues Gama. Campinas: Bookseller, 2002. p. 70, destaca, em nota de rodapé: "Lafayette diz muito bem que se dá a compossessão: 1) entre os herdeiros, antes de feita a partilha; 2) entre marido e mulher casados segundo o regime da comunhão de bens; 3) entre consócios, acerca das coisas comuns; e, em geral, em todos os casos em que cabe a ação *communi dividendi*".

[156] R. Limongi França (*A posse no Código Civil*: noções fundamentais. Rio de Janeiro: José Bushatski, 1964. p. 73), aduz: "Não se deve confundir a composse com a dualidade de posses, como se dá no caso da posse direta e da indireta, sobre a mesma coisa".

[157] Quando ocorre a posse direta e indireta, o que se tem, em verdade, é uma posse múltipla, enquanto na composse o que ocorre é uma posse, quer imediata (direta), quer mediata (indireta), de várias pessoas sobre a mesma coisa em graus iguais, o que, segundo José Carlos Moreira Alves, torna "possível que todos os compossuidores sejam possuidores em nome próprio, ou que todos sejam possuidores em nome alheio; também é possível que um seja possuidor em nome próprio e o outro possuidor em nome alheio" (ALVES, José Carlos Moreira. *Posse*. 2. ed. Rio de Janeiro: Forense, 1997. v. 2, t. I, p. 490).

[158] Washington de Barros Monteiro (*Curso de direito civil*: direito das coisas. 32. ed. São Paulo: Saraiva, 1995. 3 v. em 6, p. 80), defende este tipo de abordagem.

independentemente dos outros, contanto que tais atos não excluam a posse dos outros compossuidores (art. 1.119 do Código Civil)"; já a composse de mão comum dá-se quando "a posse não pode ser exclusivamente exercida por apenas um dos compossuidores".[159] Vê-se, então, que a compossessão, ou condomínio, é "o ato pelo qual duas ou mais pessoas possuem coisa indivisa, ou se estiverem no gozo do mesmo direito, poderá cada uma exercer sobre o objeto comum atos possessórios, contando que isso não leve a exclusão dos outros compossuidores".[160] A compossessão pode ter como causa um ato praticado *inter vivos*, como também pode advir em razão de *mortis causa*.[161]

A composse pode se apresentar sob duas vertentes distintas, uma como sendo *pro diviso* e a outra como sendo *pro indiviso*. Sobre estas subdivisões da composse discorreremos *infra* (tópicos 3.6.1 e 3.6.2).

3.6.1 Pro diviso

Posse *pro diviso* é aquela posse em que, embora não existindo uma divisão de direito da coisa, existe, no entanto, uma repartição de fato. No caso, a cada um dos compossuidores (que são os condôminos) é atribuída uma cota-parte, a qual recai sobre uma parte específica da coisa. Exemplificando: no caso de 5 (cinco) pessoas possuírem um terreno com 2000 m², é possível que venham, de comum acordo, dividi-lo em 5 partes (lotes) iguais de 400 m² para cada uma. De forma que cada uma das pessoas, que são os compossuidores, exercerá diretamente a sua posse sobre a sua parte predeterminada (parte localizada, e não, tecnicamente, parte ideal, pois que a divisão não decorre de direito, e sim de fato, o que se dá em comum consenso entre os condôminos), que

---

[159] LOUREIRO, Ricardo Luiz Maia. *Posse e ações possessórias*. São Paulo: Livraria e Ed. Universitária de Direito, 2006. p. 19-20. Sobre a composse de mão comum, registra o autor: "Essa segunda espécie de composse restou definida como composse de mão comum, porque necessita da anuência dos demais compossuidores para a utilização do bem copossuído. Como por exemplo típico, podemos citar o caso do cofre que só pode ser aberto com duas chaves, assim, ambos os compossuidores não podem usufruir exclusivamente do bem, um não pode abrir o cofre sem a anuência dos demais".

[160] GAMA, Ricardo Rodrigues. *Direito das coisas*. Presidente Prudente: Data Juris, 1994. p. 45.

[161] Diz Maria Helena Diniz, ao comentar o art. 1.199 do CC de 2002: "Ter-se-á composse quando, em virtude de contrato ou herança, duas ou mais pessoas se tornarem possuidoras do mesmo bem, embora por quota ideal, exercendo cada uma sua posse sem embaraçar a da outra. Por exemplo, é o que ocorre com os herdeiros antes da partilha do acervo no inventário, com os consócios, nas coisas comuns etc. O possuidor poderá valer-se, isoladamente ou conjuntamente, da proteção possessória contra terceiro ou mesmo contra outro compossuidor, que vier a perturbar a sua posse" (DINIZ, Maria Helena. *Código Civil anotado*. 8. ed. São Paulo: Saraiva, 2002. p. 704).

vem a ser aquela relativa a sua cota parte na divisão (fracionamento) do bem, ou seja, pelo exemplo dado, uma fração de 400 m² do terreno.

3.6.2 Pro indiviso

Na posse *pro indiviso*, não existe qualquer divisão, nem de direito e nem de fato, da posse. Todos os compossuidores exercem seu direito sobre a totalidade da coisa objeto da relação condominial. Exemplificando: Tomando por base o mesmo caso acima (tópico 3.6.1), as 5 (cinco) pessoas, que são os compossuidores, ou condôminos, exercem posse sobre todo o bem (no caso, um terreno de 2000 m²); como a posse é exercida na totalidade do bem, sem qualquer individualização da cota de cada um dos condôminos, todos os compossuidores exercem posse comum sobre o bem como um todo, pois não é possível identificar a cota parte de cada um dos condôminos.

Em relação às divisões da composse em posse *pro diviso* e posse *pro indiviso*, registramos, com amparo em Washington de Barros Monteiro, que pela primeira, "a compossessão subsiste de fato e de direito. Se o compossuidor tem posse *pro diviso* exercitada sobre *pars certa, locus certa ex fundo*, tem direito de ser respeitado na porção que ocupa, até mesmo contra outro compossuidor. Se não existe, porém sinal de posse em qualquer trecho do imóvel, se vago se acha o lugar, o compossuidor tem direito de nele instalar-se, desde que não exclua os demais".[162] O art. 1.314, *caput*, e parágrafo único do Código Civil de 2002 (e art. 623, incs. I, II, III, do CC de 1916), dá tal suporte jurídico.

A exata compreensão da composse *pro diviso* e *pro indiviso* gera algumas interpretações díspares de ordem doutrinária, o que se justifica em razão de que, aparentemente, o condomínio somente poderia ocorrer em relação a uma posse *pro indiviso*, considerando que, se *pro diviso*, já não haveria razão (em tese, pelo menos) para a existência da compossessão.

Embora o aparente conflito, como demonstrado acima, não assiste qualquer razão em prol daqueles que, como Barbero, consideram como sendo "a posse *pro diviso* somente uma recordação de um estado que já se encontra ultrapassado",[163] e assim não é porque é incorreta a

---

[162] MONTEIRO, Washington de Barros. *Curso de direito civil*: direito das coisas. 32. ed. São Paulo: Saraiva, 1995. 3 v. em 6, p. 81.

[163] LOPES, Miguel Maria de Serpa. *Curso de direito civil*. 4. ed. Rio de Janeiro: Freitas Bastos, 1996. 6 v., p. 332.

colocação de que a verdadeira comunhão, que redunda de uma relação condominial, somente se caracteriza pela posse *pro indiviso*, pois a posse *pro diviso* também dá, como visto acima, margem ao nascimento de uma relação condominial.

De fato, em reforço ao supra-aludido, a doutrina brasileira é no sentido de que, na comunhão *pro diviso*, "a propriedade se mantém integral; não é afetada em sua unidade específica; apenas a comunhão vai recair sobre partes singulares de propriedades diversas, sem que a integridade material destas fique prejudicada. Um exemplo servirá para dilucidar melhor o problema. Assim, a propriedade em planos horizontais dá margem a ser considerada por muitos juristas como uma comunhão *pro diviso*. O edifício é dividido em apartamentos atribuídos a proprietários diversos. Sobre tais apartamentos eles exercem o direito de propriedade em toda sua plenitude. Por conseguinte, uma comunhão *pro diviso*, sendo, entretanto, *pro indiviso*, a que exercem em relação às paredes-meias, o teto, o terreno e as escadas e demais utilidades postas a serviço da propriedade singular".[164]

Lembrando, por oportuno, que embora a alusão, na citação doutrinária *retro*, seja com respeito a propriedade em condomínio, também é aplicável, *in litteris*, em relação a compossessão, pois que esta também decorre de uma relação condominial de posse.

Para um melhor esclarecimento e estudo da compose em relação aos denominados interditos possessórios e/ou ações possessórias, necessário se faz um enfoque específico sobre o tema, é o que veremos a seguir.

3.6.3 Composse em relação aos interditos possessórios

Cabe assinalar, objetivando um melhor entendimento da figura da composse, que qualquer um dos possuidores, que em verdade são, tecnicamente, compossuidores — ou, sob outra óptica, são em verdade condôminos de relações de natureza exclusivamente possessória, portanto, decorrente de uma relação puramente fática, ao contrário do condomínio jurídico que decorre de domínio —, pode se valer, em sendo o caso, dos meios legais de defesa da posse, e isto se dá, via de regra, por meio dos interditos possessórios e/ou ações possessórias.

No caso de existência de conflito direto entre os diversos compossuidores, pode, facultativamente, cada um deles, de *per si*, utilizar-se

---

[164] LOPES, Miguel Maria de Serpa. *Curso de direito civil*. 4. ed. Rio de Janeiro: Freitas Bastos, 1996. 6 v., p. 332.

das ações possessórias, aquela que melhor se adequar à espécie, em face da matéria em discussão, por exemplo, turbação, esbulho ou ameaça efetiva a posse.

Se o conflito se der contra terceiro, cada um dos condôminos pode agir, tanto individualmente, como em conjunto, no entanto, quando for um contra o outro, deve ser vista a questão da existência da posse *pro diviso*, ou, como faz ver Miguel Maria de Serpa Lopes, "é princípio assente na doutrina e na jurisprudência que, exercendo posse certa e individuada no imóvel, pode o condômino invocar a proteção possessória contra os demais consortes".[165] [166] E isto é assim em decorrência de que na posse *pro diviso* o que existe, na realidade, é uma posse individual, dentro da compossessão, de parte idealizada da coisa por parte exclusiva de um dos possuidores.[167]

Por fim, a compose pode terminar (não como regra geral e absoluta) pela ocorrência de divisão de direito e posse exclusiva.

3.6.3.1 Divisão de direito

A desconstituição da compose pode decorrer de divisão de forma amigável ou judicial. Em qualquer dos casos, cessa a compossessão e cada um dos condôminos passa a exercer a posse sobre coisa determinada e perfeitamente individualizada.

---

[165] LOPES, Miguel Maria de Serpa. *Curso de direito civil*. 4. ed. Rio de Janeiro: Freitas Bastos, 1996. 6 v., p. 362.

[166] O Código Civil de Portugal somente permite ao manejo de ação possessória, por parte de um dos compossuidores, se a mesma for contra terceiro, pois que contra outro compossuidor não é possível. Estabelece, neste sentido:
"Artigo 1286º.
(Defesa da composse)
1. Cada um dos compossuidores, seja qual for a parte que lhe cabe, pode usar contra terceiro dos meios facultados nos artigos precedentes, quer para defesa da própria posse, quer para defesa da posse comum, sem que ao terceiro seja lícito opor-lhe que ela não lhe pertence por inteiro.
2. Nas relações entre compossuidores não é permitido o exercício da acção de manutenção.
3. Em tudo o mais são aplicáveis à composse as disposições do presente capítulo".

[167] FRANÇA, R. Limongi. *A posse no Código Civil*: noções fundamentais. Rio de Janeiro: José Bushatski, 1964. p. 75. Faz ver que a regra do art. 488, do Código Civil de 1916 — agora correspondente ao art. 1.199 do Código Civil de 2002 —, tem por substância "dois aspectos fundamentais: 1º. Outorga ao possuidor o direito aos interditos e ao usucapião; 2º. Preserva os direitos de cada possuidor à face dos demais". Acrescentando: "Exceção, porém, a essa regra é o caso da posse *pro diviso*, dentro da compossessão. Nessa hipótese, há uma verdadeira posse individual, enquistada no objeto da composse, de tal forma que, preenchidos os requisitos de tempo e exteriorização do domínio, o compossuidor passa à categoria de possuidor puro e simples, de uma parte do dito objeto, parte essa, não já ideal, mas localizada".

3.6.3.2 Posse exclusiva

Também pelo exercício de posse exclusiva de um dos compossuidores, sobre a integralidade da coisa, e isto sem qualquer tipo de oposição por parte dos demais condôminos, pode findar a compossessão.

3.7 Classificação pelos efeitos: *ad interdicta* e *ad usucapionem*

Por último, quanto aos seus efeitos, a posse pode ser classificada como *ad interdicta* e *ad usucapionem*. A posse *ad interdicta* é aquela que pode ser defendida pelo uso dos interditos de natureza possessória (ação de manutenção de posse, ação de reintegração de posse e interdito proibitório). Tanto é defendida pelo só possuidor, como pelo possuidor e proprietário. Possibilita, a posse *ad interdicta*, que o possuidor busque a proteção dos interditos possessórios em razão da simples presença dos elementos da posse, ou seja, do "*corpus, animus* (implícito no *corpus*) e *affectio tenendi*. Não importa que a posse seja ilegítima ou com vício, pois os motivos da proteção da posse se sobrepõem, a este fato".[168]

Para parte da doutrina, dentre os quais destacamos Silvio Rodrigues,[169] a proteção da posse *ad interdicta* deve decorrer de posse sem vício, portanto, não podendo ser violenta, clandestina e precária, isto contra e efetivo possuidor da coisa, e não contra terceiros. Discordamos, em parte, do pensamento doutrinário defendido pelo autor, pois que a violência e a clandestinidade podem se convalidar com o decurso do tempo (posse de mais de ano e dia), o que não afasta, em princípio, a proteção possessória em favor do possuidor injusto ou de má-fé, mesmo contra o efetivo possuidor.

---

[168] GIORDANI, José Acir Lessa. *Curso básico de direito civil*: direito das coisas. 2. ed. Rio de Janeiro: Lumen Juris, 2005. t. I, p. 51. Introdução e posse.

[169] Diz Silvio Rodrigues, em ponto de vista com o qual, como registramos no texto, discordamos, em parte: "Para que à posse se confira a proteção dos interditos, basta que ela seja justa, isto é, que não venha eivada dos vícios de violência, clandestinidade e precariedade. Assim, o titular de uma posse justa pode reclamar e obter a proteção possessória contra quem quer que o esbulhe, o perturbe, ou o ameace em sua posse. Ainda que o autor do esbulho, turbação ou ameaça seja o próprio proprietário da coisa, tal proteção é concedida. Portanto, para que a posse *ad interdicta* se configure, basta que seja justa.
Em rigor, perante terceiros, que não o proprietário, qualquer posse dá direito aos interditos. Com efeito, ainda que a posse tenha vícios, o possuidor será garantido em sua posse, contra terceiros que não tenham sido vítimas da violência, da clandestinidade, ou da precariedade, enfim, de terceiros que não tenham melhor posse. Visto que estes nada podem argüir contra aquele" (RODRIGUES, Silvio. *Direito civil*: direito das coisas. 22. ed. São Paulo: Saraiva, 1995. 5 v. em 7, p. 34).

Contra terceiros, é certo que "mesmo o possuidor injusto o de má-fé com relação a determinado sujeito poderá defender a posse contra terceiros, em relação aos quais a exerce sem qualquer vício".[170] Em defesa do ponto de vista dos que entendem, como é o caso de Silvio Rodrigues, que a posse não pode ter vício para ensejar defesa contra o efetivo possuidor, aludimos que o único vício que não pode ter é o da precariedade, considerando que este não se convalida com o decurso do tempo. Pode, no entanto, o possuidor, mesmo que com a posse precária, defendê-la contra terceiros, contra os quais o vício não estará presente, desde que tais terceiros não tenham melhor posse.

Posse *ad usucapionem* é aquela idônea — face ao preenchimento de todos os requisitos exigidos por lei — para gerar a propriedade (em razão de ação de usucapião), caso em que deverá o possuidor exercer sem interrupção, sem oposição, como se dono fosse, a posse pelo tempo estabelecido em lei.

Mantendo o possuidor na sua posse uma coisa, quer seja móvel, quer seja imóvel, por determinado tempo e desde que a mesma seja hábil, poderá ele, em razão desta posse *ad usucapionem*, vir a se tornar proprietário da coisa até então somente possuída.

A posse *ad usucapionem* é, na verdade, uma posse *sui generis*, pois que possibilita que o possuidor venha a tornar-se proprietário de uma coisa (móvel ou imóvel) sem que tenha necessidade de qualquer anuência do até então proprietário, bastando que ele (possuidor) preencha determinados requisitos exigidos por lei, os quais sofrem variações (legais e temporais) dependendo do tipo específico da coisa a ser usucapida (conforme veremos, de forma sucinta, no tópico 3.8).

3.8 Apontamentos sobre o instituto do usucapião (Que é matéria específica do direito de propriedade)

Com relação ao usucapião, a matéria — embora se trate de meios de aquisição (e também, na contrapartida, de perda) da propriedade imóvel ou móvel,[171] [172] estando, deste modo, no rol dos direitos reais

---

[170] VENOSA, Sílvio de Salvo. *Direitos reais*. São Paulo: Atlas, 1995. p. 80.
[171] Embora o usucapião se dê, via de regra em bens imóveis e, em menor extensão, em bens móveis, incluindo os semoventes (que são considerados como bens móveis, art. 82 do CC de 2002 e art. 47 do CC de 1916), também pode incidir sobre os direitos reais relativos às servidões, ao usufruto, ao uso, à habitação e sobre o domínio útil na enfiteuse (nas que ainda continuam em vigor, face ao art. 2.038 do CC de 2002).
[172] Anotam Cristiano Chaves de Farias e Nelson Rosenvald: "A estrutura da usucapião sobre móveis assemelha-se à incidente sobre a propriedade imobiliária. Certamente ainda

relativos à propriedade —merece análise, ainda que de forma sucinta, levando em conta que um dos efeitos da posse é a de conduzir o possuidor (quando não seja efetivamente) à condição de proprietário. É o usucapião a forma mais consistente que tem o possuidor de adquirir a propriedade de forma original, isto é, prescindindo da manifestação do anterior possuidor ou proprietário da coisa a ser usucapida.

3.8.1 Considerações gerais e conceito de usucapião

O usucapião — que na redação do Código Civil de 2002 é grafado no feminino: a usucapião; preferimos, no entanto, até mesmo pela tradição sobre o tema, continuar usando a grafia pelo masculino: o usucapião — é instituto milenar, tendo surgido no Direito romano e tinha por escopo a proteção da posse do adquirente imperfeito, ou seja, aquele que recebera a coisa sem as formalidades (solenidades) necessárias, em conformidade com a legislação então vigorante.

O usucapião resulta dos vocábulos *capere* (tomar) e *usus* (uso), resultando, então, em tomar a posse em razão do tempo (que no Direito romano, em razão da Lei das XII Tábuas, era de dois anos para os imóveis e de um ano para os móveis). Desta forma de aquisição — sem a solenidade exigida para que ocorresse a aquisição da propriedade — é que nasceu o usucapião, onde se dá a regularização da posse por meio do preenchimento de determinadas formalidades, que redunda na transformação do possuidor em proprietário.

A possibilidade de o possuidor, que tinha a posse, mas não a propriedade, vir a se transformar em proprietário decorre da forma dupla gerada pelo usucapião, ou seja, aquisitivo, em relação ao novo titular do direito, e extintivo em relação ao antigo proprietário.[173] Esta forma dupla gerada pelo instituto do usucapião (extintivo, para o até então proprietário, e aquisitivo, para o possuidor que preencheu todos os requisitos legais) decorre do fato de que o usucapião é extintivo de direito, em relação ao antigo proprietário, e criador de direitos em prol do possuidor que vai

---

predomina a importância da usucapião de bens imóveis, porém a semelhança entre as duas modalidades é quase que absoluta. Assim será necessária a satisfação dos pressupostos de direito material à aquisição da titularidade" (FARIAS, Cristiano Chaves de; ROSENVALD, Nelson. *Direitos reais*. 4. ed. Rio de Janeiro: Lumen Juris, 2007. p. 338).

[173] O Código Napoleão (Código Civil Francês) define a prescrição, aplicável também em matéria de usucapião, consoante art. 2219: "A prescrição é um meio de aquisição ou de liberação, pelo transcurso de um certo lapso de tempo e sob as condições estabelecidas em lei" (FRANÇA. *Código Napoleão ou Código Civil dos franceses*. Trad. Souza Diniz. Rio de Janeiro: Record, 1962. p. 295).

tornar-se proprietário em razão dele (usucapião). A primeira situação — extinção de direito — "extingue um direito ou liberta alguém de uma obrigação"; a segunda — criador de direito — "cria um direito de propriedade".[174]

Em face deste cunho duplo (extintivo e aquisitivo) do usucapião é que se amolda a sua forma *conceitual*, que é, consoante clássica definição de Modestino, doutrinador da antiguidade romana: *usucapio este adjectio dominii per continuationem possessionis temporis lege difiniti*, que, em livre tradução, significa dizer que usucapião é aquisição do domínio pela posse continuada durante o tempo definido em lei. Ou, modernamente, como acentua o doutrinador R. Limongi França, *apud* Natal Nader: "Usucapião é um modo originário de adquirir a propriedade, fundado principalmente na posse continuada do objeto, de acordo com os requisitos previstos em lei".[175]

O que justifica "a possibilidade de a posse continuada gerar a propriedade" é, com respaldo no magistério de Sílvio de Salvo Venosa, "o sentido social e axiológico das coisas. Premia-se aquele que utiliza utilmente o bem, em detrimento daquele que deixa escoar o tempo, sem dele utilizar-se ou não se insurgindo que outro o faça, como se dono fosse. Destarte não haveria justiça em suprimir-se o uso e gozo de imóvel (ou móvel) de quem dele cuidou, produziu ou residiu por longo espaço de tempo, sem oposição". Acentua, por fim o autor: "Observa Serpa Lopes a este respeito que, 'encarado sob este aspecto, o usucapião pode ser admitido na lei sem vulnerização aos princípios de justiça e equidade'".[176]

3.8.2 Posse originária e posse derivada. Posse que gera direito ao usucapião. Direito do usucapiente (prescribente) de alegar o direito de usucapião como matéria de defesa. Sentença declaratória de usucapião

Somente a denominada posse originária pode conduzir o possuidor à condição de proprietário, em face do usucapião. Posse originária é aquela em que está presente, em prol do possuidor da coisa

---

[174] WALD, Arnoldo. *Curso de direito civil* brasileiro: direito das coisas. 10. ed. São Paulo: Revista dos Tribunais, 1993. p. 169.
[175] NADER, Natal. *Usucapião de imóveis*. 5. ed. Rio de Janeiro: Forense, 1995. p. 12.
[176] VENOSA, Sílvio de Salvo. *Direito civil*: direitos reais. 3. ed. São Paulo: Atlas, 2003. v. 5, p. 192.

a ser usucapida, o *corpus* e o *animus domini*. A posse derivada não pode conduzir ao usucapião, haja vista que o direito de outrem não está sendo lesado, na realidade ele próprio (o titular do direito) o está exercendo. É pelo instituto do usucapião que se aplica, com clareza, as duas vertentes teóricas sobre a posse, ou seja, a Teoria Objetiva e a Teoria Subjetiva, pois que, como afirmado acima, para que se dê o usucapião (de objeto lícito e possível de ser usucapido) deverão estar presente o *corpus* e o *animus domini*. Não havendo o somatório de tais elementos, não há campo para a ocorrência do usucapião.

Entre os doutrinadores civilistas, existem algumas divergências de que o usucapião não decorre tão somente de posse (modo) originária, pois que pela posse (modo) derivada também se obtém o usucapião, haja vista que à medida que um perde, o outro ganha. Embora não desconhecendo a segunda alternativa, não nos inclinamos pela mesma, e isto em razão de não pairar dúvida de que efetivamente o usucapião somente se consolida pela posse (modo) originária, o que dá, inclusive, possibilidade de o usucapiente (prescribente) alegá-lo como matéria de defesa (entendimento este também corroborado pela jurisprudência),[177][178] considerando que independe da vontade de anterior proprietário a transferência da propriedade para o usucapiente, o que ocorrerá pela sentença que o declarar.

De fato, a propriedade, em razão da ação de usucapião, será reconhecida por meio de sentença meramente declaratória (art. 1.238

---

[177] Decidiu o Tribunal de Justiça de Santa Catarina — em matéria envolvendo o usucapião como forma originária de adquirir a propriedade e a alegação do direito ao usucapião como matéria de defesa: Ementa: "Apelação Cível. O usucapião é modalidade autônoma de aquisição da propriedade, distinta da transcrição [atualmente, anotamos fora da Ementa, em razão da Lei nº 6.015/73, o correto é registro], posto que a prescrição aquisitiva é modo originário de aquisição do domínio. Pode, por isso, ser alegado como defesa nos autos de qualquer ação, mormente na reivindicatória, sempre que ao ser citado o réu já houver preenchido os seus requisitos constitutivos. Se o réu alega usucapião sobre a área reivindicada como matéria de defesa, não se deve colocar em dúvida a identidade da área questionada e a que está sendo ocupada pelo réu (Ap. civ. 49.085, de Balneário Camboriú, rel. Pedro m Abreu). Ainda que não alegada pelo denunciante como matéria de defesa, a prescrição aquisitiva poderá ser invocada pelo litisdenunciado. Nesse caso, a defesa do denunciado aproveita ao denunciante, na ação principal. Daí a ausência de preclusão pelo fato de o primeiro não haver veiculado, como matéria de defesa, a prescrição. Inteligência dos art. 74 e 75 do CPC" (Fonte: Apc. nº 96.009714-7, Capital, Rel. Des. Pedro Manoel Abreu, decisão publicado no *DJ-SC*, em 04.07.97. ROSA, Alexandre Morais da. *Código de Processo Civil anotado*: segundo a jurisprudência do Tribunal de Justiça de Santa Catarina. 2. ed. Florianópolis: Terceiro Milênio, 1998. p. 583).

[178] A Lei nº 10.257, de 10 de julho de 2001 — Estatuto da Cidade — disciplina a possibilidade de o usucapião ser utilizado como matéria de defesa, assim é que dispõe o art. 13: "A usucapião especial de imóveis urbano poderá ser invocada como matéria de defesa, valendo a sentença como título para registro no cartório de registro de imóveis".

do CC de 2002 e art. 550 do CC de 1916, também em face do art. 941, do CPC), para fins de registro no Cartório de Registro de Imóveis (art. 945, do CPC, em combinação com o art. 167, inc. I, nº 28, da Lei nº 6.015, de 31 de dezembro de 1973 — Lei de Registros Públicos). A sentença (declaratória) tem efeito *ex tunc*, pois que retroage ao direito preexistente do usucapiente (ou prescribente). Não há, portanto, qualquer possibilidade de que a aquisição da propriedade em razão de ação de usucapião não decorra de forma originária, pois que não há qualquer nexo de causalidade envolvendo o usucapiente e o proprietário da coisa a ser usucapida.

Para que se dê o usucapião, há necessidade, como apontado acima, de o usucapiente (possuidor) ter, necessariamente, o *animus domini*, dizem, inclusive, a este respeito aos doutrinadores Cristiano Chaves de Farias e Nelson Rosenvald: "A posse necessariamente será acompanhada do *animus domini*. Consiste no propósito de o usucapiente possuir a coisa como se esta lhe pertencesse. O possuidor que conta com *animus domini* sabe que a coisa não lhe pertence, porém atua com o desejo de se converter em proprietário, pois quer excluir o antigo titular. Em virtude da causa originária da posse, excluem-se da usucapião os possuidores que exercem temporariamente a posse direta por força de obrigação ou direito (art. 1.197 do CC). Pessoas como os locatários, os comodatários e os usufrutuários recebem a posse em virtude de uma relação jurídica de caráter temporário, que, ao seu final, exigirá a devolução da coisa. Portanto, durante o período em que exerçam a posse direta, não afastam a concomitância da posse indireta daqueles de quem obtiveram a coisa".[179]

Em razão de expressa disposição do direito positivo brasileiro, não há como ocorrer usucapião por meio do precarista, pois o mesmo iniciou a posse sem o *animus domini*, haja vista que era mero possuidor direto, não havendo como a precariedade se consolidar para gerar usucapião contra o possuidor indireto, mesmo que este último não proceda a recuperação da posse plena, após cessada a relação jurídica que mantinha com o precarista (possuidor direto). Este entendimento está consolidado na lei, na doutrina e na jurisprudência, não havendo, como pretendem alguns autores novos,[180] possibilidade de usucapião

---

[179] FARIAS, Cristiano Chaves de; ROSENVALD, Nelson. *Direitos reais*. 4. ed. Rio de Janeiro: Lumen Juris, 2007. p. 273.
[180] Dentre tais autores, se apresentam Cristiano Chaves de Farias e Nelson Rosenvald, os quais apontam: "Contudo, não se pode negar crescente entendimento doutrinário que, alicerçado na dinâmica da função social da propriedade, já admite a possibilidade de usucapião por aqueles originariamente tidos como possuidores diretos, mas que após o término da relação jurídica prosseguiram na posse. Poder-se-ia afirmar que o abandono

pela cessação da causa jurídica que até então existia entre possuidor direto e possuidor indireto. Precariedade não cessa e como não cessa é que não gera possibilidade de usucapião por parte daquele que começou a relação jurídica como tal, isto é, como precarista (possuidor direto).

3.8.3 Modalidades de usucapião disciplinadas pelo direito positivo brasileiro e a possibilidade da *accessio possessionis*

Pelo Código Civil de 1916, o *usucapião extraordinário sobre bem imóvel* somente se perfazia ao cabo de 20 (vinte) anos (art. 550); já pelo Código Civil de 2002 (art. 1.238) o prazo passou, de regra, para 15 (quinze) anos, contudo, em face do parágrafo único do art. 1.238, o prazo pode ser reduzido para 10 (dez) anos, desde que o possuidor tenha moradia habitual no imóvel, ou, então, que tenha realizado obras ou serviços de caráter produtivo no imóvel a ser usucapido. Para o *usucapião extraordinário* não há necessidade da comprovação, por parte do usucapiente (ou prescribente), da existência de boa-fé e justo título, pois que "tais elementos presumem-se *juris et de jure*".[181]

Em relação ao *usucapião extraordinário sobre bem móvel*, o prazo (que é de cinco anos) e as condições estão contidas no art. 1.261 do CC de 2002 (o prazo e as condições são as mesmas previstas pelo art. 619 do Código Civil de 1916). Também não se exige comprovação de boa-fé e nem de justo título por parte do usucapiente.

No Código Civil de 1916, art. 551, o *usucapião ordinário sobre bem imóvel* exigia o perfazimento do prazo, conforme se tratasse de presença ou de ausência, de 15 (quinze) ou 10 (dez) anos (sendo que o parágrafo único do art. 551 esclarecia o que era presença e o que era ausência). A contagem de tempo, levando-se em conta presença e ausência, não figura no Código Civil de 2002, de forma que o *usucapião ordinário sobre bem imóvel* se perfaz, de regra (art. 1.242), em 10 (dez) anos, com a comprovação de justo título e boa-fé; caso, entretanto, o possuidor tenha adquirido de forma onerosa[182] o imóvel, conforme comprovação feita

---

da coisa pelo proprietário é atitude anti-social, gerando conseqüências negativas ao titular desidioso" (FARIAS, Cristiano Chaves de; ROSENVALD, Nelson. *Direitos reais*. 4. ed. Rio de Janeiro: Lumen Juris, 2007. p. 273).

[181] MONTEIRO, Washington de Barros. *Curso de direito civil*: direito das coisas. 37. ed. Atualizado por Carlos Alberto Dabus Maluf. São Paulo: Saraiva, 2003. p. 125.

[182] Como o art. 1.242, parágrafo único, do Código Civil de 2002 se refere exclusivamente à aquisição onerosa, é que se a mesma for graciosa, proveniente de doação, legado (desde

pela respectiva certidão passada pelo Cartório de Registro de Imóveis, cujo registro veio, posteriormente, a ser cancelado, o prazo para usucapião será reduzido para 5 (cinco) anos, desde que haja (art. 1.242, parágrafo único, do CC de 2002 — onde se afigura a denominada "possetrabalho") comprovação, por parte do possuidor, de que estabeleceu no imóvel sua moradia, ou, então, que ele (possuidor) tenha realizado no dito imóvel investimentos de interesse social e econômico.

A modalidade de *usucapião ordinário sobre bens móveis* exige do possuidor justo título e boa-fé, e se perfaz no tempo de 3 (três) anos. Esta modalidade de usucapião, sobre bem móvel, é prevista pelo art. 1.260 do Código Civil de 2002 (e art. 618 do Código Civil de 1916).

O instituto do usucapião, em relação a bens imóveis, também é tratado por meio da Lei nº 4.504, de 30 de novembro de 1964 (*Estatuto da Terra*), art. 98, com observância da redação dada pelo art. 1º da Lei nº 6.969, de 10 de dezembro de 1981, que perdeu, presentemente, maior interesse prático em razão de que a matéria tem previsão pelo art. 191 da Constituição Federal de 1988 e, por outro lado, pelo art. 1.239 do Código Civil de 2002. O usucapião, tratado pelo Estatuto da Terra, recebe a denominação de *pro labore*.[183]

Pela Constituição Federal de 1988, art. 183, é tratada a modalidade de *usucapião especial urbano*, sobre área não superior a 250 m², desde que o possuidor não seja proprietário de outro imóvel (urbano ou rural) e que a utilize para sua moradia ou de sua família. Nesta modalidade de usucapião, não há necessidade de comprovação de justo título e nem de boa-fé, e o prazo para poder usucapir é de 5 (cinco) anos. Desde que o possuidor já tenha, uma vez, usucapido com base neste dispositivo, não poderá usucapir outra vez, desde que pela mesma modalidade de usucapião especial urbano, não havendo impedimento que venha usucapir pela modalidade do usucapião extraordinário, ou ordinário, do Código Civil, conforme o caso.

A modalidade de *usucapião especial urbano* também recebe tratamento pelo art. 1.240 do Código Civil de 2002, mantendo as mesmas particularidades do art. 183 da Constituição Federal de 1988.

---

que não oneroso) e herança, o possuidor não poderá se valer do prazo reduzido de 5 (cinco) anos, e sim do prazo de 10 (dez) anos, caso em que incide o art. 1.242.

[183] O *nomen juris* do usucapião *pro labore*, que também é denominado de especial, é referido de forma distinta por alguns doutrinadores, dentre os quais: Ulderico Pires dos Santos (SANTOS, Ulderico Pires dos. *Usucapião constitucional, especial e comum*: doutrina, jurisprudência e prática. 3. ed. São Paulo: Paumape, 1991. p. 21), que identifica como usucapião agrário; Natal Nader (*Usucapião de imóveis*. 5. ed. Rio de Janeiro: Forense, 1995. p. 34), que trata como usucapião especial rural; e Francisco Jorge da Cunha Bastone (BASTONE, Francisco Jorge da Cunha. *A ação de usucapião*. Rio de Janeiro: Pallas, 1976. p. 11), que trata pela denominação de usucapião rústico.

Pela Lei nº 10.257, de 10 de julho de 2001 (*Estatuto da Cidade*, que regulamentou o art. 183 da Constituição Federal de 1988), a matéria sobre *usucapião especial sobre imóvel urbano* recebeu tratamento em razão do constante nos artigos 9º até 14. De salientar, por oportuno, que pelo aludida lei, foi introduzido no direito positivo brasileiro, pela primeira vez, a possibilidade do manejo da *ação de usucapião coletivo*, na forma e no modo especificado, em face do art. 10, *caput*, e §§1º ao 5º.

Em relação ao *usucapião especial sobre imóvel urbano coletivo*, decorrente da Lei nº 10.257/2001 (Estatuto da Cidade), o mesmo era necessário e se trata "de medida importante para permitir a regularização de áreas que, ocupadas há tempos por pessoas de baixa renda, não são passíveis de normalização, tendo em vista o alto custo das ações de usucapião e, muitas vezes, a impossibilidade mesmo de que uma ação individual regularize a situação de fato, diante da presença de inúmeras moradias e vias que não estão regulares".[184]

Pelos arts. 11 a 14 da Lei nº 10.257/2001 (Estatuto da Cidade) é regulada a matéria processual relativa ao *usucapião especial sobre imóvel urbano*, onde estão definidas, como anota Caramuru Afonso Francisco, "regras atinentes à conexão e continência, legitimidade *ad causam*, intervenção do Ministério Público, gratuidade de justiça, exceção e procedimento".[185]

Em relação à modalidade de *usucapião especial sobre imóvel urbano*, em razão das disposições da Lei nº 10.257/2001, não resta dúvida de que "a ação de usucapião coletiva de imóveis particulares é forte instrumento de função social da propriedade, uma vez que permite uma alternativa de aquisição de propriedade em prol de possuidores que não tenha acesso a ações individuais de usucapião — porque o imóvel está encravado em loteamento irregular ou porque a área possuída é inferior ao módulo urbano mínimo. Com a opção pela usucapião coletiva, o legislador retirou a injustiça de prevalência da forma sobre o fundo, permitindo-se não só a aquisição da propriedade pela comunidade de possuidores, como a urbanização da área e ampliação da prestação de serviços públicos sobre os imóveis".[186]

Por fim, na modalidade de *usucapião especial sobre imóvel urbano*, quando for manejado coletivamente, será, em razão da sentença judicial, atribuída aos possuidores, independentemente da área que

---

[184] FRANCISCO, Caramuru Afonso. *Estatuto da cidade comentado*. São Paulo: Juarez de Oliveira, 2001. p. 142-143.

[185] FRANCISCO, Caramuru Afonso. *Estatuto da cidade comentado*. São Paulo: Juarez de Oliveira, 2001. p. 154.

[186] FARIAS, Cristiano Chaves de; ROSENVALD, Nelson. *Direitos reais*. 4. ed. Rio de Janeiro: Lumen Juris, 2007. p. 295.

ocupem, frações ideais do imóvel objeto de usucapião (havendo acordo escrito entre os condôminos, a fração e/ou as frações ideais poderão ser diferenciadas), o que redunda na formação (forçada) de um condomínio indivisível, contudo, poderá vir a ser extinto se lograr aprovação favorável de, no mínimo, 2/3 (dois terços) dos consortes, e isto no caso de execução de urbanização posterior a sua instituição, conforme deflui dos §§3º e 4º do art. 10.

No art. 191 da Constituição Federal de 1988, é tratada a modalidade de *usucapião especial rural*, incidente sobre área rural não superior a 250 hectares. O prazo para o possuidor usucapir é de 5 (cinco) anos, sem necessidade de comprovação de justo título e nem de boa-fé, no entanto, deverá comprovar que tem sua moradia na gleba e que a tornou produtiva pelo seu trabalho ou de sua família. O art. 191 da Constituição Federal de 1988 não impede que a mesma modalidade de usucapião (especial rural) venha a ser concedida mais de uma vez ao mesmo beneficiário. Entendemos que não pode ser obstaculizado o usucapião especial rural à mesma pessoa, desde que preencha os requisitos exigidos pelo aludido comando legal, não sendo o caso de aplicar, por analogia, o art. 183, §2º, da Constituição Federal de 1988, como querem alguns (poucos, é verdade) doutrinadores civilistas.[187]

O art. 1.239 do Código Civil de 2002 também disciplina sobre o *usucapião especial rural*, mantendo os mesmos parâmetros inseridos no art. 191 da Constituição Federal de 1988. Neste caso, no entanto, nada obsta que a mesma pessoa possa usucapir mais de uma vez pela mesma modalidade de usucapião.

Em razão do princípio da *accessio possessionis*, já integrante da tradição do nosso Direito Civil em matéria possessória, é possível o possuidor, em face do art. 1.243, que deve ser combinado com o art. 1.207 do Código Civil de 2002 (e art. 552, combinado com o art. 496 do Código Civil de 1916), computar, para fins de contagem de prazo, o tempo em

---

[187] Os doutrinadores Cristiano Chaves de Farias e Nelson Rosenvald têm entendimento contrário ao nosso, pois entendem que embora o art. 191 da Constituição Federal de 1988 não expresse de forma taxativa que não é possível a concessão desta modalidade de usucapião (especial rural) mais de uma vez ao mesmo beneficiário anterior, é de aplicar-se o mesmo entendimento expresso pelo art. 183, §2º, da Constituição Federal de 1988, que veda a possibilidade de a mesma pessoa ser beneficiária mais de uma vez desta mesma modalidade de usucapião, considerando o visado pela Constituição Federal de 1988 foi a garantia da propriedade urbana e rural em razão da função social a ser desempenhada pela mesma. Dizem, neste sentido: "Porém, para evitar lesão ao princípio da simetria e da proporcionalidade, convém observar que a opção política da Lei Maior foi conceder função social à propriedade urbana e rural, tanto por usucapião *pro moradia* como em *pro labore*. Não seria admissível que alguém que obteve usucapião rural por sentença possa obtê-lo novamente" (FARIAS, Cristiano Chaves de; ROSENVALD, Nelson. *Direitos reais*. 4. ed. Rio de Janeiro: Lumen Juris, 2007. p. 293).

que a coisa esteve na posse de seus antecessores, desde que todas as posses sejam contínuas, pacíficas e, quando for o caso de usucapião pelo art. 1.242 do Código Civil de 2002 (e art. 551, *caput*, do Código Civil de 1916), decorram de justo título e que sejam de boa-fé.

3.8.4 Contagem do tempo para fins de usucapião

Para fixação do marco inicial e final do prazo para completar o período de usucapião, a doutrina diverge. Para uns, deve ser excluído o dia de começo do prazo e incluir o do término do prazo; para outros a contagem deve ser feita sem a exclusão do dia de começo. Nosso entendimento é no sentido de que a contagem se dá com a inclusão do dia do começo e do dia final. Entendemos que deva ser aplicada a regra da contagem do prazo civil, o que significa dizer que o prazo será computado dia a dia, e não com a variação do prazo processual, que, via de regra, exclui o dia de início e inclui o dia final.

Na questão do prazo, para fins de consolidação do usucapião, nos inclinamos pelo entendimento de que não se aplica a contagem prevista no art. 132 do Código Civil de 2002[188] (e art. 125 do Código Civil de 1916), tendo em conta que, para fins de usucapião, a regra é diferente, pois que "considera-se ano o período de doze meses contados do dia de início ao dia e meses correspondentes do ano seguinte (art. 1º. da Lei nº 810/49)".[189] Deve, assim, o prazo começar no dia exato em que o usucapiente começou a posse e terminar no dia em que completa o prazo fixado em lei para usucapir a coisa.

3.8.5 Aplicação ao usucapião das causas que obstam, suspendem e interrompem a prescrição

O usucapião fica sujeito, em face do art. 1.244 do Código Civil de 2002 (e art. 553 do Código Civil de 1916), às mesmas causas que obstam, suspendem e interrompem a prescrição. Disciplina, *ipsis litteris*, o *art. 1.244*: "Estende-se ao possuidor o disposto quando ao devedor das causas que obstam, suspendem ou interrompem a prescrição, as quais se aplicam à usucapião". Deve, então, ser aplicado ao usucapião

---

[188] Dispõe o art. 132 do CC de 2002: "Salvo disposição legal ou convencional em contrário, computam-se os prazos, excluído o dia de começo, e incluído o do vencimento".
[189] NASCIMENTO, Tupinambá Miguel Castro do. *Posse e propriedade*. Rio de Janeiro: Aide, 1986. p. 72-73.

os arts. 197 *usque* 204 do Código Civil de 2002 (sendo que pelo Código Civil de 1916, aplicavam-se os arts. 168 a 176).

Via de regra, o prazo de usucapião flui de forma ininterrupta, contudo, como aponta coerentemente Tupinambá Miguel Castro do Nascimento, "existem, no entanto, causas que suspendem ou interrompem o curso prescricional, a primeira criando um período durante o qual a prescrição não se conta, mas se somando o tempo anterior a ele e o posterior; a segunda — a interrupção — fazendo recomeçar a contagem de todo o tempo previsto em lei".[190] É o que verificamos pelos dispositivos legais apontados acima e, agora, consolidados pelas considerações a seguir.

3.8.6 Bens que não podem ser usucapidos

Os bens públicos, por expressa disposição legal (arts. 183, §3º, e 191, parágrafo único, da Constituição Federal de 1988), não são passíveis de usucapião. Antes dos citados dispositivos constitucional, a *Súmula 340*, do Supremo Tribunal Federal, já dispunha: "Desde a vigência do Código Civil, os bens dominiais, como os demais bens públicos, não podem ser adquiridos por usucapião".

Também, *lato sensu*, como registra Ulderico Pires dos Santos,[191] entendemos que não são passíveis de aquisição em razão de prescrição aquisitiva: a) *as coisas fora do comércio* (por exemplo, o mar, o ar, o sol, etc.); b) *os bens públicos*, quer sejam de uso comum do povo, quer sejam de uso especial ou dominical (por exemplo, *bens de uso comum do povo*: praias; praças públicas e ruas, etc.; *bens especial*: casas e terrenos, desde que digam respeito ao uso do estabelecimento público, etc.; *bens dominicais*: todos os bens integrantes do domínio do poder público, ou seja, União, Estado, Município e Distrito Federal), e, c) *bens inalienáveis por sua própria natureza* (por exemplo, bem de família).

Embora não sendo possível o particular se valer da ação de usucapião para usucapir bens públicos,[192][193] não quer, entretanto, isto

---

[190] NASCIMENTO, Tupinambá Miguel Castro do. *Posse e propriedade*. Rio de Janeiro: Aide, 1986. p. 74-75.

[191] SANTOS, Ulderico Pires dos. *Usucapião constitucional, especial e comum*: doutrina, jurisprudência e prática. 3. ed. São Paulo: Paumape, 1991. p. 45.

[192] Em razão do art. 191 da Constituição Federal de 1988, que veda a possibilidade de usucapião em relação a imóveis públicos, restou, embora de forma implícita, revogado o Decreto nº 87.620, de 21 de setembro de 1982, que regulamentava o procedimento administrativo para o reconhecimento do denominado "usucapião administrativo". O Decreto nº 87.620/1982 regulamentava a Lei nº 6.969, de 10 de dezembro de 1981.

[193] STJ nega recurso à União e reconhece usucapião em faixa de fronteira.
A Quarta Turma do Superior Tribunal de Justiça esclareceu que cabe à União comprovar

significar que o Poder Público não possa se valer da ação de usucapião contra bens do particular (embora não haja expressa previsão legal), pois que em tal situação a administração pública age como se particular fosse.

Ao tratar da matéria — possibilidade de usucapião de bens de particular pelo Poder Público — aponta Diogenes Gasparini: "Assim, se atendidos os pressupostos legais, a Administração Pública pode solicitar judicialmente seja-lhe declarado o domínio de bens particulares".

Acrescentando, ainda: "Proferida a sentença declarando o domínio do Poder Público-autor, constituirá ela o título hábil para o registro, oponível *erga omnes*. O registro é obrigatório para garantir o *jus disponendi*, isto é, para que a Administração Pública possa, se o desejar, desfazer-se do bem assim adquirido".[194]

Não há pela doutrina administrativista, pelo menos por parte dos autores de maior renome na área, qualquer discordância quanto à possibilidade legal de o Poder Público poder usucapir bens de particular, mas desde que sujeito às mesmas regras previstas no Direito Civil, no que, aliás, faz referência Lúcia Valle Figueiredo, ao apontar que "os requisitos indispensáveis para este tipo de aquisição são os mesmos do Direito Privado, e por maioria de razão. A Administração Pública, que deve atuar sob os princípios da lealdade, boa-fé e moralidade, não poderia utilizar da prescrição aquisitiva privilegiadamente".[195] [196]

---

a titularidade de terras sem registro, consideradas desocupadas, do contrário, essas áreas estão passíveis da prática do usucapião.

Com esse entendimento, os ministros mantiveram decisão da Justiça Federal de Bagé, no Rio Grande do Sul, contra o governo federal em favor de duas mulheres consideradas donas de um terreno, onde a aquisição originária da área ocorreu por usucapião.

De acordo com o processo, a área ocupada fica a 66 quilômetros da fronteira entre Brasil e Uruguai. No recurso, a União sustentou que a moradora é que teria de provar que a área foi desmembrada de forma legítima do domínio público.

Mas o relator, Ministro Luis Felipe Salomão, esclareceu em seu voto que a jurisprudência do STJ é no sentido de que terreno localizado em faixa de fronteira, por si só, não é considerado de domínio público (Disponível em: <http://www.stj.gov.br/portal_stj/publicacao/engine.wsp?tmp.area=448&tmp.texto=95464&tmp.area_anterior=44&tmp.argumento_pesquisa=usucapião>. Acesso em: 21 jan. 2010).

[194] GASPARINI, Diogenes. *Direito administrativo*. 3. ed. São Paulo: Saraiva, 1993. p. 519-520.

[195] FIGUEIREDO, Lúcia Valle. *Curso de direito administrativo*. 7. ed. São Paulo: Malheiros, 2004. p. 571.

[196] Registra Odete Medauar: "Usucapião – A Administração poderá ter um bem privado incorporado ao seu patrimônio por meio de usucapião, isto é, se durante certo tempo teve sua posse, atendidos os prazos e outros requisitos fixados no Código Civil, arts. 1.238 a 1.244; a ação de usucapião vem disciplinada nos arts. 941 a 945 do Código de Processo Civil" (MEDAUAR, Odete. *Direito administrativo moderno*. 10. ed. São Paulo: Revista dos Tribunais, 2006. p. 250).

3.8.7 Regras processuais civis aplicáveis às diversas modalidades de usucapião

Pelo ordenamento processual civil, a matéria sobre o usucapião em terras particulares está disciplinada pelos arts. 941 a 945 do Código de Processo Civil. O usucapiente (ou prescribente) deve, quando da interposição da ação de usucapião, observar todas as regras processuais pertinentes, devendo a petição inicial cingir-se ao contido no art. 282 do Código de Processo Civil, sob pena de indeferimento, caso não a emende, ou a complete, no prazo de 10 (dez) dias, conforme art. 284 do mesmo estatuto processual.

Quando se tratar de ação de usucapião versando sobre bem imóvel, a petição inicial deverá ser acompanhada da planta do imóvel a ser usucapido,[197] assim como certidão (positiva ou negativa[198]) passada pelo Cartório de Registro de Imóveis (aquele da situação do imóvel). Deve, por outro lado, ser feita a identificação da parte (caso não se trate de réu indeterminado, quando não constar o nome do Registro no Cartório de Registro de Imóveis, o que faz com que a citação ocorra por meio de edital), dos confinantes, que devem ser citados, da intimação da União (e de suas autarquias e empresas públicas), do Estado e do Município e, em sendo o caso, do Distrito Federal e, também, se o caso, dos Territórios (que, presentemente, não mais existem na federação brasileira). Por fim, o Ministério Público deverá intervir em todos os atos do processo, sob pena de nulidade dos atos praticados sem a sua participação, salvo se cientificado não se manifestar.

O foro competente para a propositura da ação de usucapião é aquele onde se situa o imóvel, em face do art. 95 do Código de Processo Civil, havendo, no entanto, intervenção da União, de suas autarquias e empresas públicas (a jurisprudência acabou equiparando as fundações públicas federais às empresas públicas federais para efeitos do foro

---

[197] Destaca Humberto Theodoro Júnior: *"Planta do Imóvel.* Constitui requisito para ação de usucapião a juntada à petição inicial da planta do imóvel, indispensável, tendo em vista que a sentença declaratória será inscrita no Registro Imobiliário, não sendo suficiente um simples croquis, sendo impossível usucapir tão-só o prédio, sem o terreno sobre o qual foi erguido" [Fonte: Apel. nº 78.696-2, ac. Unân., 2ª. Câm., do TJMG, de 24.10.89, Rel. Des. Lellis Santiago, adcoas, 1990, nº 129.146 (THEODORO JÚNIOR, Humberto. *Código de Processo Civil anotado.* 9. ed. Rio de Janeiro: Forense, 2005. p. 641)].

[198] Anota o Min. Sálvio de Figueiredo Teixeira: "É exigível nas ações de usucapião, para prevenir nulidades, a juntada de certidão positiva ou negativa de Registro de Imóveis para se aquilatar os possíveis nomes de pessoas a serem citadas pessoalmente" [Fonte: Ap. Cív. nº 7.404, TAMG, Rel. Des. Oliveira Leite, Lemi 112/163, DJMG de 19.2.77 (TEIXEIRA, Sálvio de Figueiredo. *Código de Processo Civil anotado.* 7. ed. São Paulo: Saraiva, 2003. p. 661)].

privilegiado), haverá deslocamento da demanda para a Justiça Federal, conforme disposto no art. 109, inc. I, da Constituição Federal.[199] Pode o usucapião, como já registramos *retro*, e de conformidade com o magistério de Washington de Barros Monteiro, na atualização de Carlos Alberto Dabus Maluf, "ser argüido como meio de defesa[200] nas ações possessórias e petitórias". O usucapião não serve, no Direito brasileiro, como matéria unicamente defensiva, pois, como acentua o autor citado, "a prescrição aquisitiva pode ser alegada passivamente, em contestação, como também ativamente, assumindo então o prescribente o papel de autor na demanda".[201] Deverá, entretanto, ser feita a alegação (exceção de usucapião) por ocasião da apresentação da contestação, pois, do contrário, ocorrerá preclusão e não mais poderá ser alegada, não sendo o caso de aplicação do art. 196 do Código Civil de 2002 (e art. 162, no Código Civil de 1916).

3.8.8 Síntese dos requisitos e/ou pressupostos para a concretização do usucapião

Para que o usucapião possa vir a se concretizar, torna-se necessário o preenchimento de formalidades legais, conforme aponta a legislação anteriormente referida, e, ainda, a presença de alguns requisitos, conforme descrição *infra*:

a) coisa hábil (*res habilis*), que vem a ser tudo que pode ser objeto de comercialização ou até mesmo de uma relação de direito. Deve, portanto, se tratar de coisa que esteja no comércio e que seja passível de sofrer apropriação.

b) justo título (*titulus*) decorre da denominada justa causa e significa que deve estar escorado em lei ou ter o suporte legal a lhe proteger. O justo título deve ser provado, e não meramente

---

[199] A matéria, onde esteja presente a União, suas autarquias e empresas públicas, já estava afeta à competência da Justiça Federal mesmo antes da Constituição Federal de 1988 (art. 109, inc. I), em razão da Súmula nº 13 do TFR (Tribunal Federal de Recurso), atual STJ (Superior Tribunal de Justiça), que dispunha: "A justiça Federal é competente para o processo e julgamento da ação de usucapião, desde que o bem usucapiendo confronte com imóvel da União, autarquia ou empresas públicas federais". Sendo, ainda, de lembrar que também será o Foro da Justiça Federal quando a União for a parte autora da ação de usucapião.

[200] O Supremo Tribunal Federal (STF), por meio da Súmula nº 237, reconhece que poderá ser usado o usucapião como matéria de defesa. Estabelece a referida súmula: "O usucapião pode ser argüido em defesa".

[201] MONTEIRO, Washington de Barros. *Curso de direito civil*: direito das coisas. 37. ed. Atualizado por Carlos Alberto Dabus Maluf. São Paulo: Saraiva, 2003. 3 v. em 6, p. 131-132.

presumido. É de ordem concreta e não abstrata. É entendível por justo título todo o documento considerado como sendo hábil para a transferência da propriedade.

c) boa-fé (*fides*) deve estar presente para que se concretize o usucapião (salvo, evidentemente, para os casos do usucapião extraordinário e para os de usucapião constitucional ou especial e do usucapião *pro labore*, pois estes afastam a necessidade de perquirição sobre existência de boa-fé, que, no caso, é presumida, assim como também não há necessidade de existência de justo título). A boa-fé é "a crença positiva da parte do prescribente, a confiança inteira no direito que exerce",[202] pois não há materialização específica, e sim presunção de que está presente, e isto decorre do conjunto dos atos praticados pelo possuidor.

d) posse (*possessio*), com relação à conduta do possuidor que age como se proprietário fosse da coisa possuída. A posse somente ocorre para o possuidor e jamais em prol do detentor, pois que posse decorrente de detenção não gera o direito ao usucapião em prol do fâmulo da posse,[203] pois que, no caso, o possuidor não tem a coisa com a vontade de senhor e possuidor, e sim em cumprimento à ordem emanada de terceiro (no caso o efetivo possuidor da coisa).

e) tempo (*tempus*), o decurso do tempo é primordial para que o possuidor possa usucapir a coisa possuída. O decurso do tempo é contagem física do período transcorrido desde o início efetivo da posse até a efetivação da pretensão do possuidor em se tornar proprietário da coisa possuída (por meio da ação de usucapião). O tempo de posse da coisa, por parte do possuidor, deve ser contínuo, mesmo que com o somatório de posses, quando possíveis pela lei, decorrentes de anteriores possuidores em razão de transmissão singular ou em razão de herança. Se singular a aquisição da posse, o tempo pode, ou não, a critério do possuidor, ser computado desde o anterior

---

[202] ALMEIDA, Francisco de Paula Lacerda. *Direito das cousas*. Rio de Janeiro: J. Ribeiro dos Santos, 1908. p. 250.
[203] O Código Napoleão (Código Civil Francês) define de forma lapidar a questão do fâmulo da posse. Diz o art. 2.236. "Aqueles que possuem por um outro não adquirem nunca por prescrição, seja por que lapso de tempo for.
Assim, o rendeiro, o depositário, o usufrutuário, e todos os outros que detêm precariamente a coisa do proprietário, não podem adquirir por prescrição" (*Código Napoleão ou Código Civil dos franceses*. Tradução de Souza Diniz. Rio de Janeiro: Record, 1962. p. 296).

possuidor (transmitente); se a posse decorrer de transmissão em razão de herança, o tempo deverá ser, obrigatoriamente, computado pelo atual possuidor.

É pelo somatório destes elementos (exceto, quando o caso, boa-fé e justo título, como já apontado) que ocorrerá o surgimento de nova propriedade em razão de uma sentença judicial que é, inegavelmente, o último requisito para que o possuidor passe à condição de proprietário.

Para qualquer modalidade de usucapião "a posse *ad usucapionem* deve ser ininterrupta e sem oposição, além de exercida com ânimo de dono (*quantum possessum, tantum praescriptum*). Tais requisitos são indispensáveis, cumprindo assim ao autor, que pretenda reconhecimento do usucapião, demonstrar que sua posse sobre o imóvel [ou bem móvel], exercida *animus domini*, durante o prazo legal, nunca foi interrompida, nem sofreu oposição ou contestação de quem quer que seja".[204] O usucapião decorre, sempre, da posse, pois, como já asseverava Tito Fulgêncio, "não há usucapião sem posse, precisamente porque ele é a aquisição do domínio pela posse prolongada".[205]

Preenchidos todos os requisitos anteriormente apontados, o usucapião se consolidará formalmente por meio da competente:

f) sentença judicial (declaratória, art. 941 do Código de Processo Civil). Pela sentença judicial é reconhecido, judicialmente, que o possuidor (que é o usucapiente ou prescribente) preencheu todos os requisitos legais para tornar-se proprietário da coisa até então possuída.[206] É da lavratura da sentença (que serve como título para fins de registro), após transitar em julgado, que poderá haver o registro da propriedade usucapida. O registro

---

[204] MONTEIRO, Washington de Barros. *Curso de direito civil*: direito das coisas. 32. ed. São Paulo: Saraiva, 1995. 3 v. em 6, p. 124.

[205] FULGÊNCIO, Tito. *Da posse e das ações possessórias*. 5. ed. Atualizado por José de Aguiar Dias. Rio de Janeiro: Forense, 1978. p. 15-16. Deixou registrado o autor que "a posse de usucapião não é a mesma que para interditos, porque precisa reunir além das condições objetivas — continuidade e tranqüilidade — mais o elemento intelectual — *animus domini*, não bastando a *affectio tenendi* da posse para interditos; quem pretende o domínio por esse modo de aquisição, precisa mostrar que possui a coisa como sua, além do mais que na lei se exige".

[206] Silvio Rodrigues (RODRIGUES, Silvio. *Direito civil*: direito das coisas. 22. ed. São Paulo: Saraiva, 1995. 5 v. em 7, p. 104) e Arlindo de Oliveira Uilton (*Usucapião urbano e rural*: prática, jurisprudência, doutrina e legislação. 6. ed. São Paulo: Data Juris, 1997. p. 21-22), aludem aos mesmos requisitos, para fins de usucapião, que apontamos no texto. Acentuamos, no entanto, que na doutrina antiga sobre o usucapião, os mesmos elementos, à exceção da sentença judicial (o que, inclusive, ainda desconsideram alguns doutrinadores modernos), já eram referidos, conforme (dentre outros) vemos em: ALMEIDA, Francisco de Paula Lacerda. *Direito das cousas*. Rio de Janeiro: J. Ribeiro dos Santos, 1908. p. 236 *et seq.*

deverá ser feito, quando se tratar de usucapião de bem imóvel, no Cartório de Registro de Imóvel (Lei nº 6.015/73, art. 167, inc. I, nº 28), aquele competente em razão da localização do imóvel usucapido. O registro não determina, por si só, a aquisição da propriedade imobiliária, no entanto, o mesmo é necessário para tornar o imóvel usucapido passível de ser objeto, por exemplo, de hipoteca, anticrese, etc. E, ainda, como a propriedade é direito real (aliás, é o direito real por excelência!), o registro é obrigatório em face do art. 1.227 do Código Civil de 2002 (e art. 676 do Código Civil de 1916).

Após o estudo relativo aos efeitos que são produzidos pela posse, em face de sua classificação, abordaremos, no Capítulo 4, matéria atinente aos efeitos da posse em razão dos modos de sua aquisição e, na contrapartida, de perda.

CAPÍTULO 4

A AQUISIÇÃO E PERDA DA POSSE E DOS EFEITOS DA POSSE

Sumário: 4.1 Introdução – 4.2 Modos de aquisição da posse – 4.2.1 A enumeração do Código Civil – 4.2.2 Quem pode adquirir a posse – 4.2.3 Como se transmite a posse – 4.2.4 União, ou não, de posses anteriores – 4.2.5 Atos que não induzem posse – 4.2.6 A posse do principal em razão do acessório – 4.3 Da perda da posse – 4.3.1 Dispositivos sobre a perda da posse – 4.3.2 Modos em que ocorre a perda da posse – 4.3.2.1 Abandono – 4.3.2.2 Tradição – 4.3.2.3 Perda da própria coisa – 4.3.2.4 Destruição da coisa – 4.3.2.5 Extracomercialidade (coisa fora do comércio) – 4.3.2.6 Constituto possessório – 4.3.3 Como é considerada perdida a posse para o possuidor que não presenciou o esbulho – 4.4 Dos efeitos da posse – 4.4.1 Disciplinamento da matéria – 4.4.1.1 Tratamento jurídico da posse e sua proteção

4.1 Introdução

Pelo estudo apresentado nos Capítulos 2 e 3, verificamos que há um modo próprio de aquisição da posse, com os desdobramentos inerentes, e, também, que há um modo de perda da dita posse. É uma decorrência de ordem natural, pois quando uma coisa é adquirida há, ao mesmo tempo, via de regra, uma perda desta mesma coisa. E, por outro lado, para resguardar os modos de permanência de posse da coisa, sem violência e sem ameaças, a lei põe à disposição do possuidor os meios de defesa da posse.

Quando falamos em aquisição e perda da posse, não podemos perder de vista que a perda nem sempre decorre de uma situação com existência de nexo causal, isto é, para o ato de aquisição da posse não se faz necessário que haja o efetivo despojamento de outrem.

Melhor explicando o contido no anterior parágrafo: tal situação fica clara com a ocorrência da denominada posse originária, quer seja advinda de uma posse decorrente de uma coisa que estava na condição de *res derelicta*, quer de uma coisa que se encontrava como sendo *res nullium*, pois em qualquer caso o despojamento anterior não ocorreu, e não ocorreu em razão de que já não mais existia qualquer relação de posse de anterior possuidor com a coisa, sendo que não existia em razão de que nunca a mesma teve dono, ou, então, não existia por força de abandono (com a intenção inequívoca de tal intenção) da coisa pelo anterior dono.

A não existência da relação de ordem possessória, pela primeira situação, isto é, pela *res derelicta*, decorre de que o antigo possuidor teve a manifesta intenção de se desfazer da coisa, que deve ser coisa móvel, mesmo aquela com tração própria — como é o caso dos semoventes; enquanto na segunda, *res nullium*, que também deve incidir sobre coisa móvel, a relação não existiu em tempo algum e aí é que consiste a essência, *stricto sensu*, da aquisição de forma originária, ou seja, posse sem existência de anterior possuidor.

Pelos arts. 1.204 a 1.209 do Código Civil de 2002 (e arts. 493 a 498 do Código Civil de 1916), estão elencados os modos de aquisição da posse; por sua vez, os arts. 1.223 e 1.224 do Código Civil de 2002 (e arts. 520 a 522 do Código Civil de 1916) disciplinam os modos de perda da posse e, nos arts. 1.210 a 1.222 do Código Civil de 2002 (e arts. 499 a 519 do Código Civil de 1916), estão contidos os denominados efeitos da posse.

Para fins de oportunizar ao consulente uma visão de como o instituto da posse passou do tratamento das *Ordenações Philippinas* para o Código Civil de 1916, e do mesmo modo, com poucas alterações, para o Código Civil de 2002 (como será estudado neste capítulo), assim como também para o Código de Processo Civil de 1939 e, do mesmo modo, para o Código de Processo Civil de 1973,[207] destacamos, a título de ilustração, tópicos do Livro 4º, Título 58 (*do que toma forçosamente posse da cousa que outrem possue*), das Ordenações Philippinas (para não desvirtuar a grandiosidade do texto manteremos a grafia do português vigente no Brasil Império). Deste modo:

---

[207] Mesmo pelo anteprojeto do novo Código de Processo Civil, que será objeto de análise pela Câmara dos Deputados, já que a versão inicial foi aprovada pelo Senado Federal no final de 2010, não haverá qualquer alteração significativa em relação ao instituto da posse em relação ao que consta do atual CPC de 1973.

O que forçar ou esbulhar outrem da posse, em que está de alguma cousa, sem primeiro o citar para dizer de sua justiça, perca o direito que tiver na cousa, a qual será restituida ao esbulhado, ainda que o esbulhador allegue que he senhor d'ella. E se o esbulhador não tiver direito na cousa, pagará ao esbulhado outro tanto quanto a cousa valer, e mais todas as percas e damnos que elle de qualquer modo receber por essa causa. (Vide Liv. 3º, Tit. 48, §. 5.).

1. Porém se a força não fôr verdadeira força, mas sómente huma quasi força de occupação de cousa vaga, que não estivesse corporalmente possuida por outrem; provando o forçador summariamente, em quatro dias perempetorios, por escriptura publica, ou testemunhas (nos casos em que estas se podem receber) que a dita cousa he sua; será relevado das sobreditas penas, e só obrigado a restituir ao esbulhado a sua posse: e depois d'ella restituida, poderáõ então litigar sobre a propriedade: e não provando nos quatro dias, tem perdido todo o direito, e nunca mais poderá prova-lo.

2. Tambem não encorrerá nas sobreditas penas aquelle que commetter a força em seu desforço: pois se o forçado quizer logo desforçar-se, e recobrar a sua posse, poderá faze-lo.

Ao arbitrio do juiz fica o entender o tempo d'este logo conforme a qualidade da cousa, o lugar onde está, e as pessoas do forçador, e forçado. Porque entre homens de pequena condição entender-se-ha o logo antes que o forçador se possa occupar em acto diverso do da força: e sendo a força feita por pessoa poderosa em cousa de grande sustancia e lugar, onde o forçado não possa zinha ajuntar gente com que recobre a cousa forçada; entender-se-ha o logo, que o forçado tenha tempo conveniente de chamar seus parentes e amigos. De modo que segundo os casos bastaráõ dous ou tres meses, e não bastaráõ.

3. O que houve alguma cousa por escriptura publica, que lhe traspassasse logo a posse d'ella, póde haver a dita posse, não achando quem a contradiga: e os tabelliães vendo essa escriptura lhe podem dar instrumento publico de como tomarão tal posse; e sem essa escriptura não dêm tal instrumento sob pena de pagarem a quem pertencer percas e damnos.

4. Á vista de testamento, codicillo, ou escriptura de aforamento feita pelo senhorio, podem tambem os tabelliães dar instrumento de posse a quem por taes titulos pertencer em virtude da Lei, posto que n'elles não esteja dado o poder de tomar; ut Liv. 1º, Tit. 78, §. 8.[208]

---

[208] SUSANO, Luiz da Silva Alves de Azambuja. *Digesto brasileiro ou Extracto e commentario das ordenações e leis posteriores até ao presente*. Rio de Janeiro: Editado pela Casa de Eduardo e Henrique Laemmert, 1845. p. 79-81. Sendo de destacar-se que na apresentação do Digesto Brasileiro ainda consta tratar-se de: "Obra util a todos os cidadãos porque todos devem saber as leis do seu Paiz" e, arremata: "Obra Posthuma de hum antigo Dezembargador do Porto, emigrado no Brasil". Esta obra, uma verdadeira raridade, faz parte da biblioteca particular do autor deste livro.

Após este breve apanhado histórico, vejamos, em particular, cada um dos meios de aquisição e perda da posse e mais os efeitos da posse.

4.2 Modos de aquisição da posse

4.2.1 A enumeração do Código Civil

O Código Civil de 2002, art. 1.204, deixou de lado a enumeração, que era tida como totalmente inócua, dos modos de aquisição da posse das quais tratava o antigo Código Civil de 1916, por meio do art. 493 e incs. I, II e III. Estabelece, deste modo, o aludido *art. 1.204* do Código Civil de 2002: "Adquire-se a posse desde o momento em que se torna possível o exercício, em nome próprio, de qualquer dos poderes inerentes à propriedade".

Desponta, pela transcrição do art. 1.204 do Código Civil de 2002, que a posse já tem sua forma sacramental esculpida no art. 1.196, do mesmo Código Civil (e art. 496 do Código Civil de 1916), onde está caracterizada a figura do possuidor e, por vias transversas, o tratamento da própria aquisição da posse. Aliás, embora com outros argumentos, é o que entende o doutrinador Silvio Rodrigues ao dizer: "É pequena a utilidade de regular legislativamente a aquisição da posse, como faz o Código Civil. Isso porque, se a posse é uma situação de fato e se o possuidor é aquele que exerce poderes inerentes ao domínio, evidentemente quem quer que se encontre no exercício de tais poderes é porque adquiriu a posse".[209]

Logicamente, como adverte o autor citado, só haverá posse se o possuidor puder exercer, "em nome próprio, os poderes inerentes da propriedade". Sendo que é com a apropriação da coisa que o possuidor poderá "dela dispor, usar ou gozar de suas vantagens, livremente, excluindo ação de terceiro, mediante o emprego de interditos possessórios".[210]

No art. 1.204 do Código Civil de 2002, estão presentes os modos originários e derivados da aquisição da posse. Pelo modo originário, a posse é adquirida sem que haja necessidade de qualquer manifestação de vontade de anterior possuidor; enquanto que pelo modo derivado, dá-se exatamente o contrário, isto é, para a aquisição da posse, o atual possuidor necessitou de um ato de vontade do anterior possuidor.

---

[209] RODRIGUES, Silvio. *Direito civil*: direito das coisas. 22. ed. São Paulo: Saraiva, 1995. 5 v. em 7, p. 38.
[210] DINIZ, Maria Helena. *Código Civil anotado*. 8. ed. São Paulo: Saraiva, 2002. p. 707.

Como o modo originário, e também o derivado, de aquisição da posse decorrem de situações jurídicas distintas, devemos ter presente que, pelo primeiro, a única exigência legal é que a conduta da apreensão da coisa decorra de um ato lícito de apossamento. Como exemplo, podemos trazer à baila o da apreensão de caça (desde que não defesa em lei), pois aqui não há aquisição de posse decorrente de uma relação jurídica derivada, e sim uma aquisição de forma originária, portanto, sem qualquer nexo causal; no segundo caso, forma derivada, faz-se necessário que haja observância dos aspectos legais da aquisição e da transmissão da coisa, por exemplo, deve ser levado em conta a capacidade dos agentes pactuantes, ou se decorrente de um negócio de compra e venda, também, além da capacidade dos agentes, o objeto (que deve ser lícito e possível), o preço e as condições.

Inegavelmente, o modo originário é o que redunda em tomada de posse de uma coisa por parte de outrem sem que haja necessidade de perquirição sobre a existência de requisitos formais (desde que o objeto seja lícito e possível), como o da capacidade do agente e, ainda, sem interessar em saber quem era o possuidor anterior, pois que neste tipo de aquisição da posse não há qualquer relação de causa e efeito (nexo causal) com a figura de anterior possuidor.

4.2.2 Quem pode adquirir a posse

Pelo art. 1.205, incs. I e II, do Código Civil de 2002 (e art. 494, incs. I, II, III e IV, do Código Civil de 1916), consta o disciplinamento de quem pode adquirir a posse. Para facilitar a compreensão e o desenvolvimento da matéria, transcrevemos o comando legal. Assim, *art. 1.205* do Código Civil de 2002:

A posse pode ser adquirida:
I – pela própria pessoa que a pretende ou por seu representante;
II – por terceiro sem mandato, dependendo de ratificação.

Pelo comando do inc. I, retrodescrito, temos que a posse pode ser adquirida pela própria pessoa e isto se constitui em verdadeira desnecessidade de constar do comando legal, pois é por demais óbvio que o próprio interessado, se maior e capaz, pode adquirir, por si mesmo, a posse de determinada coisa.[211] Tal comando representa

---

[211] Estabelece o art. 5º, *caput*, do CC de 2002: "A menoridade cessa aos dezoito anos completos, quando a pessoa fica habilitada à prática de todos os atos da vida civil".

a continuidade do que era preconizado pelo Digesto de Justiniano (*Digestorium Justiniani*), em face do estabelecido pelo Livro 41, "De como se adquire e se perde a posse" (*Libro XLI, De adquirenda, est amittenda possessione*), que dispunha pelo §2º: "Adquirimos a posse por nós mesmos" (*Adipiscimur autem possessionem per nosmetipsos*).

A segunda parte do inc. I é que tem relevância maior, considerando-se que, embora incapaz o agente que pretende adquirir a posse, é possível que a aquisição da mesma se dê por meio de representante legal, que é quem representa legalmente a pessoa para a qual a posse está sendo adquirida. Assim, por exemplo, um menor de 16 (dezesseis) anos somente poderá adquirir a posse se for representado pelos seus pais, tutor ou curador, conforme for o caso; se a posse for adquirida, por exemplo, por maior de 16 (dezesseis) anos e menor de 18 (dezoito) anos, terá que ter a assistência de quem legalmente o representa. Isto é assim em decorrência de que, embora possa ser adquirida a posse por incapaz, que detém a capacidade jurídica, o mesmo não pode agir por conta própria em razão de que não detém a capacidade de fato.[212] A representação, em tais casos, é obrigatória e assim é em decorrência de que a mesma decorre de expressa disposição legal.[213]

O inc. II, supratranscrito, alude na possibilidade da posse poder ser adquirida por uma terceira pessoa, embora sem mandato, que o faz em nome de outrem. Neste caso, para que haja a efetiva aquisição da posse, o beneficiário deve ratificar o ato praticado por quem adquiriu a posse em seu nome; caso não haja a ratificação, não se consolida a aquisição da posse.

A figura do terceiro sem mandado, que adquire a posse em nome de outrem, significa, tecnicamente, que o terceiro adquirente age em

---

Nota 1: por meio do parágrafo único e respectivos incisos, relativos ao contido no art. 5º, são mencionados outros modos em que cessa para os menores a incapacidade.
Nota 2: o art. 5º do CC de 2002 corresponde ao que preconizava o art. 9º, *caput*, do CC de 1916, só que naquele diploma legal a menoridade somente cessava aos 21 anos de idade. No mesmo artigo outras causas, em que cessava a menoridade, estão elencadas por meio do §1º e respectivos incisos e pelo §2º.

[212] Estabelece o art. 1º do CC de 2002: "Toda pessoa é capaz de direitos e deveres na ordem civil". Nota 1: o art. 1º, anteriormente apontado, tinha tratamento pelo art. 2º do CC de 1916.
Nota 2: a pessoa que preenche os requisitos da capacidade plena detém tanto a capacidade jurídica como a capacidade de fato; de outro lado, se não totalmente capaz, deterá tão somente a capacidade jurídica com a exclusão da capacidade de fato. Esta é a razão pela qual a pessoa capaz pode adquirir por si mesma a posse (no caso em estudo), enquanto a incapaz somente pode adquirir por meio de representante legal (que é quem representa ou assiste o incapaz, conforme se tratar de incapacidade plena ou incapacidade relativa).

[213] Estabelece o art. 115 do CC de 2002: "Os poderes de representação conferem-se por lei ou pelo interessado".
Nota: pelo CC de 1916, não há disposição igual à do art. 115 do CC de 2002.

nome de outrem ao adquirir a posse, embora sem poderes outorgados pelo beneficiário final, e assim procede porque tinha conhecimento do seu interesse na aquisição daquele bem (coisa) que foi adquirido. A posse adquirida por terceiro sem mandato fica sempre na dependência de ser ratificada pela pessoa para a qual a mesma foi adquirida. O terceiro, ao adquirir a posse, age como gestor de negócio alheio (arts. 861 a 875 do Código Civil de 2002, correspondentes aos arts. 1.331 a 1.345 do Código Civil de 1916). A posse adquirida pelo gestor, e após ratificada pela pessoa para a qual mesma foi adquirida, gerará efeitos desde o momento da aquisição, produzindo efeitos como se tivesse decorrido de mandato, conforme se infere do art. 873 do Código Civil de 2002 (e art. 1.343 do Código Civil de 1916).[214]

4.2.3 Como se transmite a posse

No art. 1.206 do Código Civil de 2002 (e art. 495 do Código Civil de 1916), consta: "A posse transmite-se aos herdeiros ou legatários do possuidor com os mesmos caracteres". O legislador entendeu por deixar sedimentado, para fins de evitar dúvidas e disparidades interpretativas, que quando a posse não for adquirida de forma originária e nem por um dos meios anteriormente comentados, a mesma vem para o beneficiário com os mesmo vícios e virtudes que tinha nas mãos do anterior possuidor, desde que tal posse tenha passado para as mãos do atual beneficiário por meio de sucessão universal.

Ao comentar o art. 1.206 do Código Civil de 2002, diz Joel Dias Figueira Júnior: "O caráter ou natureza da posse mantém-se inalterado durante o período de permanência com seu titular, transmitindo-se aos herdeiros e legatários, tal como ocorria precedentemente. Recebendo-a o sucessor, a título universal dá continuidade à posse de seu antecessor com os mesmos caracteres previamente estabelecidos (*successio possessionis*). Logo, se a posse padecia de algum vício objetivo ou subjetivo, assim permanecerá com o seu sucessor".[215] E assim é porque na sucessão universal o que existe, como registra coerentemente Francisco de Paula Lacerda de Almeida, não é uma acessão de

---

[214] O Código Civil da Argentina disciplina a aquisição da posse por terceiro, sem mandato, consoante artigo 2.398: "La posesión se adquiere por medio de un tercero que no sea mandatario para tomarla, desde que el acto sea ratificado por la persona para quien se tomo. La ratificación retrotrae la posesión adquirida al día en que fue tomada por el gestor oficioso".

[215] FIGUEIRA JÚNIOR, Joel Dias. *Novo Código Civil comentado*. Coordenação de Ricardo Fiúza. 9. tir. São Paulo: Saraiva, 2003. p. 1075-1076.

posse (*acessio possessionis*), e sim "sucessão na prescrição (*sucessio in usucapionem*)".[216]

Nos tópicos seguintes, ao tratarmos dos arts. 1.207 a 1.209 do Código Civil de 2002, discorreremos de forma mais pormenorizada sobre tais formas de transmissão da posse.

4.2.4 União, ou não, de posses anteriores

Estabelece o art. 1.207 do Código Civil de 2002 (e art. 496 do Código Civil de 1916): "O sucessor universal continua de direito a posse do seu antecessor, e ao singular é facultado unir sua posse à do antecessor, para os efeitos legais". Temos, então, que na sucessão universal, o sucessor continuará, obrigatoriamente, a posse do antecessor; já na sucessão singular pode, ou não (é facultativo), unir as posses.[217]

Analisando a matéria posta em relevo no parágrafo anterior, mormente em relação à parte que tem correspondência direta com a sucessão — quer a título universal, quer a título singular —, como quer o art. 1.207 do Código Civil de 2002 (e art. 496 do Código Civil de 1916), aflora que o sucessor universal continua de direito a posse de seu antecessor. Sucessor a título universal é aquele que substitui o titular primitivo na totalidade dos bens, ou numa quota ideal deles, como no caso do herdeiro. Como continuador da posse, recebe-a com os mesmos vícios e virtudes que estavam com o transmitente, ou seja, com o *de cujus*.

Já com relação ao sucessor a título singular, difere a regra legal. Sucessor a título singular é o que substitui o antecessor em direitos ou coisas determinadas, como é o comprador. De acordo com o art. 1.207 do Código Civil de 2002, pode o novo possuidor, querendo, unir sua posse à do antecessor, isto em razão de que a *accessio possessionis* não

---

[216] ALMEIDA, Francisco de Paula Lacerda. *Direito das cousas*. Rio de Janeiro: J. Ribeiro dos Santos, 1908. p. 274. Registra o autor: "Acessão de posse (*accessio possessionis*) há sim para o sucessor singular; o sucessor singular é que pode juntar a sua posse a posse do seu antecessor; para ele a sucessão é facultativa, pois pode começar de si o tempo da prescrição; para o herdeiro a sucessão é obrigatória".

[217] O Código Civil Italiano, ao dispor sobre a posse decorrente de sucessão e a posse decorrente de ato *inter vivos*, disciplina, pelo art. 1146: "Successione nel possesso. Accessione del possesso.
Il possesso continua nell'erede com effetto dall'apertura della successione (456, 460).
Il successore a titolo particolare può unire al proprio possesso quello del suo autore per goderne gli effetti".

é obrigatória. Trata o artigo em referência de mera faculdade que é diferida ao novo adquirente da posse, portanto, cabe a ele exercitar, ou não, a união de posse anterior com a sua nova posse adquirida a título singular.

Caso, no entanto, venha o adquirente singular unir sua posse à do anterior possuidor, a mesma conterá as mesmas virtudes ou vícios da anterior, de modo que se a posse anterior era viciosa, viciosa continuará com o sucessor singular da nova posse; todavia, se desligar sua posse da do antecessor, como lhe é permitido, tê-lo-á purgado dos vícios que a maculavam, iniciando com a nova posse o prazo para consolidar direito de ser beneficiário de usucapião ordinário,[218] em que o prazo é menor, embora haja necessidade de atendimento das exigências em relação aos requisitos do justo título e da boa-fé.

4.2.5 Atos que não induzem posse

O art. 1.208 do Código Civil de 2002 (e art. 497 do Código Civil de 1916) dispõe: "Não induzem posse os atos de mera permissão ou tolerância assim como não autorizam a sua aquisição os atos violentos, ou clandestinos, senão depois de cessar a violência ou a clandestinidade".[219]

Desponta, pelo próprio comando legal, que juridicamente não é considerado como sendo possuidor aquele que mantém a coisa em razão de tolerância do efetivo e legítimo possuidor. Pelo comando legal, não há posse em razão de o titular efetivo da posse pode, a qualquer tempo, não mais tolerar a continuidade da utilização da mesma por outrem. Na primeira parte do artigo em comento, está presente a denominada precariedade, ou seja, não consolida direito de posse a pessoa que detém a coisa enquanto precarista.

A posse precária não se configura como posse legítima e disso se encarrega de deixar claro o art. 1.208 do Código Civil de 2002 (e art. 497 do Código Civil de 1916), no que também não diverge a melhor

---

[218] Embora continue com a posse viciada, poderá o possuidor se valer do usucapião, só que aí é naquelas situações em que a lei não exige que tenha os requisitos do justo título e da boa fé, como é caso, por exemplo, do usucapião extraordinário e as modalidades de usucapião especial da Constituição Federal de 1988 e também os da Lei nº 10.257/2001 (Estatuto da Cidade). Sobre o instituto do usucapião, recomendamos ao consulente a verificação das anotações constantes do Capítulo 3, parte final.

[219] O Código Civil da Venezuela, ao tratar sobre atos que não possibilitam a aquisição da posse, diz, pelo artigo 776: "Los actos meramente facultativos, y los de simple tolerancia no pueden servir de fundamento para la aquisición de la posesión legítima".

doutrina.[220] Neste sentido, com amparo na doutrina de Antonio José de Souza Levenhagen, temos que a posse precária "não configura posse legítima. Se, por exemplo, uma pessoa permite ou tolera que um vizinho passe por seus terrenos, com o intuito apenas de servi-lo, essa permissão ou tolerância não induzirá posse, em vista da precariedade da concessão. O beneficiado está perfeitamente inteirado de que, sendo mero favor, a concessão poderá ser suspensa a qualquer momento. Se, portanto, houver relutância de sua parte em conformar-se com a suspensão, o possuidor poderá valer-se do interdito possessório, pois estará caracterizada a turbação, cabendo, portanto, a ação de manutenção de posse".[221]

Também, por outro lado, no que diz respeito à parte final do artigo em comento, enquanto não cessar os vícios da violência e da clandestinidade, não há configuração de posse em favor daquele que os praticou, ou que recebeu a coisa com tais vícios.

Resta sabermos, objetivamente, o que significa a violência e a clandestinidade que, quando ocorrem, descaracterizam a posse.[222] Analisemos, num primeiro momento, a posse decorrente de violência. "Por violenta entende-se a posse adquirida mediante força — seja ela física, com ou sem arma, moral, através de chantagem ou ameaças sérias —, o que caracteriza a não-violenta como a mansa, pacífica e tranquila. A violência se caracteriza seja exercida pelo próprio esbulhador, em ato próprio, ou através de agentes, e contra o possuidor esbulhado, seu representante ou o fâmulo. O importante a se detectar é que a violência, que classifica a posse como injusta, é a exercida contra a pessoa do possuidor (do representante ou fâmulo) ou, na figura da chantagem ou ameaça, contra seus parentes, familiares e amigos".[223]

---

[220] Não comungam deste posicionamento os doutrinadores Cristiano Chaves de Farias e Nelson Rosenvald, que entendem que em caso de omissão do proprietário, que não ingressa com ação de reintegração de posse, quando o precarista não lhe devolva a coisa, abre campo para que a posse precária possa convalidar-se e gerar usucapião. Dizem os mesmos: "Destarte, se o proprietário esbulhado decurar em enfrentar a posse injusta, temos que o abandono prolongado e a incúria no trato com a coisa denotam alteração de caráter da posse. Em outras palavras, uma posse injusta pela precariedade e, em princípio, inapta a gerar usucapião, sofre o fenômeno da inversão e o possuidor adquire *animus domini*. O que começou como detenção ou posse direta transmuda-se e adquire autonomia, passando a contar prazo para aquisição de propriedade pela via da usucapião" (FARIAS, Cristiano Chaves de; ROSENVALD, Nelson. *Direitos reais*. 4. ed. Rio de Janeiro: Lumen Juris, 2007. p. 86).
[221] LEVENHAGEN, Antônio José de Souza. *Posse, possessória e usucapião*. 3. ed. São Paulo: Atlas, 1982. p. 32.
[222] Lembramos que em outra parte desta obra, no Capítulo 3, no tópico 3.3.2.1, relativo à Simbiose da posse justa e da posse injusta, referente aos meios de classificação da posse, já discorremos sobre os vícios da violência, da clandestinidade e da precariedade.
[223] NASCIMENTO, Tupinambá Miguel Castro do. *Posse e propriedade*. Rio de Janeiro: Aide, 1986. p. 52.

Por seu turno, em relação à posse clandestina, doutrina Orlando Gomes, que vem ser a "que se adquire às ocultas". É aquela em que "o possuidor a obtém, usando de artifícios para iludir o que tem a posse, ou agindo às escondidas. Assim, aquele que, à noite, muda cerca divisória de seu terreno, apropriando-se de parte do prédio vizinho".[224]

4.2.6 A posse do principal em razão do acessório

Estabelece o *art. 1.209* do Código Civil de 2002 (e art. 498 do Código Civil de 1916): "A posse do imóvel faz presumir, até prova contrária, a das coisas móveis que nele estiverem". Tal dispositivo representa o princípio geral já consagrado em direito que o acessório segue a sorte do principal.[225]

De tal sorte, de conformidade com a dicção do artigo em comento, os móveis integram o imóvel que está sendo possuído. Se os bens móveis existentes num imóvel possuído por alguém não fizerem parte deste mesmo imóvel, estarão, em princípio, salvo prova em contrário (que deverá ser produzida, para afastar a presunção *juris tantum*, de que não se trata de acessório do principal), fora do contexto de serem considerados como acessórios. Não sendo acessórios os móveis, não é aplicável o contido no art. 1.209 do Código Civil de 2002 (e art. 498 do Código Civil de 1916), assim como também não será aplicado se for feita prova em contrário de que os mesmos não integravam o principal (art. 92, do Código Civil de 2002 e art. 58 do Código Civil de 1916).

Não está, a toda evidência, o art. 1.209 do Código Civil de 2002 (e art. 498 do Código Civil de 1916) fazendo qualquer alusão às pertenças, pois que estas diferem dos acessórios, considerando o contido no *art. 93* do Código Civil de 2002 (sem igual previsão no Código Civil de 1916), que diz: "São pertenças os bens que, não constituindo partes integrantes, se destinam, de modo duradouro, ao uso, ao serviço ou ao aformoseamento de outro". Quando se tratar de pertenças, não estar-se-á, sem qualquer dúvida, frente à mesma regra dos acessórios, pois que as pertenças, como visto, não integram o principal, pois têm elas situação jurídica distinta.

---

[224] GOMES, Orlando. *Direitos reais*. 6. ed. Rio de Janeiro: Forense, 1978. p. 48.

[225] O art. 92, do Código Civil de 2002 (e art. 58 do Código Civil de 1916) esclarece o que vem a ser principal e o que vem ser acessório. Assim, conforme a disposição legal: "Principal é o bem que existe sobre si, abstrata ou concretamente; acessório, aquele cuja existência supõe a do principal".

4.3 Da perda da posse

Arrolamos, *infra*, os modos pelos quais se perde a posse.

4.3.1 Dispositivos sobre a perda da posse

Considerando o comando dos artigos 1.223 e 1.224 do Código Civil de 2002 (e artigos 520, 521 e 522 do Código Civil de 1916), desponta que a posse pode ser perdida por vários fatores, alguns praticados pelo próprio possuidor (intenção de se desfazer da coisa, muito embora não se possa adquirir a posse tão somente pela intenção, o que já era preconizado pelo Digesto de Justiniano[226]) e outros por atos ou fatos ocorridos sem a sua participação, por exemplo, ocorrência de caso fortuito.

4.3.2 Modos em que ocorre a perda da posse[227][228]

Decorrem do próprio comando legal do *art. 1.223* do Código Civil de 2002 (e art. 520 do Código Civil de 1916), onde consta: "Perde-se a posse quando cessa, embora contra a vontade do possuidor, o poder sobre o bem, ao qual se refere o art. 1.196". Assim sendo, o possuidor que não mais tiver o direito de uso, gozo e disposição, conforme comandos do art. 1.196 do Código Civil de 2002 (e art. 524 do Código Civil de 1916), terá perdido a posse do bem, quer seja imóvel, quer seja móvel.

---

[226] Pelo *Digesto de Justiniano* (*Digestorium Justiniani*), em face do estabelecido pelo Livro 41, De como se adquire e se perde a posse (*Libro XLI, De adquirenda, est amittenda possessione*), constava do §6º: "No que se refere à perda da posse, também é necessário considerar-se a intenção do possuidor. Assim, ainda que vós conserveis num imóvel, se, entretanto, não tende a intenção de reter-lhe a posse, vós perdereis imediatamente. Por conseguinte, perde-se a posse só pela intenção, embora só com ela não se possa adquiri-la" ("In amittenda quoque possessione affecctio ejus, qui possidet, intuenda est. Itaque si in fundo sis, et tamen nolis eum possidere: protinus amittes possessionem. Igitur amitti et animo solo potest, quamvis adquir non potest").

[227] Carlos Alberto Bittar (*Direitos reais*. Rio de Janeiro: Forense Universitária, 1991. p. 52), declina: "No plano doutrinário costuma-se resumir a perda em: *corpore*, pela cessação do poder físico sobre a coisa; *animo*, pela postura voluntária de não mais desejar a coisa; *corpore et animo*, pela cessação, por vontade, do poder físico sobre a coisa. Mas, em hipóteses outras pode haver perda da posse, como na derivada de decisão judicial, ou de desapropriação".

[228] O Código Civil do México elenca como causas da perda da posse: "Artículo 828: La posesión se pierde:
I. Por abandono;
II. Por cesión a título oneroso o gratuito;
III. Por la destrucción o perdida de la cosa o por quedar esta fuera del comercio;
IV. Por resolución judicial;
V. Por despojo, si la posesión del despojado dura mas de un ano;
VI. Por reivindicación del propietario;
VII. Por expropiación por causa de utilidad publica".

A posse será perdida, via de regra, por um dos seguintes acontecimentos: a) por destruição (em razão de fato involuntário à vontade do possuidor da coisa) e/ou por meio de desapropriação (que vem a ser ato de império do Poder Público, que acorre independentemente da vontade do possuidor da coisa); b) fato da própria coisa (como ocorre, exemplificativamente, quando da destruição da coisa, em razão da perda de seu valor econômico); e, c) ato do possuidor (decorrente de ato de vontade do próprio possuidor da coisa).

Por outro lado, na mesma linha do posicionamento traduzido por Maria Helena Diniz, verificamos que a perda da posse, em razão da posse de outrem, ocorre mesmo "contra a vontade do possuidor se este não foi manutenido ou reintegrado em tempo competente. Assim é, porque a posse é exclusiva: firmada a nova, opera-se a extinção da anterior".[229]

Realmente, como afirmado no anterior parágrafo, ato de terceiro que importa desapossamento violento do possuidor, sem que este consiga, seja pelo desforço imediato, seja pelas vias possessórias, reaver a posse da coisa, é motivo para a extinção da posse antiga e criação de nova posse inicialmente viciada pela violência, ou clandestinidade exercida, só que estas, posteriormente, convalescem, e isto se dá em desaparecendo o motivo que a viciou, ou seja, quando cessada a violência ou a clandestinidade. Só não se convalida a posse precária, salvo se fatos outros comprovarem que a mesma deixou de existir, ainda que sem ato formal por parte do instituidor.

As demais situações decorrem de ato de vontade do possuidor, mas também são causas de perda da posse. De forma que pela segunda situação de perda da posse — decorrente de fato da própria coisa —, a mesma poderá ser perdida independentemente da vontade do possuidor; nesta situação estão os casos de destruição ou desaparecimento da coisa possuída e de determinação legal, colocando-a fora do comércio.

Também, como terceira situação, temos o caso da cessação da posse por ato de vontade do próprio possuidor, como, exemplificativamente, quando o mesmo abandona espontaneamente a coisa, ou então quando o mesmo transfere, onerosamente ou graciosamente, a coisa a outrem. Releva notar, no entanto, que o fato de o possuidor não exercer livremente, por determinado tempo, a posse sobre a coisa não significa que o mesmo se despojou dela, assim ocorre, por exemplo, em relação a uma casa de campo ou de praia que mantenha para fins de lazer.

---

[229] DINIZ, Maria Helena. *Curso de direito civil brasileiro*: direito das coisas. 17. ed. São Paulo: Saraiva, 2002. 4 v. em 7, p. 71.

As formas de perda da posse, em razão do art. 1.223 do Código Civil de 2002, não se resumem, numericamente e de forma taxativa, tão somente às anunciadas acima, pois que também, como já descrevia o art. 520 do Código Civil de 1916, outras causas podem redundar na perda da posse. De forma que, para melhor entendimento da matéria, aludimos, de forma destacada, aqueles meios de perda da posse já anteriormente previstos — art. 520, Código Civil de 1916 — e que são aplicáveis ao enunciado, genericamente, pelo art. 1.223 do Código Civil de 2002.

São, pois, na forma do art. 520 do Código Civil de 1916, e aplicáveis pelo atual Código Civil (embora não expressamente previstos), outros meios pelos quais pode ocorrer a perda da posse, e que são: abandono; tradição; perda da própria coisa; destruição da coisa; extracomercialidade (coisa fora do comércio); constituto possessório. Considerando a relevância de cada um dos institutos jurídicos referidos, é que passamos a discorrer sobre cada um, na forma dos tópicos *infra*.

4.3.2.1 Abandono

Abandono é a manifestação da vontade do possuidor de não mais continuar a exercitar a posse, deixando a coisa abandonada sem qualquer preocupação com o seu destino final. Entra tanto o elemento objetivo (material ou real), que é o ato ou gesto físico do abandono, e o elemento subjetivo (elemento psíquico), que é o ânimo, vontade, de abandonar a coisa.

4.3.2.2 Tradição

A tradição se constitui na entrega da coisa. É a passagem da coisa de um possuidor (podendo, quando o caso, ser de um proprietário) para outro. Pode ser: efetiva, ou material, simbólica ou ficta e consensual.

Esclarecendo cada uma das situações correspondentes à perda da posse pela tradição, podemos afirmar que a tradição efetiva ou material é aquela que se manifesta por uma entrega real do bem, como sucede quando o vendedor passa ao comprador a coisa vendida.

Por seu turno a tradição simbólica ou ficta é uma forma espiritualizada da tradição, substituindo-se a entrega material do bem por atos indicativos do propósito de transmitir a posse. Exemplificativamente: basta ao possuidor de um veículo entregar suas chaves a outrem para que haja transferência de posse do mencionado móvel.

No que se refere às modalidades de tradição consensual, no caso, a *traditio longa manu* e *traditio brevi manu*, temos, respaldados na boa doutrina, representada por Arnoldo Wald, o esclarecimento de que "isto é assim porque às vezes não é preciso que o adquirente ponha a mão na própria coisa, como uma fazenda de grande extensão, para ser tido como possuidor; basta que ela esteja à sua disposição. Se ninguém a detém, efetua-se a *traditio longa manu*. Além disso quando uma pessoa que já tem, por exemplo, a posse direta da coisa, como locatário ou depositário, adquire o seu domínio, não precisa devolvê-la ao antigo dono para que este lhe faça a entrega (tradição real); para tanto basta a demissão voluntária da posse pelo transmitente, caso em que se tem a *traditio brevi manu*. Assim o possuidor de uma coisa em nome alheio passa a possuí-la como própria".[230]

4.3.2.3 Perda da própria coisa

A perda da posse em decorrência da própria coisa ocorre pela ignorância da localização da coisa que era possuída, sendo, ainda, impossível encontrá-la. Não é, no caso, um abandono da posse, e sim uma ignorância do local onde se encontra a coisa possuída.

Aquele que acha a coisa perdida tem, somente, a posse de descobridor, cabendo-lhe entregá-la ao seu legítimo possuidor, conforme estabelecido pelo art. 1.233[231] do Código Civil de 2002 (e art. 603 do Código Civil de 1916, onde o *nomen juris*, do que achava coisa perdida, era inventor, atualmente, pelo Código Civil de 2002, descobridor).

4.3.2.4 Destruição da coisa

A perda da posse pela destruição da coisa consiste na perda das qualidades essenciais, ou do valor econômico do bem, e ocorre quando: a) o bem deixa de existir; b) quando o bem se confundir com outro, de forma que impossibilite a distinção; e c) quando o exercício da posse se torna inacessível.[232]

---

[230] WALD, Arnoldo. *Curso de direito civil brasileiro*: direito das coisas. 10. ed. São Paulo: Revista dos Tribunais, 1995. p. 83-84.
[231] O Código de Processo Civil regula a matéria, como coisas vagas, pelos artigos 1.170 a 1.176; pelo Código Penal a matéria encontra tipificação no art. 169, II.
[232] Interessante registrar, para fins de comparação histórica, que pelo *Digesto de Justiniano* (*Digestorium Justiniani*), em face do estabelecido pelo Livro 41, De como se adquire e se perde a posse (*Libro XLI, De adquirenda, est amittenda possessione*), constava do §17: "Labeão

Não devemos confundir perda e destruição, considerando que são coisas diversas. Para exemplificar: a perda incide somente sobre os bens móveis; enquanto a destruição tanto recai sobre bens móveis como sobre bens imóveis. A perda envolve sempre ato humano, proveniente de descuido e/ou negligência; destruição, por sua vez, poderá envolver ato humano praticado livremente, por exemplo, a demolição de uma casa, ou uma ação decorrente de força da natureza (caso fortuito) sem a participação efetiva de ato humano, como, exemplificativamente, a perda de uma plantação em razão de inundação por águas da chuva.

4.3.2.5 Extracomercialidade (coisa fora do comércio)

Considera-se como extracomerciáveis aquelas coisas que não podem ser compradas e nem vendidas, não podem, inclusive, por prescrição legal, passar para o patrimônio de uma determinada pessoa, quando já tem um proprietário, ou quando existe um obstáculo legal que impeça que ela faça parte de um patrimônio.

Como coisas que estão fora do comércio (extracomerciável), podemos exemplificar com o ar e a luz solar, que existem em abundância na natureza e, basicamente por isso, são insuscetíveis de apropriação pelo ser humano. Já as coisas públicas, como outro exemplo, são aquelas de uso comum do povo, e, de outro lado, as especiais são tidas como fora do comércio, conforme se extrai do art. 99, incs. I e II, do Código Civil de 2002, em combinação com o preconizado pelo art. 100 do mesmo Código Civil de 2002 (e art. 66, inc. I, do Código Civil de 1916, com observância do contido no art. 67, do mesmo Código Civil de 1916).

Outros bens, por expressa disposição legal, também não podem ser comercializados, "embora sejam materialmente apropriáveis", pois que, como lecionam Pablo Stolze Gagliano e Rodolfo Pamplona Filho, são "legalmente inalienáveis", pois que, segundo aduzem os autores, "têm sua livre comercialização vedada por lei para atender a interesses econômicos-sociais, de defesa social ou de proteção de pessoas. Só excepcionalmente podem ser alienados, o que exige lei específica ou decisão judicial."[233] Dentre os bens considerados, por expressa disposição

---

e Nerva, filho, decidem que perdemos a posse de um terreno invadido pelas águas de um rio ou do mar ("Labeo, et Nerva, filus, responderunt, desinere me possidere eum locum, quem flumen aut mare occupaverit").

[233] GAGLIANO, Pablo Stolze; PAMPLONA FILHO, Rodolfo. *Novo curso de direito civil*. 5. ed. São Paulo: Saraiva, 2004. v. 1, p. 293-294. Parte geral. Além dos denominados *bens inalienáveis*, que os autores esclarecem que "são também bens chamados de bens

legal, como inalienáveis, destacamos, exemplificativamente: as terras tradicionalmente ocupadas pelos indígenas (Constituição Federal de 1988, art. 231, §4º [234]; Lei nº 6.001/73, art. 22, parágrafo único [235]) e as áreas comuns do condomínio (Lei nº 4.591/64, art. 1º, §2º [236]).

4.3.2.6 Constituto possessório

É caracterizado o constituto possessório (*constitutum possessorium*) como sendo tanto um meio de perda, como um meio de aquisição da posse, pois na medida em que alguém perde, tem outro que a ganha.

O constituto possessório decorre da figura jurídica da pessoa que de detentor em nome próprio, portanto, que detém a posse plena (direta e indireta), passa, a partir de determinado momento, a ter tão somente a posse como detentor *pro alieno*, isto é, a posse indireta é do novo possuidor, por exemplo, do comprador da coisa. No constituto

---

com inalienabilidade real ou objetiva", elencam, ainda, como fora do comércio, os bens "inapropriáveis pela própria natureza (também são chamados de *bens com inalienabilidade pessoal ou subjetiva*"), que são os "bens de uso inexaurível, como o mar, e a luz solar"; e, por último, os bens "*inalienáveis pela vontade humana*", que são "bens que, por ato de vontade, em negócios gratuitos, são excluídos do comércio jurídico, gravando-se com a cláusula de inalienabilidade/impenhorabilidade". Sobre esta última categoria de bens inalienáveis, por ato de vontade, os autores destacam: "Admite-se a relativização de tais cláusulas, pela via judicial, em situações excepcionais, como moléstias graves do titular, para garantir a utilidade do bem, nesse caso, o sentido da jurisprudência é na busca da prevalência do fim social da norma".

[234] Constituição Federal, promulgada em 5 de outubro de 1988, art. 231: "São reconhecidos aos índios sua organização social, costumes, línguas, crenças e tradições, e os direitos originários sobre as terras que tradicionalmente ocupam, competindo a união demarcá-las, proteger e fazer respeitar todos os seus bens.
§1º, 2º e 3º *Omissis*.
§4º – As terras de que trata este artigo são inalienáveis e indisponíveis, e os direitos sobre elas, imprescritíveis.
§5º, 6º e §7º *Omissis*".

[235] Lei nº 6001, de 19 de dezembro de 1973, art. 22: "Cabe aos índios, os silvícolas, a posse permanente das terras que habitam e o direito ao usufruto exclusivo das riquezas naturais e de todas as utilidades naquelas terras existente.
Parágrafo único – As terras ocupadas pelos índios, nos termos deste artigo, serão bens inalienáveis da União (artigo 4º, IV, e 198, da Constituição Federal)".
Nota: A referência era com a Constituição Federal de 1964, EC nº 1, de 1968, sendo, agora, disciplinada pela CF/88, conforme art. 231, §4º, citado acima.

[236] Lei nº 4.591, de 16 de dezembro de 1964, art. 1º: "As edificações, de um ou mais pavimentos, construídos sob forma de unidades isoladas entre si, destinadas a fins residenciais ou não-residenciais, poderão ser alienados, no todo ou em parte, objetivamente considerados, e constituirá, cada unidade, propriedade autônoma sujeita às limitações desta Lei.
§1º – *Omissis*.
§2º – A cada unidade caberá, como parte inseparável, uma fração ideal do terreno e coisas comuns, expressa sob forma decimal ou ordinária".

possessório, como doutrina Roberto Senise Lisboa, "há uma relação de causalidade indispensável entre o ato de apreensão da coisa e o *animus possidenti*. Nele, vigora o entendimento segundo o qual aquele que possui diretamente a coisa, na verdade a está possuindo para outra pessoa".[237]

Também, como faz ver, de forma bem didática, Marcelo Guimarães Rodrigues, o constituto possessório "é cláusula contratual pela qual o possuidor transfere a posse a outra pessoa, continuando porém a possuir o mesmo bem, a partir de então, em nome alheio, na condição de detentor. Aí temos dois atos jurídicos que acontecem simultaneamente, em que há transferência e conservação da posse, como ocorre, por exemplo, quando o comprador não recebe imediatamente a coisa comprada, deixando-a em poder do vendedor. Poderá, no entanto, ter desde logo as vantagens próprias da posse, como a percepção dos frutos, a proteção possessória, etc.".[238]

4.3.3 Como é considerada perdida a posse para o possuidor que não presenciou o esbulho

A perda da posse é disciplinada pelo art. 1.224 do Código Civil de 2002 (e art. 522 do Código Civil de 1916), que dispõe: "Só se considera perdida a posse para quem não presenciou o esbulho, quando, tendo notícia dele, se abstém de retornar a coisa, ou, tentando recuperá-la, é violentamente repelido".

O que é visado por meio deste comando legal é que o possuidor, quando da ocorrência do ato de esbulho de sua posse, que estiver, por qualquer razão, ausente, somente terá como caracterizada a perda de sua posse em dois momentos oportunos, a saber: primeiro, quando tendo tomado ciência do esbulho, mantém-se inerte e nada faz para a retomada da posse esbulhada; segundo, buscando a retomada da posse, por meios próprios — via do desforço pessoal —, é impedido de forma violenta.

Havendo a retomada da posse, por ação física do próprio possuidor esbulhado, a situação retorna ao seu *status quo ante* e não será objeto de maiores perquirições; numa outra vertente, não logrando o possuidor se reintegrar pela sua própria força (desforço pessoal, que nada mais é do que exercício de legítima defesa em favor da posse),

---

[237] LISBOA, Roberto Senise. *Manual elementar de direito civil*: direitos reais e direitos intelectuais. 2. ed. São Paulo: Revista dos Tribunais, 2003. 4 v. em 5, p. 85.

[238] RODRIGUES, Marcelo Guimarães. *Direito civil*: questões dissertativas com respostas. Belo Horizonte: Inédita, 1999. p. 84.

o esbulho praticado continuará eficaz e somente poderá ser resolvido através de competente ação judicial.

Divergindo do próprio comando legal e da doutrina já consolidada sobre o assunto ventilado pelo art. 1.224 do Código Civil de 2002, que, praticamente, repete o que já previa o art. 522 do CC de 1916, o doutrinador Silvio Rodrigues entende que o artigo em comento não guarda justa consonância com o efetivo interesse social que decorre da posse, embora em favor do esbulhador. Doutrina o aludido autor: "Contudo a solução da lei era e continua má, por se inspirar na preocupação excessivamente individualista de proteger o possuidor em viagem, ou fora do lugar onde se encontra a coisa possuída. O artigo em tese deve ser suprimido, pois cria uma discriminação em favor daquele possuidor negligente, em detrimento do interesse social, que é no sentido de conferir proteção a quem quer que, mansa e pacificamente, exerça posse pública por mais de ano e dia".[239]

Embora o ponto de vista doutrinário defendido por Silvio Rodrigues, conforme mencionado, o mesmo não é o mais coerente com os próprios fins de proteção da posse que objetiva o legislador do Código Civil. Tanto é verdade, que para a proteção da posse violada foram criados mecanismos legais e específicos de proteção, o que será, inclusive, objeto de análise no tópico 4.4 alusivo aos efeitos que a posse produz, quando voltaremos a falar do sobre o desforço pessoal.

No nosso modo de ver, o posicionamento adotado pelo legislador do Código Civil de 2002, no que se mantém fiel ao pensamento do legislador do Código Civil de 1916, é o mais coerente e, como tal, não merece qualquer alteração o texto do art. 1.224 do Código Civil de 2002.

4.4 Dos efeitos da posse

Serão analisados, a seguir, e cada um de forma individual, os meios jurídicos com os quais o possuidor conta para a defesa de sua posse, quando violada ou na iminência de sê-lo.

4.4.1 Disciplinamento da matéria

A matéria, objeto do presente estudo, é regida por meio dos arts. 1.210 a 1.222 do Código Civil de 2002 (e arts. 499 a 519 do Código Civil de 1916).

---

[239] RODRIGUES, Silvio. Direito civil: direito das coisas. 22. ed. São Paulo: Saraiva, 1995. 5 v. em 7, p. 49.

Nesta parte do estudo, estamos deixando de lado os artigos que tratam dos frutos, mais precisamente os artigos 1.214 a 1.216 do Código Civil de 2002 (e arts. 510 a 513 do Código Civil de 1916) e, também, os artigos que tratam das benfeitorias, no caso, os artigos 1.219 a 1.222 do Código Civil de 2002 (e arts. 516 a 519 do Código Civil de 1916), pois que a matéria já foi estudada no Capítulo 3, mais precisamente no tópico 3.4.3, onde entendemos que a mesma fica mais bem posicionada.

Esta parte da matéria destina-se a tecer algumas considerações sobre o tratamento jurídico da posse e da sua proteção (conforme tópico 4.4.1.1, *infra*), o que se dá por meio das ações possessórias típicas (e naquelas que também podem redundar em benefício da proteção da posse, as quais denominamos de ações possessórias atípicas).

Todas as ações possessórias (típicas e atípicas) estudaremos, de forma ampla, por meio do Capítulo 5, onde analisaremos todos os seus desdobramentos e consequências jurídicas.

4.4.1.1 Tratamento jurídico da posse e sua proteção

Por força do Código Civil, a posse recebe tratamento bem amplo, o que diverge de algumas posições doutrinárias mais antigas, que só viam nela um único efeito, qual seja, o de dar ao possuidor o amparo de poder invocar os interditos possessórios.

É, hodiernamente, matéria ultrapassada aquela que não vislumbra todos os efeitos decorrentes da posse e não merece análise apartada, pois que totalmente dissociada da legislação positiva brasileira e que está preconizada, na parte material, pelo Código Civil, e, na parte processual, pelo Código de Processo Civil.

A razão pela qual a posse está inserida no Direito Civil e no Direito Processual civil decorre de que os efeitos dela, originalmente circunscritos apenas ao direito de propriedade, foram sendo de forma progressiva estendidos a todos os direitos reais compatíveis com a aparência, exterioridade e uso.

Em complementação ao pensamento exposto no anterior parágrafo, destacamos a lição de Sílvio de Salvo Venosa, onde desponta que "a proteção da posse implica ação, ainda que pré-processual mediante a autotutela permitida pelo ordenamento, seu estudo está inevitavelmente ligado aos procedimentos de defesa; portanto, ao processo possessório. Essa a razão pela qual se mostram indissociáveis no estudo da proteção possessória. As minúcias dos procedimentos devem ser regradas pelas leis de processo. As bases, os fundamentos e as modalidades de proteção possessória devem vir descritos pela lei material. Existe também outra razão, esta de ordem histórica, para a matéria ser tratada pelo Código Civil. A legislação processual à época do Código era atribuída aos Estados. Temia-se que, se relegadas as ações possessórias aos estatutos processuais, ficariam dispersos os elementos da teoria possessória, ficando muito precária sua firmeza".[240]

Logicamente que na parte processual da matéria, o que tem predominância, modernamente, são as regras de tratamento previstas pelo Código de Processo Civil, muito embora subsistam todos os disciplinamentos do Código Civil, que, embora eliminando alguns "vícios" processuais que povoavam o anterior (de 1916), ainda mantêm alguns dispositivos com claros comandos processuais.

Pela própria lei, a posse está desvinculada da proteção que é dada à propriedade. Para a posse, há a devida proteção independentemente da configuração do domínio na mesma pessoa. O que visa a lei é a proteção possessória sem qualquer preocupação com a proteção que é, juridicamente, concedida à propriedade.[241]

Tantos são os efeitos da posse que Clóvis Beviláqua, amparado em Astolpho Rezende, já proclamava, ao seu tempo: "A posse tem os efeitos que a lei lhe atribuir".[242][243][244]

---

[240] Sílvio de Salvo Venosa (*Direito civil*: direitos reais. 3. ed. São Paulo: Atlas, 2003. v. 5, p. 87) diz, ainda: "Assim sendo, as normas de proteção da posse encontram-se no Código Civil e no Código de Processo Civil. Os dispositivos de direito material, entre nós, também se aplicam aos bens móveis. O estatuto processual refere-se à posse das coisas móveis no procedimento sumaríssimo [pelo art. 275, II, que, esclarece-se, fora da citação do autor, o procedimento é, agora, sumário, isto por força da Lei nº 9.245, de 26.12.95], o que não inibe o procedimento especial das ações possessórias para essa classe de bens, quando se tratar de ação de posse nova".

[241] Não discrepa deste entendimento Arnaldo Rizzardo (*Direito das coisas*. Rio de Janeiro: Aide, 1991. v. 1, p. 131), ao dizer: "A lei considera a proteção possessória inteiramente independente e desligada da proteção da propriedade".

[242] BEVILÁQUA, Clóvis. *Direito das coisas*. 2. ed. Rio de Janeiro: Freitas Bastos, 1946. 1 v. em 2, p. 60.

[243] Sobre proteção possessória, disciplina o Código Civil da Espanha, "Artículo 446. Todo poseedor tiene derecho a ser respetado en su posesión; y, si fuere inquietado en ella, deberá ser amparado o restituido en dicha posesión por los medios que las leyes de procedimientos establecen".
O art. 446 deve ser combinado com o artigo 466, que disciplina: "El que recupera, conforme a derecho, la posesión indebidamente perdida, se entiende para todos los efectos que puedan redundar en su beneficio que la ha disfrutado sin interrupción".

[244] O Código Civil de Cuba, ao tratar sobre a posse, também cuida de sua proteção, assim: "Artículo 203.1. El poseedor puede exigir la restitución del bien del que ha sido despojado o el cese de cualquier perturbación en el ejercicio de su derecho, aun en el caso de que se invoque contra él un derecho preferente.
2. Quien perturbe a otro en el disfrute de su posesión pierde a favor del poseedor legítimo los gastos y mejoras hechos en el bien.

Levando em conta os amplos e intrincados aspectos que a posse tem em relação aos meios próprios para a consolidação de sua defesa é que trataremos, no Capítulo 5, das ações destinadas à proteção da posse, ou seja: a) manutenção de posse; b) reintegração de posse; e c) interdito proibitório, em face do Código Civil — tanto o atual (de 2002), como do revogado (o de 1916) —, com o necessário embasamento do Código de Processo Civil.

Com amparo, ainda, no Código de Processo Civil, abordaremos, ainda, aquelas ações que também comportam a defesa da posse, no caso: a) ação de nunciação de obra nova; b) ação de dano infecto; e c) ação embargos de terceiro. Tais modalidades de ações denominamos ações atípicas de proteção da posse.

Por fim, embora não sendo ação de natureza jurídica processual, e sim ação de natureza física, em que pese gozar de proteção jurídica, analisaremos, no Capítulo 5, a questão do desforço pessoal, o qual é assegurado ao possuidor para fins de ser manutenido, ou reintegrado, por meio próprio em caso de violência praticada contra a sua posse.

Artículo 204.1. Con independencia de las facultades que le otorgan los artículos anteriores, el poseedor tiene derecho a impedir directamente cualquier acto inminente o actual de perturbación o despojo del bien que sea, siempre que este medio de defensa esté justificado por las circunstancias.
2. El poseedor puede, incluso, recuperar inmediatamente el bien del que hubiese sido privado, quitándoselo a quien realice el despojo en el momento en que lo ejecuta.
Artículo 205. Los derechos establecidos en los dos artículos precedentes le corresponden también al que ejerce por otro el poder de hecho sobre el bien".

CAPÍTULO 5

AÇÕES PARA DEFESA DA POSSE

Sumário: 5.1 Introdução – 5.2 A defesa judicial da posse em face das ações típicas – 5.2.1 Antecedentes históricos das ações típicas de defesa da posse – 5.2.2 A defesa da posse, por meio das ações possessórias típicas, no Direito Processual Civil brasileiro – 5.2.3 As ações possessórias típicas e sua inserção nos procedimentos de natureza especial do Código de Processo Civil brasileiro – 5.2.3.1 Proteção da posse no Direito Processual estrangeiro – 5.2.3.1.1 Proteção possessória pelo procedimento comum no Direito Processual de Portugal – 5.2.3.1.2 Proteção possessória pelo procedimento comum no Direito Processual do Uruguai – 5.2.3.1.3 Proteção possessória pelo procedimento especial no Direito Processual da Argentina – 5.2.3.1.4 Proteção possessória pelo procedimento sumário no Direito Processual de Honduras – 5.2.3.1.5 Proteção possessória no Direito Civil do México – 5.2.3.1.6 Proteção possessória no Direito Processual de Macau (China) – 5.2.4 Razão mais plausível que justifica a proteção judicial da posse por meio das ações típicas – 5.3 Modalidades de ações possessórias típicas no Direito Civil brasileiro – 5.3.1 Ação de reintegração de posse – 5.3.1.1 Embargos de retenção em razão de benfeitorias realizadas pelo demandado de boa-fé – 5.3.2 Ação de manutenção de posse – 5.3.2.1 Contagem do tempo quando continuada a turbação, ou pela prática de reiterados atos turbativos – 5.3.2.2 Ocorrência de novo esbulho ou turbação à posse que, após sentença — envolvendo a mesma matéria e as mesmas partes —, foi apreciada de forma favorável – 5.3.3 Ação de interdito proibitório – 5.4 As ações possessórias típicas e seu caráter dúplice – 5.4.1 Liminares nas ações possessórias típicas e seus desdobramentos jurídicos – 5.4.1.1 Turbação e esbulho, desde que se trate de força nova – 5.4.1.2 Contagem do prazo – 5.4.1.3 Liminar *initio litis* ou após justificação prévia – 5.4.1.4 Agravo de instrumento contra a concessão de liminar – 5.4.1.5 Possibilidade de o juiz rever, fora do juízo de retratação, a liminar concedida – 5.4.1.6 Prestação de caução – 5.4.1.7 Liminar no interdito proibitório – **5.5** Perdas e danos nas ações possessórias típicas – **5.6** Proteção das servidões por meio das ações possessórias típicas – **5.7** Proteção possessória, nas ações típicas, dos direitos imateriais, ou incorpóreos – **5.8** Aplicação das ações possessórias típicas em relação às coisas de natureza móvel – **5.9** Modalidades de ações possessórias atípicas – **5.9.1** Ação de nunciação de obra nova ⁻ **5.9.2** Ação de dano infecto – **5.9.3** Ação de embargos de terceiro – **5.9.3.1** Ação de embargos de terceiro e sua aplicação contra os atos de apreensão determinados pelo juiz criminal – **5.10** Outras considerações relativas às ações possessórias típicas e às ações atípicas – **5.11** Exceção de domínio (*exceptio proprietatis*) considerando o art. 505 do Código Civil de 1916 e o art. 923 do Código de Processo Civil – **5.12** Exceção de domínio (*exceptio proprietatis*) em face do art. 1.210, §2º, do Código Civil de 2002 – **5.13** Partes, foro competente, ação rescisória, juizado especial e valor da causa nas ações possessórias típicas e atípicas – **5.13.1** Partes (polos ativo e passivo) – **5.13.2** Litisconsórcio (ativo e passivo), participação de ambos os cônjuges nas ações possessórias típicas, substituição processual, oposição, nomeação à autoria, denunciação à lide, assistência e intervenção do Ministério Público – **5.13.2.1** Litisconsórcio (ativo e passivo) – **5.13.2.2** Participação de ambos os cônjuges nas ações possessórias (típicas) de natureza imobiliárias – **5.13.2.3** Substituição processual – **5.13.2.4** Oposição – **5.13.2.5** Nomeação à autoria – **5.13.2.6** Denunciação à lide – **5.13.2.7** Assistência – **5.13.2.8** Intervenção do Ministério Público – **5.13.3** Foro competente – **5.13.4** Ação rescisória em relação às demandas possessórias (típicas e atípicas) – **5.13.5** Juizado especial – **5.13.5.1** Juizado Especial Estadual Cível – **5.13.5.2** Juizado Especial Federal Cível – **5.13.5.3** Competência do Juizado Especial Estadual e Federal Cível em relação às demandas possessórias típicas sobre bens móveis – **5.13.5.4** Possibilidade de opção do autor da demanda possessória pelo Juizado Especial Cível ou pelo juizado comum – **5.13.5.5** Litisconsórcio no Juizado Especial Cível em relação às demandas possessórias e o não cabimento de ação rescisória – **5.13.5.6** Intervenção do Ministério Público no Juizado Especial Cível em relação às demandas possessórias – **5.13.5.7** Agravo de instrumento no Juizado Especial Cível em relação às demandas possessórias – **5.13.5.8** Medidas cautelares e antecipação de tutela no Juizado Especial Cível em relação às demandas possessórias – **5.14** Valor da causa – **5.15** Desforço pessoal – **5.16** A fungibilidade das ações possessórias – **5.17** A ação de imissão de posse e sua controvérsia jurídica – **5.18** A antecipação de tutela e a questão da ação possessória de força velha

5.1 Introdução

Objetivando o estudo, ainda que de forma concentrada, sobre os meios processuais civis para defesa da posse, isto tanto pelo autor, como pelo réu e, por vezes, até de terceiros legitimados a defender a posse, é que nos ateremos àqueles que são considerados como meios típicos e próprios e, ainda, abordaremos aqueles que são considerados como meios atípicos, muito embora também, em determinadas e específicas situações, sejam utilizados exclusivamente para a defesa de atos de natureza possessória.

Nas ações possessórias típicas, ou seja, ação de reintegração de posse, ação de manutenção de posse e ação de interdito proibitório, está presente o caráter dúplice de que gozam tais ações. Nas ações denominadas atípicas para a proteção da posse, como são: ação de nunciação de obra nova, ação de dano infecto e ação de embargos de terceiro, não há espaço para a inserção do caráter dúplice, o que obriga o réu, quando o caso, a valer-se da ação reconvencional.

Na modalidade de apresentação classificatória das ações possessórias, os termos de ações típicas e atípicas que utilizamos não são tão usuais na doutrina,[245] e, em função disto, preferimos tratar como ações típicas de defesa da posse as que dizem respeito exclusivamente a tal fim, como são as ações de manutenção de posse, as ações de reintegração de posse e as ações de interdito proibitório. No rol das ações de defesa da posse, que denominamos de atípicas, incluímos as ações de dano infecto, de nunciação de obra nova e embargos de terceiro. O termo de ação atípica não quer, *lato sensu*, significar que as mesmas não sejam previstas pelo Código de Processo Civil, e sim que não são elas ações exclusivas para a defesa da posse.

---

[245] Na doutrina, quem adota terminologia um tanto semelhante é José Acir Lessa Giordani, que, em relação às ações de defesa da posse atípicas (como denominamos), aborda-as como sendo "ações não tipicamente possessórias, mas que também se prestam à proteção da posse". Sendo que no rol elenca: Ação de Imissão de Posse; Nunciação de Obra Nova; Embargos de Terceiro e Ação de Dano Infecto (GIORDANI, José Acir Lessa. *Curso básico de direito civil*: direito das coisas. 2. ed. Rio de Janeiro: Lumen Juris, 2005. t. I, p. 122-125. Introdução e posse). No que diz respeito à inclusão da ação de imissão de posse, como fez o autor citado, não a incluímos como ação atípica (e muito menos, típica) no nosso estudo, pois que, como esclarecemos no tópico próprio no corpo do texto, não comungamos com os que querem incluí-la no rol das possessórias, pois que a mesma não tem sequer previsão no Código de Processo Civil e, ainda, se possível o manejo da mesma este somente é concebível na ação petitória e jamais como possessória, o que significa dizer que nem atipicamente pode destinar-se à proteção da posse, e sim, e tão somente, para efetivação do domínio.

5.2 A defesa judicial da posse em face das ações típicas

A defesa da posse por meio de ações judiciais é matéria extremamente controvertida na doutrina, pois não há um elemento que seja capaz, por si próprio, de funcionar como norteador da razão pela qual a posse é protegida juridicamente. No cipoal das várias correntes antagônicas, procuraremos tecer algumas considerações que servirão para orientar a razão pela qual a posse recebe proteção judicial.

5.2.1 Antecedentes históricos das ações típicas de defesa da posse

A proteção da posse decorre dos interditos (*interdictum*[246]) possessórios — que eram fórmulas usadas pelo magistrado —, e não propriamente por ação possessória, pois que no direito romano a ação tinha conotação diferente, ou, como aponta Ebert Chamoun, "a proteção possessória não era assegurada por ações, mas por ordens que o magistrado expedia à solicitação dos interessados, os interdicta. Os interditos que protegiam a posse eram os *interdicta retinandae possessionis* e os *interdicta recuperandae possessionis*".[247] Somente na época de Justiniano, determinador da codificação das leis romanas, que foram reunidas no *Corpus Juris Civilis*, é que os interditos possessórios passaram a ser tratados como ações.

No que diz respeito aos interditos possessórios,[248] os denominados *retinandae possessionis* destinavam-se à conservação da posse em favor do possuidor turbado; enquanto os interditos *recuperandae possessionis* visavam à recuperação da posse que havia sido perdida. No rol dos interditos *retinandae possessionis* estavam inseridas as coisas de natureza móvel, e as coisas de natureza imóvel. Na primeira situação, proteção das coisas móveis, a proteção decorria do *interdictum utrubi*; enquanto

---

[246] Não custa lembrar (ou relembrar) que o termo *Interdictum* é singular enquanto o termo *interdicta* é plural.
[247] CHAMOUN, Ebert. *Instituições de direito romano*. 4. ed. Rio de Janeiro: Forense, 1962. p. 224-226.
[248] Pelo Direito romano, o interdito possessório somente poderia ser intentado por quem pudesse ter a condição de proprietário e que as coisas objetivadas fossem passíveis de serem propriedades. É de lembrar, de relance, que o direito romano disciplinava sobre a categoria dos cidadãos, sendo que, em princípio, só os cidadãos romanos, desde que livres, poderiam adquirir bens, e tais bens não poderiam estar fora do comércio, pois que *res extra commercium* não podiam, via de regra, integrar a posse de alguém e com isso não podiam fazer parte de transações nem de disputas a serem levadas à decisão do magistrado, ou pretor.

que na segunda situação, proteção para as coisas imóveis, a proteção se dava por meio do *interdictum uti possidetis*. Mais tarde, por influência de Justiniano, os interditos *retinandae possessionis* passaram a englobar tanto as coisas móveis, como as coisas imóveis.

Não havia, no Direito romano, o tratamento em separado do interdito proibitório, pois que este estava contido na *retinandae possessionis* (interdito de manutenção de posse), que protegia tanto a posse violada, em face de uma turbação atual, como também tinha por escopo a proteção de ameaça praticada contra a posse.

É encontrável, comumente, na doutrina a alusão ao interdito proibitório como sendo de origem romana, o que, em verdade não é, pois que, como descrito acima, no Direito romano o mesmo não aparecia como tal e sim como componente do interdito de manutenção de posse.

O interdito proibitório, segundo o ensinamento de Pontes de Miranda, decorre de criação do Direito lusitano, em razão do *"summariissimum possessorium*, que se tornou espécie de interdito possessório *retinendae"*, onde não se cogita da manutenção ou da restituição liminarmente, o que "supõe que, posteriormente, se examine a espécie, no mesmo processo"; já o "sumariíssimo, ou simplesmente sumário (porque o outro, o ordinário, já era sumário), é dado com a cessação do processo, para que, noutro processo, e não no que se instaurou, se decida definitivamente".[249] [250]

Nesse tipo de interdito proibitório sumariíssimo, o demandante fica assegurado de que "somente por meio judicial pode ser posto fora, ou turbado na posse, quer seja o ofensor aquele que ao juízo se disse possuidor, quer qualquer outra pessoa". Poderia, se assim entendesse o juiz, a posse ser dada para uma terceira pessoa e não para aquele que se dizia ser o possuidor.

A proteção possessória também encontrou eco no Direito canônico,[251] em razão da denominada *exceptio* e *actio spolii*, em que, por

---

[249] MIRANDA, Pontes de. *Tratado das ações*: ações mandamentais. Atualizado por Vilson Rodrigues Alves. Campinas: Bookseller, 1999. v. 7, t. VI, p. 125-126, 177. O autor também destaca que o *summariissimum possessorium* provém das "cartas tuitivas do direito luso-brasileiro". Estas cartas eram dadas pelo rei para assegurar que o beneficiário dela não fosse molestado na posse do benefício que lhe fora concedido e somente por meio do Desembargo do Paço (Corte de Justiça) poderia ser decidido.

[250] Sobre o interdito proibitório, escreve Pontes de Miranda: "Contra o interdito proibitório articulou-se que é regressivo ao direito romano. Mas tal argüição provém de pessoas que, não encontrando em livros franceses, ou de outros povos, o instituto, logo ferreteiam como regressivo ou desacertado o que está no sistema jurídico brasileiro, herança das melhores em todo o mundo e guardada, a despeito de vicissitudes políticas desviadoras das trilhas do destino do povo, por espíritos de escol".

[251] O direito canônico teve larga penetração em questões de direito comum (penal e civil), muitas vezes, inclusive, serviu de base para o mesmo. Inicialmente o direito canônico não

meio da *exceptio spolli*, os prelados gozavam de proteção de "serem reintegrados nos seus bens e direitos, antes de se defenderem, por forma regular, no processo contra eles intentado por aquele que os tivesse expulsado",[252] e isto em razão de proteção invocada em decorrência de direito de ordem pessoal em favor dos bispos "quando desapossados ou expulsos de suas dioceses",[253] o que redundou na proteção possessória de direitos pessoais, matéria que deu azo e inúmeras controvérsias jurídicas e que teve em Rui Barbosa, no direito pátrio, incansável defensor.

Na esteira dessa predominância do Direito canônico, adotou-se matéria de cunho totalmente pessoal (proteção de direito pessoal) com a mesma força da proteção do direito real; serviu a *actio spolii*, como registra Arnoldo Wald, "para reintegrar o bispo esbulhado na posse do bispado, generalizando-se finalmente a ação, como remédio possessório, para garantir direitos do possuidor, não só contra o turbador, mas ainda contra qualquer terceiro que viesse a possuir a coisa".[254]

O Direito canônico disciplinava a matéria e a mesma tinha força, em parte, também em relação ao Estado laico em decorrência de que não havia uma separação nítida de poder entre as competências jurisdicionais do Estado e as da Igreja. Em Portugal, em determinadas situações, conforme consta das Ordenações Filipinas (e antes dela, as Ordenações Manuelinas e Afonsina), o exercício da jurisdição, quando envolvesse um clérigo (pároco) e um leigo, poderia, dependendo da situação, correr tanto pelo juiz secular (= juiz leigo) como pelo juiz eclesiástico (= juiz religioso).

As Ordenações Filipinas tiveram larga aplicação no Brasil, haja vista que, mesmo independente de Portugal, desde 7 de setembro de 1822, foi mantida no país as ordenações, leis, regimentos, alvarás,

---

tinha uma compilação única, o que foi feito somente em 1.234, por meio da *Decretales extra Decretum Gratiani vagantes*, homenagem ao monge e professor de Teologia em Bolonha, Gregório. Em 1582, o direito canônico foi editado na forma de *Corpus*, à semelhança do *Corpus Júris Civilis*, de Justiniano. Em 1904 começou a feitura do *Codex Iuris Canonici* (Código de Direito Canônico), o qual foi promulgado em 1917, estando em vigor.

O poder exercido pelos tribunais eclesiásticos somente começa a declinar a partir do século XVI, quando começou, segundo leciona John Gillissen (que serviu de base para nosso estudo sobre a histórica do direito canônico), com a laicização do Estado e, com isso, "rejeita a intervenção da Igreja na organização e funcionamento dos seus órgãos políticos e judiciários" (GILLISSEN, John. *Introdução histórica do direito*. 2. ed. Lisboa-Portugal: Fundação Calouste Gulbenkian, 1995, p. 142).

[252] OLIVEIRA, Gleydson Kleber Lopes de. *Ações possessórias*: enfoque sobre a cognição. São Paulo: Juarez de Oliveira, 2001. p. 40.

[253] PONTES, Tito Lívio. *Da posse no direito civil brasileiro*. São Paulo: Juscrédi, [1961?]. p. 70.

[254] WALD, Arnoldo. *Curso de direito civil brasileiro*: direito das coisas. 11. ed. São Paulo: Saraiva, 2002. p. 92.

decretos e resoluções, promulgadas pelos Reis de Portugal até 25 de abril de 1821 (o que abrange tudo o que tinha sido publicado pela realeza portuguesa desde 29 de janeiro de 1643), desde que não contrárias ao Império do Brasil. Tal aplicação tomou por base o Decreto da Assembleia Imperial e que redundou, por parte do Imperador D. Pedro I, a dissolução da mesma,[255] na promulgação da Lei de 20 de outubro de 1823.

Manteve, assim, legalmente, o Brasil o sistema jurídico anterior à Independência e a continuação da ingerência da Igreja em questões de Estado, o que envolvia, obviamente, ainda que veladamente, também questões judiciais — inclusive pela Constituição do Império de 1824, a religião católica apostólica romana era a oficial do Estado[256] e a todos obrigava[257] —, situação que somente deixou de existir a partir da primeira Constituição Republicana, de 24 de fevereiro de 1891, quando houve de fato e de direito uma ruptura do Estado e da Igreja.

Embora já tendo uma Constituição Imperial, de 1824, e depois uma Constituição Republicana, de 1891, o Brasil continuou ainda vinculado a toda aquela gama de legislação oriunda de Portugal, desde que não contrárias ao Império —, situação esta que somente foi desaparecer, de forma efetiva, com a entrada em vigor do Código Civil de 1916,[258] o que se deu em 1º de janeiro de 1917.

---

[255] Lenine Nequete lembra que, pouco antes de ocorrer a dissolução da Assembleia Constituinte, o que deu-se por ato do Imperador D. Pedro, a mesma havia decretado: "Que as Ordenações, Leis, Regimentos, Alvarás, Decretos e Resoluções promulgadas pelos Reis de Portugal e pelos quais o Brasil se governara até 25 de abril de 1821 (véspera da partida de D. João VI), e todas as que haviam sido promulgadas daquela data em diante pelo Regente do Brasil e como seu Imperador Constitucional, ficavam em inteiro vigor na parte em que não tivessem sido revogadas, para por elas se regularem os negócios do interior do Império e enquanto não se organizasse um novo Código, ou não fossem especialmente alteradas" (NEQUETE, Lenine. *O poder judiciário no Brasil a partir da independência*. Livraria Sulina Ed., 1973. v. 1, p. 33. Império).

[256] Pela Carta de Lei, de 25 de março de 1824, cujo preâmbulo dispunha: "Manda observar a Constituição Política do Império, oferecida e jurada por sua Majestade o Imperador", constava do art. 5º. "A religião Católica Apostólica Romana continuará a ser a religião do Império. Todas as outras religiões serão permitidas em seu culto doméstico, ou particular em casas para isso destinadas, sem forma alguma exterior de templo".

[257] Pela Constituição do Império de 1824, os direitos e garantias individuais eram garantidos, mas com ressalvas. Dizia o art. 179: "A inviolabilidade dos Direitos civis, e Políticos dos cidadãos brasileiros, que tem por base a liberdade, a segurança individual, e a propriedade, é garantida pela Constituição do Império, pela maneira seguinte:
I a IV – *Omissis*.
V – Ninguém pode ser perseguido por motivo de religião, uma vez que respeite a do Estado, e não ofenda a ordem moral e pública.
VI a XXXV – *Omissis*".

[258] Dispunha o art. 1807 do Código Civil de 1916: "Ficam revogadas as Ordenações, Alvarás, Leis, Decretos, Resoluções, usos e costumes concernentes à matéria de direito civil reguladas neste Código".

5.2.2 A defesa da posse, por meio das ações possessórias típicas, no Direito Processual Civil brasileiro

Pelo Código de Processo Civil de 1939, a matéria possessória continuou recebendo tratamento legal, inclusive com a previsão da "polêmica" ação de imissão de posse, mas que, já por meio daquele ordenamento, se destinava as ações petitórias, o que significa dizer que se destinava à propriedade em si mesma, e não especificamente à posse.

Pelo Código de Processo Civil de 1973, a proteção possessória continua a vigorar (sem a inclusão, e nem "menção", da ação de imissão de posse). A proteção dada à posse judicialmente não será, neste tópico, objeto de maiores comentários e isto pelo fato de que a matéria será vista no estudo desenvolvido no tópico 5.3, *infra*, e nos seus desdobramentos.

5.2.3 As ações possessórias típicas e sua inserção nos procedimentos de natureza especial do Código de Processo Civil brasileiro

Pelo Direito positivo brasileiro — Código de Processo Civil —, as ações típicas de defesa da posse (manutenção de posse, reintegração de posse e interdito proibitório) estão inseridas no rol das ações dos procedimentos especiais de jurisdição contenciosa, conforme consta do Livro IV, "Dos Procedimentos Especiais", do Código de Processo Civil. O legislador preferiu, como já era da tradição do Direito brasileiro, manter as ações possessórias típicas no rol dos procedimentos especiais, o que diverge de algumas codificações de outros países da América do Sul, inclusive de país europeu, como é o caso de Portugal, que as colocam no rol dos procedimentos comum.

5.2.3.1 Proteção da posse no Direito Processual estrangeiro

A posse goza de proteção em todos os Códigos Processuais Civis da América do Sul, da América Central e mesmo da América do Norte, como é o caso do México; no Direito europeu, notadamente em Portugal, também a matéria recebe a devida proteção legal; também na Ásia, como é o caso de Macau, a proteção à posse é alcançada. A proteção possessória, nas normas processuais civis de vários países, nem sempre se faz — como é adotado pelo Código de Processo Civil do Brasil — pelo procedimento especial, pois também figura no procedimento comum (sumário ou ordinário, no Direito Processual Civil brasileiro), o que releva notar, no entanto, é que a proteção à posse é sempre garantida, em maior ou menor escala.

Necessário destacar que, independentemente do lugar (comum ou especial) em que figure na legislação processual civil de países estrangeiros, a posse recebe a devida proteção legal e tem seu arcabouço calcado, via de regra, com a predominância da Teoria Objetiva de Ihering, muito embora, em determinadas situações — como também acontece com o Direito Civil do Brasil —, também acolha ensinamentos proveniente da Teoria Subjetiva de Savigny.

Para fins de comparação com o disciplinado pelo Direito Civil do Brasil (tanto material, como processual), destacamos alguns tópicos relativos à proteção da posse pelo Direito estrangeiro.

5.2.3.1.1 Proteção possessória pelo procedimento comum no Direito Processual de Portugal

Em Portugal, a proteção da posse fazia parte do procedimento especial, no entanto, após reforma do sistema processual implantado naquele país, a proteção passou a ser feita por meio do procedimento comum. A razão da supressão é esclarecida pelo Decreto-Lei nº 329-A/95, de 12 de dezembro, *in verbis* (no vernáculo de origem):

> A única razão que justificava a autonomização das acções possessórias como processo especial era a possibilidade conferida ao réu de alegar a titularidade do direito de propriedade sobre a coisa que constitui objecto da acção. Com efeito, embora o Projecto do Código de Processo Civil de 1939 sujeitasse as três acções possessórias previstas no Codigo de 1876 (acção possessória de prevenção, acção de manutenção em caso de esbulho violento, acção de manutenção sem esbulho violento) à tramitação do processo comum, estas acabaram por ser configuradas como processo especial devido à introdução da questão do domínio. Ora, não se vislumbrando qualquer inconveniente na sujeição da questão da propriedade às regras gerais do pedido reconvencional, falece qualquer justificação à manutenção das acções possessórias como processo especial.

A única exceção que o *Código de Processo Civil de Portugal* faz é possibilitar a fungibilidade da ação possessória, ou, como consta do texto da reforma (antes citada, e no vernáculo de Portugal), "reformulou-se o artigo 661º, relativo aos limites da condenação, introduzindo-lhe um nº 3, para onde transitou aquele regime: se tiver sido requerida a manutenção em lugar de restituição da posse, ou esta em lugar daquela, o juiz conhece do pedido correspondente à situação efectivamente verificada".[259]

Em caso de ocorrência de esbulho violento (como denominado pelo Direito Civil de Portugal), o possuidor poderá ser restituído, de forma provisória, na posse, por força de disposição constante dos procedimentos cautelares específicos. Estabelecem, em relação à matéria, os dispositivos *infra*:

Artigo 393.º
(*Em que casos tem lugar a restituição provisória de posse*)
No caso de esbulho violento, pode o possuidor pedir que seja restituído provisoriamente à sua posse, alegando os factos que constituem a posse, o esbulho e a violência.
Artigo 394.º
(*Termos em que a restituição é ordenada*)
Se o juiz reconhecer, pelo exame das provas, que o requerente tinha a posse e foi esbulhado dela violentamente, ordenará a restituição, sem citação nem audiência do esbulhador.
Artigo 395.º
(*Defesa da posse mediante providência não especificada*)
Ao possuidor que seja esbulhado ou perturbado no exercício do seu direito, sem que ocorram as circunstâncias previstas no artigo 393.º, é facultado, nos termos gerais, o procedimento cautelar comum.

A parte material das ações possessórias, inserida no Direito Civil de Portugal, anotamos em nota de rodapé, especialmente no tópico 5.6 (Proteção das servidões por meio das ações possessórias típicas), para onde remetemos o consulente.

5.2.3.1.2 Proteção possessória pelo procedimento comum no Direito Processual do Uruguai

A *legislação processual do Uruguai* disciplina a matéria atinente à proteção possessória pelo procedimento comum, no caso ordinário. Assim, consoante (no vernáculo de origem):

---

[259] Estabelece o Código de Processo Civil de Portugal:
"Artigo 661.º
(Limites da condenação)
1. *Omissis*;
2. *Omissis*.
3. Se tiver sido requerida a manutenção em lugar da restituição da posse, ou esta em vez daquela, o juiz conhecerá do pedido correspondente à situação realmente verificada".

Artículo 348.
Procedencia del proceso ordinario. Tramitarán por el proceso ordinario todas aquellas pretensiones que no tengan establecido un proceso especial para su sustanciación.
Artículo 349.
Procedencia del proceso extraordinario.[260]
Tramitarán por el proceso extraordinario:
1) Las pretensiones de conservar y de recobrar la posesión o la tenencia, la de denuncia de obra nueva y de obra ruinosa a que refieren, respectivamente, los artículos 658 a 670 a 675 y 620 del Código Civil.
2) *Omissis*.
3) *Omissis*.

Pelo Direito do Uruguai, a matéria alusiva a obra nova também está inserida no rol das ações de natureza possessória e tem, como visto anteriormente, seu disciplinamento no mesmo procedimento comum.

A matéria atinente à proteção possessória de obra nova é prevista pelo *Código Civil do Uruguai* (denominada de denúncia de obra nova, no Direito Civil brasileiro é ação de embargo de obra nova), assim como também a manutenção e a reintegração de posse. Sobre o embargo (e também quando não cabe embargo) de obra nova, diz o Código Civil do Uruguai:

Artículo 672. También tiene derecho el poseedor para pedir que se prohiba toda obra nueva que se trate de ejecutar en el suelo de que está en posesión. La acción concedida para esto se llama denuncia de obra nueva.
Sin embargo, no podrá denunciar con este fin las obras necesarias para precaver la ruina de un edificio, acueducto, canal, puente, acequia, etc., siempre que se reduzcan a lo estrictamente indispensable y que, terminadas, se restituyan las cosas al estado anterior, a costa del dueño de las obras.
Tampoco tendrá derecho para embarazar los trabajos conducentes a mantener la debida limpieza en los caminos, acequias, cañerías, etc.

Com relação à manutenção e à reintegração de posse, com a possibilidade de cumular com perdas e danos e mais prejuízos (que no Direito Civil brasileiro se configura pelas perdas e danos e lucros cessantes), disciplina o *Código Civil do Uruguai*:

---

[260] O processo extraordinário no Código Processual Civil do Uruguai é regido em conformidade com o procedimento ordinário. Neste sentido:
"Artículo 346. Procedimiento. El proceso extraordinario se regirá por lo establecido en el ordinario en cuanto fuere pertinente y con las siguientes modificaciones:
1) *Omissis*; 2) *Omissis*; 3) *Omissis*; 4) *Omissis*; 5) *Omissis*".

Artículo 661. El que ha sido turbado en su posesión o privado injustamente de ella, tiene derecho para pedir que se le ampare o restituya con indemnización de costas, costos, daños y perjuicios.

5.2.3.1.3 Proteção possessória pelo procedimento especial no Direito Processual da Argentina

O *Código de Processo Civil (e Comercial) da Argentina* disciplina a proteção das ações possessórias por meio de procedimento de natureza especial, previsto no Livro IV. Disciplina o Capítulo I, relativo aos interditos possessórios. Assim (no vernáculo de origem):

> Artículo 606: CLASES.
> Artículo 606. Los interdictos sólo podrán intentarse:
> 1. Para adquirir la posesión o la tenencia.
> 2. Para retener la posesión o la tenencia.
> 3. Para recobrar la posesión o la tenencia.
> 4. Para impedir una obra nueva.

As ações possessórias que visem manutenção, reintegração e as que objetivem embargo de obra nova, devem ser interpostas antes do decurso do prazo de um (1) ano, a contar da data do ocorrido. Disciplina, neste sentido:

> Artículo 621. Los interdictos de retener, de recobrar y de obra nueva no podrán promoverse después de transcurrido UN (1) año de producidos los hechos en que se fundaren.

No rol das ações que são protegidas por meios dos interditos possessórios o *Código de Processo Civil da Argentina* insere a obra nova como sendo integrante do rol das possessórias típicas, também o interdito proibitório tem amparo legal pelos interditos possessórios, inclusive com a possibilidade de possuidor violado em sua posse se valer do desforço pessoal.[261]

---

[261] Sobre a proteção interdital, via desforço pessoal, disciplina o Código de Processo Civil (e Comercial) da Argentina:
"Artículo 2.470. El hecho de la posesión da el derecho de protegerse en la posesión propia, y repulsar la fuerza con el empleo de una fuerza suficiente, en los casos en que los auxilios de la justicia llegarían demasiado tarde; y el que fuese desposeído podrá recobrarla de propia autoridad sin intervalo de tiempo, con tal que no exceda los límites de la propia defensa".

Em conformidade com o *Código Civil da Argentina*, as ações possessórias objetivam a restituição ou a manutenção da coisa. Assim expressa:

> Artículo 2.487. Las acciones posesorias tienen por objeto obtener la restitución o manutención de la cosa.

Da mesma forma como ocorre com a proteção possessória para as coisas imóveis, também, segundo o *Código Civil da Argentina*, se protege as coisas móveis, exceto contra o possuidor de boa-fé de coisas que não sejam provenientes de roubo ou que tenham sido perdidas. Preceitua, neste sentido:

> Artículo 2.488. Las cosas muebles pueden ser objeto de acciones posesorias salvo contra el sucesor particular poseedor de buena fe de cosas que no sean robadas o perdidas.

5.2.3.1.4 Proteção possessória pelo procedimento sumário no Direito Processual de Honduras

O *Código de Processo Civil de Honduras* disciplina as modalidades de proteção possessória, dispondo, neste sentido (no vernáculo de origem):

> Artículo 659. Los interdictos o juicios posesorios sumarios pueden intentarse:
> 1º. Para conservar la posesión de bienes raíces o de derechos reales constituidos en ellos.
> 2º. Para recuperar esta misma posesión.
> 3º. Para obtener el restablecimiento de la posesión o mera tenencia de los mismos bienes, cuando dicha posesión o mera tenencia hubieren sido violentamente arrebatadas.
> 4º. Para impedir una obra nueva.
> 5º. Para impedir que una obra ruinosa o peligrosa cause daño; y,
> 6º. Para hacer efectivas las demás acciones posesorias que enumera el Título XIII, Libro II, del Código Civil.
> En el primer caso, el interdicto se llama *querella de amparo*; en el segundo, *querella de restitución*; en el tercero, querella de restablecimiento; en el cuarto, *denuncia de obra nueva*; en el quinto, *denuncia de obra ruinosa*, y en el último, *interdicto especial*.

O Título XIII do Livro II do Código Civil *de Honduras*, conforme referência acima, trata das ações possessórias, estabelecendo:

Artículo 895. Las acciones posesorias tienen por objeto conservar o recuperar la posesión de bienes raíces o de derechos reales constituidos en ellos.

As normas de proteção possessória do *Direito Civil de Honduras* incluem no rol a denúncia de obra nova (que no Direito Civil brasileiro é embargos de obra nova) e também a denúncia de obra ruinosa (que no Direito Civil brasileiro se configura como ação de demolição, ou ação de reparação, conforme o caso, tendo em vista que a proteção se dá em razão do uso anormal da propriedade, que é matéria inserida no direito de vizinhança, conforme estabelecido pelo art. 1.280 do Código Civil de 2002 — art. 555 do Código Civil de 1916). Sendo que no Direito Civil de Honduras, a denúncia de obra nova e a denúncia de obra ruinosa ficam elencadas na categoria denominada de *algunas acciones posesorias especiales*, previstas, respectivamente, no *Artículo 909 e Artículo 911*.

5.2.3.1.5 Proteção possessória no Direito Civil do México

O Código Civil do México (*Código Federal de Procedimientos Civiles*), que é comum para os Estados Unidos do México, trata sobre a proteção da posse. As normas processuais são variáveis de Estado para Estado, pois que não adstritos à observância de uma só norma, daí porque o Código Civil tem aplicação geral, embora possam variar os modos de proteção possessória por cada um dos Estados.

Para fins comparativos, destacamos, do *Código Federal de Procedimientos Civiles do México*:

> Artículo 803. Todo poseedor debe ser mantenido y restituido en la posesión contra aquellos que no tengan mejor derecho para poseer. Es mejor la posesión que se funda en titulo, y cuando se trate de inmuebles, la que esta inscrita. A falta de titulo o siendo iguales los títulos, la más antigua. Si las posesiones fueren dudosas, se pondrá en deposito la cosa hasta que se resuelva a quien pertenece la posesión.

Contudo, o possuidor deve exercitar, sob pena de caducidade, o seu direito de manutenção ou reintegração de posse no prazo de um ano, a contar da data do acontecimento. Estatui, neste sentido:

> Artículo 804. Para que el poseedor tenga derecho al interdicto de recuperar la posesión, se necesita que no haya pasado un ano desde que se verificó el despojo.

A proteção possessória, como visto acima, vale tanto para bens móveis, como para bens imóveis, sendo que estes últimos são provados em razão de registro, o que difere do Direito brasileiro, em que a posse não é registrada, e sim a propriedade.

5.2.3.1.6 Proteção possessória no Direito Processual de Macau (China)

Na legislação processual de Macau, a posse recebe proteção pelos procedimentos cautelares especificados, em determinadas situações e, em outras situações, pelo procedimento cautelar comum. Para fins ilustrativo e de conhecimento, destacamos, do *Código de Processo Civil de Macau* (no vernáculo de origem):

> Restituição provisória de posse
> Artigo 338.º
> (*Casos em que tem lugar*)
> No caso de esbulho violento, pode o possuidor pedir que seja restituído provisoriamente à sua posse, alegando os factos que constituem a posse, o esbulho e a violência.
> Artigo 339.º
> (*Termos em que a restituição é ordenada*)
> Se o juiz reconhecer, pelo exame das provas, que o requerente tinha a posse e foi esbulhado dela violentamente, ordena a restituição, sem citação nem audiência do esbulhador.
> Artigo 340.º
> (*Defesa da posse mediante providência não especificada*)
> Ao possuidor que seja esbulhado ou perturbado no exercício do seu direito, sem que ocorram as circunstâncias previstas no artigo 338.º, é facultado, nos termos gerais, o procedimento cautelar comum.

Pela ocorrência de esbulho violento, o esbulhado tem direito, *initio litis*, de ser reintegrado em sua posse, desde que as provas carreadas para os autos sejam suficientes para a comprovação de que efetivamente o esbulhado tinha a posse e que dela foi violentamente despojado; não fazendo prova de forma cabal da primeira parte do *Artigo 339.º*, o esbulhado somente será reintegrado, se o caso, após citação e com audiência do esbulhador.

No caso de ocorrência de esbulho, mas não violento, ou de mera turbação, o esbulhado poderá se valer, para garantia de seu direito à posse que detém, do reconhecimento judicial, só que, no caso, a demanda correrá pelo procedimento cautelar comum,[262] o que não lhe dá direito de reintegração ou manutenção *initio litis*, em face do que decorre do disciplinado pelo Artigo 340.º, acima reproduzido.

Pela legislação material — *Código Civil de Macau* (China) —, estão disciplinados os meios de defesa da posse, para o que transcrevemos, até mesmo para efeitos de comparação como o Direito Civil do Brasil:

Defesa da posse
Artigo 1201.º
(*Acção de prevenção*)
Se o possuidor tiver justo receio de ser perturbado ou esbulhado por outrem, é o autor da ameaça, a requerimento do ameaçado, intimado para se abster de lhe fazer agravo, sob pena de responsabilidade pelo prejuízo que causar e eventual cominação de outras sanções aplicáveis.
Artigo 1202.º
(*Autotutela e defesa judicial*)
O possuidor que for perturbado ou esbulhado pode manter-se ou restituir-se por sua própria força e autoridade, nos termos dos artigos 328.º e 329.º, ou recorrer ao tribunal para que este lhe mantenha ou restitua a posse.
Artigo 1203.º
(*Manutenção e restituição da posse*)
1. No caso de recorrer ao tribunal, o possuidor perturbado ou esbulhado é mantido ou restituído enquanto não for convencido na questão da titularidade do direito.
2. Se a posse não tiver mais de 1 ano, o possuidor só pode ser mantido ou restituído contra quem não tiver melhor posse.
3. É melhor posse a que for titulada; na falta de título, a mais antiga; e, se tiverem igual antiguidade, a posse actual.
Artigo 1204.º

---

[262] Sobre o procedimento cautelar comum, disciplina o Código de Processo Civil de Macau (China):
"Artigo 326.º
(Âmbito)
1. Sempre que alguém mostre fundado receio de que outrem cause lesão grave e dificilmente reparável ao seu direito, pode requerer, se ao caso não convier nenhuma das providências reguladas no capítulo subsequente, [o capítulo subseqüente, referido, é relativo aos procedimentos cautelares especificados] a providência conservatória ou antecipatória concretamente adequada a assegurar a efectividade do direito ameaçado.
2. O interesse do requerente pode fundar-se num direito já existente ou em direito emergente de decisão a proferir em acção constitutiva, já proposta ou a propor.
3. O tribunal pode decretar providência diversa da concretamente requerida.
4. O tribunal pode autorizar a cumulação de providências a que caibam formas de procedimento diferentes, desde que os procedimentos não sigam uma tramitação manifestamente incompatível e haja na cumulação interesse relevante; neste caso, incumbe-lhe adaptar a tramitação do procedimento à cumulação autorizada.
5. Não é admissível, na dependência da mesma causa, a repetição de providência que tenha sido julgada injustificada ou tenha caducado".

(*Esbulho violento*)

Sem prejuízo do disposto nos artigos anteriores, o possuidor que for esbulhado com violência tem o direito de ser restituído provisoriamente à sua posse, sem audiência do esbulhador, por meio de providência cautelar.

As formas de proteção são, praticamente, iguais àquelas preconizadas pelo Direito Civil do Brasil, em razão das ações possessórias típicas (manutenção de posse, reintegração de posse e interdito proibitório), com a inclusão do desforço pessoal, as quais serão estudadas a partir do tópico 5.3, deste capítulo.

5.2.4 Razão mais plausível que justifica a proteção judicial da posse por meio das ações típicas

Após o estudo da evolução histórica da proteção da posse (inclusive com algumas considerações, para fins comparativos, com normas do Direito alienígena), podemos notar que a mesma é protegida por uma série de fatores, alguns de ordem particular, outros de ordem pública, pois que é interesse do Estado manter a harmonia social, ou até mesmo o interesse da economia, e vários outros motivos, o que gera, não menos significativa, divergência doutrinária em explicar (ou tentar, pelo menos) o que leva o legislador a conceder proteção à posse. Alguns doutrinadores justificam a proteção concedida à posse adotando como parâmetro a Teoria Subjetiva, outros adotam a Teoria Subjetiva,[263] e, ainda, outros mais entendem que nenhuma das teorias dá sustentação para a proteção possessória. A polêmica é interminável.

A proteção da posse decorre, ao que nos parece, de uma conjugação de todas as correntes teóricas, pois, ao se proteger a posse, também se está protegendo o direito subjetivo que tem o possuidor de ver garantido o seu patrimônio e, com isto, aflora a necessidade de o Estado intervir para manter a paz social de forma harmônica, sem necessidade do uso da violência, isto é, "para que não seja perturbada a pacífica convivência social".[264]

---

[263] José Cretella Júnior, ao discorrer sobre a razão, ou razões que levam a posse a ser protegida, destaca, tomando por base as Teorias Subjetiva e Objetiva: "As duas teorias explicam o fundamento da proteção possessória, completando-se. Os interditos *retinandae possessionis causa* fundamentam-se na idéia de proteção do proprietário e os interditos *recuperandae possessionis causa* fundamentam-se na idéia de ordem pública". Adota, portanto, doutrinariamente, o entendimento de que há, na verdade, uma simbiose de causas que justificam a proteção da posse (CRETELLA JÚNIOR, José. *Curso de direito romano*: o direito romano e o direito civil brasileiro. 20. ed. Rio de Janeiro: Forense, 1996. p. 196).

[264] ESPÍNDOLA, Eduardo. *Posse, propriedade, compropriedade ou condomínio, direitos autorais*. Atualizado por por Ricardo Rodrigues Gama. Campinas: Bookseller, 2002. p. 99.

Com a intervenção do Estado, fica repelida a garantia do que se utiliza da *vi armata*,[265] isto é, o apossamento por meio de violência a mão armada (como acontecia nos primórdios do Direito romano). Embora ao possuidor esbulhado já fosse possível repelir, de imediato, a violência praticada pelo esbulhador.[266] Para evitar tal violência é que, modernamente, o Estado concede mecanismos de proteção à posse e não compactua com qualquer tipo de violência que extrapole as vias do tolerável para a proteção da posse por meio do próprio ofendido, como será visto no estudo do desforço pessoal (= legitima defesa da posse, que é o desforço *incontinenti*[267]). Do mesmo modo, o Estado repele a violência praticada pelo esbulhador.[268]

---

[265] A proteção do possuidor expulso por meio de violência a mão armada (*vis armata*), independente de sua posse ser viciosa, ou, ainda, que já tivesse passado mais de 1 (um) ano da data da violência (no caso após o esbulho), era assegurada por meio do *interdictum de vi armata*, que era diferente do *interdictum de vi cottidiana*, pois que este último somente era concedido ao possuidor que tivesse sido esbulhado por meio de violência de caráter meramente ordinário, isto é, violência sem o uso da força por meio de uso de armas, contudo, o autor deveria intentar a ação em prazo que antecedesse um (1) ano da data da violência, e, ainda, deveria o autor ter, antes de ser esbulhado, posse justa. Os dois tipos de interdito (de *vi armata* e de *vi cottidiana*) foram unificados num só no Direito de Justiniano, e eram concedidos no prazo de um (1) ano e independiam dos vícios da posse do autor (esbulhado).

[266] Dispunha o Digesto (Dig. 1.43, f. 17 – *De vi, et armata*): "Qui possessionem vi ereptam vi in ipso congressu reciperat, in pretiniam causam reverti potius quam vi possidere intelligendus est". Em livre tradução: "Quem recupera a posse esbulhada com desforço imediato deve ser considerado voltar à antiga posse, antes que possuir pela violência".
Por outro lado (Dig. 1.43, t. 16, fr. 3, §9 – *De vi et devi armata*): "Eum igitur, qui cum armis venit, possumus armis repellere, sed hoc confestim, nom ex intervallo, dummodo sciamus, nom solum resistere permissum, ne dejiciatur; sed et si dejectus quis fuerit, eundem dejicere no ex intervallo, sed ex continente". Em livre tradução: "Podemos repelir com armas aquele que vem com elas; mas isto imediatamente e não com intervalo: contanto que saibamos que é permitido não só resistir, para que não se venha a ser esbulhado; mas também ainda que alguém tenha sido esbulhado, poderá expulsar o mesmo, não com intervalo, mas imediatamente".
Os textos do Digesto apresentados têm como referência compilação elaborada por Tito Lívio Pontes (*Da posse no direito civil brasileiro*. São Paulo: Juscrédi, [1961?], p. 109-110).

[267] Código Civil (2002) disciplina, por meio do §1º do art. 1.210: "O possuidor turbado, ou esbulhado, poderá manter-se ou restituir-se por sua própria força, contando que faça logo; os atos de defesa, ou de desforço, não podem ir além do indispensável à manutenção, ou restituição da posse".

[268] Código Penal, com referência ao esbulho possessório, disciplina: "Art. 161. Suprimir ou deslocar tapume, marco, ou qualquer outro sinal indicativo de linha divisória, para apropriar-se, no todo ou em parte, de coisa imóvel alheia:
Pena – detenção, de 1 (um) a 6 (seis) meses, e multa.
§1º. Na mesma pena incorre quem:
[...]
II – invade, com violência a pessoa ou grave ameaça, ou mediante concurso de mais de duas pessoas, terreno ou edifício alheio, para o fim de esbulho possessório.
§2º. Se o agente usa de violência, incorre também na pena a esta cominada.
§3º. Se a propriedade é particular, e não há emprego de violência, somente se procede mediante queixa".

O Estado, ao dar proteção à posse, está assegurando a todos a igualdade do dogma constitucional esculpido no *art. 5º, inc. XXXV,* da Constituição Federal de 1988, que assevera: "A lei não excluirá da apreciação do Poder Judiciário lesão ou ameaça de lesão a direito".[269] E isto é assim em decorrência de que o "direito é a instância derradeira a que se socorre a sociedade, para atingir os fins almejados".[270]

5.3 Modalidades de ações possessórias típicas no Direito Civil brasileiro

Para melhor apresentar, em face da relevância da matéria, as ações que são colocadas em prol do possuidor (e, quando o caso, até mesmo do proprietário) para a defesa da sua posse, violada ou na iminência de sê-lo, é que as destacamos em tópicos abaixo elencados.

5.3.1 Ação de reintegração de posse

A ação de reintegração de posse consta do art. 1.210 do Código Civil de 2002 (e art. 499 do Código Civil de 1916), sendo que pelo Código de Processo Civil é tratada no art. 926.[271] [272]

A ação de reintegração de posse também é conhecida como ação de força nova espoliativa — que corresponde ao interdito *recuperandae possessionis* dos romanos. É o meio pelo qual o possuidor tem de recuperar a sua posse da qual fora privado por meio de um ato violento, clandestino, e podendo, naturalmente, também ser precário, conforme

---

[269] Também deverá ser levado em conta que o mesmo art. 5º da CF/88 estatui no inc. I que: "homens e mulheres são iguais em direitos e obrigações, nos termos desta Constituição". O que justifica plenamente o Estado alcançar proteção jurídica à posse, pois se assim não fosse o próprio dogma constitucional da igualdade de direitos e obrigações estaria, inapelavelmente, violado.

[270] VIANA, Marco Aurelio da Silva. *Das ações possessórias.* São Paulo: Saraiva, 1985. p. 51. (Coleção Saraiva de Prática Jurídica). Destacando, ainda, que "cabe ao Estado, quando legisla, ter em mente o atendimento daqueles interesses mais urgentes, cujo atrito, no meio social, pode levar ao desequilíbrio e, conseqüentemente, à perda da harmonia estabelecida".

[271] O Código de Processo Civil disciplina, pelo art. 926: "O possuidor tem direito a ser mantido na posse em caso de turbação e reintegrado no de esbulho".

[272] Joel Dias Figueira Júnior (*Liminares nas ações possessórias.* São Paulo: Revista dos Tribunais, 1995. p. 364), diz: "Se ação for de reintegração de posse, a medida liminar será executiva *lato sensu,* enquanto se a demanda for de manutenção de posse — em sentido amplo, isto é, de força turbativa ou de força iminente ou proibitória de posse — o que se antecipa é o efeito mandamental da futura sentença de procedência".

comando do art. 1.200 do Código Civil de 2002 (e art. 489 do Código Civil de 1916). Vale ressaltar que no esbulho já houve a consumação da agressão à posse.

O interdito *recuperandae possessionis* tem como pressuposto a ocorrência de um ato praticado por um terceiro, desde que tal ato traga como resultado a perda da própria posse por parte do efetivo possuidor da coisa. De sorte que, como reconhece José Lopes de Oliveira, "privado da posse pela violência, clandestinidade ou precariedade, o possuidor assim esbulhado tem direito a recuperá-la. Além da restituição da coisa, a que faz jus, o possuidor esbulhado tem direito à indenização das perdas e danos resultantes".

Ainda, de acordo com o autor em comento: "A ação de reintegração pode ser intentada pelo possuidor, ou por seus herdeiros, contra o autor do esbulho, seus representantes, herdeiros e cessionários".[273]

Pela prática de esbulho possessório, o transgressor está sujeito, além da responsabilidade civil advinda do ato praticado, a responder criminalmente. A responsabilização na órbita do Direito Penal, a que fica sujeito responder o esbulhador, decorre do que é previsto por meio do art. 161, §1º, inc. II, do Código Penal.[274] A responsabilidade de natureza penal na qual poderá ser enquadrado o esbulhador, em razão do dispositivo legal do Código Penal declinado, é independente da responsabilidade civil. Na apuração da responsabilidade civil não interessa se o esbulho praticado foi com ou sem o uso de violência.

5.3.1.1 Embargos de retenção em razão de benfeitorias realizadas pelo demandado de boa-fé

As benfeitorias realizadas pelo demandado de boa-fé, em ação possessória de reintegração de posse, deverão ser indenizadas. A boa-fé do demandado deve cingir-se ao tempo da construção das benfeitorias.[275] Se for possuidor de má-fé não goza do direito de retenção

---

[273] OLIVEIRA, José Lopes de. *Curso de direito civil*: direito das coisas. São Paulo: Sugestões Literárias, 1980. 4 v. em 5, p. 51.
[274] Sobre o art. 161 do Código Penal, já fizemos transcrição do mesmo em nota anterior de rodapé, para a qual encaminhamos o consulente.
[275] Para fins meramente ilustrativos, apontamos passagem constante do Decreto-Lei nº 9.750, de 5 de setembro de 1946, que trata sobre os bens imóveis da união:
"Art. 71. O ocupante de imóvel da União sem assentimento desta, poderá ser sumariamente despejado e perderá, sem direito a qualquer indenização, tudo quanto haja incorporado ao solo, ficando ainda sujeito ao disposto nos arts. 513, 515 e 517 do Código Civil.
Parágrafo único. Excetuam-se dessa disposição os ocupantes de boa fé, com cultura efetiva e moradia habitual, e os direitos assegurados por este Decreto lei".

de benfeitorias, entretanto, terá direito ao recebimento do valor, mas, no caso, pela existência da má-fé com que se houve o demandado, o valor das benfeitorias será pago, por livre escolha do demandante, ou pelo seu valor atual, ou pelo valor do seu custo, conforme faculdade contida no art. 1.222, primeira parte do Código Civil de 2002 (e art. 519 do Código Civil de 1916).

A imposição legal sobre o pagamento, por parte do demandante da demanda possessória, das benfeitorias realizadas pelo possuidor de má-fé é para evitar que haja o enriquecimento sem causa,[276] em função de que, como lecionam Pablo Stolze Gagliano e Rodolfo Pamplona Filho: "No sistema brasileiro, o enriquecimento ilícito traduz a situação em que uma das partes de determinada relação jurídica experimenta injustificado benefício, em detrimento de outra, que se empobrece, inexistindo causa jurídica para tanto. É o que ocorre, por exemplo, quando uma pessoa de boa-fé, beneficia ou constrói em terreno alheio, ou, bem assim, quando paga uma dívida por engano. Nesses casos, o proprietário do solo e o recebedor da quantia enriqueceram-se ilicitamente às custas de terceiro".[277] Razão esta pela qual mesmo o demandado de má-fé faz jus à percepção do valor gasto com as benfeitorias necessárias, e tão somente estas.

Em relação ao direito que tem o demandado — que era o possuidor de boa-fé, pelo menos no tempo da construção das benfeitorias — de receber o valor despendido nas benfeitorias realizadas por ele, a matéria é semelhante àquela que rege a questão dos frutos, que foi objeto de estudo no Capítulo 3, tópico 3.4.3.

O direito do possuidor — demandado em ação possessória, e que deve restituir a coisa — encontra amparo no disciplinado pelo Código Civil de 2002, em face do *art. 1.219* (e art. 515 do Código Civil de 1916), que estatui: "O possuidor de boa-fé tem direito à indenização das benfeitorias necessárias e úteis, bem como, quanto às voluptuárias, se não lhe forem pagas, a levantá-las, quando o puder sem detrimento da coisa, e poderá exercer o direito de retenção pelo valor das benfeitorias necessárias e úteis".

Nota: os artigos em referência se referiam ao CC de 1916, e pelo CC de 2002, tem correspondência, respectivamente, com os arts. 1.216, 1.218 e 1.220.

[276] O art. 884 do Código Civil de 2002 (sem disposição igual pelo Código Civil de 1916) estabelece: "Aquele que, sem justa causa, se enriquecer à custa de outrem, será obrigado a restituir o indevidamente auferido, feita a atualização dos valores monetários".
[277] GAGLIANO, Pablo Stolze; PAMPLONA FILHO, Rodolfo. *Novo curso de direito civil.* 3. ed. São Paulo: Saraiva, 2003. v. 2, p. 366. Obrigações.

Ocorrendo reintegração de posse em favor do demandante e havendo benfeitorias realizadas de boa-fé pelo demandado, não paira dúvida de que as mesmas deverão ser indenizadas, pois, do contrário, dar-se-ia o enriquecimento sem causa por parte do demandante. Não havendo pagamento ao demandado, cabem duas alternativas: a) levantá-las (no sentido de retirá-las, obviamente), se possível, e desde que o levantamento não cause prejuízo maior à coisa em si mesma; e, b) não as levantando por impossibilidade, em razão de dano na coisa em si mesma, poderá, então, exercer o direito de retenção.

A questão que tem sido objeto de discussão doutrinária, principalmente, é se é obrigatório o demandado requerer na própria contestação a retenção das benfeitorias não pagas — isto desde que necessárias e úteis, pois que as benfeitorias voluptuárias estão excluídas, só sendo possível, quando o caso, o levantamento das mesmas. A dúvida existente aflora naquela situação em que o demandado não requereu a retenção na contestação e não fez a devida prova (da realização das benfeitorias) durante o curso da demanda possessória. O que deve ser esclarecido é se poderá, assim mesmo, exercitar o direito de retenção, em decorrências de embargos de retenção apresentados após a sentença que julgou a demanda possessória.

Analisando a matéria de forma criteriosa, observamos que é na contestação que o réu tem o momento próprio para alegar tudo aquilo que pretende que a sentença venha a reconhecer, aliás, e isto não custa gizar, o art. 300 do Código de Processo Civil disciplina: "Compete ao réu alegar, na contestação, toda a matéria de defesa, expondo as razões de fato e de direito, com que impugna o pedido do autor e especificando as provas que pretende produzir".

Se o réu não alega e não faz a prova cabal, durante a instrução do processo, não é possível que pela sentença, sob pena de nulidade (por apreciar matéria *extra petita*[278]), sejam apreciadas e julgadas benfeitorias que não ficaram devidamente provadas, inclusive em seu custo e no seu valor atual, pois que também sobre isso o Código de Processo Civil tem previsão legal, conforme estatuído pelo *art. 744*: Na execução para entrega de coisa (art. 621) "é lícito ao devedor deduzir embargos de retenção por benfeitorias".

---

[278] *Extra petita*, não custa esclarecer (lembrando, ou relembrando!), é a sentença que se manifesta sobre algo que não foi objeto do pedido. A sentença *extra petita* viola regras fundamentais do Código de Processo Civil, dentre os quais, apontamos, a disciplinada pelos arts. 128 e 460.

§1º. Nos embargos especificará o devedor, sob pena de não serem recebidos:
I – as benfeitorias necessárias, úteis ou voluptuárias;
II – o estado anterior e atual da coisa;
III – o custo das benfeitorias e o seu valor atual;
IV – a valorização da coisa, decorrente das benfeitorias.
§2º. Na impugnação aos embargos poderá o credor oferecer artigos de liquidação de frutos ou de danos, a fim de se compensarem com as benfeitorias.
§3º. O credor poderá, a qualquer tempo, ser imitido na posse da coisa, prestando caução ou depositando:
I – o preço das benfeitorias;
II – a diferença entre o preço das benfeitorias e o valor dos frutos ou dos danos, que já tiverem sido liquidados.

A redação do art. 744, combinado com o disposto no art. 301, ambos do Código de Processo Civil, se encarrega de demonstrar que o demandado, em demanda possessória típica, deve alegar na contestação, e provar durante a instrução processual, o direito que tem de receber o valor das benfeitorias necessárias e úteis que fez durante o período em que esteve na posse de boa-fé da coisa, para só assim, após a sentença, poder, não sendo pago pela realização das mesmas, exercer o direito de retenção.

Na doutrina, via de regra, ainda que por linhas transversas, o entendimento tem sido o mesmo que adotamos, para o que destacamos o aludido por Humberto Theodoro Júnior, quando o mesmo assevera, em matéria versando sobre o tema que estamos a tratar: "Logo, se o demandado tem benfeitorias a indenizar, e pretende exercer, se cabível, o direito de retenção, há de fazê-lo no curso da ação por meio de contestação, e nunca por via de 'embargos de retenção', após a sentença, porque tais embargos pressupõem, logicamente, a existência de uma execução de sentença, nos moldes da condenação à entrega de coisa certa (art. 744 do CPC)".[279]

Por outro lado, não basta a simples alegação do réu na contestação de que tem direito às benfeitorias, pois que a ele incumbe descrevê-las e discriminá-las, pois "simples menção genérica, sem conteúdo probatório no curso da ação possessória, é insuficiente para indenização e retenção".[280]

---
[279] THEODORO JÚNIOR, Humberto. *Curso de direito processual civil*: procedimentos especiais. 28. ed. Rio de Janeiro: Forense, 2002. 3 v., p. 14.
[280] VENOSA, Sílvio de Salvo. *Direito civil*: direitos reais. 3. ed. São Paulo: Atlas, 2003. v. 5, p. 111.

O entendimento jurisprudencial não tem discrepado do entendimento descrito. Para corroborar, trazemos à baila aresto do Tribunal de Justiça de São Paulo, onde ficou sedimentado: "Embargos – Retenção – Benfeitorias – Pretensão em ação possessória – Não cabimento – Direito de retenção que tem de ser pedido na contestação, oportunidade em que as benfeitorias devem ser classificadas e especificadas, quanto à natureza e ao valor – Direito de retenção que, ademais, não se confunde com o direito de indenização – Decisão mantida – Recurso não provido. Na possessória, a retenção por benfeitorias deve ser fixada na sentença, por ser ela mandamental. O direito de retenção que acaso beneficiar o devedor haverá de ser postulado na contestação, sob pena de decair de seu exercício. Se esse direito não foi reconhecido no processo de conhecimento da ação possessória, não cabem embargos de retenção".[281]

Ao demandado, desde que de boa-fé, não resta, então, outro caminho a seguir, se pretender obter, em caso de não pagamento das benfeitorias necessárias e úteis, o direito de retenção das mesmas,[282] o que significa dizer que a ele compete tudo descrever e discriminar na contestação (art. 300 do CPC) e provar durante a instrução processual da demanda possessória, pois só assim terá a ampla garantia do contido no art. 1.219 do Código Civil de 2002 (cujo tratamento, pelo Código Civil de 1916, se dava por meio do art. 516), quando da sentença.

Tendo o demandado feito prova cabal e irretorquível, durante a instrução processual, das benfeitorias realizadas, sem que, entretanto, a sentença venha a se pronunciar sobre as mesmas, deverá, para não vir a perder o direito de retenção, ingressar, no prazo legal (que, no caso, é de 5 [cinco] dias), com embargos de declaração,[283] a fim de que haja o pronunciamento judicial, pois que, como acentua, Arruda Alvim, "todas as decisões, mesmo aquelas que não sejam sentenças, não podem

---

[281] Fonte: AC nº 263.152-2, Itu, 14º Câm. Cível, Rel. Des. Franciulli Neto, decisão em 27.02.96. (VENOSA, Sílvio de Salvo. *Direito civil*: direitos reais. 3. ed. São Paulo: Atlas, 2003. v. 5, p. 111).

[282] Não tendo mais possibilidade de exercer o direito de retenção, o demandado, no entanto, não fica impossibilitado de pleitear a indenização por meio de ação própria. Lecionam Cristiano Chaves de Farias e Nelson Rosenvald: "Se a regra geral é que a cada pretensão corresponde uma ação que a assegura, existem casos em que o legislador coloca à disposição do jurisdicionado dois instrumentos processuais distintos para formalizar sua pretensão: o direito de indenização e o direito de retenção. Ao escolher uma das vias e não logrando êxito em sua escolha, sobeja inviável a adoção da via alternativa" (FARIAS, Cristiano Chaves de; ROSENVALD, Nelson. *Direitos reais*. 4. ed. Rio de Janeiro: Lumen Juris, 2007. p. 101).

[283] Os embargos de declaração encontram amparo no Código de Processo Civil, disciplinando o art. 535: "Cabem embargos de declaração quando:
I – houver, na sentença ou no acórdão, obscuridade ou contradição;
II – se for omitido ponto sobre o qual deveria pronunciar-se o juiz ou tribunal".

padecer de dubiedade (= não podem *objetivamente* gerar dúvida). A clareza tem de ser atributo de toda e qualquer decisão".[284] Para aplicação, no entanto, do art. 1.219 do Código Civil de 2002, deverá o demando estar — e ter mantido durante a realização das benfeitorias — na convicção de que a coisa não está sob a sua posse em razão de má-fé, pois se existente a má-fé, incidirá na regra do art. 1.220 do Código Civil de 2002 (enquanto no Código Civil de 1916 a matéria era disciplinada pelo art. 517), o que significa dizer que não terá, em hipótese alguma, o direito de retenção por benfeitorias necessárias e úteis, mas, e tão somente isto, o direito de indenização das benfeitorias necessárias, não podendo sequer levantar as benfeitorias voluptuárias.

Merece registro que o direito de retenção, quando exercido, se dá pelo fato de que a benfeitoria é parte integrante do imóvel e sobre o mesmo havia, por parte do possuidor precário, uma posse de boa-fé, o que torna, portanto, a retenção possível no campo dos direitos reais; por outro lado não sendo possível a retenção, poderá, o até então possuidor precário (que veio a ser despojado da posse) buscar indenização pelo campo do direito obrigacional, mas por meio de ação própria.

Não entendemos, deste modo, possível a inclusão do direito de retenção no campo dos direitos obrigacionais de forma direta, como fazem os doutrinadores Cristiano Chaves de Farias e Nelson Rovenvald,[285] pois o direito de retenção puro e simples se dá na própria ação onde foi alegado e provado; enquanto na que diz respeito a possibilidade de ocorrência, via indenização, pelo direito obrigacional, se faz necessário o manejo de ação própria, o que os autores citados ignoram.[286]

---

[284] ALVIM, Arruda. *Manual de direito processual civil*. 9. ed. São Paulo: Revista dos Tribunais, 2005. p. 551. O autor lembra, por outro lado, que "a jurisprudência corretamente tem admitido a interposição de embargos de declaração de todas as decisões, *inclusive decisões interlocutórias*, desde que presentes seus pressupostos específicos".

[285] Os autores Cristiano Chaves de Farias e Nelson Rosenvald sustentam seus posicionamentos com base na seguinte ponderação: "Em suma, o direito de retenção se assemelha a uma espécie de obrigação *propter rem* pela qual as sucessivas mutações subjetivas na titularidade não exoneram o proprietário atual da obrigação de indenizar aquele que realizou benfeitorias necessárias e úteis. De fato, caso predominasse entendimento contrário 'o direito de retenção estaria sujeito a fraudes inevitáveis, desnaturando seu principal objetivo que é o de fornecer uma garantia àquele que houver realizado obras ou suportado despesas indispensáveis à conservação da coisa'" (FARIAS, Cristiano Chaves de; ROSENVALD, Nelson. *Direitos reais*. 4. ed. Rio de Janeiro: Lumen Juris, 2007. p. 105).

[286] O Tribunal de Justiça de Minas Gerais, ao apreciar o Agravo de Instrumento nº 1.0657.07.000097-8-001, tendo como Relator o Desembargador Nicolau Masselli, firmou o seguinte entendimento: "Reintegração de posse – Natureza dúplice e executiva – Inaplicabilidade do disposto nos arts. 621 e 744, Cpc – Benfeitorias – Pedido de retenção e indenização não formulado na contestação – Embargos de retenção – Impossibilidade – Preclusão. Nas ações possessórias, dada a sua natureza executiva, a POSSE é mantida ou

5.3.2 Ação de manutenção de posse

A ação de manutenção de posse está prevista no art. 1.210 do Código Civil de 2002 (e art. 499 do Código Civil de 1916), sendo que pelo Código de Processo Civil é tratada no art. 926 (que se acha devidamente transcrito na nota de rodapé alusiva à ação de reintegração de posse, tópico 5.3.1, *retro*).

A ação de manutenção de posse também é chamada de ação de força nova turbativa — que corresponde ao interdito *retinandae possessionis* dos romanos. É o meio jurídico de o possuidor ser resguardado na posse, em face de estar sofrendo uma agressão de ordem material, atual e efetiva. Não chega, o possuidor, a perder a posse da coisa, todavia sofre um cerceamento no seu exercício de possuidor. É a turbação uma agressão efetiva e atual ao direito do possuidor de não ser ofendido em sua posse.[287]

A turbação pode ocorrer de forma direta e indireta e, ainda, positiva e negativa. Melhor explicando, na esteira do lecionado por Carlos Roberto Gonçalves, posse "direta é a comum, a que se exerce imediatamente sobre o bem; indireta é a praticada externamente, mas que repercute sobre a coisa possuída, como, por exemplo, se, em virtude de manobras do turbador, o possuidor não consegue inquilino para o prédio. Positiva é a turbação que resulta da prática de atos materiais sobre a coisa (passagem pela propriedade alheia ou ingresso para retirar água); negativa é a que apenas dificulta ou embaraça o livre exercício da posse, pelo possuidor".[288]

5.3.2.1 Contagem do tempo quando continuada a turbação, ou pela prática de reiterados atos turbativos

A turbação da posse, como já verificamos anteriormente (tópico 5.3.2), não significa o despojamento da posse do autor, pois que a

---

restituída de plano ao vencedor da demanda, mediante simples expedição e cumprimento de mandado, sendo inaplicável, em tais casos, o disposto nos artigos 621 e 744 do Código de Processo Civil. O pleito de retenção do imóvel por benfeitoria deve ser formulado pelo interessado na contestação da ação possessória, movida em seu desfavor, sob pena de preclusão, descabendo tal discussão em sede de embargos de retenção. Relator ELIAS CAMILO Processo 1.0313.05.182670-6/001.

[287] Caio Mário da Silva Pereira (*Instituições de direito civil*. 12. ed. Rio de Janeiro: Forense, 1997. 4 v. em 6., p. 51), registra: "o possuidor, sofrendo embaraço no exercício de sua condição, mas sem perdê-la, postula ao juiz que lhe expeça mandado de manutenção, provando a existência da posse, e a moléstia. Não se vai discutir a qualidade do direito do turbador, nem a natureza ou profundidade do dano, porém o fato em si, perturbador da posse. Por isso é que o *interdito retinendae*, tais sejam as circunstâncias, pode ser concedido contra o malfeitor, contra o que se supõe fundado em direito, e até mesmo contra o proprietário da coisa".

[288] GONÇALVES, Carlos Roberto. *Direito das coisas*. São Paulo: Saraiva, 2003, p. 44-45.

agressão — que é atual e efetiva — não leva o possuidor a perder a posse. No entanto pode ocorrer de que os atos de turbação se deem de forma continuada, ou, então, que os atos turbativos sejam reiterados. Em tais situações há pontos de divergência doutrinária sobre qual o ato de natureza turbativa deve ser considerado para fins da contagem do prazo, isto é, do ano e dia da ocorrência do fato relativo à turbação, o que pode resultar em posse nova (com possibilidade de concessão de liminar) ou em posse velha (onde a concessão de liminar, por via estritamente possessória, fica prejudicada).

A solução mais adequada é, em conformidade com o ato praticado, contarmos os prazos pelo último ato turbativo, isto se entre eles não houver nexo de causalidade, isto é, o ato praticado é meramente preparatório para o ato que redundará efetivamente na turbação; e, por último, se há, entre os atos praticados pelo turbador, nexo de causalidade, o prazo de ano e dia deve ser contado a partir do dia de cada ato turbativo.

Necessário, para identificar o início do prazo, para o ano e dia, é, sempre, verificar a existência, ou não, de nexo de causalidade entre os atos praticados pelo turbador. A solução, como bem acentua Washington de Barros Monteiro, é verificar "as circunstâncias: a) se existem diversos atos sucessivos, sendo os primeiros, todavia, meramente preparatórios, claro que estes não constituem turbação e só do último ato integrativo da *vis inquietativa*, na linguagem dos glosadores, começará a correr o prazo; b) os vários atos turbativos são distintos e nenhum nexo de causalidade existe entre eles. Nesse caso, sendo distintas as turbações, a cada uma corresponde a ação, correndo o prazo do dia em que se verifica o respectivo ato turbativo".[289]

A questão é de relevância, pois que se o possuidor não deixar escoar o prazo de ano em dia tem a possibilidade de obter a liminar prevista no art. 928 do Código de Processo Civil, pois que a ação é de força nova; caso contrário, após o escoamento do prazo de ano e

---

[289] MONTEIRO, Washington de Barros. *Curso de direito civil*: direito das coisas. 37. ed. Atualizado por Carlos Alberto Dabus Maluf. São Paulo: Saraiva, 2003. p. 45. Para corroborar seu ponto de vista o doutrinador dá exemplos elucidativos sobre o tema, tomando por base o ensinamento de Vicente Ráo. Por sua vez, Caio Mário da Silva Pereira acentua, com relação a conexão, ou não, dos atos turbativos: "Melhor será distinguir: se, na cadeia de fatos, um houver que importe em privação da posse, daí correrá o prazo; se houver vários atos distintos, sem nenhuma relação de causalidade, cada um constitui turbação autônoma para efeito de contagem; se, ao contrário, forem ligados entre si pela mesma causação, formará toda a cadeira [na verdade, pensamos nós, o autor quer dizer cadeia] uma só moléstia, e do último deles contar-se-á o lapso para efeito de ser admitido o rito sumário".

dia, a ação passará a ser de força velha, o que afasta a possibilidade da concessão *in limine litis*, pois que a ação passa a correr pelo rito ordinário. O prazo de ano e dia é decadencial, e, em assim sendo, se torna fatal e peremptório.

5.3.2.2 Ocorrência de novo esbulho ou turbação à posse que, após sentença — envolvendo a mesma matéria e as mesmas partes —, foi apreciada de forma favorável

Quando ocorre novo esbulho ou nova turbação, não resta à parte, vencedora na anterior demanda possessória, senão a possibilidade de ingresso de nova ação objetivando a proteção da posse, que, novamente, foi violada. E isto é assim em decorrência de que pode vir a ocorrer que após todo o trâmite e discussões processuais em ação envolvendo matéria possessória proveniente de esbulho, ou turbação, tenha sido prolatada sentença favorável, e, após a mesma, venha ocorrer novo esbulho, ou turbação envolvendo a mesma coisa e as mesmas partes.

Acontecendo tal situação — novo esbulho, ou nova turbação —, pode ser proposta nova ação. Em lapidar explicação, e brilhante síntese de pensamento, faz ver Pontes de Miranda, em relação à matéria em foco, que, em caso de novo esbulho ou turbação, "a sentença favorável na ação de turbação ou de esbulho não impede que se proponha nova ação, por outra turbação, outro esbulho". Arrematando: "'O fato de ter sido o possuidor reintegrado não impede proponha nova ação, versando sobre a mesma coisa, com queixa de novo esbulho ou turbação, pois ao possuidor é lícito propor tantas vezes ação em defesa de sua posse quantas forem as agressões a ela feitas.' A pretensão é outra, embora a mesma posse e o mesmo ofensor".[290]

Na nova ação de esbulho, ou de nova turbação, a parte vencedora da primeira demanda poderá, se assim quiser, requerer tudo o que já havia requerido na primeira demanda, pois que esta — a atual demanda — é ação nova onde todas as possibilidades jurídicas legalmente previstas poderão compor (a nova) pretensão do demandante.

O que não pode é requer o demandante na nova demanda — ainda que o objeto e as partes sejam as mesmas da anterior demanda possessória — cumprimento de obrigações concernentes à anterior

---

[290] MIRANDA, Pontes de. *Tratado das ações*: ações mandamentais. Atualizado por Vilson Rodrigues Alves. Campinas: Bookseller, 1999. v. 7, t. VI, p. 84.

demanda, pois que, se não foram atendidas no tempo oportuno, somente poderão ser feitas por meio executivo,[291] se não preclusos, nos autos do processo relativos àquela (a anterior) ação possessória.

Na nova demanda, o que pode ocorrer é a obrigação do demandado, caso tenha ficado (na anterior demanda) sujeito a pena pecuniária, em razão da prática de novo esbulho ou turbação, de arcar com a pena que lhe fora imposta, consoante *art. 921, inc. II*, do Código de Processo Civil, que manda que se aplique, se requerido pelo autor em sua inicial (e, também, a *contrario sensu*, pelo réu em sua contestação, em face do caráter dúplice das ações possessórias), *cominação de pena para o caso de nova turbação ou esbulho*. Mas, assim mesmo, o requerimento deve ser explicitado pelo demandante, considerando que o "juiz não pode condenar a indenização de perdas e danos passados, presentes ou futuros, sem que o autor ou o réu o tenha pedido".[292]

5.3.3 Ação de interdito proibitório

O interdito proibitório é previsto pelo art. 1.210 do Código Civil de 2002 (e art. 499 do Código Civil de 1916), sendo que pelo Código de Processo Civil, a matéria recebe tratamento pelo art. 932,[293] com aplicação do contido no art. 933.[294]

O interdito proibitório também é denominado de preceito cominatório, ação de força iminente, ou, ainda, embargos à primeira. É o meio

---

[291] A execução, no caso das ações possessórias, é feita de forma direta e simples, sem as formalidades da execução tradicional. Aliás, sobre o assunto, leciona sinteticamente Washington de Barros Monteiro (*Curso de direito civil*: direito das coisas. 37. ed. atual. Carlos Alberto Dabus Maluf. São Paulo: Saraiva, 2003. 3 v. em 6, p. 43): "A execução, nas ações possessórias, processa-se de plano, sem as delongas e as formalidades da execução comum. É imediata e dispensa citação do executado".

[292] MIRANDA, Pontes de. *Tratado das ações*: ações condenatórias. Atualizado por Vilson Rodrigues Alves. Campinas: Bookseller, 1999. v. 7, t. V, p. 78. Aponta, de outro lado, o referido autor: "O esbulhado não precisa de pedido à parte, para que se dê, à custa do esbulhador, a reintegração: pediu-o, pedindo a reintegração. Quanto à indenização por perdas e danos, não: tem de alegar e provar perdas e danos passados, presentes ou futuros; portanto, tem de pedi-la".

[293] O Código de Processo Civil disciplina, pelo art. 932: "O possuidor direto ou indireto, que tenha justo receio de ser molestado na posse, poderá impetrar ao juiz que o segure da turbação ou esbulho iminente, mediante mandado proibitório, em que se comine ao réu determinada pena pecuniária, caso transgrida o preceito".

[294] O Código de Processo Civil disciplina pelo art. 933: "Aplica-se ao interdito proibitório o disposto na seção anterior".
A seção anterior, a que se refere o art. 933 do Código de Processo Civil é a que trata da manutenção e da reintegração de posse, cujas regras se aplicam, portanto, ao interdito proibitório.

pelo qual o possuidor protege a sua posse que está sendo ameaçada. Trata-se de uma proteção preventiva da posse, em face de uma agressão iminente, a qual ainda não se consumou, nem se iniciou, mas que suscita justo receio da ocorrência da violência, isto é, que a ameaça venha a ocorrer e que o possuidor tenha sua posse esbulhada ou turbada.[295] É o interdito proibitório, como acentua de forma coerente Marco Aurelio S. Viana, "remédio de caráter preventivo, concedido ao possuidor que tem justo receio de ser molestado em sua posse, assegurando-o contra a violência iminente. Ao contrário do que se dá com a turbação e o esbulho, não há a lesão efetiva à posse, mas justo receio da moléstia, alicerçada em elementos objetivos. A nota de destaque desse interdito é o justo receio da lesão. É fundamental a justiça do receio, mas esse fundado receio requer a iminência da violência".

Ainda, conforme o autor em referência: "A lei não se contenta com a probabilidade da violência. Ela reclama que ela seja certa, traduza perigo instante, sobranceiro, que se manifeste em atos que encarnem aos menos indícios veementes. A iminência da violência é de ser considerada no sentido relativo de proximidade no tempo. Reclama-se atos positivos, concretos, que refogem do âmbito apenas subjetivo, mas que se manifestem objetivamente, aos olhos de todos. A ameaça deverá ser séria".[296]

Em determinadas circunstâncias, todavia, tal rigorismo, conforme apregoado, fica mitigado, e isto dependerá do caso concreto e da demonstração de que o perigo efetivamente existe e, caso não concedida a segurança, desde logo, o possuidor poderá vir a sofrer a violência da turbação ou do esbulho de sua posse.[297]

---

[295] A proteção interdital é alcançada tão somente a quem é possuidor, neste sentido, para ilustrar, com base na jurisprudência do Tribunal de Justiça de Santa Catarina. Ementa: "Reintegração de posse. Interdito proibitório. Autor sem posse. Proteção interdital descabida. Recurso provido. Não se pode discutir domínio em sede possessória, do direito romano ao nosso sistema codificado, pela adoção da teoria de Jhering. Também por tradição em nosso país: as Ordenações já continham a proibição — 'posto que albergue, que lhe seja senhor da coisa, ou lhe pertence nela algum direito, não lhe seja recebida tal razão, mas sem embargo dela logo constrangido a restituí-la' (Liv. IV, tít. 58); CARLOS CARVALHO também segue a mesma orientação — 'não é cabível a exceção de domínio, ainda que provada incontinenti' ('Nova Consolidação', art. 353). Não são admissíveis interditos proibitórios evocados por quem não tem posse, uma vez que não pode haver justo receio de violação por quem não a detém, nem tão pouco se admite a sua conversão em reintegratória fundada em domínio, haja vista que, com base nele, a posse não é disputada" (Fonte: AC nº 98.016352-8, da Capital, do TJSC, Rel. Des. Anselmo Cerello, *DJE*, 3 mar. 2000).

[296] VIANA, Marco Aurelio da Silva. *Curso de direito civil*: direito das coisas. Belo Horizonte: Del Rey, 1993. 3 v. em 3, p. 82.

[297] José Ernani de Carvalho Pacheco (*Interditos possessórios*). 8. ed. Curitiba: Juruá, 1999. p. 40), destaca: "Para caber a ação é necessário que o receio seja fundado em fatos concretos e

A lição de Pontes de Miranda sobre a "previsibilidade" que deve advir para a interposição do interdito proibitório é lapidar e por isso mesmo merece, até mesmo como fonte de suporte para a matéria interdital, ser reproduzida, o que, aliás, como poderá ser verificado em nota de rodapé, teve total ressonância em decisão proferida pelo Tribunal de Justiça de Santa Catarina.[298]

Escreveu, no que comungamos integralmente, Pontes de Miranda: "Para que seja exercida ação de interdito proibitório, não é preciso que se preveja o que há de acontecer, mas apenas que se tema que aconteça. Basta que se receie e haja fundamento para esse receio. Daí falar-se de 'justo receio'. Não se exige a inevitabilidade, tanto assim que se quer o evitamento. Nem que se diga quando pode ocorrer, tanto assim que só se alude à iminência, que resulta de ser justo o receio. Aliás, a iminência não é, aí, nem o é no étimo, sinônimo de imediatidade. O que é *imminens* é ameaçante, sem que tenha de ser logo após, ou em breve tempo. Por isso fez bem a jurisprudência em abstrair o tempo em que se pode dar o que se teme. O pressuposto é o justo receio. Por outro lado, tanto se pode recear o que vai acontecer como o que pode acontecer".

"Justo receio" — ainda de conformidade com Pontes de Miranda — "é o receio que se não reduz a simples suspeita, a simples temor subjetivo. É preciso que exista alguma fundamentação nele".[299]

A situação do caso enfocado é que dirá, efetivamente, se poderá, ou não, ser concedido o interdito proibitório em prol do postulante, após circunstanciada análise pelo ordenamento material (Código Civil) e processual (Código de Processo Civil) da matéria.

A ação de interdito proibitório está afeta à apreciação da Justiça Estadual, quando a demanda não envolver nenhum dos entes públicos

---

não em simples temor de ordem subjetiva. Claro está que também não se pode aplicar com todo o rigor esta regra, sob pena de ficar sem significado o objetivo da ação. Assim, diante de cada caso real, deve o juiz verificar com todo o cuidado as circunstâncias de fato, especialmente quando o réu negar a prática de ato que possa molestar a posse do autor".

[298] Decidiu o Tribunal de Justiça de Santa Catarina, em matéria envolvendo interdito proibitório: Ementa: "Apelação Cível. O possuidor, que tenha justo receio de ser molestado na posse, poderá postular ao juiz que o segure da violência iminente, cominando pena a quem lhe transgredir o preceito (art. 516 do CC [no caso era o Código Civil de 1916, agora corresponde ao art. 1.210, do Código Civil de 2002]. O justo receio, requisito básico do interdito proibitório, caracteriza-se pelo temor baseado em fatos e circunstâncias os quais evidenciam que o molestador consumará a agressão possessória a qualquer momento. Se assim for, deve o interdito proibitório ser acolhido integralmente, a fim de atribuir a proteção jurisdicional invocada" [Fonte: AC nº 88.051872-4, Santo Amaro da Imperatriz, Rel. Des. Eládio Torret Rocha, decisão publicado no *DJ-SC*, em 14.04.97 (ROSA, Alexandre Morais da. *Código de Processo Civil anotado*: segundo a jurisprudência do Tribunal de Justiça de Santa Catarina. 2. ed. Florianópolis: Terceiro Milênio, 1998. p. 571)].

[299] MIRANDA, Pontes de. *Tratado das ações*: ações condenatórias. Atualizado por Vilson Rodrigues Alves. Campinas: Bookseller, 1999. v. 7, t. V, p. 179-180.

albergados pelo comando do art. 109, inc. I, da CF/1988, e quando envolver, a competência é da Justiça Federal.[300] Em determinadas situações, todavia, a matéria poderá ficar afeta à Justiça Especializada do Trabalho, quando a matéria decorrer, por exemplo, de movimento grevista,[301] independentemente de se tratar de matéria envolvendo a participação de algum dos entes relacionados pelo inc. I da CF/1988.

Embora a situação em que a matéria relativa a interdito proibitório esteja afeta à apreciação da Justiça Especializada do Trabalho não seja muito usual, a mesma encontra, constitucionalmente, possibilidade de ser manejada, como apontado acima. Encontra amparo legal e, do mesmo modo, encontra ressonância em julgados.[302]

5.4 As ações possessórias típicas e seu caráter dúplice

As demandas possessórias[303] — manutenção de posse, reintegração de posse e interdito proibitório — são de caráter dúplice, pois

---

[300] Constituição da República Federativa do Brasil (1988), art. 109. "Aos juízes federais compete processar e julgar:
(...)
I – as causas em que a União, entidade autárquica ou empresa pública federal forem interessadas na condição de autoras, réus, assistentes ou oponentes, exceto as de falência, as de acidentes de trabalho e as sujeitas à Justiça Eleitoral e à Justiça do Trabalho".

[301] Constituição da República Federativa do Brasil (1988), art. 114. "*Compete à Justiça do Trabalho processar e julgar*:
(...).
II – *as ações que envolvam exercício do direito de greve*".

[302] "Justiça do Trabalho: Ação de Interdito Proibitório e Greve. É da competência da Justiça do Trabalho o julgamento de interdito proibitório em que se busca garantir o livre acesso de funcionários e de clientes a agências bancárias sob o risco de serem interditadas em decorrência de movimento grevista. Com base nesse entendimento, o Tribunal, por maioria, proveu recurso extraordinário interposto pelo Sindicato dos Empregados em Estabelecimentos Bancários de Belo Horizonte contra acórdão do Tribunal de Justiça do Estado de Minas Gerais que entendera ser da competência da Justiça Comum o julgamento de ação de interdito proibitório ajuizado pela agência bancária recorrida. Considerou-se estar-se diante de ação que envolve o exercício do direito de greve, matéria afeta à competência da Justiça Trabalhista, a teor do disposto no art. 114, II, da CF. Asseverou-se tratar-se de um piquete, em que a obstrução, a ocupação, ocorrem como um ato relativo à greve. Vencido o Min. Menezes Direito, relator, que desprovia o recurso, por reputar ser da Justiça Comum a competência para julgar o feito, ao fundamento de que o pedido e a causa de pedir do interdito proibitório não envolveriam matéria que pudesse vincular o exercício do direito de greve à proteção do patrimônio. Alguns precedentes citados: CJ 6959/DF (DJU de 22.2.91); AI 611670/PR (DJU de 7.2.2007); AI 598457/SP (DJU de 10.11.2006); RE 238737/SP (DJU de 5.2.99). RE 579648/MG, rel. orig. Min. Menezes Direito, rel. p/ o acórdão Min. Cármen Lúcia, 10.9.2008. (RE-579648)".

[303] Para a propositura de qualquer das ações possessórias, pois que fundadas em direito real, é necessário que seja observado o foro competente quando se tratar de bem imóvel, face ao disciplinado pelo Código de Processo Civil, art. 95: "Nas ações fundadas em direito real sobre imóveis é competente o foro da situação da coisa. Pode o autor, entretanto, optar pelo foro do domicílio ou de eleição, não recaindo o litígio sobre direito de propriedade, vizinhança, servidão, posse, divisão e demarcação de terras e nunciação de obra nova".

admitem cumulação no próprio pedido (art. 921 do Código de Processo Civil), onde, além do pedido propriamente dito, pode o autor inserir, quando o caso, a condenação do réu em perdas e danos; a cominação, ao réu, de uma pena para o caso de transgressão do direito do autor de ser manutenido, reintegrado ou de não sofrer violência em sua posse, e, também, que haja o desfazimento de construção ou plantação que o réu tenha feito em detrimento da posse dele, isto é, do autor.[304]

Como o caráter das ações possessórias é dúplice, como dito anteriormente, é que também ao réu (art. 922 do Código de Processo Civil) é lícito, quando da apresentação de sua contestação à ação possessória interposta pelo autor, postular a proteção possessória, desde que tenha sido ofendido em sua posse pelo autor da demanda, com a cominação, ainda, que o autor seja condenado a lhe indenizar dos prejuízos advindos da turbação, ou do esbulho praticado por ele, no caso, o autor da demanda possessória.[305] [306]

Face ao caráter dúplice das ações possessórias típicas é que não há necessidade de o réu, quando de sua contestação, apresentar pedido reconvencional, pois que pode requerer na própria contestação "os pedidos que tiver contra o autor" (art. 921 do Código de Processo Civil). E isto se dá, como bem destaca Carlos Roberto Gonçalves, em razão de que: "Estabelecida *ex lege* a duplicidade da ação, facultam-se ao réu as mesmas cumulações permitidas ao autor pelo art. 921 do estatuto processual".[307]

---

[304] Doutrina Sergio Sahione Fadel: "Os interditos possessórios têm tratamento especial do Código, conducente a imediatizar a proteção à posse, sendo de boa política a permissão de cumulação de pedidos, isto é, cumulação objetiva, adicionando-se ao pedido possessório um outro, sempre que isso seja aconselhável, buscando a reparação completa aos direitos violados" (FADEL, Sergio Fahione. *Código de Processo Civil comentado*. Rio de Janeiro: José Konfino, 1974. t. V, p. 49. Art. 890 a 1220).

[305] Os artigos 921 e 922 do Código de Processo Civil, e todos os demais que figurarem no tópico em estudo, podem ser vistos, na íntegra, no ANEXO C, no tópico: "Destaques de artigos do código de processo civil em matéria de ações possessórias".

[306] Em relação ao art. 922 do Código de Processo Civil, vale destacar a abalizada opinião de Pontes de Miranda: "Diante do art. 922 do Código de 1973, temos de pensar em reconvenção, que, inserta na contestação, se faz contra-ação, ação contrária à que se propusera, e, em vez de apenas ser no mesmo processo (art. 315) e ser julgada na mesma sentença, se mete na própria contestação (art. 922). Não se trata, portanto, de oferecimento simultâneo em peças autônomas, como se daria com a contestação e a reconvenção (art. 299)" (MIRANDA, Pontes de. *Tratado das ações*: ações mandamentais. Atualizado por Vilson Rodrigues Alves. Campinas: Bookseller, 1999. v. 7, t. VI, p. 160).

[307] GONÇALVES, Carlos Roberto. *Direito das coisas*. São Paulo: Saraiva, 2003. p. 37. Aduz, ainda, o autor (p. 37-38): "Como o réu pode formular tais pedidos na contestação, não se admite reconvenção em ação possessória (RT, 618: 128; JTACSP, 105: 249). Nem por isso deve-se concluir pela absoluta e geral inadmissibilidade dessa forma de resposta do réu em ação possessória, adverte Adroaldo Furtado Fabrício. Ela 'cabe para veicular outras

Outro ponto que cabe ser destacado é de que o juiz, quando da sentença, não poderá deixar de apreciar o alegado pelo réu, embora o processo, em que é pretendida proteção possessória, seja extinto, o que, em outras palavras, significa extinção em razão da não apreciação do pedido do autor. Caso o juiz deixe de apreciar o alegado pelo réu, estará ignorando o princípio do caráter dúplice que guardam as ações possessórias e a sentença, no caso, será *infra* ou *citra petita*,[308] o que redundará, por certo, em recurso pelo réu, e o Tribunal competente mandará o juiz analisar a pretensão que ele formulou, ainda que só por meio de contestação, sem que a tenha feita por reconvenção específica.

De maneira didática e ao mesmo tempo com maestria na análise da matéria, leciona, em perfeita síntese do que aludimos acima, Arruda Alvim: "Pode ser tida como *infra petita*, já se decidiu, a sentença que se omite quanto à apreciação da lide. Também será caso de julgamento *infra petita* se o juiz declara extinto o processo de possessória, deixando de examinar o pedido de proteção da mesma natureza, formulado pelo réu, embora sem ter reconvindo, por ser a possessória, como já posto em destaque, *ação dúplice*. [309] A proteção possessória, no entanto, pedida em sede própria (= contestação), ainda que extinto o processo principal, haveria de prosseguir para julgamento dessa pretensão remanescente, que é do réu".[310]

---

pretensões, que não são contempladas no artigo. Nem mesmo é de excluir-se reconvenção, com a forma e o procedimento que lhe são próprios, para formular pedidos de conteúdo possessório, se referentes, por exemplo, a outro bem, ou a outra parte do mesmo bem'. A ação possessória somente é dúplice se o réu também demandar, na contestação, proteção possessória (RT, 615: 187)".

[308] Sentença *infra petita* ou *citra petita* é, e quanto a isto não custa esclarecer (lembrando ou relembrando!), aquela em que todos os pedidos não são devidamente apreciados pelo juiz.

[309] Ação dúplice nada mais é do que uma ação de ordem cumulativa, onde figuram como parte, de forma simultânea, autor e réu. A ação deverá, todavia, ser processada pelo rito sumário, e se funda nos mesmos "fatos articulados pelo autor na petição inicial". A ação dúplice independente, portanto, de reconvenção. Tem, no geral, as mesmas características do pedido contraposto (pretensão do réu articulada na contestação da ação movida pelo autor e que tem como base os mesmos fatos que foram articulados na inicial) dos juizados especiais cíveis, contudo, não se confunde com as consequências do pedido dúplice, pois neste último, mesmo sendo julgada procedente a pretensão formulada pelo autor na inicial, também poderá ser julgado procedente o pedido feito pelo réu na contestação; enquanto que no pedido contraposto o julgamento procedente de um dos pedidos (do autor e do réu) leva, por via de consequência, à improcedência do outro pedido formulado. Em linhas gerais: na ação dúplice, tanto autor e réu podem ter suas pretensões, de forma simultânea, acolhidas pela decisão judicial; já no pedido contraposto o acolhimento de uma das pretensões formuladas (quer pelo autor, quer pelo réu) exclui a procedência de outra, ou seja, se acolhe a do autor, não acolhe a do réu, ou, então, se acolhe a do réu não acolhe a do autor.

[310] ALVIM, Arruda. *Manual de direito processual civil*. 9. ed. São Paulo: Revista dos Tribunais, 2005. p. 552.

5.4.1 Liminares nas ações possessórias típicas e seus desdobramentos jurídicos

Para melhor acentuar a matéria relativa à concessão de liminares nas ações possessórias típicas é que destacamos os tópicos *infra*.

5.4.1.1 Turbação e esbulho, desde que se trate de força nova

Nas ações possessórias típicas, no caso de turbação e esbulho da posse, o autor pode pugnar que a manutenção ou a reintegração de posse se dê *in limine litis* — desde que se trate de ação de força nova[311] [312] — em face do que preceitua o art. 928, primeira parte, do Código de Processo Civil, entretanto, a petição inicial tem de cingir-se aos parâmetros indicados pelo art. 282 do Código de Processo Civil e, ainda, estar devidamente instruída com farta prova que comprove a posse de

---

[311] Sendo a ação de força velha, portanto de mais de ano e dia, não haverá liminar em razão do art. 928 do CPC, no entanto poderá ocorrer a concessão de antecipação de tutela, com amparo no art. 273 do CPC, o que tratamos com amplitude de esclarecimentos no tópico 5.4.11.

[312] Pelo Código de Processo Civil de Portugal, o possuidor, em razão dos procedimentos cautelares específicos, somente pode ser restituído provisoriamente, de imediato, na posse que foi objeto de esbulho violento. Diz o Código de Processo Civil de Portugal:
"Artigo 393.º
(*Em que casos tem lugar a restituição provisória de posse*)
No caso de esbulho violento, pode o possuidor pedir que seja restituído provisoriamente à sua posse, alegando os factos que constituem a posse, o esbulho e a violência.
Artigo 394.º
(*Termos em que a restituição é ordenada*)
Se o juiz reconhecer, pelo exame das provas, que o requerente tinha a posse e foi esbulhado dela violentamente, ordenará a restituição, sem citação nem audiência do esbulhador.
Artigo 395.º
(*Defesa da posse mediante providência não especificada*)
Ao possuidor que seja esbulhado ou perturbado no exercício do seu direito, sem que ocorram as circunstâncias previstas no artigo 393.º, é facultado, nos termos gerais, o procedimento cautelar comum.
Nota: 1: Sobre o esbulho violento diz o Código Civil de Portugal:
Artigo 1279.º
(*Esbulho violento*)
Sem prejuízo do disposto nos artigos anteriores, o possuidor que for esbulhado com violência tem o direito de ser restituído provisoriamente à sua posse, sem audiência do esbulhador.
Nota 2: Não sendo o caso de esbulho violento é de ser aplicado o procedimento cautelar comum, como previsto nos artigos 381º a 387º.
Nota 3: Sobre o esbulho violento também disciplina o Código Civil de Macau (China):
Artigo 1204.º
(*Esbulho violento*)
Sem prejuízo do disposto nos artigos anteriores, o possuidor que for esbulhado com violência tem o direito de ser restituído provisoriamente à sua posse, sem audiência do esbulhador, por meio de providência cautelar".

autor e a ocorrência da turbação ou do esbulho praticados pelo réu, desde que tais fatos datem de menos de ano e dia (art. 927, inc. III, combinado com o art. 924, primeira parte, do CPC).[313]

5.4.1.2 Contagem do prazo

A contagem do prazo de ano e dia, para fixar a data da turbação ou do esbulho, é objeto de acentuada discordância doutrinária, pois determinada corrente entende que o prazo deve iniciar no dia seguinte ao evento, ou seja, excluindo o dia de início e incluindo o dia final do prazo;[314] enquanto outra corrente sustenta que o primeiro dia, aquele do início do evento, é que deve ser o marco da contagem do prazo do ano e dia. A primeira corrente privilegia o prazo processual, enquanto a segunda adota o prazo material.

Para os que se batem pelo início da contagem do tempo da turbação ou do esbulho com a exclusão do dia de início e a inclusão do dia final do prazo, a posição decorre da secular regra em que *dies aquo non computatur in termino, dies ad quem computatur*. No entanto, pelo nosso direito material civil, o prazo inicial que deve ser levado em conta, é aquele em que se deu a moléstia da posse, o que quer dizer que deve ser incluído o dia de início, então, na verdade, *dies aquo computatur*.

É com a contagem do dia de início da lesão à posse que a doutrina, com forte respaldo na jurisprudência, tem adotado como sendo correto,

---

[313] No Código de Processo Civil de Portugal a matéria é tratada nos procedimentos cautelares específicos, na parte referente à restituição da posse, conforme dispõe (na redação original):
"Artigo 393.º
(*Em que casos tem lugar a restituição provisória de posse*)
No caso de esbulho violento, pode o possuidor pedir que seja restituído provisoriamente à sua posse, alegando os factos que constituem a posse, o esbulho e a violência.
Artigo 394.º
(*Termos em que a restituição é ordenada*)
Se o juiz reconhecer, pelo exame das provas, que o requerente tinha a posse e foi esbulhado dela violentamente, ordenará a restituição, sem citação nem audiência do esbulhador.
Artigo 395.º
(*Defesa da posse mediante providência não especificada*)
Ao possuidor que seja esbulhado ou perturbado no exercício do seu direito, sem que ocorram as circunstâncias previstas no artigo 393.º, é facultado, nos termos gerais, o procedimento cautelar comum".

[314] Vicente Greco Filho é da corrente que manda excluir o primeiro dia da turbação ou do esbulho, e só aceita quanto se trata de lesão continuada. Diz ele que se deve contar o prazo "da seguinte maneira: o primeiro dia (dia da violação ou turbação) não se conta; no caso de lesão continuada permanente, conta-se do início da lesão; se a lesão é repetida, conta-se do último ato; não se conta do período em que o possuidor retomou a posse plenamente; neste último caso, nova violação desencadeia novo prazo" (GRECO FILHO, Vicente. *Direito processual civil brasileiro*. São Paulo: Saraiva, 2000. p. 221).

posição na qual nos perfilhamos, pois que é indubitável que, na questão da violência praticada contra a posse, a data de início deve ser levada em conta, mesmo que da violência não tenha, ainda, conhecimento o molestado, salvo, como determina o próprio Código Civil (art. 1.224 do CC de 2002, e art. 522 do CC de 1916), se ausente, quando o prazo começa a contar da data da ciência da moléstia.

Pela corrente material, onde o dia de início é computado, em se tratando de violência praticada contra a posse, diz Tito Lívio Pontes que — ao contrário da regra processual que manda excluir o dia de início e incluir o dia final do prazo — "o nosso código enveredou para outra solução e segundo, ele, o prazo inicial será fixado a partir da turbação ou esbulho, tenha disso conhecimento ou não o molestado. E isto para evitar questões intermináveis, em assuntos onde as divergências pululam e se multiplicam indefinidamente".[315]

Pontes de Miranda,[316] também já asseverava que o prazo devia levar em conta o dia de início do ato de violência praticado contra a posse, para caracterizar o tempo de ano e dia.

A jurisprudência, via de regra, tem adotado o posicionamento, que é, no nosso modo de ver, o aplicável e correto, que adota a contagem do prazo do início da violência praticada, em razão de turbação ou esbulho, contra a posse. Da jurisprudência, destacamos, em compilação e transcrição apresentada por Humberto Theodoro Júnior: "A data a ser considerada como sendo de turbação ou do esbulho, para autorizar a liminar de manutenção de posse, há de ser aquela em que se consuma e caracteriza a ofensa à posse. A Antigüidade da posse, para os efeitos do art. 924, do CPC, deve ser considerada a partir da ofensa à posse. Assim, na 'ação de força nova', 'força' significa ofensa à posse e o prazo se conta a partir da turbação ou esbulho para que seja permitido a manutenção ou reintegração liminar".[317]

---

[315] PONTES, Tito Lívio. *Da posse no direito civil brasileiro*. São Paulo: Juscrédi, [1961?]. p. 246. Com relação à questão da turbação ocorrida de modo sucessivo, o autor pontua: "Há também a questão não despicienda de turbações sucessivas, ou em certo espaço de tempo, e no caso, o que se deve entender como a melhor doutrina é que o primeiro ato turbativo ou espoliativo identifique o começo da turbação ou esbulho, e não em absoluto o dia que os trabalhos e tratativas que o estruturaram tiveram fim".

[316] MIRANDA, Pontes de. *Tratado das ações*: ações mandamentais. Atualizado por Vilson Rodrigues Alves. Campinas: Bookseller, 1999. v. 7, t. VI, p. 121. Disse Pontes de Miranda: "A lei processual regula a forma de processo da ação de manutenção, ou da ação de reintegração, se proposto dentro do prazo legal, a contar da turbação, incluindo o dia *a quo*. É isso que significa 'se a turbação datar de menos de um mês dia'. É a força nova, a violência ainda recente".

[317] THEODORO JÚNIOR, Humberto. *Código de Processo Civil anotado*. 9. ed. Rio de Janeiro: Forense, 2005. p. 622. A citação feita no corpo do texto tem como fonte jurisprudencial, segundo o autor: TAPR, 2ª. Câm., Agr. nº 761/88, Rel. Juiz Gilney Leal, em 09.03.89.

Cabe, finalmente, destacar que se o possuidor estiver ausente, conforme dicção do art. 1.224 do Código Civil de 2002 (e art. 522 do Código Civil de 1916), o prazo somente começará a contar a partir do momento que ele tomar conhecimento do ato praticado pelo transgressor da sua posse e se abstém de retomar a coisa, ou, tentando-se recuperá-la, é violentamente repelido. "Este dispositivo é importante porque mostra que o prazo de ano e dia, no caso do ausente, corre da data em que ele teve ciência do esbulho ou da turbação, e não propriamente da data em que a ocupação se efetivou."[318]

5.4.1.3 Liminar *initio litis* ou após justificação prévia

Não fazendo o autor a prova de forma convincente, ou de que dela não se convença desde logo o juiz, o mesmo determinará a realização de audiência de justificação prévia (art. 928, *caput*, *in fine*, do CPC), em que o autor deverá comprovar aquilo que previamente (quando da interposição da competente ação) havia alegado, sendo o réu citado para comparecer à audiência que for designada.

Nesta fase do processo, em que o juiz está buscando elementos para a concessão, ou não, de liminar, o réu, embora citado para comparecer à audiência, não pode apresentar contestação e nem arrolar testemunhas, ou, ainda, apresentar documentos, pois que "nessa fase procedimental ainda não há contraditório pleno".[319]

Uma vez realizada a audiência de justificação, o juiz concederá, ou não, a liminar. Quando a liminar é concedida *in limine litis*, o autor deverá promover a citação do réu, o que deverá ocorrer nos 5 (cinco) dias subsequentes à concessão (art. 930, *caput*, do CPC); caso tenha ocorrido justificação prévia, o réu será meramente intimado do despacho que deferiu ou não a medida liminar (art. 930, parágrafo único, do CPC), pois que já havia sido citado para comparecer à audiência de justificação, tendo o prazo de 5 (cinco) dias para contestar, se quiser (com suporte nos arts. 300 e seguintes, do CPC).

---

[318] GONÇALVES, Marcus Vinícius Rios. *Procedimentos especiais*. 4. ed. São Paulo: Saraiva, 2005. p. 69. (Coleção Sinopses Jurídicas, v. 13).
[319] WAMBIER, Luiz Rodrigues; ALMEIDA, Flávio Renato Correia de; TALAMINI, Eduardo. *Curso avançado de processo civil*. 3. ed. 2. tir. São Paulo: Revista dos Tribunais, 2000. 3 v., p. 195. Como não há contraditório, na fase processual onde o juiz busca elementos de convencimento para a concessão, ou não, de liminar, por meio de justificação prévia, é que o réu fica impossibilitado de agir com maior desenvoltura, inclusive sem poder arrolar testemunhas, todavia, como alertam os autores, "pode, entretanto, participar ativamente da audiência, fazendo-se representar por advogado, formulando reperguntas e contraditando as testemunhas arroladas".

Concedida, ou não, a liminar, em ação possessória de manutenção ou de reintegração, o processo passará a correr pelo rito ordinário, consoante o disposto no art. 931 do CPC, devendo prosseguir cumprindo todos os seus trâmites lógicos e necessários, sob pena de ineficácia dos atos processuais praticados. Embora a demanda passe a tramitar pelo rito ordinário, não significa, em hipótese alguma, que a matéria deixe de ser de ordem possessória, o que significa dizer que a defesa deverá continuar sendo fundada em matéria de ordem fática, e não de direito.

Com relação ao apontado no parágrafo acima, é de gizar que não se admite em matéria de ordem possessória discussão de direito, pois se tal fosse possível, a matéria sairia do campo possessório para o campo de matéria dominial.[320] Registra, sobre o que apontamos, Ovídio Baptista da Silva: "As ações possessórias são especiais, sob o ponto de vista formal, em oposição às ações ordinárias, mas são igualmente sumárias, sob o ponto de vista material, quer se processem pelo rito especial, quer se submetam ao rito ordinário. Daí a alusão feita pelo legislador de que a ordinariedade não lhes retira o caráter de ações exclusivamente possessórias, nas quais as alegações e defesas devem referir-se exclusivamente à posse e não ao 'direito de possuir'. Isto significa dizer que nas ações possessórias, mesmo quando sejam propostas depois de ultrapassado o prazo de ano e dia da consumação da agressão à posse, o demandando não poderá valer-se de qualquer defesa fundada em direito, permanecendo, portanto, limitado o campo de cognição do juiz exclusivamente às questões de natureza possessória. A transformação procedimental não causa nenhuma alteração na extensão da matéria que o demandado poderá defender-se, nem permite que o demandante se apóie em qualquer fundamento que não seja,

---

[320] Discorrendo sobre a continuação de ação em matéria possessória (rito especial) ainda quando a mesma passa a correr pelo rito ordinário, anota Luiz Guilherme Marinoni: "Os limites da discussão das partes — ou da cognição do juiz — na ação de reintegração de posse não sofrem qualquer alteração diante do procedimento aplicável (especial ou ordinário).
Isso é óbvio, pois a ação possessória não pode passar a permitir defesa fundada em domínio — e assim deixar de ser ação verdadeiramente possessória — apenas por não ter sido proposta dentro de ano e dia do esbulho. [...].
Como está claro, não é pelo fato de ter passado ano e dia que a ação de reintegração de posse passará a admitir defesa fundada em direito. Se fosse possível discutir domínio após ter passado ano e dia, o decurso desse prazo não mais viabilizaria a defesa possessória. Portanto, o que muda, após ter passado ano e dia, é o fato de que não será mais possível o uso do procedimento especial estabelecido a partir do art. 926 do CPC" (MARINONI, Luiz Guilherme. Ações para obtenção de coisa: art. 461-a do CPC. *Jus Navigandi*, Teresina, ano 11, n. 1188, 2 out. 2006. Disponível em: <http://jus2.uol.com.br/doutrina/texto.asp?id=8844>. Acesso em: 13 set. 2007).

exclusivamente, a sua posse e agressão contra a mesma praticada pelo réu. Teremos então, neste caso, um procedimento ordinário a veicular uma ação (materialmente) sumária".[321]

A forma de execução da medida liminar, *initio litis*, ou após justificação prévia, se dá por meio de mandado de reintegração de posse ou de manutenção de posse, conforme for o caso, e será efetuada por meio de oficial de justiça, que fará a lavratura de auto de forma pormenorizada e, e isto é de bom alvitre, mencionando o estado em que se encontrava a coisa no momento da entrega ao autor.

Mesmo após concedida a liminar e devidamente cumprida pelos oficiais de justiça, pode ocorrer que o réu pratique novo esbulho ou turbação à posse do autor, em tal situação "não há necessidade de novo pedido de liminar, ou de ajuizamento de nova ação. Basta que o autor peça ao juiz o revigoramento do mandado liminar desobedecido".[322]

Quando a ação (de manutenção ou de reintegração de posse) for dirigida contra pessoas jurídicas de direito público,[323] não haverá, na forma do art. 928, parágrafo único, do CPC, a concessão de liminar sem a ocorrência de prévia audiência de seus respectivos representantes judiciais, que serão aqueles preconizados pelo art. 12 e incisos correspondentes do CPC.

Em relação, ainda, à concessão e suspensão de liminar contra o Poder Público, deverá ser observada a Lei nº 8.437, de 30 de junho de 1992, cujo *art. 1º* dispõe: "Não será cabível medida liminar contra atos do Poder Público, no procedimento cautelar ou em quaisquer outras ações de natureza cautelar ou preventiva, toda vez que providência semelhante não puder ser concedida em ações de mandado de segurança, em virtude de vedação legal". E, como visto, o interdito proibitório encontra óbice à sua concessão sem a prévia audiência dos representantes judiciais do Poder Público, o que não significa que após a audiência a medida liminar não possa ser concedida.

---

[321] SILVA, Ovídio Baptista da. *Comentários ao Código de Processo Civil*. São Paulo: Revista dos Tribunais, 2000. v. 3, p. 232.
[322] HAENDCHEN, Paulo Tadeu. *Ação de reintegração e de manutenção de posse*. São Paulo: Saraiva, 1985. p. 37. (Coleção Saraiva de Prática do Direito). O ponto de vista adotado pelo autor é extraído de: RT, 474: 99.
[323] Pelo art. 41 do CC de 2002 (e art. 14 do CC de 1916, à exceção das autarquias, inc. IV, e as demais entidades de caráter público, criadas por lei, inc. V, que não eram tratadas pelo CC de 1916), são relacionadas as pessoas jurídicas de direito público interno; enquanto as pessoas jurídicas de direito público externo são tratadas pelo art. 42 do CC de 2002 (pelo CC de 1916, não havia tratamento idêntico).

5.4.1.4 Agravo de instrumento contra a concessão de liminar

Para atacar a concessão, ou não, de liminar, concedida, ou negada, de plano, ou após justificação prévia, o autor ou o réu, conforme se trate de concessão ou não, poderá valer-se do agravo de instrumento (art. 522, do CPC),[324] haja vista que o ataque é dirigido contra decisão interlocutória proferida pelo juiz.

Tendo em vista que é possível — quando da interposição de agravo de instrumento, em relação à concessão, ou não, de liminar em demanda possessória que verse sobre manutenção ou reintegração de posse — o relator conceder efeito suspensivo ao agravo é que ficou impróprio o manejo de mandado de segurança, que visava, basicamente, a concessão de efeito suspensivo ao recurso de agravo interposto. Aduz, neste sentido, Humberto Theodoro Júnior: "A Lei nº 9.139, de 30.11.95, ao alterar a redação dos arts. 527 e 558 do Código de Processo Civil, permitiu ao relator conferir efeito suspensivo ao agravo de instrumento, em todos os casos em que haja risco de lesão grave e de difícil reparação, desde que relevante a fundamentação do recurso. Com isso eliminou-se a inconveniente praxe de utilizar o mandado de segurança como complemento do agravo manejado contra as liminares possessórias".[325]

---

[324] É, inegavelmente, o agravo de instrumento o meio legal para que a parte interessada, quer seja ela o autor, ou, por outro lado, quer seja ela o réu, conforme o caso posto em questão de ordem prática, busque a reforma da decisão que concedeu, ou não, a liminar, no que não assiste razão ao doutrinador Caio Mário da Silva Pereira, quando o mesmo afirma que "concedido o mandado liminar, contra o qual não dá o Código de Processo Civil, o recurso específico, o réu apresentará defesa e, correndo a ação seus trâmites regulares, a sentença final decidirá pela cassação ou pela confirmação definitiva da medida", conforme Caio Mário da Silva Pereira (*Instituições de direito civil*: direitos reais. 18. ed. Rio de Janeiro: Forense, 2003. 4 v. em 6, p. 67). Não resta dúvida de que a sentença pode, inclusive, vir a revogar liminar concedida, quer tenha sido concedida *in limine litis*, quer tenha sido no curso do processo, o que não procede é a alegação de que contra a concessão da liminar em ação possessória de manutenção ou de reintegração de posse não haja, pelo Código de Processo Civil, previsão legal de recurso específico.

[325] THEODORO JÚNIOR, Humberto. *Curso de direito processual civil*: procedimentos especiais. 28. ed. Rio de Janeiro: Forense, 2002. 3 v. p. 141. Antes das modificações introduzidas por meio da Lei nº 9.139/1995, o mesmo autor (THEODORO JÚNIOR, Humberto. *Código de Processo Civil anotado*. 9. ed. Rio de Janeiro: Forense, 2005. p. 627) anotava: "O ato judicial concessivo de liminar em reintegração de posse desafia agravo de instrumento — arts. 522, 504 e 162, do CPC — admitindo-se, porém, ação de segurança quando o recurso se apresenta inócuo ou excessivamente tardio para impedir, de pronto, os malefícios da ilegalidade evidente ou do imperdoável abuso de poder" (Fonte: 3ª. Câm. do TACiv.RJ de 16.10.86, no MS nº 3.081, Rel. juiz Hudson Lourenço, ac. unân., Adcoas, 1987, nº 111.969). Sendo que a matéria não era pacífica, pois os entendimentos jurisprudenciais nem sempre admitiam o mandado de segurança. Presentemente, como registrado no corpo do texto, o agravo de instrumento é, por si próprio, o meio eficaz para a garantia da pretensão recursal.

Merece registro que a Lei nº 9.139, de 30.11.95, que alterou o art. 527, do CPC, com relação ao agravo de instrumento, deu lugar à Lei nº 10.352, de 26 de dezembro de 2001, onde ficou possibilitado que o relator, segundo o texto legal (art. 527, inc. III): "Poderá atribuir efeito suspensivo ao recurso (art. 558), ou deferir a antecipação de tutela, total ou parcialmente, a pretensão recursal, comunicando ao juiz sua decisão".

Pela mesma Lei nº 10.352/2001, quando a matéria objeto do agravo de instrumento não for suscetível de causar lesão de grave e difícil reparação, ou sendo passível de recurso, ou, ainda, se recebida nos seus efeitos (devolutivo e suspensivo), o relator converterá o agravo de instrumento em agravo retido. É o que se sobressai, pela interpretação do inc. II do art. 527 do CPC, sistemática que se mantém pela redação dada pela Lei nº 11.187, de 19 de outubro de 2005.[326]

Mesmo nas decisões interlocutórias (como, por exemplo, concessão ou não de liminar de manutenção ou de reintegração de posse), o agravo retido somente terá lugar quando não houver lesão grave e de difícil reparação, ou desde que não passível de apelação (e isto, em matéria possessória, é pouco provável de ocorrer) e, ainda, com relação aos efeitos (devolutivo e suspensivo) como a apelação é admitida. É a interpretação que desponta do art. 522 do CPC em face da nova redação decorrente da Lei nº 11.187/2005.

Em face da Lei nº 11.187/2005, não há mais campo para a interposição de agravo interno perante o órgão *ad quem*, o que era antes possível quando a parte não se sentia satisfeita com a decisão do relator de converter o agravo de instrumento em agravo retido. Caso o relator entenda em converter o agravo de instrumento em agravo retido (art. 527, inc. II, do CPC), não haverá para a parte outra alternativa jurídica que não seja se socorrer do mandado de segurança, para possibilitar o seu recebimento, no caso, exemplificativamente, de demanda possessória não recebida pelo efeito devolutivo, pois que, segundo o parágrafo único do art. 527 (na redação da Lei nº 11.187/2005): "A decisão liminar, proferida nos casos dos incisos II e II do *caput* deste artigo, somente é passível de reforma no momento do julgamento do agravo, salvo se o próprio relator a reconsiderar".

---

[326] Sobre o poder concedido ao relator, estabelece o inc. II do art. 527 do CPC, com a redação dada pela Lei nº 11.187/2005: "converterá o agravo de instrumento em agravo retido, salvo quando se tratar de decisão suscetível de causar à parte lesão grave e de difícil reparação, bem como nos casos de inadmissão da apelação e nos relativos aos efeitos em que a apelação é recebida, mandando remeter os autos ao juiz da causa".

A parte que se sentir prejudicada pela decisão do relator não tem outra alternativa, presentemente, caso o relator não reconsidere antes do julgamento, a não ser interposição de mandado de segurança, para evitar prejuízo irreparável. Saber ou não se o relator irá reconsiderar antes do julgamento é matéria "revestida de incerteza jurídica e de autoritarismo".[327] Continuará, portanto, em "aberto" a possibilidade do manejo de mandado de segurança em agravo de instrumento, quando o relator convertê-lo em agravo retido.

5.4.1.5 Possibilidade de o juiz rever, fora do juízo de retratação, a liminar concedida

Discute-se, tanto no campo doutrinário, como no campo jurisprudencial, se o juiz poderá vir a mudar de posição após ter concedido liminar de ação de manutenção ou de reintegração de posse. A mudança se daria não pelo juízo de retratação — quando da interposição de agravo de instrumento contra a decisão que concedeu, ou não concedeu, a liminar —, e sim por convencimento dele (juiz) no curso do processo, que está tramitando, por força legal, pelo rito ordinário.

Ora, por ser a posse a representação de uma situação fática, muito embora com engendramentos jurídicos, não há de negar-se possibilidade de o juiz revogar a liminar concedida se a situação fática modificou-se, após a concessão da liminar, pois, como já asseverava Pontes de Miranda, "não é à justiça ou injustiça que se dá atenção, mas ao fato nu da posse ('*Nec attenditur iustitia, vel injustitia, sed nudum possessionis factum*')".[328]

---

[327] CORRÊA, Carina Milioli. A nova sistemática do agravo de instrumento retido. *Revista da Ordem dos Advogados do Brasil – OAB*, Florianópolis, n. 121, p. 22-23, dez. 2005. Em face da eliminação de interposição de gravo interno, junto ao órgão *ad quem*, e considerando a redação do parágrafo único do art. 527 do CPC, dada pela Lei nº 11.187/2005, aponta a autora: "Ocorre que diante da negativa de interposição de agravo interno, ora confirmado pelo novo manejo processual, quando dita que a decisão liminar proferida pelo relator nos incisos II e III do caput do artigo 527, somente poderá ser reformada no momento do julgamento do agravo, ou seja, quando apreciado o mérito do recurso pelo órgão colegiado, salvo, se o próprio relator reconsiderar, ao meu ver, é totalmente revestida de incerteza jurídica e de autoritarismo".
Concluindo a autora, o que também entendemos como totalmente pertinente: "Nessa premissa, renasce a necessidade da impetração do mandado de segurança, com o escopo da manutenção do efeito suspensivo para o agravo de instrumento, sendo o único remédio capaz de ilidir o ato judicial ilegal e contrário aos princípios constitucionais vigentes".

[328] MIRANDA, Pontes de. *Tratado das ações*: ações mandamentais. Atualizado por Vilson Rodrigues Alves. Campinas: Bookseller, 1999. v. 7, t. VI, p. 125.

A prudência do juiz e o caso concreto em análise é que serão primordiais para a revogação de liminar anteriormente concedida, no que se encaixa perfeitamente decisão do Tribunal de Justiça de Santa Catarina, em que ficou reconhecido que "a manutenção liminar baseia-se em convicção provisória, decorrente de cognição sumária. Surgindo fatos novos, capazes de convencerem da necessidade do restabelecimento da situação atingida pela liminar, nada obsta que o Magistrado revogue o despacho anterior".[329] Não é, no entanto, como já declinamos, ponto de vista pacífico na doutrina e na jurisprudência.[330]

A decisão de o juiz de conceder liminar de reintegração de posse decorre de decisão interlocutória, e não de sentença; a primeira é mutável, pois que não definitiva; a segunda, ao contrário, é permanente, pois que de mérito (ou não, não interessa), e encerra a atividade jurisdicional do juiz, conforme estabelece o art. 463 do Código de Processo Civil. Não há, pois, razão pela qual o juiz não possa rever a primeira situação, haja vista que a decisão lá proferida tem caráter de transitoriedade. As decisões interlocutórias, como acentua Arruda Alvim, "não solucionam a controvérsia".[331]

---

[329] Fonte: AI nº 8.663, Capital, Rel. Des. Amaral e Silva (ROSA, Alexandre Morais da. *Código de Processo Civil anotado*: segundo a jurisprudência do Tribunal de Justiça de Santa Catarina. 2. ed. Florianópolis: Terceiro Milênio, 1998. p. 567).

[330] Sobre a matéria, como alertado no corpo do texto, há divergências doutrinárias e jurisprudenciais, no entanto somos pela possibilidade legal da revogação da liminar, dependendo da situação fática e do caso em concreto. Para fins de comparação, destacamos pontos de vista contrários ao nosso. Deste modo: pela doutrina, Pontes de Miranda, em posição contrária: "Os juízes são adstritos às regras jurídicas processuais. Têm momentos para a cognição ou para as cognições. Não podem dar e desdar à vontade, nem tem arbítrio para revogar no momento *x* em que se convenceram" (MIRANDA, Pontes de. *Tratado das ações*: ações mandamentais. Atualizado por Vilson Rodrigues Alves. Campinas: Bookseller, 1999. v. 7, t. VI, p. 136).
Pela jurisprudência, destacamos: "Liminar. Revogabilidade. Não é lícito ao Juiz, na ausência de agravo — que lhe proporcionaria o juízo da retratação —, reconsiderar a decisão liminarmente proferida: embora com algumas vacilações e dissonâncias, essa já era a opinião dominante antes de 1973. Com efeito, o mecanismo todo da proteção possessória orienta-se pelo interesse público na estabilidade da situação de fato. Um sistema que permitisse ao Juiz dar e retirar sucessivamente a posse, segundo as variantes que a seu espírito oferecesse a evolução da prova ao longo do processo, negaria a base mesma desse mecanismo. Para decidir sobre a posse, tem o julgador duas oportunidades definidas: a apreciação do pedido liminar e a sentença definitiva, que confirma ou modifica provimento inicial" [Fonte: 3ª. Câm. do TACiv.SP de 28.5.86, no Agr. nº 357.605, Rel. Juiz Toledo Silva, ac. unân., Adcoas, 1986, nº 108.817 (THEODORO JÚNIOR, Humberto. *Código de processo civil anotado*. 9. ed. Rio de Janeiro: Forense, 2005. p. 826-827)].

[331] ALVIM, Arruda. *Manual de direito processual civil*. 9. ed. São Paulo: Revista dos Tribunais, 2005. p. 536. Este autor, ao aludir sobre a natureza jurídica da sentença, comenta: "Não se confunde a sentença de mérito, e nem as que não sejam, com as decisões interlocutórias, proferidas no curso do procedimento. Tais decisões não solucionam a controvérsia; apenas decidem questões que, uma vez suscitadas pelas partes (e, eventualmente, pelo juiz),

É bem verdade, e isto é imprescindível para a garantia da ordem jurídica, que a mudança de posição do juiz deve vir cercada de toda a prudência. Pois, de regra, não se tratando de juízo de retratação, é pela sentença final que o juiz poderá vir a confirmar ou a cassar a liminar anteriormente concedida, haja vista que é por meio dela que "a cognição judicial é completa, razão pela qual, já que se trata de novo momento decisório, poderá o juiz revogar a liminar, se julgar o pedido improcedente",[332] devendo, contudo, a revogação se dar de modo expresso, pois, do contrário, a sentença de improcedência não surtirá efeito de imediato em caso de apelação, desde que a mesma tenha sido recebida pelo seu efeito suspensivo.

5.4.1.6 Prestação de caução

Outra questão que merece ser vista, em matéria de liminar em ação possessória típica, é a que diz respeito a ter o autor, quando requerido pelo réu, de prestar caução para que fique assegurada a continuidade da liminar obtida, *in limine litis*, ou mesmo no curso do processo. Tal possibilidade jurídica decorre do art. 925 do Código de Processo Civil.

O réu deverá fazer prova cabal do alegado, ou seja, da falta de idoneidade financeira do autor para responder por perdas e danos, caso venha a decair da ação. A alegação do réu deverá ser tomada por termo, via de regra, nos autos do processo, não havendo, contudo, impedimento para que o juiz determine que a apuração se dê por meio incidental, para evitar que o processo seja tumultuado. Se o juiz se convencer de que procede a alegação do réu, assinalará ao autor o prazo de 5 (cinco) dias para que o mesmo preste caução; se não prestada a caução, a coisa, objeto do litígio, poderá vir ser depositada como forma de garantia.

O autor terá, depois de devidamente intimado para prestar caução, de fazê-la no prazo de 5 (cinco) dias; a caução poderá ser real

---

necessariamente têm de ser solucionadas antes da *questão fundamental básica*, que é o mérito (as que não sejam de mérito, encerram o processo em virtude de ausência de um ou mais de um dos pressupostos de admissibilidade de julgamento de mérito, ou, tenha-se presente, ainda, da *presença* de um ou mais de um pressuposto processual negativo). Desta forma, pode-se dizer que as interlocutórias preparam o processo (e solucionam questões que tenha surgido, *v.g.*, sobre condições da ação e outras mais) para receber a sentença final".

[332] SANTOS, Ernane Fidélis dos. *Manual de direito processual civil*. São Paulo: Saraiva, 1996. v. 3, p. 48.

ou fidejussória;[333] se real, a caução deverá "ser em dinheiro ou espécie, com força suficiente para suportar prejuízos ocasionados pelo uso e gozo da coisa durante o período de subsistência da liminar".[334] Não há óbice legal algum a que o autor possa prestar caução por intermédio de interposta pessoa,[335] caso em que o garantidor ficará obrigado solidariamente[336] com autor, caso venha ele a decair da ação possessória, objeto da liminar concedida.

Portanto, uma vez intimado de que deverá prestar caução, se afiguram ao autor duas possibilidades: a) primeiro, concorda com a imposição, em face do pedido e da prova produzida pelo réu, e presta a caução; e, b) segundo, não aceita a imposição e, então, terá que buscar a modificação da decisão do juiz por meio de agravo de instrumento.

Havendo interposição de agravo de instrumento, por parte do autor, a caução determinada judicialmente subsiste, e o autor terá que prestá-la, ou, então, a própria coisa objeto do litígio ficará caucionada, isto até que haja o julgamento do agravo de instrumento (desde que aceito, pois o relator pode indeferi-lo liminarmente, com base no art. 527, inc. I, combinado com o art. 557, ambos do Código de Processo Civil). O relator poderá conceder, em sendo o caso, em favor do autor, antecipação de tutela, o que fará com que a caução seja afastada, e isto prevalecerá até o julgamento final do agravo de instrumento, quando a decisão liminar do relator será mantida ou a decisão final será pelo não acolhimento do agravo, o que fará com que a caução volte a ter eficácia.

Importante, por outro lado, destacar que também ao réu assiste o direito de interposição de agravo de instrumento, caso não concorde com a caução prestada pelo autor e que o juiz entendeu como subsistente. Havendo agravo de instrumento por parte do réu, a situação, *mutatis mudandis*, será a mesma referente às considerações em caso de agravo de instrumento do autor.

Quando a caução for prestada e devidamente aceita pelo réu, o incidente, como pondera Orlando de Assis Correa, "termina aí". Contudo, como registra o autor, "querendo o autor fazer prova de que tem idoneidade, ou não aceitando o réu a caução oferecida, o juiz examina

---

[333] Art. 826, do CPC: "A caução pode ser real ou fidejussória".
[334] VENOSA, Sílvio de Salvo. *Direito civil*: direitos reais. 3. ed. São Paulo: Atlas, 2003. v. 5, p. 137-138.
[335] Art. 828, do CPC: "A caução pode ser prestada pelo interessado ou por terceiro".
[336] Art. 828 do CC de 2002 (e art. 896, parágrafo único do CC de 1916): "Há solidariedade, quando na mesma obrigação concorre mais de um credor, ou mais de um devedor, cada um com direito, ou obrigado, à dívida toda".

a documentação apresentada, e, sendo necessário, designa audiência para inquirição de testemunhas, decidindo a seguir. Desta decisão cabe agravo de instrumento".[337]

Pode ocorrer que quando o réu formular o pedido para que o autor, beneficiário da liminar possessória, preste caução, o processo já esteja no tribunal, situação esta que fará, para evitar que haja supressão de grau de jurisdição, que "o processamento do incidente" se dê ante "juiz do primeiro grau, embora interposto perante o relator, se já houve distribuição, ou presidência do pretório, em caso contrário".[338]

5.4.1.7 Liminar no interdito proibitório

Releva notar que a liminar, *in limine litis*, ou após justificação prévia (na manutenção ou reintegração de posse, quando de força nova), também alcança o instituto do interdito proibitório, muito embora haja ponto de vista doutrinário em contrário, como é o caso de Washington de Barros Monteiro, que prega pela improcedência, considerando, segundo ele, que o mesmo somente "começa a produzir efeitos depois de julgado por sentença".[339] Embora reconhecendo a excelência do conhecimento doutrinário do autor não comungamos com tal assertiva.

Entendemos que da mesma forma que é possível concessão de liminar em caso de turbação e de esbulho, também é cabível a concessão de liminar em caso de interdito proibitório, pois que, como registra coerentemente Marcus Vinícius Rios Gonçalves, "o procedimento do interdito proibitório é igual aos das demais ações possessórias. É cabível, portanto, a concessão de liminar, que consistirá na expedição de mandado proibitório e na fixação da pena para o descumprimento do preceito *initio litis*. Se isso ocorrer, e a ameaça concretizar-se depois

---

[337] CORREA, Orlando de Assis. *Posse e ações possessórias*: teoria e prática. 2. ed. Porto Alegre: Síntese, 1979. p. 90.

[338] VENOSA, Sílvio de Salvo. *Direito civil*: direitos reais. 3. ed. São Paulo: Atlas, 2003. v. 5, p. 138. O autor faz ver — e isto é fundamental — que o entendimento de que o pedido do réu seja apreciado pelo juiz de primeiro grau decorre da mesma regra aplicada para o caso da caução relativa à nunciação de obra nova, face ao disciplinado pelo art. 940, §1º, do CPC.

[339] MONTEIRO, Washington de Barros. *Curso de direito civil*: direito das coisas. 37. ed. Atualizado por Carlos Alberto Dabus Maluf. São Paulo: Saraiva, 2003. p 48. Expressa, integralmente, o autor, em ponto de vista que discordamos, como acentuado no corpo do texto: "No interdito proibitório, ao contrário do que sucede nas demais ações de força nova, inexiste concessão de mandado *initio litis* tuitivo da posse. Ao inverso, o interdito proibitório só começa a produzir efeito depois de julgado por sentença. Então sim, tendo por procedente a ação, proibirá o juiz o réu de praticar o ato, sob pena de pagar a pena pecuniária cominada pelo autor, cujo *quantum*, todavia, poderá reduzir".

da concessão da liminar, o réu incorrerá na multa, sem prejuízo de a sentença determinar a manutenção ou a reintegração do autor da posse".[340] Por outro lado, como pontua Sálvio de Figueiredo Teixeira, "a imposição da pena pecuniária não afasta a condenação nas perdas e danos".[341]

Perfeitamente, desta maneira, correta é a aplicação de liminar *initio litis* em matéria de interdito proibitório, pois entendimento em contrário agride o próprio comando do art. 933, do CPC, que manda aplicar ao interdito proibitório o disposto na seção que trata das ações possessórias e, por demais óbvio, no rol das ações possessórias típicas estão a manutenção, a reintegração e o próprio interdito proibitório.[342] O que não é cabível, por expressa disposição legal, é a concessão de liminar *initio litis* em interdito proibitório (como também em manutenção e reintegração de posse) contra pessoa jurídica de direito público, o que somente pode ocorrer após audiência prévia dos respectivos representantes, e isto é assim por força do disciplinado pelo parágrafo único do art. 928 do CPC.

5.5 Perdas e danos nas ações possessórias típicas

Pelo comando do art. 921 do Código de Processo Civil o autor poderá cumular, com o pedido inicial nas ações possessórias típicas, que haja condenação do réu em perdas e danos, além de ser compelido a desfazer construções ou plantações que tenha feita na posse. Como o juízo possessório é dúplice, como já aludimos *retro* (tópico 5.4), é

---

[340] GONÇALVES, Marcus Vinícius Rios. *Procedimentos especiais*. 4. ed. São Paulo: Saraiva, 2005. p. 80. (Coleção Sinopses Jurídicas, v. 13).

[341] TEIXEIRA, Sálvio de Figueiredo. *Código de Processo Civil anotado*. 7. ed. São Paulo: Saraiva, 2003. p. 655-656. Registra, por outro lado, o autor: "Se a pena não constar da inicial, deve o juiz intimar o autor para que complete a petição (art. 284)". E, por fim, ainda com sustentação na doutrina do autor em comento, merece registro o alerta de que "se a turbação ou esbulho ocorrer no curso da demanda, autorizada estará a fungibilidade, com fulcro nos arts. 462 e 929. E sem prejuízo da pena pecuniária, que pode ser reduzida pelo juiz, em qualquer hipótese". De modo que se no curso da ação de interdito proibitório vier ocorrer turbação ou esbulho, é possível a conversão da ação, em razão do princípio da fungibilidade prevista no art. 920 do CPC como também do CPC são os artigos antes apontados.

[342] Ao comentar o art. 933 do CPC registra Sergio Sahione Fadel: "No que tange à concessibilidade da liminar, isto é, aquela fase preambular, de cognição sumária e provisória, que o juiz enfrenta, para firmar seu convencimento acerca da viabilidade ou não do deferimento inicial da proteção reclamada, também tem lugar" (FADEL, Sergio Fahione. *Código de Processo Civil comentado*. Rio de Janeiro: José Konfino, 1974. t. V, p. 68. Art. 890 a 1220).

que também ao réu é possível requerer o contido no art. 921 do CPC, em face do comando do art. 922 do CPC, que retrata de forma clara a natureza dúplice das ações possessórias.[343] Para requerer perdas e danos, não há necessidade de o autor, ou o réu, quando o caso, manejar ação própria, pois que o pedido, devidamente justificado e fundamentado, deverá ser feito por meio da petição inicial apresentada pelo autor e, quando o caso, por meio da contestação apresentada pelo réu. Trata-se de cumulação de pedidos, que são inerentes ao próprio princípio da economia processual. A condenação de perdas e danos, inclusive lucros cessantes, quando for o caso, se dá na própria sentença que julgar a demanda possessória típica (esbulho, turbação e interdito proibitório).[344]

O pedido de perdas e danos (e lucros cessantes, quando o caso) deve ser certo e preciso, pois que necessitam cabal prova na fase de conhecimento; enquanto o *quantum debeatur* — na ação possessória — é que pode ficar para ser apreciado pela sentença, levando em conta

---

[343] Com relação à forma dúplice das ações possessórias, em razão do art. 922 do Código de Processo Civil, leciona Renata Esser: "Proposta a ação e pretendendo o réu, mais que simplesmente se defender por meio de contestação, também deduzir pretensão em face do autor, deverá valer-se da reconvenção, quando cabível. No entanto, a lei abre a possibilidade de vir o réu a obter tutela jurisdicional ativa favorável, sem necessidade de valer-se da reconvenção. É o que ocorre quando ele formula, na própria contestação, pedido contraposto ao do autor, fundando-o nos mesmos fatos por este deduzidos; e também nas chamadas ações dúplices, nas quais autor e réu ocupam simultaneamente ambas as posições subjetivas na base da relação jurídica processual, podendo o último obter, independentemente de pedido expresso, o bem da vida disputado, como consequência direta da rejeição do pedido do autor.
A situação jurídica se apresenta de tal modo que qualquer dos sujeitos pode ajuizar a ação contra o outro. Quando isso acontece, diz-se que a ação é de natureza dúplice. Assim, este artigo torna dúplice a ação possessória, permitindo que o juiz, independentemente de reconvenção do réu, confira-lhe proteção possessória, se a requerer na contestação e provar ser o legítimo possuidor, independente de reconvenção. A proteção possessória só é conferida ao réu se ele a requerer na contestação e se provar os requisitos que normalmente se exigiriam do autor. Ademais, está limitada aos pedidos autorizados pelo art. 922. Pedidos de natureza diversa só poderão ser veiculados por meio de reconvenção". Acrescentando, ainda: "Diferença de pedido contraposto e natureza dúplice — no pedido contraposto o réu deve pedir, na contestação, a condenação do autor. Na natureza dúplice, o juiz pode conceder o direito ao réu, de ofício" (ESSER, Renata. Ações possessórias. Disponível em: <reesser.wordpress.com/2010/04/09/acoes-possessorias/>).

[344] Além de perdas e danos, poderá a violação à posse dar margem à ocorrência de lucros cessantes, o que, quando ocorrer e for devidamente provado (pelo autor, no pedido inicial, ou pelo réu, na contestação), será objeto da sentença condenatória. O imperioso é que o *lucrum cessans* decorra de forma direta e imediatamente do próprio dano que foi causado. Neste sentido doutrina, também, Marco Aurelio Viana, ao afirmar: "As perdas e danos atenderão a todos os prejuízos sofridos, inclusive as vantagens que o autor deixou de auferir por força do esbulho ou turbação. Atende-se, portanto, aos lucros cessantes. A vítima será indenizada integralmente" (VIANA, Marco Aurelio da Silva. *Curso de direito civil*: direito das coisas. Belo Horizonte: Del Rey, 1993. 3 v. em 3, p. 87).

que poderá ser objeto de execução.[345] [346] Então, como acertadamente destaca Sílvio de Salvo Venosa, "no processo possessório, impõe-se não somente que o agente peça expressamente a indenização, como também que comprove o prejuízo. Com freqüência, as partes preocupam-se em demonstrar a turbação e o esbulho no curso da instrução, não fazendo prova quanto a perdas e danos. Ainda que liquidado o valor na fase executória, o prejuízo alegado deve ser provado [...], porque pode ocorrer que o atentado contra a posse não tenha acarretado qualquer prejuízo. Sem prejuízo, não há o que indenizar. Não se presume o prejuízo. Essa indenização deve ter como padrão a natureza dos lucros cessantes e dos danos emergentes".[347]

Não pode, pois, ser meramente declinado o pedido de condenação em perdas e danos, pois o que não necessita de prova específica é a condenação que a reintegração se faça às custas do que praticou o esbulho. Assim é em razão de que "a reintegração à custa do vencido, na ação possessória, é elemento da executividade. Não se confunde com a indenização de perdas e danos que não são elementos da reintegração. Daí aquela não precisar ser explicitamente pedida: o pedido contém-na".[348]

Vale ressaltar que a indenização levada a cabo no próprio processo possessório é exclusivamente aquela referente aos danos cometidos contra a própria posse, ou, consoante leciona Gleydson Kleber Lopes de Oliveira: "A possibilidade de pleitear indenização em perdas

---

[345] Decidiu — em matéria envolvendo perdas e danos — o Tribunal de Justiça do Rio de Janeiro: "Não há necessidade de o autor optar pelo rito ordinário para cumular os pedidos possessórios e de perdas e danos, como se exigia outrora. As perdas e danos devem ser provados na fase de conhecimento, ficando para a execução apenas a apuração do seu quantum" (Fonte: 5ª. Câm. do TACiv.RJ de 1.7.85, na Apel. nº 20.463, Rel. Juiz Antônio Lindberg Montenegro, ac. unân., Arqs. TARJ 5/177).

[346] As perdas e danos, mais lucros cessantes, constam dos arts. 402 e 403 do CC de 2002 (sendo que no CC de 1916, constavam dos arts. 1.059 e 1.060, respectivamente). Reza o art. 402 (CC de 2002): "Salvo as exceções expressamente previstas em lei, as perdas e danos devidas ao credor abrangem, além do que ele efetivamente perdeu, o que razoavelmente deixou de lucrar". Enquanto o art. 403 (CC de 2002) estabelece: "Ainda que a inexecução resulte de dolo do devedor, as perdas e danos só incluem os prejuízos efetivos e os lucros cessantes por efeito dela direto e imediato, sem prejuízo do disposto na lei processual".

[347] VENOSA, Sílvio de Salvo. Direito civil: direitos reais. 3. ed. São Paulo: Atlas, 2003. v. 5, p. 114. O autor, em razão do comando do art. 402 do CC de 2002 (e art. 1.059 do CC de 1916), dá dois exemplos. Deste modo, "assim, por exemplo, na hipótese de comodato, a partir do esbulho, o comodante deve ser indenizado pela indisponibilidade da coisa: justo que se fixe o equivalente ao aluguel que a coisa teria propiciado no período. Na hipótese de desapossamento de um veículo, em outro exemplo, justo que a indenização repare os gastos com locomoção no período de posse indevida. No entanto, o prejuízo deve ser descrito e pedido na inicial ou na contestação".

[348] MIRANDA, Pontes de. Tratado das ações: ações condenatórias. Atualizado por Vilson Rodrigues Alves. Campinas: Bookseller, 1999. v. 7, t. V, p. 78.

e danos cinge-se, exclusivamente, aos prejuízos decorrentes da ofensa à posse. Caso o autor queira pleitear prejuízos outros, não decorrentes ou relacionados com os atos ofensivos à posse, a mencionada pretensão não poderá ser susceptível de cumulação em sede de procedimento especial".[349]

Se não houver por parte do autor, com a inicial, ou do réu, com a contestação, pedido expresso de perdas e danos, o juiz não poderá sentenciar deferindo-os, pois se tal acontecer o julgamento será *ultra petita*.[350] O que o juiz decide, independentemente de pedido expresso, como dito no parágrafo anterior, é a condenação de que a reintegração se dê à custa do vencido.

Na condenação, em demanda possessória, são devidos honorários advocatícios (sendo que alguns autores entendem — erroneamente, pensamos nós — ser descabido o pagamento[351]), pois que, indubitavelmente, estes constituem um verdadeiro complemento da indenização, salvo, se o caso, se tratar de ação possessória por meio de Juizado Especial Cível – Estadual ou Federal. Pondera, nesse sentido, Caio Mário da Silva Pereira, que "os honorários de advogado [...] devem constituir natural complemento da indenização, de vez que, não sendo lícito à vítima ingressar em Juízo sem o patrocínio de profissional legalmente habilitado o pagamento a este, pela defesa da posse, seria, em qualquer hipótese, um ônus, a pesar sobre os ombros do possuidor, desfalcando-lhe o patrimônio. A recomposição deste não se reputará perfeita sem a inclusão dos horários na verba de reparação".[352]

Os honorários advocatícios deverão ser fixados com a prudência necessária por parte do juiz, devendo o balizamento do valor dos mesmos ter como referência o disciplinado pelo art. 20, do Código de Processo Civil.

---

[349] OLIVEIRA, Gleydson Kleber Lopes de. *Ações possessórias*: enfoque sobre a cognição. São Paulo: Juarez de Oliveira, 2001. p. 75.

[350] Sentença *ultra petita* é, e quanto a isto não custa esclarecer (lembrando, ou relembrando!), aquela que vai além do pedido, ou porque concede mais do que foi pedido, ou porque concede mais do que não foi pedido.

[351] Dentre os autores que entendem que os honorários advocatícios são indevidos em ações possessórias típicas, destacamos Marco Aurelio da Silva Viana, que diz: "Com pertinência aos honorários advocatícios, não tem caráter indenizatório, sendo estranho à lide o contrato entre o demandante e seu advogado, que não se considera como conseqüência necessária da lesão" (VIANA, Marco Aurelio da Silva. *Curso de direito civil*: direito das coisas. Belo Horizonte: Del Rey, 1993. 3 v. em 3, p. 87).

[352] PEREIRA, Caio Mário da Silva. *Instituições de direito civil*: direitos reais. 18. ed. Rio de Janeiro: Forense, 2003. 4 v. em 6, p. 74.

5.6 Proteção das servidões por meio das ações possessórias típicas

As servidões, instituto integrante dos direitos reais limitados, podem ser objeto de proteção possessória com supedâneo nas ações típicas de proteção da posse.

Há de ponderar-se, todavia, que somente as servidões aparentes gozam de tal proteção, e tal entendimento decorre, a *contrario sensu*, do comando do art. 1.213 do Código Civil de 2002 (e art. 509 do CC de 1916, onde constava que tanto as servidões contínuas não aparentes, assim como as servidões descontínuas não gozavam de proteção possessória, salvo se os respectivos títulos proviessem do possuidor do prédio serviente, ou daqueles de que este o houve). Também o art. 1.213 do CC de 2002, ressalva que embora não sendo aparente, também goza de proteção possessória a servidão em que os títulos da mesma provierem do possuidor do prédio serviente, ou daqueles que este o houve.[353]

A servidão, aparente ou não aparente, "é o direito real constituído em favor de um prédio sobre outro, de dono diverso. O prédio beneficiado denomina-se dominante. O prédio onerado denomina-se serviente".[354] Este *conceito de servidão* pode ser vislumbrado pelo próprio *art. 1.378* do Código Civil de 2002, que estatui: "A servidão proporciona

---

[353] Na legislação estrangeira encontramos ponto de vista convergente com o disciplinado pelo Direito Civil do Brasil, assim é que, exemplificativamente, destacamos do Código Civil de Macau (China) o Artigo 1205.º, que estabelece:
"(*Exclusão das servidões não aparentes*)
1. As acções mencionadas nos artigos antecedentes não são aplicáveis à defesa das servidões não aparentes, salvo quando a posse seja titulada, fundando-se em título provindo do proprietário do prédio serviente ou de quem lho transmitiu.
2. Para efeitos do número anterior, é equiparado ao proprietário o titular de outro direito real passível de ser onerado com a servidão".
Nota 1: As ações referidas, conforme nº 1, *retro*, são, no Código Civil de Macau: Acção de prevenção – artigo 1201.º (no direito civil brasileiro: interdito proibitório); autotutela e defesa judicial – artigo 1202.º (no direito civil brasileiro: desforço pessoal) e manutenção e restituição da posse – artigo 1203.º (no direito civil brasileiro: manutenção de posse e reintegração de posse).
Nota 2: O Código Civil de Portugal, do qual o Código Civil de Macau deriva, trata a matéria de forma praticamente idêntica, consoante artigos 1280.º (sobre servidão); 1276.º (sobre acção de prevenção); 1277.º (sobre acção directa e defesa judicial) e 1278.º (sobre manutenção e restituição da posse).
[354] VENOSA, Sílvio de Salvo. *Direito civil*: direitos reais. 3. ed. São Paulo: Atlas, 2003. v. 5, p. 148-149. Faz ver, ainda, o autor, à p. 149, que "as servidões podem ser aparentes e não aparentes, sendo que estas são as que não se revelam por sinais visíveis (por exemplo, a servidão de não construir mais alto). Podem também ser contínuas e descontínuas. Estas exigem a atividade de seus titulares, a qual não é contínua (por exemplo, a servidão de retirada de água)".

utilidade para o prédio dominante, e grava o prédio serviente, que pertence a diverso dono, e constitui-se mediante declaração expressa dos proprietários, ou por testamento, e subseqüente registro no Cartório de Registro de Imóveis".[355] Em comentário doutrinário, relativo ao art. 1.213 do Código Civil de 2002, encontramos a alusão de que "a nova redação conferida ao art. 509 do CC de 1916 suprime as hipóteses de servidões *contínuas* e *descontínuas*. De fato, na redação do art. 1.213 do Código Civil de 2002, verificamos que o legislador de 2002 preferiu (acertadamente) simplificar o problema decorrente da tutela interdital das servidões fazendo referência à questão efetiva que reside na falta de aparência (*servidões não aparentes*), pouco importando se elas são contínuas ou descontínuas, tendo-se em conta que o cerne do enleio sempre foi a falta de sinais exteriores capazes de identificá-las, salvo se os títulos respectivos se originassem do possuidor do prédio serviente, ou daqueles de quem e este os houvera, rechaçando, assim, qualquer possibilidade de confundir-se com os atos de permissão ou tolerância".

Com a conclusão, em razão da matéria tratada, de que: "Nenhuma dúvida resta quanto à tutela interdital que o sistema confere às servidões aparentes, diante de sua fácil constatação (materialização)".[356]

A matéria relativa às servidões não aparentes e sem titulação, mas que passaram à condição de permanentes, e as obras realizadas que lhe deram o caráter de aparência já gozavam de proteção interdital, consoante entendimento sufragado pelo Supremo Tribunal Federal.[357]

---

[355] Em análise ao art. 1.378, diz Hamilton Elliot Akel: "Da análise do dispositivo temos, em primeiro lugar, que por meio da servidão impõe-se a um prédio — que se denomina serviente — em favor de outro prédio — o dominante —, um ônus ou gravame, vale dizer, uma restrição ao exercício do domínio do titular". Continuando, diz o autor: "Em segundo lugar, esse ônus impõe-se a um prédio (serviente) em favor do outro (dominante), e não a uma pessoa em favor de outra. Vale dizer, é uma relação que se estabelece entre prédios, daí decorrendo sua natureza de direito real, porque incide sobre a própria coisa". Arrematando: "Em terceiro lugar, é mister que os dois prédios, o serviente e o dominante, pertençam a diferentes donos" (AKEL, Hamilton Elliot. Das servidões prediais. *In*: NETTO, Domingos Franciulli; MENDES, Gilmar Ferreira; MARTINS FILHO, Ives Gandra (Coord.). *O novo Código Civil*: estudos em homenagem ao prof. Miguel Reale. São Paulo: Revista dos Tribunais, 2003. p. 1039).

[356] FIGUEIRA JÚNIOR, Joel Dias. *Novo Código Civil comentado*. Coordenação de Ricardo Fiúza. 9. tir. São Paulo: Saraiva, 2003. p. 1083.

[357] Súmula nº 415, do STF: "Servidão de trânsito não titulada, mas tornada permanente, sobretudo pela natureza das obras realizadas, considera-se aparente, conferindo direito à proteção possessória".

5.7 Proteção possessória, nas ações típicas, dos direitos imateriais, ou incorpóreos

Os direitos imateriais, ou incorpóreos, também estão devidamente protegidos pelas ações típicas de defesa da posse, conforme expusemos no Capítulo 2, tópico 2.2.1. A doutrina e a jurisprudência agasalham tal entendimento, sendo que os entendimentos em contrário não chegam a causar qualquer sobressalto em relação à faculdade concedida ao ofendido de manejar ação possessória para fins de proteger direito imaterial.

Pontes de Miranda, ao tratar da questão dos direitos incorpóreos, afirma, de forma peremptória, que "a propriedade intelectual (artística, científica) e a industrial são direitos sobre bens incorpóreos. Tais bens são, pelo princípio da coextensão da posse e da propriedade, suscetíveis de posse e de tutela possessória. O bem industrial, bem incorpóreo, como o bem intelectual, é suscetível de posse. As pretensões e ações possessórias podem ser exercidas. Tais ações somente nascem com a patenteação da invenção".

Ainda, conforme lição de Pontes de Miranda: "Não se confunda a ação possessória do titular da patente com a que tem o pré-utente antes de se exercer o direito formativo gerador. É ação possessória oriunda de outro direito — o direito de propriedade intelectual ou o direito sobre a coisa. Com o registro, nascem as pretensões e ações possessórias quanto aos sinais distintivos. As ações possessórias nascem a qualquer pessoa que tem poder sobre a indicação de procedência. Qualquer fato que o exprima basta".[358]

Como as questões que envolvem posse são puramente de ordem fática, como já visto, é que não há razão alguma para que as questões provenientes da posse relativa aos direitos imateriais, ou incorpóreos, não gozem da proteção possessória prevista na legislação material e processual civil.

A proteção possessória, proveniente dos chamados bens imateriais, ou incorpóreos, que são, para fins de proteção legal, considerados móveis — o que os torna possíveis de proteção possessória (ação de reintegração de posse, ação de manutenção de posse e interdito proibitório) — tem amparo no Código Civil, em face do comando do art. 83,[359] *caput*, do Código Civil de 2002, situação que, também, era

---

[358] MIRANDA, Pontes de. *Tratado das ações*: ações mandamentais. Atualizado por Vilson Rodrigues Alves. Campinas: Bookseller, 1999. v. 7, t. VI, p.105-106.
[359] Dispõe o art. 83 (CC de 2002) "Consideram-se móveis para os efeitos legais:
I – as energias que tenham valor econômico;

prevista pelo art. 48,³⁶⁰ *caput* do Código Civil de 1916. Em algumas legislações estrangeiras, os direitos imateriais também figuram como bens móveis, por exemplo, pelo Código Civil do México (no vernáculo de origem: *Código Civil para el Distrito Federal en matéria comum y para toda la República en materia federal*), que disciplina: "Artículo 758. Los derechos de autor se consideran bienes muebles".

Não paira dúvida de que tanto os direitos autorais,[361] como os direitos de propriedade industrial (marcas e patentes),[362] inclusive os cultivares,[363] gozam de proteção possessória, em razão de expressa disposição de ordem legal, haja vista suas inserções no campo dos direitos reais, como bens de natureza móvel.

Não obstante os esclarecimentos doutrinários colhidos na lição de Pontes de Miranda e que foi, em parte, reproduzido acima, nos valemos — para espraiar mais o entendimento sobre o objetivo legal da proteção da obra de direito autoral e do direito de proteção da obra industrial — do que aduzem Carlos Alberto Bittar e Eduardo Bittar, no sentido de que "na regulamentação dos direitos sobre a obra intelectual, o objetivo básico é proteger o autor e possibilitar-lhe, de um lado, a defesa da paternidade e da integridade de sua criação e, de outro, a fruição dos proventos econômicos, resultantes de sua utilização, dentro da linha dos mecanismos de tutela dos direitos individuais. Por isso é que se relaciona mais a interesses de personalidade (caráter subjetivista e privatista do Direito de Autor)".

Complementando: "Na regulamentação dos direitos sobre a obra industrial, a proteção fixada objetivou a aplicação do produto final na consecução de utilidades, ou na solução de problemas técnicos, relacionando-se

---

II – os direitos reais sobre objetos móveis e ações correspondentes;
III – os direitos pessoais de caráter patrimonial e respectivas ações".

[360] Disciplinava o art. 48 (CC de 1916) "Consideram-se móveis para os efeitos legais:
I – os direitos reais sobre objetos móveis e as ações correspondentes;
II – os direitos de obrigação e as ações respectivas;
III – os direitos de autor".

[361] Dispõe a Lei nº 9.610, de 19 de fevereiro de 1998, que trata sobre os direitos autorais, em seu art. 3º. "Os direitos autorais reputam-se, para os efeitos legais, bens móveis".

[362] Dispõe a Lei nº 9.279, de 14 de maio de 1996, que trata da proteção da propriedade industrial, pelo art. 5º. "Consideram-se bens móveis, para os efeitos legais, os direitos de propriedade industrial".

[363] Dispõe a Lei nº 9.456, de 25 de abril de 1997, que trata sobre a proteção de cultivares (que fica contido no campo da propriedade intelectual), no art. 2º. "A proteção dos direitos relativos à propriedade intelectual referente a cultivar se efetua mediante a concessão de Certificado de Proteção de Cultivar, considerado bem móvel para todos os efeitos legais e única forma de proteção de cultivares e de direito que poderá obstar a livre utilização de plantas ou de suas partes de reprodução ou de multiplicação vegetativa, no País".

ao processo de produção e de expansão da economia, sob a égide de um regime de concorrência desleal. Vincula-se, pois, mais a interesses técnicos, econômicos e políticos, amparando, de um lado, o produto industrial (como nos inventos), e impedindo, de outro, a concorrência desleal (como sinais distintivos) (caráter objetivista do Direito Industrial)".[364]

No próprio comando da legislação extravagante — no tratamento específico sobre proteção de direito de autor e da proteção de direito de propriedade industrial —, defluem mecanismos de proteção na órbita do Direito Civil (como, de resto, no campo do direito penal), todavia é nas ações de proteção da posse onde a fluidez de tal proteção melhor se faz sentir.

A mesma proteção possessória que se alcança ao possuidor (por meios das ações possessórias típicas) para resguardo de sua posse sobre bens móveis e sobre bens imóveis, também se alcança em matéria de proteção de direitos imateriais, haja vista que "pode o titular servir-se, dentre outros, dos instrumentos de defesa de posse, como o interdito proibitório",[365] que, aliás, faz parte dos meios de tutela civil, até mesmo em razão de que "a tutela civil é plena, porque se realiza através de todas as espécies de ações civis".[366]

Em matéria de direito imaterial, o que se caracteriza como meio mais eficaz de proteção é o interdito proibitório, considerando que, "se,

---

[364] BITTAR, Carlos Alberto; BITTAR, Eduardo C. B. *Direito de autor*. 3. ed. Rio de Janeiro: Forense Universitária, 2000. p. 4-5. Ainda sobre proteção de direito de autor e proteção de direito de propriedade industrial, aduzem os autores: "Assim, na obra intelectual resguardam-se mais os interesses do autor, com reflexos econômicos e sociais daí decorrentes, enquanto na obra industrial o objetivo último é o aproveitamento, pela coletividade, da utilidade resultante — através de sua multiplicação ou de inserção no processo produtivo — ou o impedimento da prática da concorrência desleal".

[365] BITTAR, Carlos Alberto; BITTAR, Eduardo C. B. *Direito de autor*. 3. ed. Rio de Janeiro: Forense Universitária, 2000, p. 138. Embora o Interdito Proibitório também esteja à disposição do titular do direito autoral e do titular do direito de propriedade industrial, não é de ignorar-se que o STJ tem posicionamento, quanto à proteção do direito de autor, contrário, tanto assim é que foi editada súmula. Diz a Súmula (STJ) nº 228: "É inadmissível o interdito proibitório para a proteção do direito autoral". A proteção, entretanto, em situações particularíssimas, tem sido possível, embora a posição contrária resultante do entendimento do STJ.

[366] BITTAR, Carlos Alberto; BITTAR FILHO, Carlos Alberto. *Tutela dos direitos de personalidade e dos direitos autorais nas atividades empresariais*. 2. ed. São Paulo: Revista dos Tribunais, 2002. p. 25. Ainda sobre a tutela civil, acrescem os autores: "Nota-se, assim, que, por meio da tutela civil, se pode conseguir a cessação das práticas atentatórias, a condenação à integral reparação dos prejuízos materiais e morais, bem como, eventualmente, a execução forçada (por descumprimento da condenação referida). Enfim, através da tutela civil, podem ser eliminados tanto o ilícito quanto todos os seus efeitos, restaurando-se, totalmente, a harmonia e o equilíbrio da ordem jurídica".

porém, o pedido de manutenção e reintegração, na prática, é ineficaz para impedir a reprodução de obra artística, por exemplo, o interdito a evita".[367]

5.8 Aplicação das ações possessórias típicas em relação às coisas de natureza móvel

Em se tratando de proteção possessória, não há, presentemente, qualquer distinção se os bens (coisas) são imóveis ou móveis, pois que todos eles gozam de proteção possessória.

A matéria foi objeto de divergências interpretativas no passado, pois que o Código de Processo Civil, em redação primitiva, condicionava, em face do art. 275, inc. II, alínea "a", que se aplicava o procedimento sumaríssimo (agora, sumário) às causas que versassem sobre a posse ou domínio de coisas móveis e de semoventes. Então, por longos anos e com posicionamentos ora favoráveis, ora desfavoráveis, a matéria foi sendo palco de disputas interpretativas e isto tanto no âmbito acadêmico, como no âmbito judicial.

Pois bem, presentemente não há mais espaço para discussão, em função de que o art. 275 do Código de Processo Civil excluiu, na sua atual redação, a alusão a móveis e semoventes, contrariamente ao que era disposto anteriormente, em decorrência da redação do inc. I, alínea "a". Com relação ao assunto, leciona Carlos Roberto Gonçalves: "A Lei nº 9.245, de 26 de dezembro de 1995, excluiu do procedimento sumário as ações que versem sobre posse e domínio de coisas móveis". Complementa o autor dizendo que "o procedimento das ações possessórias, quer versem sobre bens móveis, quer sobre bens imóveis, sendo ação de força velha, será sempre ordinário. Se for ação de força nova, seguirá o especial dos arts. 926 e s. do Código de Processo Civil, que preveem a possibilidade de se conceder liminar".[368]

Vale, por oportuno, ressaltar que em sendo a ação possessória típica de força nova (menos de ano e dia), o autor tem mais vantagem em se assegurar do rito especial, haja vista a possibilidade da obtenção de liminar, *inaudita altera pars*, ou após justificação prévia; já na ação possessória de força velha (mais de ano e dia), o autor não tem escolha, pois que a ação tramita, desde logo, pelo rito ordinário, em face do art. 924 do CPC, em que poderá, se preenchidos os requisitos necessários, obter

---

[367] SANTOS, Ernane Fidélis dos. *Manual de direito processual civil*. São Paulo: Saraiva, 1996. v. 3. p. 51.
[368] GONÇALVES, Carlos Roberto. *Direito das coisas*. São Paulo: Saraiva, 2003. p. 41.

antecipação de tutela, em face do art. 273 do CPC. Sobre a antecipação de tutela, voltaremos, com mais ênfase, ao assunto no Capítulo 5 (tópico 5.18). O procedimento comum é ordinário ou sumário (art. 272 do CPC), razão pela qual nas ações possessórias típicas de força velha (mais de ano e dia), a demanda possessória poderá ficar albergada pelo comando do rito sumário do art. 275, inc. I, desde que o valor da causa não ultrapasse 60 (sessenta) salários mínimos, em vigência à época da propositura da demanda. Quando o valor da causa não se encaixar no art. 275, inc. I, do CPC, incide, desde logo, o rito ordinário.

Aplica-se, portanto, de forma integral às coisas de natureza móvel e aos semoventes as mesmas regras que são aplicadas aos bens de natureza imóvel, inclusive quanto ao rito e à concessão de liminar, quando se tratar de ação possessória de força nova (que é de procedimento especial de jurisdição contenciosa, consoante Livro IV, Título I, do Código de Processo Civil); já para a ação possessória de força velha (que segue o rito ordinário), abre-se a possibilidade da concessão de antecipação de tutela, exigindo-se, e tão somente, a *verossimilhança* e o *periculum in mora*, previstos pelo art. 273 do Código de Processo Civil.[369]

5.9 Modalidades de ações possessórias atípicas

As ações possessórias atípicas também podem ser manejadas para a proteção da posse, muito embora não sejam específicas, conforme já alertamos anteriormente.

Para um estudo particularizado é que elencamos o rol das ações que, embora não exclusivas, também possibilitam a proteção possessória. Como tais ações, a seguir tratadas, não se destinam de forma exclusiva à proteção da posse é que as denominamos de atípicas, *nomen juris* este que adotamos para diferenciá-las das ações possessórias típicas.

---

[369] Ao discorrer sobre a antecipação de tutela, aponta Teori Albino Zavascky: "Atento, certamente, à gravidade do ato que opera restrição a direitos fundamentais, estabeleceu o legislador, como pressupostos genéricos, indispensáveis à qualquer das espécies de antecipação de tutela, que haja (a) prova inequívoca e (b) verossimilhança da alegação. O *fumus boni iuris* deverá estar, portanto, especialmente qualificado: exige-se que os fatos, examinados com base na prova já carreada, possam se tidos como fatos certos. Em outras palavras: diferentemente do que ocorre no processo cautelar (onde há juízo de plausibilidade quanto ao direito e probabilidade quanto aos fatos alegados), a antecipação de tutela de mérito supõe *verossimilhança* quanto ao fundamento de direito, que decorre de (relativa) certeza quanto à verdade dos fatos. Sob este aspecto, não há como deixar de identificar os pressupostos da antecipação de tutela de mérito, do art. 273, com os da liminar em mandado de segurança: nos dois casos, além da relevância dos fundamentos (de direito), supõe-se provada nos autos a matéria fática" (ZAVASCKY, Teori Albino. *Antecipação da tutela*. São Paulo: Saraiva, 1997. p. 75-76).

À guisa de esclarecimento, se há (como de fato há) ações típicas para defesa da posse, não é incorreto denominarmos de atípicas aquelas que também podem ser manejadas para o mesmo fim. A atipicidade se refere tão somente ao fato de que tais ações não são exclusivas para a defesa da posse, e não que elas não tenham previsão legal no ordenamento processual civil brasileiro.

Dito isto, vejamos o rol das ações atípicas, que podem ser manejadas para defesa da posse.

5.9.1 Ação de nunciação de obra nova[370]

Ação de nunciação de obra nova, também denominada de embargos à primeira (também, em terminologia adotada pela doutrina e pela jurisprudência, embargos de obra nova), é matéria que encontra amparo, tanto material, como processual, pelo Código de Processo Civil, em razão do contido nos arts. 934 a 940.[371]

Cabe apontar que pelo art. 1.302, em combinação com o art. 1.312 do Código Civil de 2002 (e art. 573, combinado com o art. 586 do Código Civil de 1916), existe, também, a possibilidade de ser manejada a ação de nunciação de obra nova no capítulo atinente aos Direitos de Vizinhança (*jus vicinatis*), na Seção do Direito de Construir, só que em tais situações somente quem pode manejá-la, por força dos dispositivos em referência, é o proprietário, o que afasta a figura do possuidor (pelo menos enquanto tão só possuidor).

Aponta, em comentário ao art. 1.302 do Código Civil de 2002, Maria Helena Diniz: *"Direito de propor ação de nunciação de obra nova.* O proprietário confinante que, presumidamente, anuiu na construção, uma vez que a ela não se opôs, poderá mover ação de nunciação de obra nova (CPC, art. 934), que somente poderá ser deferida durante a construção para obstar que na edificação levantada no prédio vizinho se abra janela a menos de metro e meio da linha divisória ou se faça beiral que deite água no seu terreno, dentro do prazo decadencial de ano e dia".

---

[370] Registra Pinto Ferreira: "O nome de nunciação de obra nova procede do latim *actio operis novi nuntiationis*. A fonte material era o protesto contra a atividade inovante (*operis novi nuntiatio*), quer o trabalho inovante consistisse em edificação quer em demolição" (FERREIRA, Pinto. *Da ação de nunciação de obra nova*. São Paulo: Saraiva, 1986. p. 79. [Coleção Saraiva de Prática Jurídica]).

[371] No ANEXO C, no tópico: "Destaques de artigos do código de processo civil em matéria de ações possessórias", estão transcritos todos os artigos sobre a ação de nunciação de obra nova. Deve, ainda, ser observado que o foro competente para a propositura da ação é o da situação da coisa, conforme art. 95 do Código de Processo Civil, o que já aludimos em nota anterior, quando tratamos do tópico 5.4, sobre as ações possessórias e seu caráter dúplice.

Ainda, segundo Maria Helena Diniz, ao comentar o art. 1.302 do Código Civil de 2002: *"Conseqüências da violação dos arts. 1.199 a 1.313 do Código Civil.* Todo aquele que infringir as normas atinentes ao direito de construir, contidas no Código Civil, será obrigado a demolir as construções ilicitamente feitas, respondendo, ainda, pelas perdas e danos. O lesado poderá ingressar em juízo com ação demolitória, dentro do prazo decadencial de ano e dia (CC, art. 1.302). Todavia o magistrado apenas ordenará a demolição da obra quando for impossível a sua conservação ou adaptação aos regulamentos administrativos e quando contiver vício insanável. Se a obra ainda estiver em fase de construção, a ação cabível será a de nunciação de obra nova (CPC, art. 934). De qualquer modo o infrator deverá pagar a indenização por perdas e danos (CC, arts. 402 a 404), pedido esse que poderá ser cumulado a qualquer daquelas ações".[372]

A ação de nunciação de obra nova preconizada pelo Código de Processo Civil é de caráter amplo, pois tanto pode ser intentada pelo possuidor, como de resto pelo proprietário, para obstaculizar, legalmente, que determinada obra feita em prédio vizinho lhe afete em seus direitos. É ação, então, destinada a impedir a ocorrência de prejuízo em razão da obra nova construída em prédio vizinho.[373]

Trata-se, pois, de uma ação, e isto registra Arnoldo Wald, "intentada pelo proprietário ou pelo possuidor para impedir que o prédio que lhe pertence ou que possui seja prejudicado por obra nova realizada em prédio vizinho, bem como pelo condômino, para impedir a ocorrência de prejuízo ou a alteração da coisa comum, por qualquer obra que execute o co-proprietário; bem, como, ainda, pelo Município, para impedir a construção por qualquer particular, contrariamente ao que dispõe a lei, o regulamento ou a postura".[374] [375]

---

[372] DINIZ, Maria Helena. *Código Civil anotado.* 8. ed. São Paulo: Saraiva, 2002. p. 799, 804-805.
[373] Em razão do doutrinado por Adroaldo Futado Fabrício (*Comentários do Código de Processo Civil.* Rio de Janeiro: Forense, 1980. v. 8, p. 593), temos que "a 'liberação', ou proteção do livre e pacífico exercício do domínio, faz-se necessária em razão de obra empreendida em prédio vizinho e que ocasiona iminência de um prejuízo ao prédio. Não se trata de dano a pessoa em sua saúde ou bem-estar, donde promanam ações outras de direito de vizinhança, mas ao prédio mesmo, visto como bem imóvel e não necessariamente como edifício ou casa: esse, aliás, o conceito invariavelmente adotado pelo Código Civil".
[374] WALD, Arnoldo. *Curso de direito civil brasileiro*: direito das coisas. 11. ed. São Paulo: Saraiva, 2002. p. 98-99.
[375] Praticamente no mesmo sentido da doutrina de Arnoldo Wald é, também, a lição de Solon Angelim de Alencar Ferreira, quando o mesmo escreve: "A ação de nunciação de obra nova é ação que compete ao proprietário, possuidor, condômino e ao município contra aquele confinante que constrói ilicitamente seja violando as normas do direito de vizinhança contidas no código Civil, seja violando as normas municipais, seja o co-proprietário que

Deve, e isto é primordial, a obra ser realizada em imóvel que seja contíguo àquele que será afetado pela mesma, pois se a obra adentrar terreno de outrem, não será a ação de obra nova a proteção jurídica adequada, e sim a correspondente ação possessória típica (manutenção ou reintegração de posse, conforme for o caso).[376] Por outro lado, como consta do art. 936, incs. I, II e III, do Código de Processo Civil, o nunciante poderá não mais poder impedir a continuidade da obra nova, em razão de que no curso da ação a mesma foi concluída, caso em que a ação continuará a fluir para que ocorra demolição do que foi feito.[377]

A jurisprudência predominante, calcada na melhor doutrina sobre a matéria, acolhe a possibilidade jurídica de que se no curso do processo a obra findou, a ação não deve ser extinta, e sim feita a convolação em demolitória, face ao art. 936, inc. I, do Código de Processo Civil. Doutrina, no mesmo sentido — em relação ao art. 936, inc. I, do Código de Processo Civil —, Humberto Theodoro Júnior, ao asseverar, com amparo em decisão jurisprudencial: "Obra concluída no interregno entre a propositura da ação e a citação do nunciado. Conversão em demolitória. Possibilidade. Orientação doutrinária e precedentes

---

execute obra com prejuízo/modificação da coisa comum, seja o particular que construa contra a lei, regulamento ou código de postura (art. 934, incisos I a III, do CPC), ou seja, a ação de nunciação pode fundamentar-se no direito de propriedade, no '*jus possessionis*', do condomínio e da quebra de regras até mesmo municipais de obras, motivo pelo qual está situada entre as ações possessórias '*lato sensu*'" (FERREIRA, Solon Angelim de Alencar. Outros meios processuais de defesa da posse. *Jus Navigandi*, Teresina, ano 5, n. 47, 1º nov. 2000. Disponível em: <http://jus2.uol.com.br/doutrina/texto.asp?id=591>).

[376] O Tribunal de Justiça de Santa Catarina, em decisão sobre a matéria, deixou sedimentado: Ementa: "Nunciação de obra nova. Alegação de construção em imóvel da autora. Carência da ação. Impossibilidade jurídica do pedido. A nunciação pressupõe a existência de dois prédios contíguos. Mas, se feita esta, não no terreno do nunciado, porém, no do próprio nunciante, o meio processual de que o último dispõe será a ação possessória adequada, e não a nunciação (W. Barros Monteiro, in Direito das Coisas, 6ª. ed. p. 56). Restando demonstrado nos autos, que a obra embargada está sendo construída quase que integralmente no imóvel que o nunciante afirma ser de sua propriedade, é imprópria a ação de nunciação para dirimir o conflito possessório, sendo correta a solução alvitrada pela sentença". Fonte: AC nº 47.641, da Capital, do TJSC, Rel. Des. Pedro Manoel Abreu, decisão em 21.9.1995.

[377] Decidiu o Tribunal de Justiça de Santa Catarina, em agravo de instrumento, em matéria envolvendo obra nova: "O reconhecimento de que a obra está concluída não impede a tramitação da actio que abriga os demais pedidos constantes do art. 936, incisos I, II e II, do Código de Processo Civil, tais como, desfazimento da construção, cominação de pena para o caso de inobservância do preceito e condenação em perdas e danos" (Fonte: AI nº 10.413, Balneário Camboriú, Rel. Des. Francisco Oliveira Filho, decisão publicado no *DJ-SC*, em 09.07.96). (ROSA, Alexandre Morais da. *Código de Processo Civil anotado*: segundo a jurisprudência do Tribunal de Justiça de Santa Catarina. 2. ed. Florianópolis: Terceiro Milênio, 1998. p. 577).

jurisprudenciais. Na linha da jurisprudência emanada dos Tribunais, inclusive o egrégio Superior Tribunal de Justiça, e em conformidade com a melhor doutrina, admite-se a convolação da ação de obra nova em demolitória se a obra concluiu-se na pendência daquela. Embora inviável o embargo, subsiste íntegra a pretensão demolitória, que passa a assumir caráter autônomo. Não obstante, a conversão das ações não deve ser automática, devendo ser declarados nulos os atos praticados de forma incompatível com o rito da ação demolitória (ordinário) [art. 250, do CPC[378]]. Outrossim, deve ser cassada a sentença e anulados os atos processuais praticados a partir do embargo, inclusive, devendo-se ainda reabrir à requerida o prazo para defesa, que passa a ser de 15 dias".[379]

Pelas colocações *supra* desponta que o autor não necessita ingressar com ação específica para pleitear a demolição da obra concluída, pois que a mesma só findou no curso da ação de nunciação de obra nova que estava em curso e que tinha sido manejada corretamente pelo autor. O que não é admissível é que quando do ingresso da ação, por parte do autor, a obra já esteja acabada, caso em que a ação será julgada improcedente, pois neste caso o certo seria, desde logo, a interposição da competente ação ordinária demolitória.

5.9.2 Ação de dano infecto

Ação de dano infecto (*damnum infectum*), que é de preceito cominatório, está prevista no art. 1.277, *caput*, do Código Civil de 2002 (e art. 554 do Código Civil de 1916).[380] Tem, também, sua aplicação em

---

[378] Em colocação fora do texto do autor, destacamos a redação do art. 250 do Código de Processo Civil: "O erro de forma do processo acarreta unicamente a anulação dos atos que não possam ser aproveitados, devendo praticar-se os que forem necessários, a fim de se observarem, quanto possível, as prescrições legais.
Parágrafo único – Dar-se-á o aproveitamento dos atos praticados, desde que não resulte prejuízo à defesa".

[379] THEODORO JÚNIOR, Humberto. *Código de processo civil anotado*. 9. ed. Rio de Janeiro: Forense, 2005. p. 632. A citação feita no corpo do texto tem como fonte jurisprudencial, segundo o autor: TAMG, 5ª. CC., Apelação nº 342940-5, Rel. Juiz Brandão Teixeira, ac. 05.09.2001, não publicado.

[380] O dano infecto também tem previsão pela Lei nº 4.591, de 16 de dezembro de 1964, que trata sobre o Condomínio em Edificações e as Incorporações Imobiliárias, em face do contido no art. 10, inc. III, em combinação com o preceituado pelo art. 19, ambos em consonância, presentemente, com o preceituado pelo art. 1.336, inc. IV (sobre deveres dos condôminos, em relação ao Condomínio Edilício), do Código Civil de 2002. Também, ainda, sobre o dano infecto, é de ser consultado o Decreto-Lei nº 3.688, de 3 de outubro de 1941, que trata da Lei das Contravenções Penais, mais precisamente em razão do contido no art. 42.

razão do art. 287,³⁸¹ do Código de Processo Civil, pois que se trata de ação de preceito cominatório. Embora não tenha por fim último, e exclusivo, a defesa da posse, é inegável que a ação poderá ser manejada com tal finalidade.

Apesar da alta carga de preceito cominatório que se insere na ação de dano infecto, é reconhecida pela doutrina, e também pela jurisprudência, como meio de defesa da posse. Assevera, neste sentido, Maria Helena Diniz, tomando por base as lições de Orlando Gomes e Caio Mário da Silva Pereira: "Essa ação não é propriamente uma ação possessória, mas sim cominatória, ante sua finalidade puramente acautelatória. Apesar disso é tida, pelos autores, como medida possessória, haja vista que compreende a proteção do possuidor".³⁸²

A ação de dano infecto é "medida preventiva como o interdito proibitório, é dá-se quando o possuidor tenha fundado receio de que a ruína de prédio vizinho ao seu, ou vício na sua construção, possa vir a causar-lhe prejuízo",³⁸³ e, também, no caso de mau uso do prédio vizinho que venha a comprometer a saúde e o sossego do possuidor ou proprietário do prédio afetado.³⁸⁴

Destaca, com acerto e prudência, Waldir de Arruda Miranda Carneiro, o que entendemos como correto: "Por fim, é de frisar que quando a lei faz referência ao proprietário ou inquilino como pessoas sujeitas à insegurança, desassossego ou insalubridade, quer indicar o titular do domínio e todas as pessoas que ocupem ou freqüentem legalmente o prédio, a título permanente ou transitório, gratuito ou oneroso".³⁸⁵

---

[381] Estatui o art. 287 do Código de Processo Civil: "Se o autor pedir que seja imposta ao réu a abstenção da prática de algum ato, tolerar alguma atividade, prestar ato ou entregar coisa, poderá requerer cominação de pena pecuniária para o caso de descumprimento da sentença ou da decisão antecipatória de tutela (arts. 461, §4º, e 461-A)".

[382] DINIZ, Maria Helena. *Curso de direito civil brasileiro*: direito das coisas. 17. ed. São Paulo: Saraiva, 2002. 4 v. em 7, p. 82.

[383] PEREIRA, Caio Mário da Silva. *Instituições de direito civil*: direitos reais. 18. ed. Rio de Janeiro: Forense, 2003. 4 v. em 6, p. 71. Alude, por outro lado, que em razão da ação de dano infecto "o autor obtém que a sentença comine ao réu prestação de caução que o assegure contra o dano futuro — *cautio damni infecti*". Ainda: "Embora, em estrita aplicação dos princípios, a *cautio damni infecti* não se alinhe entre as ações possessórias propriamente ditas, é habitualmente considerada por reputados autores como medida desta natureza, tendo em vista que seu âmbito compreende a proteção do possuidor, pelo fato de o ser".

[384] O Tribunal de Justiça do Rio Grande do Sul, em decisão onde a questão do dano infecto estava presente, decidiu: Ementa: "Ação de dano infecto. Muro de contenção. Risco de desmoronamento comprovado por prova pericial. Réus que em ação anterior, junto ao juizado especial cível assumiram responsabilidade pela reparação da obra. Prova técnica a demonstrar a insuficiência dos reparos. Sentença de procedência confirmada. Unânime" (Fonte: AC nº 70004664413, Décima Oitava Câmara Cível, TJRS, Rel. Des. Cláudio Augusto Rosa Lopes Nunes, julgado em 15.5.2003).

[385] CARNEIRO, Waldir de Arruda Miranda. *Perturbações sonoras nas edificações urbanas*. 2. ed. São Paulo: Revista dos Tribunais, 2002. p. 15-16. Lembra, ainda, o autor: "É também desimportante

A ação de dano infecto, ou de preceito cominatório, é interposta pelo proprietário ou, então, se o caso, pelo possuidor, desde que se afigure, como aponta Arnoldo Wald, "o justo receio de sofrer algum dano proveniente das obras, do uso nocivo e da ruína de prédio vizinho, para que o proprietário dê as garantias necessárias para a indenização dos prejuízos eventuais. Em face do Código de Processo Civil, insere-se essa ação no procedimento sumário (art. 275, II, c), na hipótese de ressarcimento por danos em prédio urbano ou rústico, ou, nos demais casos, no rito ordinário (arts. 282 e s.). O pedido cominatório ao art. 287 do Código de Processo Civil".[386]

Pelo comando do art. art. 1.277, *caput*, do Código Civil de 2002 (com o mesmo alcance do art. 554 do revogado Código Civil de 1916), vê-se que o uso do imóvel deve não ser só normal, mas que tenha uma tolerabilidade normal, e esta tolerabilidade tem a ver com o vizinho e não com o proprietário ou possuidor do imóvel.

A tolerabilidade do uso do imóvel tem, para o vizinho que se sinta prejudicado, alcance bem mais elástico do que o considerado uso normal do imóvel por parte do proprietário ou possuidor, pois que, exemplificativamente, se determinado imóvel apresenta falhas construtivas, é possível que ele possa ser considerado como de uso inconveniente e, portanto, não legítimo, haja vista que sua utilização traz risco para o vizinho.

O que deve ficar claro, no que tange ao denominado uso normal do imóvel, é que a normalidade para o proprietário, ou possuidor não quer significar que também para o vizinho a mesma se caracterize, pois "a ninguém é dado utilizar seu imóvel de modo nocivo, ainda que não ultrapasse os limites do que possa, de ordinário, ser considerado normal".[387]

Para cada situação que se apresente, tendo como objeto a existência de dano infecto, se faz necessária criteriosa análise por parte do julgador para resolver o conflito. Nesse sentido pondera, inclusive, Luiz

---

que o dano ou incômodo seja produzido pelo proprietário em pessoa ou qualquer possuidor, como, por exemplo, um inquilino. De outro lado, a contigüidade da edificação não é obrigatória à proteção legal, pois a 'distância entre os imóveis não descaracteriza a relação de vizinhança, que para o Direito, é fato que possui significado mais lato do que a linguagem comum, considerando-se prédios vizinhos aqueles que podem sofrer repercussões de atos propagados de prédios próximos'".

[386] WALD, Arnoldo. *Curso de direito civil brasileiro*: direito das coisas. 10. ed. São Paulo: Revista dos Tribunais, 1993. p. 100.

[387] CARNEIRO, Waldir de Arruda Miranda. *Perturbações sonoras nas edificações urbanas*. 2. ed. São Paulo: Revista dos Tribunais, 2002. p. 25.

Edson Fachin, ao dizer que "da observação dos fatos e ponderações de direitos e de deveres deflui o equilíbrio, que sugere ausência de perturbação de desassossego".[388] Estando presente a nocividade para o vizinho, afigura-se como correta a utilização da ação de dano infecto, para coibir que o mesmo sofra perturbação em seu sossego, segurança ou mesmo em sua saúde.

5.9.3 Ação de embargos de terceiro

Trata a ação de embargos de terceiro da possibilidade jurídica de o senhor (que é o proprietário) e possuidor, ou tão somente possuidor,[389] se rebelar contra ato decorrente de constrição judicial. Diz, neste sentido, Solon Angelim de Alencar Ferreira, "que os embargos de terceiro são o remédio contra ato jurisdicional típico de constrição da posse de bens sofrido por aquele que não é parte da relação jurídica principal, mas é atingido por uma decisão de efeitos extra lide e fica privado de sua propriedade ou posse".[390][391]

Tal modalidade de ação é prevista, com total exclusividade, pelos artigos 1.046 a 1.054,[392] do Código de Processo Civil.[393][394][395]

---

[388] FACHIN, Luiz Edson. *Comentários ao Código Civil*: parte especial do direito das coisas. Coordenação de Antônio Junqueira de Azevedo. São Paulo: Saraiva, 2003. v. 15. Art. 1277 a 1368. p. 53.

[389] Disciplina a Súmula nº 52, de 3 de setembro de 2010, da Advocacia-Geral da União (AGU): "É cabível a utilização de embargos de terceiros fundados na posse decorrente do compromisso de compra e venda, mesmo que desprovido de registro".

[390] FERREIRA, Solon Angelim de Alencar. Outros meios processuais de defesa da posse. *Jus Navigandi*, Teresina, ano 5, n. 47, 1º nov. 2000. Disponível em: <http://jus2.uol.com.br/doutrina/texto.asp?id=591>. Acesso em: 13 set. 2007.

[391] Sobre os embargos de terceiro, anota Betina Rizzato Lara, a qual toma por base o lecionado por Hamilton de Moraes Barros: "A diferença entre os embargos de terceiro e as possessórias, porém, está no fato de que nestas, a turbação ou esbulho é praticado por um particular enquanto naqueles, a moléstia à posse decorre de um ato judicial" (LARA, Betina Rizzato. *Liminares no processo civil*. 2. ed. atual. São Paulo: Revista dos Tribunais, 1994. p. 175).

[392] No ANEXO C, no tópico: "Destaques de artigos do código de processo civil em matéria de ações possessórias", estão transcritos todos os artigos sobre a ação de embargos de terceiro.

[393] Pelo Código Civil de Macau, em face do artigo 1210º, os embargos de terceiro também são considerados como ações possessórias. Estabelece o artigo em comento: "O possuidor cuja posse for ofendida por diligência ordenada judicialmente pode defender a sua posse mediante embargos de terceiro, nos termos definidos na lei de processo".

[394] O Código Civil de Portugal também insere os embargos de terceiro como meio de defesa da posse, deste modo:
"ARTIGO 1285.º
(*Embargos de terceiro*)
O possuidor cuja posse for ofendida por diligência ordenada judicialmente pode defender a sua posse mediante embargos de terceiro, nos termos definidos na lei de processo".

[395] O Código de Processo Civil de Portugal disciplina sobre os embargos de terceiro:
"ARTIGO 351.º

Embargos de terceiro é, consoante leciona Roberto Senise Lisboa, "o nome que se dá à demanda ajuizada pelo interessado que não é parte na relação jurídica processual existente, em face de decisão judicial que causa qualquer constrangimento ao exercício de seu poder sobre determinada coisa".[396]

Ainda, doutrinariamente, os embargos de terceiro, com suporte na doutrina de Carlos Alberto Bittar, "representam ação do possuidor ou do proprietário contra ato de constrição judicial que atinja seus direitos. Não obstante se não restrinja à posse, pois inserido pelo estatuto processual dentre os procedimentos de jurisdição contenciosa (arts. 1.046 e segs.), é útil no plano possessório, em hipótese como apreensão, penhora, seqüestro, arrecadação, depósito e atos restritivos desse direito".[397]

Como a matéria recebe específico tratamento pelo Código de Processo Civil é que tem uma conotação híbrida, isto é, trata-se de matéria tanto de natureza processual, como material. Quanto a isto não paira qualquer tipo de divergência doutrinária, e assim a jurisprudência[398] vem reiteradamente decidindo.

(*Fundamento dos embargos de terceiro*)
1. Se qualquer acto, judicialmente ordenado, de apreensão ou entrega de bens ofender a posse ou qualquer direito incompatível com a realização ou o âmbito da diligência, de que seja titular quem não é parte na causa, pode o lesado fazê-lo valer, deduzindo embargos de terceiro.
2. Não é admitida a dedução de embargos de terceiro relativamente à apreensão de bens realizada no processo especial de recuperação da empresa e de falência".

[396] LISBOA, Roberto Senise. *Manual elementar de direito civil*: direitos reais e direitos intelectuais. 2. ed. São Paulo: Revista dos Tribunais, 2003. 4 v. em 5, p. 72. Esclarece, ainda, em relação ao que é admissível pelos embargos de terceiro, que são "opostos em face de decisão judicial que determina:
a) o seqüestro de bem sobre o qual o interessado exerce poder,
b) o depósito de bem sobre o qual o interessado exerce poder, e
c) a penhora de bem sobre o qual o interessado exerce poder.
A penhora judicial retira a detenção física da coisa que se encontrava em poder do possuidor, porém não acarreta, de imediato, a perda da posse do bem, o que somente se verificará no caso de eventual submissão da coisa a leilão ou hasta pública".

[397] BITTAR, Carlos Alberto. *Direitos reais*. Rio de Janeiro: Forense Universitária, 1991. p. 49.

[398] Para ilustrar, decidiu o Tribunal de Justiça do Estado do Rio Grande do Sul: Ementa: "Embargos de terceiro. Promessa de compra e venda sem registro. Súmula 84 do STJ. São legitimados aos embargos de terceiro o senhor e possuidor, ou somente possuidor, forte no art. 1046 do Código de Processo Civil. De acordo com a Súmula 84 do e. STJ é admissível a oposição de embargos de terceiro fundados em alegação de posse advinda do compromisso de compra e venda de imóvel, ainda que desprovido do registro. Apelo não provido". Fonte: AC nº 70010595502, Décima Sexta Câmara Cível, TJRS, Rel. Des. Claudir Fidélis Faccenda, decisão em 9.3.2005.

5.9.3.1 Ação de embargos de terceiro e sua aplicação contra os atos de apreensão determinados pelo juiz criminal

Na esfera criminal, pode dar-se a apreensão de coisas móveis ou imóveis, em razão de que os mesmos seriam (conforme indicam os fatos ou indícios) objetos do crime praticado pelo indiciado, sem que tais coisas sejam efetivamente da posse (legítima) ou da propriedade do mesmo.

Havendo a apreensão e não sendo o indiciado possuidor efetivo e nem proprietário da coisa apreendida, o verdadeiro possuidor ou proprietário terá como buscar a recuperação do bem por meio de embargos de terceiro. Assim se dá para as coisas de natureza imóvel.

Acontece, no entanto, que para as coisas de natureza móvel não há espaço para o juiz criminal apreciar os embargos de terceiro, pois que este somente pode ser manejado no juiz civil, o que não possibilita ao juiz criminal apreciar (até mesmo porque incabível) a ação de embargos de terceiros para restituição da coisa apreendida com o indiciado. Quando se tratar de apreensão de coisa móvel o verdadeiro possuidor ou proprietário do bem apreendido com o indiciado poderá vir a ter a coisa de volta mediante termo nos próprios autos, conforme *art. 120, caput*, do Código de Processo Penal, *in verbis*: "A restituição, quando cabível, poderá ser ordenada pela autoridade policial ou juiz, mediante termo nos autos, desde que não exista dúvida quanto ao direito do reclamante".

Para cada caso, em concreto, em caso de apreensão de coisa móvel e que terceiro busque a sua restituição, deverá ser observado os parágrafos do aludido art. 120, do CPP, sendo merecedor de registro o fato de que não havendo convencimento do juiz criminal de quem seja o verdadeiro possuidor ou proprietário, remeterá as partes para o juiz cível, a fim de ser resolvida questão, sendo que a coisa ficará em mãos do depositário judicial ou do próprio terceiro que a detinha de boa-fé, desde que se trate de pessoa idônea,[399] o que é previsto pelo §4º do art. 120 do CPP, isto até a decisão final no juízo cível.

---

[399] Os casos de alta indagação, como anota Eduardo Espíndola Filho, "serão remetidos para o juízo cível". Aduzindo, ainda, o autor: "Quando, no processo sumário, não se tiver esclarecido suficientemente a propriedade, ou posse legítima das pessoas, que reclamam a coisa apreendida, o juiz criminal não decidira a questão, porque, envolvendo alta indagação, terá de ser submetida ao juízo cível, para o qual remeterá as partes, ordenando o depósito de tal coisa".
Por fim, ainda, segundo o autor em comento: "O depositário poderá ser o próprio terceiro de boa-fé, em cujo poder foi feita a apreensão do objeto, desde que, no entender do juiz, seja pessoa idônea. O depositário assinará, sempre, o termo do depósito, cuja responsabilidade assume" (ESPÍNDOLA, Eduardo. *Código de Processo Penal anotado*. Atualizado por José Geraldo da Silva e Wilson Lavorenti. Campinas: Bookseller, 2000. p. 417).

Sendo que quando não pairar dúvida sobre quem seja efetivamente o dono da coisa apreendida, a restituição poderá ocorrer em razão de pedido formulado à autoridade policial ou ao juiz criminal que determinou a apreensão, e a restituição, quando ocorrer, se dará por termo nos autos.

Sobre a restituição, por termos nos autos, deve ser visto a competência da autoridade policial durante o inquérito policial e do juiz durante o próprio inquérito policial, ou durante a ação penal, pois que as situações diferem. Esclarece, em relação à matéria, Julio Fabbrini Mirabete: "A coisa apreendida deve ser restituída quando não interessa ao processo, não é confiscável e não foi apreendida em poder de terceiro, não havendo dúvida quanto ao direito do reclamante. A restituição é deferida pela autoridade policial durante o inquérito, ou pelo juiz, sempre após vista ao Ministério Público, mediante simples termo nos autos. Essa restituição pelo juiz criminal só é permitida quando estiver entrelaçada com algum inquérito policial ou ação penal que visem apurar a prática de uma infração penal e não simplesmente quando a apreensão foi realizada apenas pelo poder de polícia. Nesse caso a competência é do Juízo Cível. Sem que alguém se apresente como dono não são restituíveis as coisas apreendidas, ainda que proferida sentença absolutória".[400]

Caso o verdadeiro dono da coisa apreendida não logre êxito na pretensão de liberá-la por meio de termo nos autos poderá valer-se, para ver seu direito assegurado, de mandado de segurança contra o ato da autoridade que lhe negou a pretensão de restituição. Sobre o cabimento do mandado de segurança para liberação do bem apreendido, a matéria é controvertida na jurisprudência, que, em algumas decisões entende que somente o recurso de apelação é cabível, vezes outras, no entanto, entende que não há óbice ao manejo do *mandamus*.

O mandado de segurança, embora, como apontado, não seja acolhido de forma unânime pela corrente jurisprudencial, pode ser manejado com sucesso, independentemente de interposição de recurso de apelação, sendo que cada caso em concreto dirá do cabimento ou não, principalmente em razão da ocorrência de dano irreparável para o requerente, em razão da demora do julgamento do recurso de apelação.

Para o caso de sequestro de bens imóveis, que foram adquiridos pelo indiciado com os proventos da infração, a matéria terá tratamento

---

[400] MIRABETE, Julio Fabbrini. *Código de Processo Penal interpretado*: referências doutrinárias, indicações legais, resenha jurisprudencial: atualizado até dezembro de 2001. 9. ed. São Paulo: Atlas, 2002. p. 410.

diferentemente dos bens móveis, e isto é assim em decorrência de que o próprio juiz criminal terá como acatar e julgar os embargos de terceiro, em face da previsibilidade do *art. 129*, do CPP, onde consta: "O seqüestro autuar-se-á em apartado e admitirá embargos de terceiro".

No caso de sequestro de imóveis, os embargos de terceiro são admissíveis em decorrência de que há disposição legal que os admite (no caso em razão do Código de Processo Civil, haja vista que o Código de Processo Penal não diz, exatamente, qual o procedimento a ser seguido)[401] e além de admitir também permite que o próprio juiz criminal os julgue, em conformidade com o Código de Processo Penal, sem necessidade de remeter a pretensão do terceiro para ser apreciada pelo juiz civil.

5.10 Outras considerações relativas às ações possessórias típicas e às ações atípicas

Merece registro, em face da relevância da matéria, que as ações possessórias, propriamente ditas, pois que se destinam exclusivamente à proteção da posse, são somente aquelas reconhecidas e tratadas diretamente pelo Código Civil, ou seja, como apontado *retro* (quando foi tratada de forma específica a proteção possessória por meio das ações típicas): a) ação de manutenção de posse; b) ação de reintegração de posse, e, c) interdito proibitório.

Na doutrina civilista pátria as ações de nunciação de obra nova e de embargos de terceiro — que são tratadas, tanto na parte material assim como na parte processual, pelo Código de Processo Civil — não são

---

[401] Registra Julio Fabbrini Mirabete: "Procedimento do seqüestro. Sendo processo incidente, o pedido de seqüestro é autuado em apartado e, como não é indicado na lei qual o procedimento a ser seguido, a doutrina preconiza o previsto para a penhora. Admite-se embargos de terceiro (arts. 1.046 ss do CPC)".
Sobre a possibilidade de embargos, o autor destaca, tomando por base jurisprudência do Superior Tribunal de Justiça, tendo com fonte RT nº 738/578: "O CPP, por sua natureza jurídica, promoveu revogação das normas processuais penais, recepcionando, porém, as que não colidirem com o diploma legal. No capítulo 'Das Medidas Assecuratórias' trata do seqüestro de bens. Conseqüentemente, ofertou disciplina orgânica ao instituto. Em outras palavras, superou a anterior norma específica. Admissíveis embargos, como fonte de defesa. Além disso, a Constituição reclama contraditório amplo. Não faz sentido a propriedade ser assegurada e impedir a sua defesa" (MIRABETE, Julio Fabbrini. *Código de Processo Penal interpretado*: referências doutrinárias, indicações legais, resenha jurisprudencial: atualizado até dezembro de 2001. 9. ed. São Paulo: Atlas, 2002. p. 422).
Nota: Embora haja referência, específica, à defesa da propriedade, não significa que não se aplique o mesmo raciocínio para a posse, mesmo porque os embargos de terceiro tanto podem ser manejados pelo senhor e possuidor, como só pelo possuidor.

desconsideradas por parte dos doutrinadores e assim é em decorrência de que uma determinada corrente doutrinária não as concebe como meios próprios para defesa da posse e, como tal, não às arrolam como meios processuais passíveis de manejo por parte do possuidor em defesa de sua posse.

A ação de dano infecto, prevista no art. 1.277 do Código Civil de 2002 (e art. 554 do Código Civil de 1916) também encontra vozes discordantes. A razão seria, *mutatis mutandis*, a mesma da nunciação de obra nova e dos embargos de terceiro, pois que não se trata de ação exclusiva para a defesa da posse, tendo em conta que pode ser utilizada para outros fins que não específicos para a garantia da posse.

Não obstante os pontos de vistas doutrinários discordantes, minoritários, é bem verdade, dúvida não paira de que a inclusão de tais mecanismos como efetivos meios de defesa da posse é correta e está coerente e consistente com os objetivos da proteção possessória, os quais são conferidos ao possuidor — enquanto tão só possuidor.

Para aquelas situações não previstas de forma específica no Código Civil, não está impedido o possuidor de preservar ou proteger a sua posse e por tal razão é que o mesmo usa de outros mecanismos legais, como no caso do dano infecto e da nunciação de obra nova e, também, dos embargos de terceiro, situação em que, como é o caso das duas últimas, nem sempre, sabidamente, terá ocorrido a perda ou a turbação da posse.

O que importa notar é que tanto o Código de Processo Civil, assim como leis de natureza especiais colocam tais meios de defesa — ação de nunciação de obra nova e embargos de terceiro — à disposição do interessado (no caso do possuidor), para que, se o caso, possa o mesmo utilizá-las em defesa de sua posse.

Aliás, em reforço doutrinário, temos o abalizado pensamento de Arnaldo Rizzardo, no sentido de que "acontecem conflitos que não se amoldam àquelas formas previstas de proteção. A pessoa não perde propriamente a posse, a qual sequer é turbada algumas vezes. Assim mesmo, o bem do possuidor ou proprietário pode sofrer algumas conturbações, ou o titular do domínio não tem acesso à posse, embora lhe seja assegurado tal direito. Para hipótese tais e outras, existem remédios judiciais ordenados pelo Código de Processo Civil e leis especiais".[402]

---

[402] RIZZARDO, Arnaldo. *Direito das coisas*. Rio de Janeiro: Aide, 1991. v. 1, p. 189.

5.11 Exceção de domínio (*exceptio proprietatis*) considerando o art. 505 do Código Civil de 1916 e o art. 923 do Código de Processo Civil

A disputa da posse em decorrência de domínio alegado por ambos os contendores deu margem a incontáveis controvérsias jurídicas, isto tanto no campo doutrinário, como no campo jurisprudencial. A polêmica toda decorreu de expressão contida no Código Civil de 1916 (*art. 505*, segunda parte), que dizia: "Não se deve, entretanto, julgar a posse em favor daquele a quem evidentemente não pertencer o domínio". E, por outro lado, aumentou mais a polêmica em face da redação originária do *art. 923*, do Código de Processo Civil de 1973, que dispunha: "Na pendência do processo possessório é defeso, assim ao autor, como ao réu, intentar ação de reconhecimento de domínio. Não obsta, porém, à manutenção ou à reintegração na posse, a alegação de domínio ou de outro direito sobre a coisa; caso em que a posse será julgada em favor daquele a quem evidentemente pertencer o domínio".

Em face dos dispositivos acima citados, o Supremo Tribunal Federal editou a *Súmula nº 487*, no sentido de que: "Será deferida a posse a quem, evidentemente, tiver o domínio, se com base neste for disputada". Então, claramente, percebemos que a posse seria deferida a quem efetivamente tivesse o domínio caso a disputa possessória se desse em razão dele. Não seria deferida, pura e simplesmente, a posse a quem tivesse domínio se a disputa tivesse a própria posse como objeto da contenta, pois que aí o deferimento da posse decorreria da posse em si mesma, não prevalecendo, no caso, a questão de ordem dominial.

A Súmula nº 487 do STF retirou do âmbito da discussão possessória a questão da posse disputada em razão de propriedade e a colocou no campo da disputa petitória, via manejo de ação petitória,[403] ou, como leciona Humberto Theodoro Júnior: "É bom lembrar que

---

[403] Ação petitória, na lição de De Plácido e Silva: "Assim se denominam as ações quando têm por objeto o reconhecimento e reintegração de pessoa, que a intenta, no seu *jus in re* (domínio), mantendo-o integral e livre de qualquer importunação.
O direito de domínio (*jus possidendi*) é o seu fundamento. E se mostra, assim, a ação própria para a defesa e garantia da propriedade.
Serão petitórias, pois, todas as ações formuladas nesse sentido, desde que pretendam defender o direito de propriedade ou de qualquer outro direito real, que se tenha violado ou se pretenda violar, para que seja reconhecido, protegido, e posa ser livremente exercido.
São ações petitórias as de reivindicações, negatória, confessória.
É ação oposta à possessória.
Em regra tem curso ordinário" (SILVA, De Plácido e. *Vocabulário jurídico*. 26. ed. Atualizado por Nagib Slaibi Filho e Gláucia Carvalho. Rio de Janeiro: Forense, 2006. p. 42, referente ao verbete: AÇÃO PETITÓRIA).

deixa de ser ação aquela em que o pedido da posse se faz em função do domínio, porque a essência do interdito é justamente a defesa da posse como posse (fato). A ação em que se reclama direito à posse com base em domínio é ação petitória e não possessória. Logo, a Súmula nº 487, em última análise, acabou por excluir das verdadeiras ações possessórias as possibilidades da exceção de domínio".[404]

Os pontos de vista, doutrinários e jurisprudenciais, não restaram de todo pacificados, contudo, o legislador suprimiu, em face da Lei nº 6.820, de 16 de setembro de 1980, a segunda parte do art. 923, do CPC, que passou a vigorar somente com o texto da primeira parte, que dispõe: "Na pendência do processo possessório é defeso, assim ao autor como ao réu, intentar ação de reconhecimento de domínio". O que, conforme entendimento majoritário, revogou o art. 505 do Código Civil de 1916, fazendo com que prevalecesse, unicamente, a regra, na redação atual, do art. 923 do CPC.[405]

A jurisprudência, exceto mínimas oscilações interpretativas, também acabou por posicionar-se pela não discussão em sede de ação possessória de matéria envolvendo domínio, exceto se sobre ele versar a contenda. Deste modo, no entendimento jurisprudencial: "Não cabe, em sede possessória, a discussão de domínio, salvo se ambos os litigantes disputam a posse alegando propriedade ou quando duvidosas ambas as posses alegadas".[406]

5.12 Exceção de domínio (*exceptio proprietatis*) em face do art. 1.210, §2º, do Código Civil de 2002

O legislador do Código Civil de 2002 não reproduziu o que constava da segunda parte do art. 505 do Código Civil de 1916,

---

[404] THEODORO JÚNIOR, Humberto. *Código de processo civil anotado*. 9. ed. Rio de Janeiro: Forense, 2005. p. 621.

[405] Anotam os doutrinadores Nelson Nery Junior e Rosa Maria Andrade Nery, no que diz respeito à *exceptio proprietatis*: "Exceção de domínio. Revogação do CC 505. Com a superveniência do CPC 923, restou revogado o CC 505. A exceção de domínio passou a ser inteiramente regulada pelo CPC 923. Com a revogação da 2ª. Parte do CPC 923, pela L 6820/80, não mais é prevista referida exceção no direito brasileiro, pois se mantéve apenas a primeira parte do CPC 923, isto é, a parte que proíbe a discussão do domínio na pendência da ação possessória. Com a revogação, pela L 6820/80, da exceção de domínio do CPC 923, não se restaurou o CC 505, pois em nosso sistema não há repristinação da lei, quando a lei revogadora é revogada (LICC 2º §3º)" (NERY JUNIOR, Nelson; NERY, Rosa Maria Andrade. *Código de Processo Civil comentado*. 5. ed. São Paulo: Revista dos Tribunais, 2001. p. 1295).

[406] Fonte: STJ, ac. Unân, da 4ª. T., de 20.8.91, no Resp. nº 5.462/MS, Rel. Min. Athos Carneiro, publ. *DJU* de 7.10.91, p. 13971. (THEODORO JÚNIOR, Humberto. *Código de Processo Civil anotado*. 9. ed. Rio de Janeiro: Forense, 2005. p. 621).

consoante redação do art. 1.210, §2º, e com isto põe, de uma vez por todas, fim às discussões intermináveis de ordem interpretativa de inclusão de matéria petitória (domínio) em sede de ação possessória.

Não deixará, contudo, a matéria de ser objeto, ainda por algum tempo, de questionamentos, contudo as opiniões doutrinárias e as decisões jurisprudenciais haverão, por certo, de adotar a aplicação da redação do §2º do art. 1.210 do Código Civil de 2002, haja vista que ele não possibilita a continuação das variantes interpretativas a que dava margem o art. 505 do Código Civil de 1916.

Dispõe o *§2º, do art. 1.210 do Código Civil de 2002*: "Não obsta à manutenção ou reintegração na posse alegação de propriedade, ou de outro direito sobre a coisa". Diz, sobre este dispositivo, o doutrinador Misael Montenegro Filho, tomando por parâmetro a doutrina perfilhada por Joel Dias Figueira Júnior: "A novidade insculpida no art. 1.210, §2º, do NCC modifica radicalmente o panorama sobre o tema apresentado, considerando-se a supressão da segunda parte do art. 505 do CC de 1916, que, em outros termos, significa a não-recepção do instituto jurídico da *exceptio proprietatis*. Doravante, os julgamentos em sede possessória haverão de pautar-se, tão somente, com base na pureza dos interditos, isto é, levando-se em conta, para a tomada de decisão, apenas as questões pertencentes ao mundo dos fatos".[407]

Em sede, pois, de ação possessória fica, definitivamente, eliminada qualquer discussão envolvendo domínio (que é matéria petitória) e, deste modo, não há mais campo para invocar, em demanda possessória, matéria estranha à posse, ficando clareado, por outro lado, o dispositivo do art. 273 do CPC, em razão da redação que lhe deu a Lei nº 6.820/1980.[408] Não há, em face da redação do §2º do art. 1.210 do Código Civil de 2002, mais campo para a invocação da exceção de

---

[407] MONTENEGRO FILHO, Misael. *Ações possessórias*. São Paulo: Atlas, 2004. p. 149.
[408] Anota Caio Mário da Silva Pereira, comentando sobre o §2º do art. 1.210 do CC de 2002: "O Código Civil de 2002, com o enunciado simples deste preceito, põe termo à dúvida criada pelo art. 923 do Código de Processo Civil, seja na sua redação original, seja na que resultou da emenda advinda da Lei 6.820, de 16 de setembro de 1980. É, pois, inadmissível, na pendência de ação possessória (de manutenção ou reintegração) a alegação de ser dono (*feci quia dominus sum*), remontando-se em toda a sua pureza à doutrina de Ihering, segundo o qual a proteção da posse tem em vista a posse em si mesma, sem se cogitar de sua causa subjacente" (PEREIRA, Caio Mário da Silva. *Instituições de direito civil*. 12. ed. Rio de Janeiro: Forense, 1997. 4 v. em 6, p. 70).

propriedade (*excepetio proprietatis*),[409] pois havendo qualquer discussão de domínio, a demanda deve correr pelo juízo petitório. Acentua, doutrinariamente, Maria Helena Diniz: "Assim, comentando o art. 1.210, pode-se afirmar que, se o réu esbulhador se defender alegando ser dono da coisa esbulhada (*exceptio dominii*), seu argumento não será levado em conta porque não lhe assiste, ainda que sob alegação de propriedade, molestar posse alheia. Cabe ao proprietário do bem defender seu domínio contra quem, injustamente, o possua mediante ação de reivindicação. A posse, por sua vez, merece proteção legal por si mesma, independentemente da alegação de domínio. O juízo possessório independe do petitório. Não se deve cogitar, em regra, em matéria de *ius possessionis*, que é um instituto jurídico autônomo, protegido por ações especiais, com a defesa de domínio, que é objeto de outra defesa processual".[410] [411]

5.13 Partes, foro competente, ação rescisória, juizado especial e valor da causa nas ações possessórias típicas e atípicas

Para o desenvolvimento válido de determinada pretensão posta em grau de decisão judicial, há necessidade de que determinados requisitos sejam observados processualmente, isto tanto em relação às partes, quer aquelas que figuram no polo ativo, quer aquelas do polo passivo, como também em relação ao foro competente, onde a ação deve correr, e, por último, o valor da causa. Cada uma das situações será objeto de estudo por meio dos tópicos apontados a seguir.

---

[409] Registra, em nota ao §2º do art. 1.210 do CC de 2002, Theotonio Negrão: "Enunciado 78 do CEJ: 'Tendo em vista a não recepção, pelo novo Código Civil, da '*exceptio proprietatis*' (art. 1.210, §2º), em caso de ausência de prova suficiente para embasar decisão liminar ou sentença ancorada exclusivamente no '*jus possessionis*' deverá o pedido ser indeferido e julgado improcedente, não obstante eventual alegação e demonstração de direito real sobre o bem litigioso'".
Ainda, sobre o §2º, do art. 1.210, do CC, de 2002, aponta o autor em comento: "Enunciado 79 do CEJ: 'A '*exceptio proprietatis*', como defesa oponível às ações possessórias típicas, foi abolida pelo Código Civil de 2002, que estabeleceu a absoluta separação entre os juízos possessório e petitório'" (NEGRÃO, Theotonio; GOUVÊA, José Roberto Ferreira. *Código Civil e legislação em vigor*. 22. ed. São Paulo: Saraiva, 2003. p. 217).

[410] DINIZ, Maria Helena. *Código Civil anotado*. 8. ed. São Paulo: Saraiva, 2002. p. 713-714.

[411] Anota, por sua vez Ricardo Luís Maia Loureiro: "Com a promulgação do novo Código, restou superado tal problema, pois a nova legislação não repetiu o confuso artigo que gerou acaloradas discussões, sepultando de forma definitiva a exceção de domínio e separando de uma vez por todas o juízo possessório do dominial" (LOUREIRO, Ricardo Luiz Maia. *Posse e ações possessórias*. São Paulo: Livraria e Editora Universitária de Direito, 2006. p. 78).

5.13.1 Partes (polos ativo e passivo)

No que diz respeito às partes, o Código de Processo Civil dispõe no art. 7º: "Toda pessoa que se acha no exercício dos seus direitos tem capacidade para estar em juízo". Mesmo os incapazes têm o direito assegurado de estarem em juízo para assegurar os seus direitos e isto desponta do comando do art. 8º, do CPC, onde consta: "Os incapazes serão representados ou assistidos por seus pais, tutores ou curadores, na forma da lei civil".

Pelos dispositivos apontados do Código de Processo Civil, aflora que não há, em absoluto, exclusão da prestação jurisdicional, que é dever do Estado. Aliás, a própria Constituição Federal é taxativa no sentido de que, como consta do art. 5º, inc. XXXV, "a lei não excluirá da apreciação do Poder Judiciário lesão ou ameaça a direito". No entanto, em razão de ordem processual, e com escopo de evitar o caos jurídico, é de ser observado comando do art. 3º, do CPC, que disciplina: "Para propor ou contestar ação é necessário ter interesse e legitimidade". Tal assertiva, descrita pelo citado artigo, trata da verdadeira igualdade jurídica entre as partes (autor e réu) no processo, o que se encaixa na mesma vertente do apontado Ihering.[412]

Em relação ao art. 3º do CPC, havendo falta, comprovada, de interesse e legitimidade do autor, a petição inicial será tida como inepta, pois que, no caso, o autor será carecedor de interesse processual, aplicando-se o art. 295, inc. III, do CPC; na mesma situação, se a ilegitimidade para figurar como parte for do réu, estará caracterizada a falta de legitimidade processual do mesmo, aplicando-se o art. 295, inc. II, do CPC. No caso, ainda, de não ser possível o desenvolvimento válido e regular do processo, o mesmo será extinto, ainda que sem julgamento de mérito, conforme dispõe o art. 267 do CPC, com a aplicação subsidiária, em relação à extinção do processo do art. 329 do CPC.

Em determinadas situações jurídicas, a parte, autor ou réu, embora nominada e devidamente qualificada pela inicial ou pela contestação, far-se-á representar, obrigatoriamente, em juízo, sendo que o

---

[412] Registrou de forma magistral Ihering: "A relação mútua das partes no processo é de igualdade jurídica.
As armas com que se combatem mutuamente devem ter a mesma medida: luz e sombra hão de repartir-se igualitariamente. Esse é o primeiro de todos os requisitos que a organização do procedimento processual tem de observar. Trata-se da justiça processual que coincide, aqui, por sua vez, com a igualdade. Todos os outros requisitos passam a segundo plano diante deste, tendo por objeto apenas a conveniência" (IHERING, Rudolf von. *A finalidade do direito*. Trad. José Antonio Faria Correa. Rio de Janeiro: Ed. Rio, 1979. v. 1, p. 213).

Código de Processo Civil, por meio do art. 12, incs. I a IX, mais §§1º, 2º e 3º, arrola cada uma das situações em que as partes serão representadas em juízo, isto tanto na forma ativa, como na forma passiva. Em relação à regra do art. 12, do CPC, há exceção, pois, como bem acentua Humberto Theodoro Júnior, "a posse sobre bens públicos de uso comum, como estradas e pontes, tanto pode ser defendida em juízo pelo Poder Público como pelos particulares que habitualmente se valem de ditos bens. A legitimidade, na espécie, é tanto para agir isoladamente como em litisconsórcio".[413] Importante destacar que neste específico caso o particular não está questionando posse própria, mas, sim, da coletividade como um todo, pois não é possível a existência de titularidade de posse por parte de particular sobre bem comum de uso do povo.[414]

Nem sempre é possível a identificação precisa da parte que praticou a violência contra a posse, o que leva o autor a requerer a proteção possessória contra pessoas determináveis (mas não determinadas, objetivamente) e isto não leva ao indeferimento da inicial, pois que a não qualificação precisa do demandado, ou demandados, não foi possível para o autor no momento em que busca a proteção judicial à sua posse que foi violada. Lecionam, neste sentido, Nelson Nery Junior e Rosa Maria Andrade Nery: "Qualificação do réu na possessória. Se o autor menciona que houve esbulho de sua posse por uma pessoa, ou pessoas, determináveis, ainda que não dê a qualificação e o nome completo, a inicial não poderá ser indeferida. A sentença será dada entre o autor e essas pessoas determináveis, nada havendo de anormal nestas circunstâncias".[415]

A questão da legitimidade das partes é de transcendental importância para que o processo tenha seu desiderato, sendo que mesmo após toda a instrução processual ainda é possível ao juiz verificar, tanto de ofício, como a requerimento de qualquer das partes, se depois de proposta a ação não surgiu algum fato que possa até mesmo interferir

---

[413] THEODORO JÚNIOR, Humberto. *Curso de direito processual civil*: procedimentos especiais. 28. ed. Rio de Janeiro: Forense, 2002. 3 v., p. 121.

[414] Neste sentido, da Jurisprudência do Tribunal de Justiça do Rio de Janeiro: inexiste titularidade de posse do particular sobre bem de uso comum do povo. Se este não exerce a posse, não lhe assiste o direito de vê-la mantida, por faltar-lhe o pressuposto à ação possessória, qual seja, posse anterior, já que bem público é insuscetível de domínio por posse. Noutro polo, não se legitima, mesmo com o decurso dos anos, a restrição imposta pelo particular ao livre acesso à praia, bem de uso comum da coletividade (TJ/RJ, DJ, 26.10.2000-Ap.11.684/99, Rel. Des. José Pimentel Marques).

[415] NERY JUNIOR, Nelson; NERY, Rosa Maria Andrade. *Código de Processo Civil comentado*. 5. ed. São Paulo: Revista dos Tribunais, 2001. p. 920).

na sentença. Para o total resguardo de que a ação se desenvolva entre as partes legitimadas é que o CPC alude em seu *art. 462*: "Se, depois da propositura da ação, algum fato constitutivo, modificativo ou extintivo do direito influir no julgamento da lide, caberá ao juiz tomá-lo em consideração, de ofício ou a requerimento das partes, no momento de proferir a sentença".

Em relação ao foro deve ser observado, no que diz respeito às demandas possessórias, o que é determinado pelo Código de Processo Civil, não sendo possível a aplicação do foro de eleição. O Código de Processo Civil tem dispositivos orientadores em relação ao foro competente para a propositura de ação possessória, quer de bens móveis (art. 94), quer de bens imóveis (art. 95).

5.13.2 Litisconsórcio (ativo e passivo), participação de ambos os cônjuges nas ações possessórias típicas, substituição processual, oposição, nomeação à autoria, denunciação à lide, assistência e intervenção do Ministério Público

Dependendo de cada caso em concreto, em conformidade com que estiver versando a demanda de natureza possessória, é possível que haja a participação no processo de uma das figuras processuais descritas acima. Não há, no Código de Processo Civil, qualquer óbice que impeça a participação das mesmas em ações possessórias.

Em razão da particularidade de cada situação é que faremos, embora de forma sucinta, o estudo de cada uma *de per si*, a saber:

5.13.2.1 Litisconsórcio (ativo e passivo)

O litisconsórcio, ativo e passivo, decorre da participação de mais de uma parte num dos polos da ação. Se o litisconsórcio se dá com o autor da demanda, temos o litisconsórcio ativo; quando o litisconsórcio se dá com o réu, temos o chamado litisconsórcio passivo.

A previsão legal do litisconsórcio está contida nos arts. 46 e 47 do Código de Processo Civil.

Via de regra, os litisconsortes são considerados como partes distintas no processo, como estabelece o art. 48 do CPC, e com isto a desistência de um deles (como parte) no processo não prejudica ao outro (litisconsorte).

Nas ações possessórias, o litisconsórcio, quando existente, se dá, com mais frequência, pela forma facultativa, ou pela forma de litisconsórcio necessário. O litisconsórcio facultativo é aquele que para sua formação há necessidade de vontade da parte, por exemplo, no caso de uma ação reintegratória; já no litisconsórcio necessário, há disposição que determina a sua formação, portanto independe da vontade das partes, como acontece, por exemplo, nas ações reais imobiliárias.[416]

5.13.2.2 Participação de ambos os cônjuges nas ações possessórias (típicas) de natureza imobiliárias

A obrigatoriedade, ou não, da participação de ambos os cônjuges nas ações possessórias típicas é matéria altamente controvertida, haja vista que uma corrente doutrinária, ainda que minoritária, defende que a participação de ambos os cônjuges só se torna obrigatória em caso de composse exercida por ambos sobre a coisa em litígio, ou, ainda, caso se trate de ato por ambos praticado; outra corrente doutrinária entende que a participação de ambos os cônjuges é sempre obrigatória, independentemente de existência de composse, em razão da natureza real da posse.

No campo jurisprudencial, a matéria também sofre as mesmas variações, só que, ao contrário do entendimento doutrinário dominante, a jurisprudência predominante é no sentido de que nas ações possessórias só se torna obrigatória a participação de ambos os cônjuges em caso da demanda envolver bem que seja da composse de ambos, ou, então, que envolva ato por ambos praticado.

A corrente que não vislumbra a necessidade da participação do cônjuge nas demandas possessórias típicas adota o entendimento de que, como fato, a posse não é efetivamente matéria de natureza real, pois que não consta da taxatividade dos direitos reais e, ainda, não tem os requisitos relativos à oponibilidade *erga omnes*. Para a corrente que defende a participação obrigatória do cônjuge nas ações possessórias típicas, o entendimento predominante é que a posse é matéria de direito real e como tal deve ser protegida.

---

[416] O Tribunal de Justiça do Distrito Federal e Territórios já deixou assentado, em aresto: "Processual civil – Agravo de instrumento – Rescisão de contrato c/c reintegração de posse – Possuidor – Litisconsórcio necessário – Nas ações em que se pretende a reintegração de posse é necessária a citação do possuidor como litisconsorte para que a sentença surta efeitos contra este. Inteligência do art. 47, caput, do CPC. Recurso provido para determinar a citação da atual possuidora do imóvel como litisconsorte necessário" (TJDF – AGI nº 20020020008079, DF, 3ª T.Cív., Rel. Des. Jeronymo de Souza, *DJU*, p. 62, 04 set. 2002).

Embora não desconhecendo os argumentos defendidos pela corrente que defende a não participação do cônjuge, tanto do autor, como do réu, nas ações possessórias típicas, salvo nos casos de composse de ambos, ou de ato por ambos praticado, não comungamos com tal entendimento, pois nos perfilhamos com a corrente que entende que a posse é, como de fato é, direito real — e isto deixamos registrado em várias passagens desta obra —, o que demanda a participação, de forma obrigatória, de ambos os cônjuges nas ações possessórias típicas.

A polêmica toda, doutrinária e jurisprudencial, decorre da redação do art. 10, §2º, do CPC, parágrafo este acrescentado pela Lei nº 8.952, de 13 de dezembro de 1994. Para melhor entendimento, vejamos o teor completo do artigo em referência:

> Art. 10. O cônjuge somente necessitará do consentimento do outro para propor ações que versem sobre direitos reais imobiliários.
> §1º. Ambos os cônjuges serão necessariamente citados para as ações:
> I – que versem sobre direitos reais imobiliários;
> II – resultantes de fatos que digam respeito a ambos os cônjuges ou de atos praticados por eles;
> III – fundadas em dívidas contraídas pelo marido a bem da família, mas cuja execução tenha de recair sobre o produto do trabalho da mulher ou os seus bens reservados;
> IV – que tenham por objeto o reconhecimento, a constituição ou a extinção de ônus sobre imóveis de um ou de ambos os cônjuges.
> §2º. Nas ações possessórias, a participação do cônjuge do autor ou do réu somente é indispensável nos casos de composse ou de ato por ambos praticado.

A redação do art. 10, §2º, do CPC, não pode levar o intérprete a deduzir que a matéria relativa à proteção da posse, nas demandas possessórias típicas, foi extirpada do campo de proteção dos direitos reais, o que é uma inverdade e disto dá conta o próprio CPC, quando disciplina, pelo *art. 95*. "Nas ações fundadas em direito real sobre imóveis é competente o foro da situação da coisa. Pode o autor, entretanto, optar pelo foro do domicílio ou de eleição, não recaindo o litígio sobre direito de propriedade, vizinhança, servidão, posse, divisão e demarcação de terras e nunciação de obra nova". Inegável, pois, continuar a posse a ser tratada, pelo próprio CPC, como matéria de direito real.

Pelo comando do art. 10 do CPC, o que ocorre é que em determinadas situações há, para ambos os cônjuges, a obrigatoriedade de litisconsórcio necessário, enquanto em outras situações tal não se faz obrigatório, podendo se dar por meio de representação processual. Aduz, a este respeito, Sérgio Bermudes, *apud* Humberto Theodoro

Júnior, em relação ao §2º do art. 10 do CPC, "que, em se tratando de composse dos dois cônjuges, ou de ato possessório praticado por ambos, basta o consentimento de um deles, para que o outro proponha a ação, não se verificando litisconsórcio necessário ativo, pois o autor litigará sozinho, sem que o consorte integre a relação processual, o que seria indispensável para que ele alcançasse a qualidade de parte, adquirida pela presença no processo. A hipótese, aqui, será de representação do cônjuge ausente do processo, mas anuente, pelo seu consorte, ficando aquele sujeito aos efeitos da sentença".

Complementa o autor: "Se, todavia, a ação possessória for proposta para a tutela de pretensão contrária à composse, ou do ato de posse praticado pelos dois cônjuges, ocorrerá litisconsórcio passivo, pois se torna indispensável a citação de ambos, aplicando-se o inc. II do §1º'".[417]

Quando a ação possessória disser respeito a imóveis, mas decorrentes de direito obrigacional, por exemplo, locação, não haverá necessidade da participação do cônjuge na sua propositura, haja vista que um dos cônjuges pode propô-la sem que haja o consentimento do outro. A presença do casal somente será obrigatória quando se tratar de questão imobiliária onde a matéria versada diga respeito à posse não decorrente de direito puramente obrigacional.

Para evitar qualquer tipo de prejuízo de ordem prática, em razão principalmente da discrepância jurisprudencial, relativa à participação, ou não, do cônjuge nas ações possessórias (típicas) imobiliárias (sendo que a corrente jurisprudencial predominante é pela não obrigatoriedade), é de bom alvitre que ocorra a presença do cônjuge na demanda possessória imobiliária.[418]

5.13.2.3 Substituição processual

A substituição processual, também denominada de legitimação extraordinária, se dá quando alguém participa do processo em nome

---

[417] THEODORO JÚNIOR, Humberto. *Curso de direito processual civil*: procedimentos especiais. 28. ed. Rio de Janeiro: Forense, 2002. 3 v., p. 12.
[418] Anota Sílvio de Salvo Venosa: "Evidentemente que a natureza da posse é, como afirmamos, o tema mais controvertido em direito. Desse modo, para finalidade prática, porque longe estão doutrina e os tribunais de uma conclusão, é sempre conveniente a presença do cônjuge nas ações possessórias. Evita-se, com isso, uma discussão paralela e estéril no processo possessório" (VENOSA, Sílvio de Salvo. *Direito civil*: direitos reais. 3. ed. São Paulo: Atlas, 2003. v. 5, p. 129).

próprio, isto tanto na condição de autor, como na condição de réu, pois que, como faz ver Ricardo de Oliveira Paes Barreto, "o substituto processual tem legitimidade para a propositura da ação, ou para figurar no pólo passivo, como réu, sem que lhe falte condição essencial para tanto".[419]

O substituto processual atua, portanto, em nome próprio, só que em defesa de direito alheio. A substituição processual é possível em razão da previsão do art. 6º do CPC, que admite, de forma excepcional, que alguém defenda como autor ou como réu direito de outrem, como exemplo de substituição temos o caso do Escritório Central de Arrecadação e Distribuição (ECAD), que procede na defesa dos direitos dos seus filiados, independentemente de autorização dos mesmos, pois que goza da legitimidade *ad causam*.

5.13.2.4 Oposição

Pode ocorrer que terceiro tenha interesse de participar do processo, isto de forma voluntária e facultativa, para buscar a coisa ou então em razão de direito controverso, que pode ser no todo ou em parte. A oposição é feita contra o autor e contra o réu, em face do art. 56 do CPC. Os arts. 57 a 61 do CPC também devem ser observados.

O opoente deve observar na petição os mesmos requisitos exigidos para a inicial, devendo ater-se, pois, aos arts. 282 e 283 do CPC. No caso de ação possessória, o opoente pode, por exemplo, refutar o direito alegado pelo autor (na inicial) e o pretenso direito alegado pelo réu (na contestação), pois que se opõe a ambos contendores (autor e réu), alegando, e fazendo a competente prova, que sobre a coisa em litígio é ele que detém, de forma legítima, a posse. Prova, portanto, que ele é que efetivamente detém a posse e não o autor ou o réu da demanda possessória em curso.

Por fim, "se a oposição tem por objeto o direito do autor, será julgada inicialmente a ação, e se procedente esta, procedente será a oposição, passando o direito reconhecido ao autor (oposto), para o opoente. Improcedente a ação, sem objeto restará a oposição. Se a oposição tem por objeto o direito discutido pelas partes, será ela julgada inicialmente, e, caso procedente, restará sem objeto a ação originária, ao menos parcialmente. Improcedente a oposição, aí então se julga o mérito da ação originária".[420]

---

[419] BARRETO, Ricardo de Oliveira Paes. *Curso de direito processual civil*: conforme a jurisprudência. 2. ed. Rio de Janeiro: Renovar, 2003. p. 181.

[420] BARRETO, Ricardo de Oliveira Paes. *Curso de direito processual civil*: conforme a jurisprudência. 2. ed. Rio de Janeiro: Renovar, 2003. p. 185.

5.13.2.5 Nomeação à autoria

Na nomeação à autoria o que se dá é que a pessoa contra quem foi interposta determinada ação faz a indicação de quem na verdade deve integrar a lide. O demandado, no caso, nada mais é do que um simples detentor da coisa. A nomeação à autoria deve observar o disciplinado pelos arts. 62 a 69 do CPC.

A ação é dirigida contra determinado réu, só que ele não é o possuidor efetivo da coisa, por exemplo, é mero fâmulo da posse, o que motiva que o mesmo indique o verdadeiro possuidor, pois que é contra ele que a ação deve correr. A indicação contra quem a demanda deve correr é da competência exclusiva do réu e ele deve proceder à nomeação à autoria no prazo da contestação, que, uma vez apresentada, faz com que o processo fique suspenso.

Uma vez feita à nomeação à autoria, pode ser que nem o autor e nem o nomeado aceite, contudo, se aceita pelo autor, é dado ao nomeado o direito de se manifestar, e se aceitar, contra ele correrá o processo, e, caso não aceite, o processo continuará correndo contra o réu indicado pelo autor. Quando aceita a nomeação à autoria, desaparece do processo a figura do até então réu, pois que a partir da aceitação o réu passará a ser o nomeado.

5.13.2.6 Denunciação à lide

A denunciação à lide decorre de expressa previsão processual e é obrigatória, conforme art. 70, com a observância dos arts. 71 a 76, todos do CPC.

Em se tratando de uma demanda possessória, é de ser observado, especificamente, o inc. II do art. 70 do CPC. Podemos exemplificar a obrigatoriedade da denunciação à lide numa ação onde o autor demanda o réu para conseguir a reintegração de determinado bem que está com ele, só que o réu está com o bem em razão de usufruto, ou em razão de crédito pignoratício,[421] portanto, sendo possuidor direto, e com isto ele indica o possuidor indireto do bem, como denunciado, a fim de

---

[421] Art. 1.406 do CC de 2002 (sem igual disposição no CC de 1916). "O usufrutuário é obrigado a dar ciência ao dono de qualquer lesão produzida contra a posse da coisa, ou os direitos destes". Nota: do mesmo modo, pelo CC de 2002 (sem igual disposição no CC de 1916), disciplina o art. 1.435. "O credor pignoratício é obrigado: II. à defesa da posse da coisa empenhada e a dar ciência, ao dono dela, das circunstâncias que tornarem necessário o exercício de ação possessória".

que o mesmo se manifeste. Quando o denunciado aceita a nomeação, o processo passa a correr contra ele (denunciado) e contra o réu (denunciante), pois que passam a figurar como litisconsortes passivos.

5.13.2.7 Assistência

A assistência é disciplinada pelos arts. 50 a 55 do CPC. Na assistência, determinada pessoa pode fazer uma adesão, o que seria uma intervenção adesiva, em favor de umas das partes, autor e réu. Na assistência, o interessado adere ao processo em razão de que tem interesse que a decisão final se dê em favor do aderido, ou seja, o autor ou réu, dependendo se a aderência se deu pelo polo ativo, ou pelo polo passivo.

A assistência é ato de vontade do interessado, o que significa dizer que é de natureza voluntária e se dá em razão de manifesto interesse do mesmo (assistente) com o objetivo de ver a ação (demanda) ser julgada de forma favorável àquela parte (autor ou réu) que figura como parte principal no processo. A assistência pode se dar em qualquer tipo de procedimento e em qualquer grau de jurisdição, só que o assistente (interessado) recebe o processo no estado em que se encontra.

Como exemplo de assistência, podemos tomar por parâmetro uma ação possessória onde o interessado tem interesse que o autor recupere a posse da coisa que foi esbulhada, haja vista que uma vez recuperada, o assistente (interessado) irá adquirir a posse da mesma, em razão de contrato a ser realizado com o autor da ação reintegratória.

5.13.2.8 Intervenção do Ministério Público

Pode ocorrer que em determinada demanda possessória, o caso concreto é que dirá, se faça necessária a intervenção do Ministério Público como fiscal da lei, o que, quando previsto, deve ocorrer sob pena de nulidade do processo.

No geral, em se tratando de demanda possessória, o Ministério Público terá que intervir, obrigatoriamente, quando o litígio envolver interesse de incapaz e também nas ações que envolvam litígios coletivos pela posse da terra rural, conforme estabelece o art. 81, incs. I e II, do CPC.

A intervenção do Ministério Público se dará sempre em razão de sua atuação como fiscal da lei, pois se sua atuação for como parte, não terá qualquer regalia diferente das demais partes no processo, conforme art. 81 do CPC; terá, entretanto, a regalia processual do prazo em quádruplo para contestar e o prazo em dobro para recorrer, em conformidade com o art. 188 do CPC.

5.13.3 Foro competente

Sobre o foro competente para questão envolvendo bens móveis, disciplina o *art. 94*, do CPC: "A ação fundada em direito pessoal e ação fundada em direito real sobre bens móveis serão propostas, em regra, no foro de domicílio do réu". Não quer dizer que a expressão em regra signifique que é dado o direito de as partes escolherem o foro, o que seria foro de eleição, e sim de que a própria lei pode abrir exceção sobre o foro e competência para apreciar, tanto assim é que pelo art. 100 do CPC, há abertura de várias exceções em relação ao foro, o que deverá ser observado quando de cada situação em concreto.

O Código de Processo Civil determina, sem qualquer exceção, que o foro competente para apreciar demanda relativa a imóvel é o da situação do imóvel (*forum rei sitae*). Não deixa dúvida a redação do *art. 95*, ao estabelecer: "Nas ações fundadas em direito real sobre imóveis é competente o foro da situação da coisa. Pode o autor, entretanto, optar pelo foro do domicílio ou de eleição, não recaindo o litígio sobre direito de propriedade, vizinhança, servidão, posse, divisão e demarcação de terras e nunciação de obra nova".

Das ações possessórias típicas e atípicas de que tratamos, a única que pode entrar no rol de escolha do foro, por parte do autor, seria a de embargos de terceiro (senhor e possuidor, ou só senhor, ou só possuidor), no entanto, o mesmo não vai ter como fazer a escolha do foro, pois que terá que interpor embargos no juízo onde já estiver correndo o processo, ou seja, onde o bem que está a defender foi constritado judicialmente.

Quando o imóvel se achar localizado em mais de um Estado, ou comarca, a ação possessória poderá ser ajuizada em qualquer uma das comarcas, sendo que o juiz competente para dirimir a demanda será determinado pela prevenção, que se entenderá por todo o imóvel, em face do contido no art. 107 do CPC. Assim, o juiz que primeiro conhecer da causa e que determinou citação válida do demandado será competente para todo o imóvel e será ele que proferirá a sentença e julgará todos os incidentes processuais, inclusive, logicamente, podendo conceder, ou não, conforme o caso, liminar *initio litis*, ou após justificação prévia.

A prevenção, em face do art. 107 do CPC, é indeclinável, e todo o e qualquer incidente envolvendo o imóvel em litígio ficará a cargo do juiz prevento. Asseveram, a este respeito, Nelson Nery Júnior e Rosa Maria Andrade Nery: "Havendo duas ações de reintegração de posse em comarcas diversas, sobre imóvel que se situa em ambas as comarcas, é competente para decidir a lide sobre a totalidade do imóvel o juízo prevento, assim entendido aquele em que primeiro foi feita a citação válida em uma das demandas".[422]

5.13.4 Ação rescisória em relação às demandas possessórias (típicas e atípicas)

Após o transcurso em julgado de sentença relativa à demanda possessória (quer seja típica, quer seja atípica), poderá, uma vez preenchidos os requisitos legais, ocorrer interposição de ação rescisória. É a ação rescisória, como acentua didaticamente Ricardo de Oliveira Paes Barreto, "mais um dos processos originários dos tribunais, onde se processa, sendo a ação pela qual se pede a anulação de sentença, ou decisão interlocutória negativa de questão de mérito, como na hipótese de apreciação de decadência, ou acórdão transitado em julgado, mesmo em se tratando de acórdão decorrente de agravo de instrumento, quando este adentrar no mérito da questão posta, para que se proceda com novo julgado, perante o próprio tribunal, ou perante o juízo originário cuja decisão material se pretenda rescindir".[423] [424]

A ação rescisória é disciplinada pelos arts. 485 *usque* 495 do Código de Processo Civil.[425] Pelos dispositivos legais, a ação rescisória pode ser interposta contra decisão, em que o mérito foi apreciado, desde que a mesma tenha transitado em julgado. A ação rescisória deve ser interposta no prazo, após o trânsito em julgado da decisão originária, de 2 (dois) anos, prazo este que é decadencial, portanto, peremptório e com isto não é passível de suspensão e nem de interrupção em razão de feriados ou de férias forenses. Por força do art. 486 do CPC, até mesmo os atos judiciais que independem de sentença, ou quando a mesma for meramente homologatória, podem ser objeto de ação rescisória.

---

[422] NERY JUNIOR, Nelson; NERY, Rosa Maria Andrade. *Código de Processo Civil comentado*. 5. ed. São Paulo: Revista dos Tribunais, 2001. p. 508.

[423] BARRETO, Ricardo de Oliveira Paes. *Curso de direito processual civil*: conforme a jurisprudência. 2. ed. Rio de Janeiro: Renovar, 2003. p. 535.

[424] Anota Antenor Batista: "Os fundamentos mais substanciosos do instituto da Ação Rescisória devem ser inseridos na petição inicial ou na contestação, consoante pretensão do autor ou do réu. Em ambos os casos, requer-se meticulosa valoração fática e hermenêutica jurídica do postulante, pois, a rigor, tal espécie de lide nem sempre se cinge às partes (autores e réus), podendo, se for o caso, invocar erronia ou responsabilidade do juiz. Em tal hipótese, tanto em relação à petição inicial como na contestação, todo cuidado e ética são bem-vindos" (BATISTA, Antenor. *Posse, possessória e ação rescisória*: manual teórico e prático. 2. ed. São Paulo: Juarez de Oliveira, 2004. p. 95).

[425] Em face do art. 59 da Lei nº 9.099/1995, não é cabível ação rescisória nos juizados especiais cíveis.

Em sede de ação rescisória poderá, em sendo o caso, ocorrer concessão de antecipação de tutela, entendimento este defendido por parte da doutrina e da jurisprudência, o que comungamos plenamente, tendo em conta que a não concessão de antecipação de tutela, quando o caso justificar, pode acarretar grave dano para a parte requerente. O STJ, pela 3ª Turma, como aponta Antenor Batista, decidiu: "Em sede de Ação Rescisória, não obstante o óbice do art. 489 do Código de Processo Civil, com o objetivo de suspender atos executórios, em casos que causem lesão grave, é possível a antecipação de tutela".[426][427]

5.13.5 Juizado especial

Pelos juizados especiais cíveis é possível que as ações possessórias, tanto envolvendo bens móveis, como imóveis, tenham curso. O que dirimirá a questão, com relação a poder ou não ser utilizado o Juizado Especial Cível para fins de propositura da ação, é o valor da causa, que nos juizados da justiça estadual tem por patamar 40 (quarenta) salários mínimos; já nos juizados da justiça federal o valor será de 60 (sessenta) salários mínimos.

Em relação às ações possessórias típicas, atinentes aos bens móveis, há posicionamentos doutrinários e jurisprudenciais que as excluem da apreciação dos juizados especiais cíveis, o que, no nosso modo de ver, não é correto e sobre isto discorreremos *infra*, em tópico específico.

Os juizados especiais cíveis, estadual e federal, têm disciplina pelas Leis nºs 9.099, de 26 de setembro de 1995, e 10.259, de 12 de julho de 2001, respectivamente, e os mesmos têm competência para apreciar demandas possessórias que não excedam, no Juizado Especial Estadual Cível, 40 (quarenta) salários mínimos, vigente à data da propositura da ação, e no Juizado Especial Federal Cível, o valor máximo de 60 (sessenta) salários mínimos, vigente à época da propositura da ação.

A posição que apontamos pelo parágrafo acima não goza de consenso geral pela doutrina, pois há opinião no sentido de que o valor

---

[426] BATISTA, Antenor. Posse, possessória e ação rescisória: manual teórico e prático. 2. ed. São Paulo: Juarez de Oliveira, 2004. p. 97.

[427] Anota, por sua vez, Ricardo de Oliveira Paes Barreto, decisão do STJ (AGRAR nº 911/MG, Rel. Min. Nancy Andrighi), do seguinte teor: "Cabível a antecipação de tutela para conferir efeito suspensivo à ação rescisória, contudo, excepcionalmente, pode o magistrado deferir a suspensão requerida, dentro do seu poder geral de cautela, sempre que verifique a possibilidade de frustração do provimento judicial futuro da rescisória" (BARRETO, Ricardo de Oliveira Paes. *Curso de direito processual civil*: conforme a jurisprudência. 2. ed. Rio de Janeiro: Renovar, 2003. p. 563).

apontado é tão somente com relação ao de condenação, o que não entendemos como sendo procedente, pois, se assim fosse, não haveria um critério específico norteador da admissão da demanda por meio dos juizados especiais cíveis (estadual e federal) e com isto, via de regra, toda e qualquer demanda, desde que entre aquelas da competência dos referidos juizados especiais cíveis, poderia ser ajuizada por meio dos mesmos, considerando que, embora sem conciliação, por meio de sentença homologatória, a sentença condenatória somente seria arbitrada até o patamar máximo fixado em lei (40 salários mínimos no Juizado Especial Estadual Cível e 60 salários mínimos no Juizado Especial Federal Cível).[428] Se assim fosse entendido, estaria, *a priori*, desvirtuado por completo o verdadeiro objetivo do legislador em instituir os juizados especiais cíveis (estadual e federal).

De modo que, reafirmamos, o que deverá balizar as demandas pelos juizados especiais civis (estadual e federal) é o valor de 40 (quarenta) salários mínimos, pelo Juizado Especial Estadual Cível, e o valor máximo de 60 (sessenta) salários mínimos, pelo Juizado Especial Federal Cível, valores estes constantes desde a época da propositura da ação.

Não poderá, no entanto, o Juizado Especial Estadual Cível apreciar matéria possessória típica (ou não) que envolva a União, suas autarquias, fundações e empresas públicas, em face do disciplinado pela Lei nº 9.099/1995, *art. 8º*, onde consta: "Não poderão ser partes, no processo instituído por esta Lei, o incapaz, o preso, as pessoas jurídicas de direito público, as empresas públicas da União, a massa falida e o insolvente civil".

A União, suas autarquias e fundações públicas federais estão inseridas no rol das competências da Justiça Federal, em face do art. 109, inc. I, da Constituição Federal de 1988, e dos juizados especiais federais cíveis, em face da Lei nº 10.259/2001.

A Lei nº 9.099/1995, ao dizer que o Juizado Especial Estadual Cível é competente para conciliação, processo e julgamento das ações possessó-

---

[428] Doutrina, em sentido contrário ao nosso posicionamento, Liberato Bonadia Neto: "No tocante a essa competência genérica do Juizado, firmada pelo inciso I do art. 3º da lei, o valor de alçada é considerado apenas para efeito de condenação, o que não obsta a propositura da ação mesmo quando o valor atribuído à causa for superior ao de alçada, sendo eficaz a sentença que homologar o acordo celebrado entre as partes em valor superior ao de alçada, tendo em vista os fins conciliatórios colimados pelo Juizado. Somente a sentença condenatória é ineficaz na parte que exceder a alçada estabelecida pela lei, mesmo porque a opção pelo procedimento das ações perante o Juizado Especial Cível importará em renúncia ao crédito excedente ao valor de alçada, excetuada a hipótese de conciliação, como ressalva o §3º do seu art. 3º" (BONADIA NETO, Liberato. Disponível em: <http://www.jurista.adv.br>. Acesso em: 11 jan. 2011).

rias sobre bens imóveis (ações possessórias típicas), desde que o valor não exceda a 40 (quarenta) salários mínimos, vigentes por ocasião da propositura da ação, não veda a possibilidade de julgamento de ação atípica (ação de embargos de terceiro, ação de embargo de obra nova e a ação de dano infecto), haja vista que a proibição (art. 10 da Lei nº 9.099/1995) somente atinge a intervenção de terceiro[429] no processo, o que não é o caso dos autores das ações possessórias atípicas.

Pode, portanto, correr pelo Juizado Especial Cível, as ações possessórias atípicas, pois que tais demandas ficam albergadas pelo comando do art. 3º, inc. I, devendo ser, e tão somente isto, observado o valor da causa, que não pode exceder ao patamar de 40 (quarenta) salários mínimos, vigorante quando da propositura da ação.

A mesma coisa, como destacado no parágrafo acima, se aplica ao Juizado Especial Federal Cível, pois a Lei nº 10.259/2001, *art. 1º*, estabelece: "São instituídos os Juizados Especiais Cíveis e Criminais da Justiça Federal, aos quais se aplica, no que não conflitar com esta Lei, o disposto na Lei nº 9.099, de 26 de setembro de 1995". Só que no Juizado Especial Federal Cível, o valor não deve exceder a 60 (sessenta) salários mínimos, vigente à época da propositura da ação, e com a observância da competência do referido juizado, o que será objeto de análise em tópico próprio (tópico 5.13.5.2).

5.13.5.1 Juizado Especial Estadual Cível

Em face da Lei nº 9.099/1995, as ações possessórias típicas, relativas a bens imóveis, podem ter curso perante o Juizado Especial Estadual Cível. Dispõe o art. 3º:

> Art. 3º. O Juizado Especial Cível tem competência para conciliação, processo e julgamento das causas cíveis de menor complexidade, assim consideradas:
> I – as causas cujo valor não exceda a quarenta vezes o salário mínimo;
> II – as enumeradas no art. 275, inciso II, do Código de Processo Civil;
> III – *omissis*;
> IV – as ações possessórias sobre bens imóveis de valor não excedente ao fixado no inciso I deste artigo.

Pelo teor do dispositivo legal, não paira qualquer dúvida de que o Juizado Especial Estadual Cível tem competência para apreciar matéria

---

[429] Terceiro ou terceiros "são pessoas estranhas à relação processual originária", são os casos de oposição, nomeação à autoria, denunciação à lide e de chamamento ao processo.

relativa às ações possessórias típicas, devendo ser observado, no entanto, o valor da causa, que não poderá ultrapassar o patamar legal de 40 (quarenta) salários mínimos, em vigor à época da propositura da ação.

Nas demandas possessórias típicas, é de ser observado o valor da causa, que não deve ultrapassar o patamar fixado pela lei, que é de no máximo 40 (quarenta) salários mínimos, e o foro competente que deve ser, para melhor apreciação da matéria e até mesmo de coleta de provas, o do art. 95 do CPC, que é o *forum rei sitae*, o que afasta, em princípio, o foro determinado pelo art. 4º, inc. I, da Lei nº 9.099/1995,[430] mas não o foro em relação às ações possessórias típicas envolvendo bens móveis, em que o art. 4º é que deverá ser aplicado.

5.13.5.2 Juizado Especial Federal Cível

No Juizado Especial Federal Cível não poderá correr ação possessória, por absoluta falta de competência do mesmo, que verse sobre imóveis da União, em face do preconizado pelo art. 3º, §1º, inc. II, da Lei nº 10.259/2001, no entanto é de registrar que em sendo a União, suas autarquias e fundações públicas federais, quem praticou o ato de turbação, esbulho, ou até mesmo em razão de ameaça, o que dá margem ao interdito proibitório, nada há que obstaculize que o lesado, pessoa física ou jurídica, busque o amparo no Juizado Especial Federal Cível, desde que o valor da causa não exceda ao limite de 60 (sessenta) salários mínimos, vigente quando da propositura da ação.

A possibilidade de o demandante, desde que lesado em sua posse, poder recorrer contra a União, suas autarquias e fundações públicas federais, no Juizado Especial Federal Cível não encontra esclarecimentos na doutrina, pois que os doutrinadores ficam engessados só pela interpretação literal do art. 3º, §1º, inc. II, da Lei nº 10.259/2001, que veda que ação seja apreciada pelo Juizado Especial Federal Cível quando o imóvel pertencer a União, suas autarquias e fundações

---

[430] Lei nº 9.099/1995, art. 4º. "É competente, para as causas previstas nesta Lei, o Juizado do foro:
I – do domicílio do réu ou, a critério do autor, do local onde aquele exerça atividades profissionais ou econômicas ou mantenha estabelecimento, filial, agência, sucursal ou escritório;
II – do lugar onde a obrigação deva ser satisfeita;
III – do domicílio do autor ou do local do ato ou fato, nas ações para reparação de dano de qualquer natureza.
Parágrafo único. Em qualquer hipótese, poderá a ação ser proposta no foro previsto no inciso I deste artigo".

públicas federais, e não quando for uma delas que causar a lesão em imóvel do demandante.

Nada há, pois, que impeça de que o Juizado Especial Federal Cível venha a ser escolhido pelo lesado para acionar, via ação possessória típica, a União, suas autarquias e fundações públicas federais, desde que a causa não tenha valor superior a 60 (sessenta) salários mínimos, em vigência quando da propositura da ação.

Não poderá, no entanto, a demanda ser intentada por meio do Juizado Especial Federal Cível, caso a parte praticante da turbação, do esbulho, ou da ameaça, seja índio[431] (desde que amparado pela Lei nº 6001, de 19 de dezembro de 1973 (Estatuto do Índio), pois que no caso a própria Lei nº 10.259/2001 faz, por meio do art. 3º, §1º, inc. I, a exclusão, em face do preconizado pelo art. 109, inc. XI, da Constituição Federal de 1988, que determina que a Justiça Federal é competente para apreciar a matéria, o que faz com que a mesma não possa tramitar pelo Juizado Especial Federal Cível, independentemente do valor da causa, e sim por meio do juizado federal comum competente.

Não há qualquer alusão na Lei nº 10.259/2001 que impeça que o Juizado Especial Federal Cível aprecie matéria possessória em que a União, suas autarquias e fundações públicas federais figurem como rés, pois que a competência só não se aplica quando a causa versar sobre bem imóvel das mesmas. A matéria deve ficar adstrita ao comando legal, pois que interpretação em contrário não encontra ressonância na Lei nº 10.259/2001, e nem na Constituição Federal de 1988.

Em reforço à competência do Juizado Especial Federal Cível para apreciar matéria em que figure como ré a União, suas autarquias e fundações públicas federais, destacamos, da Lei nº 10.259/2001:

> Art. 3º. Compete ao Juizado Especial Federal Cível processar, conciliar e julgar causas de competência da Justiça Federal até o valor de sessenta salários mínimos, bem como executar as suas sentenças.

---

[431] Sobre o que efetivamente seja considerado índio, em razão da proteção dada pela CF/88, nada melhor do que tomar por parâmetro o que deixou dito o Ministro do STF, Ayres Brito, quando da apreciação de ação popular envolvendo a demarcação da Terra Indígena Raposa Serra do Sol, localizada no Estado de Roraima. Assim: "O significado do substantivo 'índios' na Constituição Federal. O substantivo 'índios' é usado pela Constituição Federal de 1988 por um modo invariavelmente plural, para exprimir a diferenciação dos aborígenes por numerosas etnias. Propósito constitucional de retratar uma diversidade indígena tanto interétnica quanto infra-étnica. Índios em processo de aculturação permanecem índios para o fim de proteção constitucional. Proteção constitucional que não se limita aos silvícolas, estes, sim, índios ainda em primitivo estádio de habitantes da selva" (In: Informativo nº 593, de 2010, do STF).

§1º. Não se incluem na competência do Juizado Especial Cível as causas:
I – referidas no art. 109, incisos II, III e XI, da Constituição Federal, as ações de mandado de segurança, de desapropriação, de divisão e demarcação, populares, execuções fiscais e por improbidade administrativa e as demandas sobre direitos ou interesses difusos, coletivos ou individuais homogêneos;
II – sobre bens imóveis da União, autarquias e fundações públicas federais.
Por sua vez a Constituição Federal de 1988, disciplina pelo *art. 109*. Aos juízes federais compete processar e julgar:
I – as causas em que a União, entidades autárquicas ou empresa pública federal forem interessadas na condição de autoras, rés, assistentes ou oponentes, exceto as de falência, as de acidentes de trabalho e as sujeitas à Justiça Eleitoral e à Justiça do Trabalho.

Em caso de prática de ato turbativo, esbulhativo ou de ameaça, que justifique o manejo do interdito proibitório, se praticados pela União, suas autarquias ou fundações públicas federais, poderá o lesado buscar amparo pelo Juizado Especial Federal Cível, considerando que tal prática não colide com o art. 109, inc. I, da Constituição Federal de 1988, e, ainda, se amolda à Lei nº 10.259/2001, devendo, unicamente, ser respeitado o valor máximo de 60 (sessenta) salários mínimos, valor vigente à época da propositura da ação e o foro, que será o da Justiça Federal, não se aplicando, no caso, o *forum rei sitae*, conforme consta do art. 95 do CPC.

Com a criação dos Juizados Especiais da Fazenda Pública no âmbito dos Estados, do Distrito Federal, dos Territórios e dos Municípios, instituído pela Lei nº 12.153, de 22 de dezembro de 2009, não poderá a demanda versar sobre bens imóveis que estejam a eles vinculados, considerando o disposto pelo art. 2º, §1º, inc. II, *verbis*:

Art. 2º. É de competência dos Juizados Especiais da Fazenda Pública processar, conciliar e julgar causas cíveis de interesse dos Estados, do Distrito Federal, dos Territórios e dos Municípios, até o valor de 60 (sessenta) salários mínimos.
§1º. Não se incluem na competência do Juizado Especial da Fazenda Pública:
II – as causas sobre bens imóveis dos Estados, Distrito Federal, Territórios e Municípios, autarquias e fundações públicas a eles vinculadas.

A matéria também fica condicionada ao valor de, no máximo, 60 (sessenta) salários mínimos, na forma do apontado pelo art. 2º, com a seguinte redação: "É de competência dos Juizados Especiais da Fazenda Pública processar, conciliar e julgar causas cíveis de interesse dos Estados, do Distrito Federal, dos Territórios e dos Municípios, até o valor de 60 (sessenta) salários mínimos".

Pela legislação acima, desponta de forma clara que a única vedação de acionamento do Juizado Especial da Fazenda Pública é que não se trate de bens imóveis vinculados aos entes públicos referidos, o que conduz à possibilidade de envolver bens móveis, desde que respeitado teto máximo de 60 (sessenta) salários mínimos.

A União, em razão do próprio comando legal, está excluída dos entes nominados anteriormente, deste modo, contra a mesma não é possível o manejo de qualquer ação por meio do Juizado Especial da Fazenda Pública,[432] continuando, entretanto, em aberto o que pontuamos acima com relação à aplicação da Lei nº 10.259/2001.

5.13.5.3 Competência do Juizado Especial Estadual e Federal Cível em relação às demandas possessórias típicas sobre bens móveis

Tanto a Lei nº 9.099/1995 como a Lei nº 10.259/2001 não tratam da possibilidade de tramitar pelos juizados especiais cíveis, estadual ou federal, as ações possessórias típicas que versem sobre bens móveis. A matéria é bastante controvertida no campo doutrinário e jurisprudencial, pois para determinada corrente podem os juizados especiais cíveis apreciar matéria possessória que envolva bens móveis, mesmo que não expressamente previsto em lei; para outra corrente, tal não é possível, pois os juizados especiais cíveis só podem apreciar matéria possessória que envolva bens imóveis, em razão de expressa previsão legal.

Temos que não há óbice algum que impeça que também as ações possessórias típicas que envolvam bens móveis sejam apreciadas pelos juizados especiais cíveis, pois tal possibilidade era prevista pelo art. 275, inc. I, alínea "a", do CPC, antes da atual redação dada pela Lei nº 9.245, de 26 de dezembro de 1995. Entendemos que para as ações possessórias típicas relativas aos bens móveis é aplicada, agora, a regra geral do art. 3º, inc. I, da Lei nº 9.099/1995, onde a observância se restringe ao valor, que não deve ultrapassar 40 (quarenta) salários mínimos, vigente à época da propositura da demanda, e pela Lei nº 10.259/2001, art. 3º, onde o valor é de no máximo 60 (sessenta) salários mínimos, vigentes por ocasião da propositura da ação.

Não seria coerente que quem pode o mais, isto é, apreciar as demandas possessórias típicas sobre imóveis, de regra, mais complexas,

---

[432] A Lei nº 12.153, de 22 de dezembro de 2009, somente vigorará (art. 28) após 6 (seis meses) da data de sua publicação, que ocorreu em 23.12.2009. O prazo de instalação dos Juizados Especiais da Fazenda Pública será de 2 (dois) anos, a contar da data de vigência da lei que o criou (art. 22).

também não pudesse apreciar as demandas possessórias típicas que envolvam bens móveis, que, via de regra, envolve grau de menor complexidade, pensamento este que encontra eco na doutrina de Joel Dias Figueira Júnior.[433] Também entende deste modo Misael Montenegro Filho, quando afirma: "Embora tenha a Lei nº 9.099/95 previsto o cabimento da ação possessória no âmbito dos Juizados Especiais Cíveis, exclusivamente na hipótese de a ação envolver bem imóvel, entendemos que a demanda também pode ser ajuizada quando o objeto do litígio for coisa móvel".[434] Outro não é o entendimento de Marisa Ferreira dos Santos e de Ricardo Cunha Chimenti, quando afirmam: "As ações possessórias sobre bens móveis também podem ser processadas nos Juizados Especiais Cíveis, nos termos da antiga redação da alínea *a* do inciso II do art. 275 do CPC".[435]

Poderão, assim, os Juizados Especiais Cíveis (estadual e federal) apreciar matérias possessórias típicas, quer a demanda verse sobre bens imóveis, quer sobre bens móveis, ficando a matéria adstrita à observância do valor, que não poderá ser superior a 40 (quarenta) salários mínimos, no Juizado Especial Estadual Cível, e a 60 (sessenta) salários mínimos, no Juizado Especial Federal Cível, valor vigente à época da propositura da ação.

5.13.5.4 Possibilidade de opção do autor da demanda possessória pelo Juizado Especial Cível ou pelo juizado comum

O autor, ao propor ação possessória que se amolde naquelas que podem ser apreciadas por meio de Juizado Especial Cível, é que terá o

---

[433] FIGUEIRA JÚNIOR, Joel Dias. *Da competência nos juizados especais cíveis*. São Paulo: Revista dos Tribunais, 1996. p. 76. Registra o autor: "Um dos problemas emergentes reside na circunstância de que após o advento da Lei 9.245, de 26.12.1995, a qual instituiu o novo procedimento sumário, as demandas interditais que tivessem por objeto bens móveis e semoventes foram suprimidas daquele elenco de causas.
Disso resultou a incoerência no sentido de que as mobiliárias interditais foram suprimidas do rito sumário por apresentarem certa complexidade, enquanto as imobiliárias, curiosamente, foram inseridas no procedimento sumaríssimo, que é procedimento de natureza muito mais simplificado em relação àquele e orientado pelo princípio da oralidade em grau máximo.
A única forma que encontramos para resolver o impasse foi interpretar extensivamente em caráter excepcional o inc. IV do art. 3º, a fim de incluir as ações interditais mobiliárias.
Seria ilógico, como já dissemos, permitir o mais — no caso demanda mais complexa — e não admitir o menos — a possessória menos complexa".
Nota: O inc. IV do art. 3º, mencionado pelo autor, é da Lei nº 9.099/95.
[434] MONTENEGRO FILHO, Misael. *Ações possessórias*. São Paulo: Atlas, 2004. p. 106.
[435] SANTOS, Marisa Ferreira dos; CHIMENTI, Ricardo Cunha. Juizados especiais cíveis e criminais: federais e estaduais. 3. ed. São Paulo: Saraiva, 2005. p. 23. (Coleção Sinopses Jurídicas, v. 15).

direito de optar em ingressar pela forma especial destes juizados ou então ingressar na justiça comum, onde a matéria poderá melhor ser apreciada, em razão da complexidade que envolva e das provas e serem produzidas. Optando pela justiça comum, a demanda possessória tramitará pelo procedimento sumário, desde que o valor da causa não seja superior a 60 (sessenta) salários mínimos, vigentes por ocasião da propositura da demanda, em face do art. 275, inc. I, do CPC.[436]

A existência do Juizado Especial Cível não impossibilita, por si só, que o autor, quando possível e não havendo vedação legal em contrário, possa aquilatar se ingressará com ação de natureza possessória típica pelo Juizado Especial Cível ou pelo juizado comum, o que fará no momento da interposição da ação e, uma vez escolhido ou outro, é por ele que correrá a demanda até decisão final.

A opção de foro — Juizado Especial Cível, ou justiça comum — para o ajuizamento da demanda possessória típica pelo autor não é matéria pacífica, pois que para determinados doutrinadores não é dado o direito de o autor escolher o foro, pois que entendem que a competência do Juizado Especial Cível, conforme a matéria e o valor, é absoluta. Entendemos que não se trata de competência absoluta, e sim relativa, o que deixa o autor livre para a escolha do foro (Juizado Especial Cível, ou justiça comum) para interpor a demanda.[437] [438]

A faculdade de o autor ingressar com a demanda possessória (típica) pelo juizado especial ou pela justiça comum, em opção própria,

---

[436] Aponta Vicente Greco Filho: "No caso das causas que versem sobre a posse de bens móveis, inclusive os incorpóreos, o procedimento era o sumaríssimo no texto original do Código (art. 275, II, a). Tal alínea foi retirada pela nova redação dada ao dispositivo pela Lei nº 9.245/95, o que significa que poderá ser o procedimento sumário pelo valor (inciso I) ou será o ordinário, mas deverá ter as características da proteção civil da posse, tais como a liminar de tutela antecipada (art. 273), natureza dúplice e proibição de concomitância com a ação declaratória de domínio" (GRECO FILHO, Vicente. *Direito processual civil brasileiro*. São Paulo: Saraiva, 2000. p. 225).

[437] Registram Marisa Ferreira dos Santos e Ricardo Cunha Chimenti: "O Tribunal de Justiça de Rondônia também já se manifestou pela possibilidade do autor optar pelo Juizado Especial Cível ou pela Justiça comum, merecendo destaque a seguinte ementa: 'A escolha do Juizado Especial Cível é opção do autor, que mesmo nas causas de valor inferior pode preferir o rito do CPC' (TJRO, AgI 97.000.831-7 – Boletim dos Juizados Especiais Cíveis e Criminais, 135)" (SANTOS, Marisa Ferreira dos; CHIMENTI, Ricardo Cunha. *Juizados especiais cíveis e criminais*: federais e estaduais. 3. ed. São Paulo: Saraiva, 2005. p. 41. [Coleção Sinopses Jurídicas, v. 15]).

[438] Não desconhecemos, no entanto, que a Lei nº 10.259/2001, disciplina, por meio do art. 3º, §3º, que: "No foro onde estiver instalada vara do Juizado Especial, a sua competência é absoluta". Absoluta, entendemos, caso o autor da demanda prefira interpor a ação pelo Juizado Especial Federal Cível, pois que se optar pela justiça federal comum não haverá qualquer óbice e nem haverá conflito de competência.

é, inclusive, garantia de ordem constitucional, que assegura o direito a ampla defesa. Os doutrinadores Nelson Nery Junior e Rosa Maria Andrade Nery registram, ao tratar sobre a finalidade dos juizados especiais: "É preciso não se perder de vista a finalidade da instituição dos juizados especiais pela CF 88 e pela LJE, que é a de oferecer ao jurisdicionado mais uma alternativa para que possa ter acesso à ordem jurídica justa. O autor pode dirigir sua pretensão tanto ao juizado especial quanto ao juízo comum, não se lhe podendo subtrair a possibilidade de ver essa pretensão examinada em toda a sua plenitude, com ampla defesa garantida pela CF 5º LV, o que só ocorre mediante o procedimento previsto no sistema do CPC".

Ainda, segundo os autores em comento: "Seria ofensivo ao princípio constitucional do direito de ação, bem como ao da ampla defesa (CF 5º XXXV e LV), impedir-se o autor de postular perante o juízo comum, com direito a ampla defesa, situação que não lhe é assegurada pelo procedimento expedido, sumário, restrito, incompleto, oral e informal dos juizados especiais".[439]

5.13.5.5 Litisconsórcio no Juizado Especial Cível em relação às demandas possessórias e o não cabimento de ação rescisória

Levando em conta que os juizados especiais cíveis (estadual e federal) têm como meta e fim a celeridade e maior simplicidade processual é que a lei restringiu a participação de terceiro e a assistência, permitindo tão somente o litisconsórcio e a participação, nos casos especificados em lei, do Ministério Público.

Dispõe a Lei nº 9.099/1995, *art. 10*. "Não se admitirá, no processo, qualquer forma de intervenção de terceiro nem de assistência. Admitir-se-á o litisconsórcio". Por sua vez o *art. 11*, disciplina: "O Ministério Público intervirá nos casos previstos em lei".

De conformidade com o comando legal disciplinador da matéria — juizados especiais cíveis —, é admitido somente o litisconsórcio, ativo ou passivo, porque é, na verdade, o litisconsorte verdadeira parte no processo, conforme arts. 46 e 47 do CPC. Em face do rol *numerus clausus* do art. 6º da Lei nº 10.259/2001, só quem pode ser parte no processo do Juizado Especial Cível é que pode, também, ser litisconsorte.

---

[439] NERY JUNIOR, Nelson; NERY, Rosa Maria Andrade. *Código de Processo Civil comentado*. 5. ed. São Paulo: Revista dos Tribunais, 2001. p. 658.

Quando houver no processo mais de um procurador em representação de litisconsortes distintos, o prazo para contestar, recorrer e falar nos autos, será computado em dobro, em face do art. 191 do CPC.[440] Também de registrar que no caso de litisconsórcio simples é de aplicar-se o comando do art. 48 do CPC, onde cada litisconsorte, salvo disposição em contrário, é considerado como litigante distinto, o que significa dizer que o ato praticado por um dos litisconsortes não causa prejuízo aos demais. O mesmo não ocorre, no entanto, quando o litisconsorte for unitário, considerando que a lide deverá ser decidida de forma igual para todos, onde o ato praticado por um litisconsorte, por exemplo, renúncia, somente terá eficácia se for confirmada pelos demais litisconsortes. Para melhor compreensão da matéria, relativa ao litisconsórcio (ativo ou passivo), nos reportamos ao que já foi dito *retro* (tópico 5.13.2.1).

Por fim, a Lei nº 9.099/1995, não possibilita que haja o manejo de ação rescisória no Juizado Especial Cível. Disciplina o art. 59 da referida lei: "Não se admitirá ação rescisória nas causas sujeitas ao procedimento instituído por esta Lei".

A não admissibilidade de ação rescisória no Juizado Especial Cível decorre do próprio espírito de celeridade de que tais juizados gozam, e se admitida ação rescisória, o caráter de celeridade desapareceria em grande parte, e isto poderia redundar nas mesmas "mazelas" da justiça comum.[441] Merece, contudo, registro que existem, ainda que esparsas, considerações doutrinárias que entendem que poderá ser

---

[440] Aponta Nelson Nery Júnior: "Os litisconsortes, para que possam se beneficiar do prazo em dobro do art. 191, do CPC, têm de ostentar o estado jurídico da diversidade de procuradores, no momento em que forem intimados da decisão que ensejaria a interposição eventual de recurso. Se, quando da intimação, tinham procurador comum, o prazo para recorrer será contado singelamente, ainda que seja constituído novo patrono, por um deles, na fluência do prazo de recurso. Do contrário, estar-se-ia ensejando a utilização de expediente procrastinatório, aliado ao fato de que, por coerência, dever-se-ia aguardar o dobro do prazo para que ocorresse o trânsito em julgado de decisões e sentença. Isto, em todos os casos onde houvesse pluralidade de partes, independentemente de haver um ou mais procuradores para os litisconsortes, o que não se nos afigura razoável nem está de acordo com o sentido finalístico da norma do art. 191, do CPC" (NERY JÚNIOR, Nelson. *Princípios fundamentais*: teoria geral dos recursos. 2. ed. rev. e ampl. São Paulo: Revista dos Tribunais, 1990. p. 151-152).

[441] Embora não sendo possível o manejo de ação rescisória, pode ocorrer a possibilidade de ação anulatória, pois que, como acentuam os doutrinadores Marisa Ferreira dos Santos e Ricardo Cunha Chimenti, quando os mesmos apontam, que "não há vedação expressa quanto à propositura de ação anulatória (art. 486 do CPC) em face das sentenças meramente homologatórias proferidas por órgãos do Juizado Especial Cível" (SANTOS, Marisa Ferreira dos; CHIMENTI, Ricardo Cunha. *Juizados especiais cíveis e criminais*: federais e estaduais. 3. ed. São Paulo: Saraiva, 2005. p. 183. [Coleção Sinopses Jurídicas, v. 15]).

utilizada a ação rescisória, mesmo assim, o que tem mais consistência, em razão da força normativa da lei (como apontado anteriormente), é a impossibilidade de manejo de ação rescisória no Juizado Especial Cível, quer pelo Estadual, quer pelo Federal.

5.13.5.6 Intervenção do Ministério Público no Juizado Especial Cível em relação às demandas possessórias

Quanto ao Ministério Público, a sua intervenção no processo em Juizado Especial Cível é bastante restrita, e se dá, no Juizado Especial Estadual Cível, como apontam Marisa Ferreira dos Santos e Ricardo Cunha Chimenti, "em quatro hipóteses: a) quando há revel citado com hora certa e no local onde se desenvolve o processo o Ministério Público seja o responsável pela curadoria especial (art. 9º, II, do CPC); b) na hipótese de o demandado ser concordatário ou estar sob regime de liquidação extrajudicial; c) na hipótese de mandado de segurança impetrado junto ao Colégio Recursal contra ato do juiz do Sistema Especial, observado o art. 10 da Lei nº 1.533/51; e d) na hipótese de arresto e citação editalícia em execução fundada em título extrajudicial".

No âmbito do Juizado Especial Federal Cível a intervenção do Ministério Público é diferente, haja vista que, conforme os autores acima citados, o Ministério Público deve "intervir nas causas em que houver interesse de incapaz (podendo inclusive propor ação em nome deste) ou interesse público (arts. 82 a 85 do CPC)".[442] Para melhor compreensão da matéria, relativa à intervenção do Ministério Público no processo, nos reportamos ao que já foi dito *retro* (tópico 5.13.2.8).

5.13.5.7 Agravo de instrumento no Juizado Especial Cível em relação às demandas possessórias

A possibilidade do manejo do agravo de instrumento em matéria relativa à competência e atribuição do Juizado Especial Cível é matéria altamente controvertida, haja vista que os Juizados Especiais Cíveis destinam-se a apreciar demandas em que o processo goze de uma forma mais simples e célere, daí o entendimento, majoritário, tanto

---

[442] SANTOS, Marisa Ferreira dos; CHIMENTI, Ricardo Cunha. *Juizados especiais cíveis e criminais*: federais e estaduais. 3. ed. São Paulo: Saraiva, 2005. p. 112. (Coleção Sinopses Jurídicas, v. 15).

doutrinário, como jurisprudencial, de que o agravo de instrumento não pode ser manejado pela parte que se sentir inconformada com a decisão interlocutória do juiz, o que somente poderá ocorrer após a sentença, com o recurso inominado interposto da mesma, levando em conta que as decisões interlocutórias não transitam em julgado.

Doutrinadores do quilate de Cândido Rangel Dinamarco e Nelson Nery Júnior entendem pelo não cabimento do agravo de instrumento nas decisões interlocutórias nos juizados especiais cíveis.

Na jurisprudência predominante também o entendimento é pelo não cabimento do agravo de instrumento, considerando que "das decisões proferidas pelo juizado especial, somente são cabíveis os recursos previstos nos arts. 41 e 48 da Lei nº 9.099/95 (recurso inominado e embargos de declaração), não se admitindo o recurso de agravo, instrumentalizado ou retido", conforme decisão do 1º Colégio Recursal de Pernambuco, em razão do Enunciado nº 10.

Entendemos que em determinadas situações o agravo de instrumento se fará desde logo necessário em razão da decisão do juiz que possa representar risco de lesão ou até mesmo lesão irreparável se não modificada de imediato a decisão, o que somente poderá ocorrer via agravo de instrumento, a ser apreciado pela Turma Recursal, tomando por parâmetro a aplicação subsidiária do Código de Processo Civil.

Embora não havendo a preclusão, no Juizado Especial Cível, da decisão interlocutória proferida pelo juiz, a demora para que a parte prejudicada recorra da mesma pode ser fatal, ainda que possa ser questionada por ocasião do recurso inominado. Assim também entendem os doutrinadores Marisa Ferreira dos Santos e Ricardo Cunha Chimenti, quando declinam que "o agravo de instrumento somente deve ter seguimento caso esteja evidenciado que a decisão pode causar dano irreparável ou de difícil reparação".

Concluem os autores em comento, com suporte em Humberto Theodoro Júnior e Joel Dias Figueira Júnior, o que se amolda com o nosso entendimento pela possibilidade da interposição de agravo de instrumento de decisão interlocutória em Juizado Especial Cível: "A propósito das decisões interlocutórias, a Lei nº 9.099/95 silenciou. Isto não quer dizer que o agravo seja de todo incompatível com o Juizado Especial Civil. Em princípio, devendo o procedimento concentrar-se numa só audiência, todos os incidentes nela verificados e decididos poderiam ser revistos no recurso inominado ao final interposto. Mas nem sempre isso se dará de maneira tão singela. Questões preliminares poderão ser dirimidas antes da audiência ou no intervalo entre a de conciliação e a de instrução e julgamento. Havendo risco de configurar-se a preclusão em prejuízo de umas das partes, caberá o recurso de agravo, por invocação supletiva do Código de Processo Civil".[443]

Cada situação em concreto é que dará o norte para a matéria, pois se não houver risco algum para a parte inconformada com a decisão interlocutória da decisão proferida pelo juiz do Juizado Especial Cível, a decisão somente poderá ser atacada quando da interposição de recurso inominado, em face da decisão final; caso, no entanto, haja risco de dano irreparável, ou de difícil reparação, o agravo de instrumento poderá ser manejado, com base na aplicação subsidiária do Código de Processo Civil, sendo encaminhado à Turma Recursal, considerando que as decisões oriundas dos Juizados Especiais Cíveis não ficam sujeitas à apreciação dos Tribunais de Justiça e nem dos Tribunais Regionais Federais.

5.13.5.8 Medidas cautelares e antecipação de tutela no Juizado Especial Cível em relação às demandas possessórias

A concessão de medida cautelar e de antecipação de tutela, tanto genérica (art. 273 do CPC), como específica (art. 461, §3º, do CPC), é possível por meio do Juizado Especial Cível.

Dá-se a concessão de medida cautelar ou de antecipação de tutela para evitar que a parte venha a sofrer dano de difícil reparação. A concessão de medida cautelar faculta ao juiz concedê-la independentemente de pedido da parte interessada; o mesmo, entretanto, não se dá com a antecipação de tutela, haja vista que para sua concessão deve haver requerimento da parte interessada.

A medida cautelar é possibilitada, no Juizado Especial Cível, pela Lei nº 10.259/2001, estabelecendo o *art. 4º*. "O juiz poderá, de ofício ou a requerimento das partes, deferir medidas cautelares no curso do processo, para evitar dano de difícil reparação".

Pode ocorrer que a parte requeira antecipação de tutela e o caso seja de concessão de cautelar, o que não impedirá o juiz de concedê-la

---

[443] SANTOS, Marisa Ferreira dos; CHIMENTI, Ricardo Cunha. *Juizados especiais cíveis e criminais*: federais e estaduais. 3. ed. São Paulo: Saraiva, 2005. p. 97. (Coleção Sinopses Jurídicas, v. 15). Registram, por outro lado, os autores, decisão jurisprudencial com o seguinte teor: "As decisões interlocutórias proferidas nos processos dos Juizados Especiais não precluem e podem ser objeto de questionamento no Recurso Inominado. O Agravo de Instrumento somente deve ter seguimento caso esteja evidenciado que a decisão atacada pode causar dano irreparável ou de difícil reparação. Negativa de seguimento do recurso de agravo pelo relator. Aplicação subsidiária do art. 557 do CPC (Rag 10.616, 1º. Colégio Recursal de São Paulo, rel. Juiz Ricardo Chimenti)".

incidentalmente. Tal possibilidade é prevista pelo Código de Processo Civil, art. 273, em razão do §7º (acrescido pela Lei nº 10.444, de 07 de julho de 2002, com vigência a partir de 08 de agosto de 2002), com a seguinte redação: "Se o autor, a título de antecipação de tutela, requerer providência de natureza cautelar, poderá o juiz, quando presentes os respectivos pressupostos, deferir a medida cautelar em caráter incidental do processo ajuizado". É caso típico de fungibilidade, onde "um pedido de liminar cautelar seja acolhido como antecipação de tutela ou que um pedido de antecipação de tutela (liminar ou não) seja analisado como pedido de medida cautelar".[444]

A tutela antecipada e a tutela cautelar não são institutos da mesma igualdade, explicam tal diferença, de forma bastante didática, os doutrinadores Nelson Nery Júnior e Rosa Maria de Andrade, ao declinarem: "A tutela antecipada dos efeitos da sentença de mérito não é tutela cautelar, porque não se limita a assegurar o resultado prático do processo, nem a assegurar a viabilidade da realização do direito afirmado pelo autor, mas tem por objetivo conceder, de forma antecipada, o próprio provimento jurisdicional pleiteado ou de seus efeitos. Ainda que fundada na urgência (CPC 273, I), não tem natureza cautelar, pois sua finalidade precípua é adiantar os efeitos da tutela de mérito, de sorte a propiciar sua mediata execução, objetivo que não se confunde com o da medida cautelar (assegurar o resultado útil do processo de conhecimento ou de execução ou, ainda, a viabilidade do direito informado pelo autor)".[445] [446]

---

[444] SANTOS, Marisa Ferreira dos; CHIMENTI, Ricardo Cunha. *Juizados especiais cíveis e criminais*: federais e estaduais. 3. ed. São Paulo: Saraiva, 2005. p. 87.

[445] NERY JUNIOR, Nelson; NERY, Rosa Maria Andrade. *Direito processual civil brasileiro*. 2. ed. São Paulo: Saraiva, 1986. v. 3, p. 165.

[446] Em relação à tutela cautelar, tutela antecipada e tutela específica, vale registrar a didática colocação de Ricardo de Oliveira Paes Barreto: "A tutela cautelar tem cunho preventivo, visa assegurar a efetividade do resultado final do processo principal, pode ser prevista (nominal) ou não (inominada), preparatória ou incidental, em autos apartados e de forma autônoma".
E sobre a tutela antecipada, diz: "A tutela antecipada tem cunho satisfativo, visa, em determinadas circunstâncias, antecipar de forma genérica e provisoriamente a própria solução definitiva esperado no processo de conhecimento, seja ele sumário, ordinário ou especial, quando não há previsão de tutela específica, pressupõe a existência do processo, podendo ser concedida no próprio corpo processual de conhecimento, no seu início ou no seu curso".
Por fim, com relação à tutela específica: "A tutela específica ora pode ter caráter preventivo, como no mandado de segurança, na ação popular, na ação civil pública e na ação direta de inconstitucionalidade, ora satisfativo, como nas ações possessórias, em alguns casos de locação, na ação de alimentos por ex., ou nas ações para cumprimento de obrigação de fazer ou não fazer, também no próprio corpo da ação, em forma liminar" (BARRETO,

Havendo motivo justificado e o risco de lesão, ou de difícil reparação, poderá o juiz conceder tutela antecipada ou medida cautelar, podendo isto ocorrer *inaudita altera pars*, portanto, liminarmente sem necessidade de audiência prévia para ouvir as partes e colher, se o caso, provas (ainda que de forma reduzida). Caso não haja o convencimento do juiz de que a medida possa ser concedida liminarmente, a mesma poderá ocorrer no curso do processo, se os fatos comprovarem sua necessidade. Só não haverá concessão de liminar, que é sempre provisória, se a concessão da mesma representar perigo de irreversibilidade, isto é, que após sua concessão não haja como, uma vez cassada, a situação retornar ao *status quo ante*.

Como as ações possessórias típicas (ação de manutenção de posse, ação de reintegração de posse e interdito proibitório) são dúplices, o réu pode requerer, no juizado especial, a antecipação de tutela ou a concessão de medida cautelar, o que fará, na própria contestação, por meio de pedido contraposto, que, inclusive, pode dispensar, na forma do art. 17, parágrafo único, da Lei nº 9.099/1995, a contestação formal e levar ambos (contestação e pedido contraposto) a serem apreciados na mesma sentença. O pedido contraposto "tem por requisito essencial estar fundado nos mesmos fatos que embasam o pedido originário",[447] ou seja, tem por base o mesmo pedido formulado pelo autor.

5.14 Valor da causa

Quanto ao valor da causa, é necessário ser atribuído, e isto é obrigatório, embora não haja conteúdo de valor econômico imediato, em conformidade com o art. 258 do CPC. Na questão que envolve as ações possessórias típicas, doutrina e jurisprudência têm entendido, no geral, que o valor atribuído à causa deve ser lançado tomando por base o valor que é atribuído para pagamento de Imposto Predial Territorial Urbano (IPTU), quando se trate de imóvel urbano, e pelo valor do Imposto

---

Ricardo de Oliveira Paes. *Curso de direito processual civil*. 2. ed. Rio de Janeiro: Renovar, 2003. p. 591-592).

[447] SANTOS, Marisa Ferreira dos; CHIMENTI, Ricardo Cunha. *Juizados especiais cíveis e criminais*: federais e estaduais. 3. ed. São Paulo: Saraiva, 2005. p. 156. (Coleção Sinopses Jurídicas, v. 15). Acrescentam os autores: "Não vemos óbice no prosseguimento do pedido contraposto mesmo que haja desistência quanto ao pedido principal, a exemplo do que prevê o art. 317 do CPC para a reconvenção". Caso haja litisconsórcio unitário, a renúncia ao pedido principal deve ser corroborada por todos os litisconsortes, do contrário não terá eficácia.

Territorial Rural (ITR), quando se trate de imóvel rústico. Aplica-se, de forma subsidiária, o disposto no art. 259, inc. VII, do CPC.[448]

Em matéria relativa à ação possessória, inexiste no Código de Processo Civil previsão específica para atribuição de valor à causa, daí a razão pela qual o valor não é o mesmo do bem em si mesmo, pois tal situação somente é válida em se tratando de ação reivindicatória, o que, evidentemente, não é o caso das possessórias. Na jurisprudência, há entendimento no sentido de que deve prevalecer, para atribuição do valor à causa, o proveito econômico que é perseguido pelo autor. Já foi decidido que "não há critério legal para a fixação do valor. O valor da possessória é o do proveito econômico perseguido pelo autor".[449]

Nas ações possessórias atípicas, a situação não é a mesma das possessórias típicas, pois que naquelas o valor deverá ser fixado em conformidade com o que foi pedido pelo autor, levando em conta o valor do próprio bem objeto da demanda e com a inclusão, quando o caso, de algum *plus*, de ordem legal, pretendido pelo autor, como, por exemplo, perdas e danos e lucros cessantes.

Em qualquer tipo de ação (típica ou atípica), o valor deverá ser fixado, no entanto, caso o autor tenha atribuído valor menor, ou maior, do que lhe competia atribuir, é dado ao réu a possibilidade da impugnação, conforme art. 261 do CPC. O que deve ser destacado é que o processo continuará a fluir e, uma vez improcedente a impugnação, fica valendo o valor atribuído pelo autor; se, no entanto, for julgada procedente a impugnação, o autor terá prazo para adequá-lo, conforme decidir o juiz, que poderá, se assim entender, requerer auxílio de perito para determiná-lo.

A fixação do valor atribuído à causa é essencial para as ações possessórias típicas, inclusive para definir se a demanda ficará albergada pelo procedimento sumário, em face do art. 275, inc. I, que obstaculiza

---

[448] A jurisprudência, com ínfimas variações, adota entendimento idêntico ao referido no texto, conforme ementa: "Não há regra específica sobre o valor da causa nas ações possessórias, nada impedindo que se aplique, por analogia, o art. 259, VII, do CPC, apurando-se segundo o valor venal constante do lançamento do imposto predial". Humberto Theodoro Júnior (*Código de Processo Civil anotado*. 9. ed. Rio de Janeiro: Forense, 2005. p. 169) que indica como fonte: 6ª Câm, do 1º. TACiv.-SP, Agr. nº 336.243, Rel. Juiz Ernani de Paiva, em 05.03.1985, RT, 604/117; TACiv.-SP, 97/11.

[449] Fonte: RT 64/205, conforme transcrição feita por Gleydson Kleber Lopes de Oliveira, que ainda transcreve outra decisão (RT 653/184), onde consta: "O valor da causa em ação possessória é aquele que, segundo estimativa do autor, corresponder ao proveito econômico tirado pela posse do bem, eis que aquela não tem conteúdo econômico imediato" (OLIVEIRA, Gleydson Kleber Lopes de. *Ações possessórias*: enfoque sobre a cognição. São Paulo: Juarez de Oliveira, 2001. p. 71).

o procedimento para causa que exceda a 60 (sessenta) vezes o valor do salário mínimo, que é o vigente por ocasião da propositura da ação.

Também para fins de fixação de competência, deverá ser observado o valor da causa em até 40 (quarenta) salários mínimos, vigentes à época da propositura da ação, para fins de competência do Juizado Especial Cível dos Estados, conforme art. 3º da Lei nº 9.099, de 26 de setembro de 1995; enquanto para os Juizados Especiais Federais Cíveis, o valor não poderá exceder a 60 (sessenta) vezes o salário mínimo vigente, também à época da propositura da ação, conforme art. 3º da Lei nº 10.259, de 12 de julho de 2001.

A fixação do valor da causa é tanto para bens móveis, como para imóveis, sendo que quando se tratar de possessória envolvendo bem móvel, o valor será, via de regra, o do próprio bem, diferentemente, como apontado acima, de quando a demanda envolver bem imóvel. O que não pode, por imperativo legal, é a causa — seja versando sobre móveis, seja sobre imóvel — não ter valor atribuído, pois que toda a causa (mesmo as de procedimento voluntário) terá que ter um valor fixado.

5.15 Desforço pessoal

Por fim, encerrando o rol legal das ações de ordem processual para a defesa da posse, merece destaque o fato de que o Código Civil possibilita, por meio de ação física (desforço pessoal), que o próprio possuidor possa praticar os atos necessários para recuperar a posse perdida ou que está sendo turbada. O art. 1.210, §1º, do Código Civil de 2002 (e art. 502, parágrafo único do Código Civil de 1916), prevê a figura jurídica do denominado desforço pessoal, também conhecido como legítima defesa da posse,[450] defesa pessoal, ou, ainda, autodefesa da posse.

O desforço pessoal representa a defesa da posse pelas vias de fato, o que é permitido desde que ocorra imediatamente e de forma moderada (com a utilização dos meios necessários). A legítima defesa é a faculdade que a lei confere à pessoa para defender a sua posse e seus

---

[450] Ao tratar desta modalidade excepcional de o próprio interessado usar de atribuições típicas de Estado, anota José Crettela Junior: "Na legítima defesa, (...), nos caso de turbação e esbulho, há como um prolongamento do *poder de polícia* do Estado, transferido, por instantes, às mãos do particular". Registrando que tais situações "são, no fundo, *vias de direito excepcionais, sui generis,* tanto que limitadas por princípios equilibrados de moderação e de proporcionalidade" (CRETELA JUNIOR, José. *Do ato administrativo.* 2. ed. São Paulo: José Bushatsky, 1977. p. 106-107).

bens, quando injustamente agredidos, desde que não haja tempo de recorrer ao socorro da autoridade pública. É, portanto, uma resistência legal a uma agressão injusta; uma defesa individual e direta, sem as formalidades prescritas em lei.

Essa faculdade que a lei confere ao indivíduo, isto é, a defesa privada, para preservar a sua posse injustamente agredida, equivale, assim, à legítima defesa prevista e acolhida pelo Direito Penal, condicionada, de modo geral, aos mesmos requisitos ali previstos. É o que constatamos pelo comando do §1º do art. 1.210 do Código Civil de 2002 (e parágrafo único do art. 502 do Código Civil de 1916), onde fica condicionado que os atos de defesa não podem ir além do indispensável à manutenção ou restituição da posse.

Caso venha o desforçador praticar excessos ou utilizar-se de meios inadequados para a manutenção ou recuperação da posse, poderá responder no campo civil, por meio de ação de cunho indenizatório, e, no campo penal, responder pela violência que houver praticado. Deste modo, o desforço pessoal, para ter suporte legal e não extrapolar o desforçador, o que lhe é legalmente permitido (tanto pelo Código Civil, como pelo Código Penal), necessita ficar dentro dos parâmetros da imediaticidade[451] e da moderação dos atos praticados pelo possuidor turbado, ou esbulhado em sua posse.

Na doutrina, registrada pelo magistério de San Tiago Dantas, encontramos o esclarecimento de que "o desforço ou defesa pessoal vem a ser a defesa da posse pelas vias de fato, e esta se permite contando que se faça imediatamente, porque, então, o desforço nada mais é do que um caso de legítima defesa. O possuidor pode manter-se ou reintegrar-se pela força própria, repelindo com ela a agressão consumanda ou consumada. Está-se, portanto, nos domínios da legítima defesa, de modo

---

[451] O Tribunal de Justiça de Santa Catarina, ao analisar matéria onde estava presente o desforço pessoal, ainda sob a égide do art. 502 do Código Civil de 1916, que tem correspondência com o art. 1.210, §1º, do Código Civil de 2002, acentuou, no acórdão, com o seguinte extrato: "[...]. Admite-se, quando o atentado é de natureza clandestina, que o desforço em defesa da posse se faça *incontinenti* ou logo em seguida à notícia que tenha o possuidor da violência sofrida. O que a lei não admite, pois, é o desforço posterior.
Essa faculdade que a lei confere à pessoa para defender a sua posse e seus bens, quando injustamente agredidos, desde que não haja tempo de recorrer ao socorro da autoridade pública. É, portanto, uma resistência legal a uma agressão injusta. Contudo, segundo o parágrafo único, do art. 502 do C.C., os atos de defesa ou de desforço, não podem ir além do indispensável à manutenção ou restituição da posse. A lei proíbe, portanto, o excesso da defesa ou do desforço, porque se houver excesso, este acarretará responsabilidade civil do possuidor pelas perdas e danos a que, por ele, vier a dar causa, além da responsabilidade criminal, se for o caso" (Fonte: AC nº 96.011404-1 do TJSC, Rel. Des. Cláudio Barreto Dutra, decisão em 23.6.1998).

que é muito fácil determinar quais são os requisitos para que essa defesa (desforço) seja legítima".

Ainda, na mesma linha doutrinária de San Tiago Dantas — em relação à autotutela da posse —, verificamos, "para que não constitua, ela própria, uma violência, pode-se dizer que os requisitos são dois: em primeiro lugar, é preciso que seja imediata; em segundo, que seja moderada. Que seja imediata, isto é, que ela se faça logo que se consuma a turbação ou esbulho: deixando-se que passe algum tempo, deixando-se que se estabeleça uma solução de continuidade entre a agressão à posse e a reação, já não se está no campo do desforço imediato, está-se já recorrendo às vias de fato, que o direito não aprova".

Por fim: "O segundo requisito é que a defesa seja moderada. Não se precisa de outra compreensão para a palavra moderada, é o *moderamen inculpatae tutelae*, de que falam os penalistas e que se aplica tanto ao desforço pessoal, em benefício da posse, como à legítima defesa da própria pessoa. A regra é a mesma: há de ver-se, apenas, que a quantidade da reação seja proporcional à quantidade do ataque, o que, também, é algo que só o juiz, com o seu arbítrio, pode regular, verificando se houve ou não reação em excesso, que torne, depois, o desforçador passível de alguma reparação civil ou penal".[452]

Não pode, assim, o desforçador praticar atos, em defesa de sua posse, que extrapolem os parâmetros legais disciplinados pelo Código Civil[453] e, por outro lado, que violem a conduta tipificada como delituosa pelo Código Penal, em razão de exercício arbitrário das próprias razões.[454]

---

[452] DANTAS, San Tiago. *Programa de direito civil*: direito das coisas. 3. ed. Rio de Janeiro: Ed. Rio, 1984. 3 v., p. 80-81.

[453] Vejamos, neste sentido, o que dispõe o art. 186 do CC de 2002 (e art. 159, pelo CC de 1916): "Aquele que, por ação ou omissão voluntária, negligência, ou imprudência, violar direito e causar dano a outrem, ainda que exclusivamente moral, comete ato ilícito".
Enquanto o art. 187 do CC de 2002 (sem correspondência pelo CC de 1916), estabelece: "Também comete ato ilícito o titular de um direito que, ao exercê-lo, excede manifestamente os limites impostos pelo seu fim econômico ou social, pela boa-fé ou pelos bons costumes".
Fica ressalvado, pelo próprio Código Civil, que determinados atos não são considerados como atos ilícitos, assim é que disciplina o art. 188 do CC de 2002 (e art. 160, pelo CC de 1916): "Não constituem atos ilícitos: I – os praticados em legítima defesa ou no exercício regular de um direito reconhecido; II – Omissis. Parágrafo único. Omissis".
Sobre o ato ilícito, reza o art. 927 do CC de 2002 (e art. 159 do CC de 1916): "Aquele que, por ato ilícito (artigos 186 e 187), causar dano a outrem, fica obrigado a repará-lo.
Parágrafo único. Haverá obrigação de reparar o dano, independentemente de culpa, nos casos especificados em lei, ou quando a atividade normalmente desenvolvida pelo autor do dano implicar, por sua natureza, risco para os direitos de outrem".

[454] Sobre o exercício arbitrário das próprias razões, estabelece o art. 345 do Código Penal: "Fazer justiça pelas próprias mãos, para satisfazer pretensão, embora legítima, salvo quando a lei o permite:

Caso o desforçador exceda nos atos de defesa da sua posse, poderá vir a ser responsabilizado pelos atos praticados, isto tanto no campo do Direito Civil, para fins de pagamento de indenização pelo excesso praticado, assim como no campo do Direito Penal pelo delito praticado, considerando que, por este último diploma legal, só não é passível de responsabilização quando age nos estritos limites da legítima defesa,[455] situação que, quando ocorre, se caracteriza em excludente de ilicitude, podendo, no entanto, vir o desforçador a responder pelo excesso praticado, quer o mesmo se caracterize como excesso doloso ou culposo.[456]

Reconhecida a legítima defesa em prol do desforçador — no caso em que estamos tratando (desforço pessoal) para defesa da posse —, em razão de decisão do juízo criminal, a matéria repercute também no juízo cível, por se tratar de coisa julgada materialmente.[457] A coisa julgada, uma vez que a sentença tenha transitado em julgado, é garantia esculpida na Lei de Introdução ao Código Civil,[458] além de se constituir em dogma de natureza constitucional em razão de cláusula pétrea.[459]

Pena – detenção, de 15 (quinze) dias a 1 (um mês), ou multa, além da pena correspondente à violência.
Parágrafo único. Se não há emprego de violência, somente se procede mediante queixa".

[455] No que diz respeito a *legítima defesa*, disciplina o Código Penal, por meio do art. 25. "Entende-se em legítima defesa quem, usando moderadamente dos meios necessários, repele injusta agressão, atual ou iminente, a direito seu ou de outrem".

[456] Código Penal dispõe, em relação à *exclusão de ilicitude*, pelo art. 23. "Não há crime quando o agente pratica o fato:
I – em estado de necessidade;
II – em legítima defesa;
III – em estrito cumprimento de dever legal ou no exercício regular de direito.
Parágrafo único. O agente, em qualquer das hipóteses deste artigo, responderá pelo excesso doloso ou culposo".
Nota: Trata o parágrafo único do chamado *excesso punível*.

[457] No caso de reconhecimento da legítima defesa, por exemplo, na defesa do possuidor de sua posse, a sentença penal afasta qualquer possibilidade de o mesmo ser responsabilizado civilmente pelo mesmo fato, conforme disciplina o Código de Processo Penal, art. 65, que dispõe: "Faz coisa julgada no cível a sentença penal que reconhecer ter sido o ato praticado em estado de necessidade, em legítima defesa, em estrito cumprimento de dever legal ou no exercício regular de direito".

[458] Decreto-Lei nº 4.657, de 4 de setembro de 1942 (Lei de Introdução ao Código Civil), art. 6º. "A lei em vigor terá efeito imediato e geral, respeitados o ato jurídico perfeito, o direito adquirido e a coisa julgada.
(...)
§3º. Chama-se coisa julgada ou caso julgado a decisão judicial que já não caiba recurso".
Nota: A redação do §3º, anteriormente transcrito, decorreu de disposição da Lei nº 3.238, de 1º de agosto de 1957.

[459] Constituição da República Federativa do Brasil (1988), art. 5º (...), inc. XXXVI: "a lei não prejudicará o direito adquirido, o ato jurídico perfeito e a coisa julgada".

5.16 A fungibilidade das ações possessórias

A legislação brasileira, conforme estabelece o art. 920[460] do Código de Processo Civil, possibilita a conversão de uma ação, pelo princípio da fungibilidade, em outra, desde que guardada a possibilidade jurídica. O princípio da fungibilidade nada mais é do que, em outros termos, dizer que quando o autor ingressa com uma ação, por exemplo, de manutenção de posse, quando o correto seria de reintegração de posse, é possível o acolhimento pelo juiz como sendo uma ação de reintegração de posse. É feita, meramente, a conversibilidade da ação, isto sem necessidade de maiores formalidades processuais, pois que a conversão ocorre por meio de mero despacho do juiz no processo.

Esta possibilidade, de conversibilidade de uma ação em outra, se dá pela complexidade que rege as situações decorrentes da posse. Assim é que quando o autor ingressa com uma ação de manutenção, em razão de turbação de posse (que existia no momento que ingressou com a ação), pode a mesma, após o ajuizamento da ação, ter se transformado em esbulho, o que possibilita que a aludida ação seja encarada como sendo de reintegração (e não de manutenção), haja vista que cessou a turbação em decorrência de que a mesma se transformou num esbulho. Na mesma linha de raciocínio também se dá quando ao invés de esbulho, que existia quando da interposição da ação possessória, o mesmo passou a ser configurado, após o ingresso da ação, como turbação.

Em qualquer dos casos, como aludido no anterior parágrafo, a violência continuará a existir e seria muito temerário obrigar ao autor a ter que entrar com outra ação para reintegração ou manutenção de posse, conforme o caso, pois que ele já tem uma ação de natureza possessória em curso.

Em relação à fungibilidade das ações possessórias, doutrina Cláudia Simardi Aparecida:

> A complexidade que se apresenta na escolha da ação adequada para cada situação concreta resulta, também, da rapidez com que as situações fáticas se alteram, haja vista que a posse, direito intrinsecamente relacionado ao fato, sofre constantes modificações no tempo e no espaço. Diante dessas circunstâncias, é tradicional no Direito Brasileiro a regra segundo a qual pode o juiz outorgar a proteção possessória, mesmo

---

[460] Art. 920 do Código de Processo Civil: "A propositura de uma ação possessória em vez de outra não obstará a que o juiz conheça do pedido e outorgue a proteção legal correspondente àquela, cujos requisitos estejam provados".

quando requerida sob a denominação inadequada, ou se alterada a situação de fato apresentada quando da propositura de determinada ação possessória. Admite nosso sistema legal, por exemplo, uma ação de manutenção de posse ser julgada procedente, para reintegrar o autor à posse que, no curso do processo, veio a ser esbulhada pelo réu.[461]

Válido, por oportuno, ressaltar que a possibilidade da aplicação do princípio da fungibilidade somente é possível em relação às ações possessórias típicas, que são, *stricto sensu*: a) ação de manutenção de posse; b) ação de reintegração de posse; e, c) interdito proibitório.

Pode, deste modo, qualquer uma das ações possessórias típicas sofrer conversibilidade para outra, isto é, de manutenção para reintegração; de reintegração para manutenção; de interdito proibitório para manutenção ou reintegração e qualquer uma destas para aquele.

Não pode, como aponta de forma prudente Cláudia Simardi Aparecida, ocorrer "a conversibilidade de ação possessória *stricto sensu* em uma das possessórias *lato sensu*, ou vice-versa, por não ser possível a transformação do juízo possessório em juízo petitório, em nosso sistema jurídico. É o que ressalta Teresa Celina de Arruda Alvim: 'A fungibilidade se limita as três possessórias propriamente ditas, isto é, não alcança, por exemplo, os embargos de terceiro ou a ação de nunciação de obra nova, e a correção pode ser dar a qualquer tempo e até de ofício. É neste sentido a opinião da doutrina e da jurisprudência dominante'".

De esclarecer, por oportuno, que como as ações atípicas para defesa da posse — como já tratamos alhures — também podem configurar-se no campo das petitórias, quando, por exemplo, digam respeito não à posse em si e sim quanto ao domínio, é que as mesmas ficam afastadas da possibilidade de aplicação do princípio da fungibilidade.

> O objetivo da conversão de uma ação possessória em outra é, portanto, o de outorgar ao magistrado o poder de deferir prestação jurisdicional diferente daquela que foi pedida, possibilitando-lhe determinar *ex officio* a transformação. O ajuizamento de uma ação possessória não impede, assim, que o juiz conceda a proteção à posse, ainda que esta não corresponda àquela pleiteada.[462]

Oportuno, por outro lado, ressaltar que a jurisprudência pátria tem se posicionado pela plausibilidade da conversibilidade de uma

---

[461] SIMARDI, Cláudia Aparecida. *Proteção processual da posse*. São Paulo: Revista dos Tribunais, 1997. p. 121.
[462] SIMARDI, Cláudia Aparecida. *Proteção processual da posse*. São Paulo: Revista dos Tribunais, 1997. p. 121-122

ação possessória em outra, tendo, por exemplo, o Tribunal de Justiça de Santa Catarina entendido, em determinado julgamento, que não há qualquer óbice que impeça a ocorrência da conversibilidade, em face do comando do art. 920, do Código de Processo Civil.[463]

5.17 A ação de imissão de posse e sua controvérsia jurídica

A ação de imissão de posse figurou no Código de Processo Civil de 1939. Não tem, entretanto, atualmente qualquer guarida na legislação processual civil, pois que o Código de Processo Civil de 1973 não mais arrolou-a em seu contexto, de forma que o uso da mesma não encontra, presentemente, amparo legal, quer de ordem material, quer de ordem processual.

Embora a ação de imissão de posse não tenha sido acolhida pelo Código de Processo Civil, como apontado *retro*, não desconhecemos que existem acirradas controvérsias de ordem doutrinária sobre o cabimento, ou não, da mesma. As discussões de ordem doutrinária se afiguram como salutares, todavia o que deve imperar é a corrente predominante — e não só por isto, e sim por ser a mais coerente —, que não admite o uso de tal tipo de ação e não admite pelo fato de que a mesma inexiste no ordenamento jurídico pátrio.

Por outro lado, caso fosse cabível o manejo de ação de imissão de posse em matéria de natureza exclusivamente possessória, ela somente poderia dizer respeito às demandas de natureza petitória, e nunca em relação às demandas possessórias (típicas, ou não, desde que, logicamente, não manejadas como petitórias). E como não há campo para petitória em matéria de natureza possessória, é que por total antagonismo de ordem processual não é possível cogitarmos de ação de imissão de posse para fins de obtenção de satisfação unicamente possessória.

---

[463] Teor completo da decisão do Tribunal de Justiça de Santa Catarina. Ementa: "Agravo de instrumento. Pedido de conversão da ação de manutenção em reintegração de posse. Desnecessidade. Princípio da fungibilidade das ações possessórias. Aplicação do art. 920 do CPC. Liminar indeferida. Requisitos essenciais. Ausência. Reanálise do pedido liminar. Impossibilidade. Insurgência recursal parcialmente provida. O art. 920 do CPC estabelece que 'a propositura de uma ação possessória em vez de outra não obstará a que o juiz conheça do pedido e outorgue a proteção legal correspondente àquela, cujos requisitos estejam provados'. Para a concessão da liminar possessória, deve haver, mesmo que de maneira superficial, a presença dos requisitos estabelecidos no art. 927 do CPC. Não restando demonstrados tais requisitos torna-se impossível o deferimento da medida liminar" (Fonte: AI nº 2002.011561-0, da Capital, do TJSC, Rel. Des. José Volpato de Souza, decisão em 29.10.2002).

Nas ações possessórias típicas, o que se discute é — e tão somente isto — o *jus possessionis*, que nada mais é do que a garantia de o possuidor obter a devida proteção de ordem jurídica, em razão da própria posse, contra quem quer que a viole.[464][465]

Mesmo não tendo sido contemplada pelo Código de Processo Civil de 1973 (em vigor), alguns doutrinadores insistem que a ação de imissão de posse não foi abolida e sustentam, de várias formas, para comprovarem a sua atualidade e pertinência na legislação pátria, inclusive recorrendo a decisões de ordem jurisprudencial.

No rol dos autores que sustentam o cabimento e a eficácia da ação de imissão de posse, se sobressai o doutrinador Ovídio A. Baptista da Silva, que se bate pela eficácia e existência no ordenamento jurídico brasileiro da aludida ação. Desponta, pela doutrina do referido autor, "que a ação de imissão de posse é uma história verdadeiramente singular, em que as mais acirradas divergências se dão, precisamente, a respeito da questão ligada à existência dessa ação, intermitentemente negada por juristas antigos e recentes. E o mais notável é que sua história no Direito brasileiro registra uma controvérsia constante, quer a ação apareça em texto expresso de lei, como ocorreu na vigência de alguns Códigos Estaduais do Processo, pré-unitários, que a contemplavam, ou durante a vigência do Estatuto Federal de 1939, quer nos períodos legislativos em que se pretenda bani-la do sistema, como se supõe que o legislador de 73 haja pretendido".

---

[464] THEODORO JÚNIOR, Humberto. *Curso de direito processual civil*: procedimentos especiais. 28. ed. Rio de Janeiro: Forense, 2002. 3 v., p. 127, destaca: "Para distinguir as ações que se fundam na posse, como exercício do *poder de fato*, das que se baseiam diretamente no direito de propriedade ou nos direitos reais limitados, usam-se as expressões 'ações petitórias' e 'ações possessórias', ou resumidamente 'petitório' e 'possessório'.

Discute-se, portanto, no 'possessório' tão somente a *jus possessionis*, que vem a ser a garantia de obter proteção jurídica ao fato da *posse* contra atentados de terceiros praticados *ex própria auctoritate*. Exercitam-se, pois, no juízo possessório, faculdades jurídicas oriundas da posse em si mesma.

No juízo 'petitório', a pretensão deduzida no processo tem por supedâneo o direito de propriedade, ou seus desmembramentos, do qual decorre 'o direito à posse do bem litigioso'.

Os dois juízos são, como se vê, totalmente diversos, já que a *causa petendi* de um e outro são até mesmo irreconciliáveis".

[465] As expressões *jus possessionis* e *jus possidendi* diferem e não podem ser utilizadas como sendo de sentido igual, pois, como adverte José Acir Lessa Giordani: "*Jus possidenti* é o direito a ter a posse em virtude de uma relação jurídica da qual faz parte o sujeito; *jus possessionis*, por sua vez, é o direito aos efeitos da posse, inclusive a sua proteção, a que faz jus o indivíduo que efetivamente a exerce, independentemente de ser ou não titular de outra relação jurídica que lhe atribua o direito a ela, ou seja, independentemente de ser ou não titular do *jus possidendi*" (GIORDANI, José Acir Lessa. *Curso básico de direito civil*: direito das coisas. 2. ed. Rio de Janeiro: Lumen Juris, 2005. t. I, p. 51. Introdução e posse).

Ainda, segundo o autor em comento: "Qualquer que seja a solução legislativa encontrada, quer o legislador lhe reconheça a existência, ou, ao contrário, tente expulsá-la do sistema, a ação de imissão de posse, evidenciando uma inquebrantável vitalidade, continua presentemente nas controvérsias doutrinárias, insinuando-se quotidianamente no foro, a desmentir os que teimam em desconhecer-lhe utilidade prática".[466] E tudo isso embora também registre de forma doutrinária — o que torna incoerente a sua exposição — que "a ação de imissão de posse não é uma ação possessória",[467] o que leva o tema, embora não o diga de forma expressa, para o rol das demandas de natureza petitória. Incoerente e inconsistente o pensamento do autor, o qual, *concessa máxima venia*, refutamos como válido.

Também, na doutrina, defende Antenor Batista a existência e o cabimento da ação de imissão de posse em matéria exclusivamente possessória. Diz ele: "A rigor, data vênia, é Possessória. Assim admitia o art. 381[[468]], do Código de 1939, por estar relacionada a Posse, ou com a Posse das coisas". Continuando, acresce: "Mas a posse é a visibilidade do domínio, ainda que a Imissão de Posse não tenha sido contemplada

---

[466] SILVA, Ovídio A. Batista da. *Ação de imissão de posse*. 2. ed. São Paulo: Revista dos Tribunais, 1997. p. 95.

[467] SILVA, Ovídio A. Batista da. *Procedimentos especiais*. 2. ed. Rio de Janeiro: Aide, 1993. p. 194.
Para fins de comparação e verificação da incoerência que atribuímos ao ponto de vista defendido pelo autor, vejamos o que diz ele: "O pressuposto fundamental para que a demanda seja considerada possessória é a circunstância de buscar-se com ela a tutela de um possuidor contra algum fato que ofenda a relação possessória existente. Ficam, pois, fora do campo das possessórias mesmo as ações que tenham por fim a aquisição ou a recuperação da posse de alguma coisa em que o demandante alegue — não uma ofensa à posse — mas a existência de alguma relação jurídica que lhe dê direito à posse. É por essa razão que a ação de imissão de posse não é uma ação possessória, assim como não será igualmente a ação de nunciação de obra nova que alguns escritores e certos sistemas jurídicos incluem nessa categoria". O que releva notar é que o autor não afasta a possibilidade do manejo da ação de imissão de posse em matéria de natureza petitória, e tal, como fizemos ver no corpo do texto, não é possível em razão de inexistência de previsibilidade no direito brasileiro, quer no campo material, quer no campo processual. Não é possível aplicá-la nem em matéria possessória e nem em matéria petitória.

[468] O Código de Processo Civil de 1939 (Lei nº 1.608, de 18 de setembro de 1939) dispunha no art. 381: "Compete a ação de imissão de posse:
I – aos adquirentes de bens, para haverem a respectiva posse, contra os alienantes ou terceiros, que a detenham;
II – aos administradores e demais representantes das pessoas jurídicas de direito privado, para haverem dos seus antecessores a entrega dos bens pertencentes à pessoa representada;
III – aos mandatários, para receberem dos antecessores a posse dos bens do mandante".
Pelo próprio dispositivo legal, conforme transcrito, observamos que na verdade a ação de imissão de posse tinha por escopo o resguardo da propriedade, e com isto a mesma estaria no rol das petitórias e não das possessórias propriamente ditas, ou seja, as ações típicas de defesa da posse.

pelo novo diploma processual, não nos parece razoável sua exclusão do elenco das Possessórias pelo direito atual, como ação autônoma, já que na prática continua intimamente vinculada à conquista ou reivindicação da posse, com base no domínio e, na forma executiva, para entrega de coisa certa, bem como no que se relaciona à posse de coisas móveis e semoventes".[469]

Embora reconhecendo a excelência do ponto de vista defendido pelas posições doutrinárias acima transcritas, não há, entretanto, como agasalhá-las no direito positivo brasileiro, pois que a ação de imissão de posse não faz mais parte daquelas que integram o atual ordenamento processual, pois não foi contemplada pelo Código de Processo Civil de 1973. Não paira, presentemente, dúvidas da não existência da ação de imissão de posse na atual quadra do processo civil brasileiro. É este o nosso ponto de vista, inclusive com amparo na melhor doutrina que do mesmo modo também não reconhece a existência da ação de imissão de posse no atual ordenamento jurídico nacional.

O que não pode ser objeto de confusão é que o juiz, em determinadas circunstâncias, expede mandado de imissão de posse, todavia, o mesmo não decorre de uma ação de ordem possessória pura. O mandado de imissão de posse decorre de uma sentença que reconhece a alguém o direito de ser restituído ou imitido na posse da coisa (decorrente, por exemplo, de uma obrigação de fazer), o que não significa dizer que a ação tenha sido de ordem possessória. Exemplificando: a União, ao obter o reconhecimento numa ação de desapropriação em seu favor, terá, por determinação do juiz, a expedição de um mandado de imissão na posse do imóvel objeto da desapropriação. Trata-se, logicamente, da garantia do *jus possidenti* (direito à própria posse) e não de proteção possessória.

Esta é a posição doutrinária mais coerente, dizendo, por seu turno, Miguel Maria de Serpa Lopes: "O art. 625 do vigente Código de Processo Civil (Lei 5.869, de 11.1.73), no capítulo atinente à execução para entrega de coisa certa, estabelece que a coisa visada não sendo entregue ou depositada e nem havendo embargos suspensivos da execução (então admitidos) o juiz expedirá mandado de imissão de posse em se tratando de bem imóvel".[470]

---

[469] BATISTA, Antenor. *Posse, possessória e ação rescisória*: manual teórico e prático. 2. ed. São Paulo: Juarez de Oliveira, 2004. p. 56-57. A linha seguida pelo autor é, a nosso ver, de total improcedência e quanto a isso registramos no corpo do texto. Apontamos, no entanto, o pensamento do autor em homenagem àqueles que continuam presos às amarras do passado e não vislumbraram, ou não querem ver, que o tempo presente difere do tempo passado...

[470] LOPES, Miguel Maria de Serpa. *Curso de direito civil*. 4. ed. Rio de Janeiro: Freitas Bastos, 1996. 6 v., p. 256.

Não é possível, desta maneira, vincularmos a antiga ação de imissão de posse com a modalidade do mandado de imissão de posse, pois tal situação não tem a mesma conotação da imissão de posse mencionada pelo art. 625[471] do Código de Processo Civil, assim como também, do mesmo código, o contido no art. 461-A,[472] sendo, ainda, de registramos que neste último caso, em razão de tutela específica, em caso de violação pela parte, a mesma estará cometendo atentado (art. 879, inc. I, CPC).[473] [474] Para as ações possessórias existem os mecanismos de proteção processual próprios, conforme já expusemos alhures; por sua vez, a imissão de posse tem outro desiderato, o que também já vimos em passagens apontadas *retro*.

Somos, taxativamente, contrários aos que utilizam a terminologia: ação de imissão de posse, e isto, como já afirmado e demonstrado, em razão de que tal ação inexiste no Direito Processual brasileiro, pois o que existe, isto sim, não custa reforçar, é o mandado de imissão de posse em razão de decisão em uma demanda de obrigação de fazer, por exemplo, onde está presente o domínio e não tão somente a posse. De fato, numa demanda, onde ocorrerá a expedição do mandado de imissão de posse, o que visa o autor é ser imitido na posse da coisa em que a questão do domínio está presente em seu favor, não se trata, deste modo, de *jus possessionis*, e sim de *jus possidenti*.[475]

---

[471] Diz o art. 625, do Código de Processo Civil: "Não sendo a coisa entregue ou depositada, nem admitidos embargos suspensivos da execução, expedir-se-á em favor do credor, mandado de imissão na posse ou de busca e apreensão, conforme se tratar de imóvel ou de móvel".

[472] Diz o art. 461-A, do Código de Processo Civil: "Na ação que tenha por objeto a entrega de coisa, o juiz, ao conceder a tutela específica, fixará o prazo para o cumprimento da obrigação.
§1º. *Omissis*.
§2º. Não cumprida a obrigação no prazo estabelecido, expedir-se-á em favor do credor mandado de busca e apreensão ou de imissão de posse, conforme se tratar de coisa móvel ou imóvel.
§3º. *Omissis*".

[473] "Art. 879. Comete atentado a parte que no curso do processo:
I – viola penhora, arresto, seqüestro ou imissão na posse."

[474] No caso de atentado, a demanda principal continuará a fluir regularmente, sendo que a petição inicial é autuada em separado e com a observância, no que diz respeito ao procedimento, dos arts. 802 e 803, conforme preconiza o art. 880, todos do CPC.
Nota: sobre o atentado, registram os doutrinadores Carlos Alberto Alvaro de Oliveira e Galeno Lacerda: "O atentado pode resultar de ato positivo ou omissivo. Não o configuram, porém, os atos continuativos de situação anterior ao processo, salvo infração a mandado judicial superveniente. Assim, os do possuidor quanto à conservação e fruição normal da coisa. Da mesma forma, não há atentado se da inovação não advier algum prejuízo à parte contrária" (OLIVEIRA, Carlos Alberto Alvaro de; LACERDA, Galeno. *Comentários ao Código de Processo Civil*. Rio de Janeiro: Forense, 1988. v. 8, t. II, p. 573. Art. 813 a 889).

[475] Mesmo para quem entende como própria uma demanda com o *nomen juris* de ação de imissão de posse, há exigência de que a discussão da matéria verse sobre domínio,

5.18 A antecipação de tutela e a questão da ação possessória de força velha[476]

Considerando a nova redação do art. 273[477] do Código de Processo Civil, decorrente de alteração proveniente da Lei nº 8.952, de 13 de dezembro de 1994, poderá o juiz antecipar a tutela, de forma parcial ou total, desde que conste no pedido inicial[478] do autor e que, pela prova

---

o que, para ilustrar, já decidiu o Tribunal de Justiça de São Paulo, ao deixar plasmado: Ementa *(nº 154914).* "Imissão. Título. Escritura pública. Inadmissibilidade. Ação petitória que requer o domínio para quem pleiteia. Propriedade que se prova com transcrição na matrícula do imóvel, ausente *in casu*. Carência decretada. Apelação desprovida. A ação de imissão na posse não é possessória; não discute a situação de fato da posse, eventuais esbulhos, turbações ou ameaças; visa-se à posse pelo domínio a se demonstrar, porque ação eminentemente petitória, de cunho reivindicatório, devendo ser amparada em título hábil à caracterização dos emitentes como donos do bem, cuja posse se requer" (Fonte: TJSP, AC nº 26.662-4, São Paulo, 7ª Câmara de Direito Privado, Rel. Des. Benini Cabral).

[476] Lembrando, em relação à ação de força velha, que é aquela de mais de ano e dia e que já foi objeto de comentário, ainda que sucinto, no Capítulo 3, nos tópicos 3.5 e 3.5.2, quando foi abordado o art. 927 do Código de Processo Civil.

[477] Art. 273, do Código de Processo Civil: "O juiz poderá, a requerimento da parte, antecipar, total ou parcialmente, os efeitos da tutela pretendida no pedido inicial, desde que, existindo prova inequívoca, se convença da verossimilhança da alegação e:
I – haja fundado receio de dano irreparável ou de difícil reparação; ou
II – fique caracterizado o abuso de direito de defesa ou o manifesto propósito protelatório do réu.
§1º. Na decisão que antecipar a tutela, o juiz indicará, de modo claro e preciso, as razões do seu convencimento.
§2º. Não se concederá a antecipação de tutela quando houver perigo de irreversibilidade do provimento antecipado.
§3º. A efetivação da tutela antecipada observará, no que couber, e conforme sua natureza, as normas previstas nos arts. 588, 461, §§4º e 5º, e 461-A.
§4º. A tutela antecipada poderá ser revogada ou modificada a qualquer tempo, em decisão fundamentada.
§5º. Concedida ou não a antecipação da tutela, prosseguirá o processo até final julgamento.
§6º. A tutela antecipada também poderá ser concedida quando um ou mais dos pedidos cumulados, ou parcela deles, mostrar-se incontroverso.
§7º. Se o autor, a título de antecipação de tutela, requerer providência de natureza cautelar, poderá o juiz, quando presentes os respectivos pressupostos, deferir a medida cautelar em caráter incidental do processo ajuizado".

[478] Pela petição inicial, a ser formulada com amparo no art. 282 do Código de Processo Civil, deve o autor requerer a antecipação de tutela, pois a mesma não pode ser deferida de *ex officio* pelo juiz e, além do mais, permite que o Tribunal, quando o caso, venha dela conhecer, como ilustra decisão do Tribunal de Justiça do Estado do Rio Grande do Sul. Ementa: "Processual civil. Antecipação de tutela. Revogação em sentença. Efeitos da apelação. Antecipação da tutela pelo Tribunal, quando em curso apelação. Possibilidade. Se o juiz, na própria sentença, decide pela revogação da antecipação de tutela, eventual apelação recebida no duplo efeito não terá o condão de suspender a revogação. Nada impede, contudo, que o Tribunal conceda a antecipação de tutela, já que esta poder ser deferida ou revogada a qualquer tempo, desde que presentes os requisitos do art. 273 do CPC. Hipótese dos autos em que se verifica a presença da verossimilhança do direito alegado e o perigo de dano irreparável. Antecipação deferida na apelação. Agravo provido

inequívoca, o mesmo (juiz) se convença da verossimilhança da alegação em razão do *periculum in mora*, ou, então, em razão da verossimilhança e do manifesto propósito protelatório do réu em razão de sua defesa abusiva.[479] A antecipação de tutela é matéria que poderá, sem qualquer dúvida, ser utilizada em matéria de ordem possessória (que, quando se trata de força nova, tem amparo no rito especial – art. 928 do CPC – que possibilita a concessão de liminar e isto *initio litis*); também é possível a antecipação de tutela até mesmo em ação dominial, desde que o litígio envolva demanda petitória, por meio de ação reivindicatória.

Com relação a ser possível, ou não, a antecipação de tutela em ações possessórias de força velha, naquelas em que não é possível a aplicação da manutenção ou reintegração *in limine*, considerando a parte final do art. 924 do Código de Processo Civil, encontra a matéria alguns pontos de vista dissonantes, e outros sem um posicionamento claro a respeito do assunto.[480] Não obstante, e isto não custa reforçar, dúvida não paira que se aplica integralmente o art. 273 do Código de Processo Civil, em matéria possessória, desde que em curso pelo procedimento comum (art. 272, do CPC).

À primeira vista, pode parecer estranho que, não conseguindo ser reintegrado ou manutenido *in limine*, por se tratar de ação de posse velha, tenha o esbulhado ou turbado, que é o legítimo possuidor, possibilidade de ser beneficiado com o art. 273 do Código de Processo Civil. Assim, todavia, não se afigura em razão da abrangência e finalidade do aludido artigo.

O art. 273 do Código de Processo Civil tem uma abrangência bastante extensa e pode ser aplicado para qualquer tipo de processo de conhecimento (sumário, ordinário e especial). Daí, então, a razão de sua aplicabilidade também às ações possessórias de força velha. Outro não é o ponto de vista defendido por Ricardo de Oliveira Paes Barreto, quando aduz que "a tutela antecipada tem cunho satisfativo,

---

de plano" (Fonte: AI nº 70011180023, Nona Câmara Cível, do TJRS, Rel. Des. Marilene Bonzanini Bernardi, decisão em 18.3.2005).

[479] Misael Montenegro Filho (*Ações possessórias*. São Paulo: Atlas, 2004. p. 39-40) esclarece: "A antecipação de tutela, na realidade atual, faz às vezes de liminar, permitindo que o autor seja imitido na posse do bem no momento da propositura da demanda, desde que preencha os requisitos específicos, a saber: prova inequívoca da verossimilhança da alegação e do *periculum in mora* ou prova inequívoca da verossimilhança da alegação e do manifesto propósito protelatório do réu, correspondendo ao abuso do direito de defesa".

[480] Sem adotar posição definida a respeito da matéria, declina Arnoldo Wald: "Discute-se a possibilidade de concessão de tutela antecipada em ação possessória de força velha" (WALD, Arnoldo. *Curso de direito civil brasileiro*: direito das coisas. 10. ed. São Paulo: Revista dos Tribunais, 1993. p. 94).

visa, em determinadas circunstâncias, antecipar de forma genérica e provisoriamente a própria solução definitiva esperada no processo de conhecimento, seja ele sumário, ordinário ou especial quando não há previsão de tutela específica, pressupõe a existência de processo, podendo se concedida no próprio corpo processual de conhecimento, no início ou no seu curso".[481] Evidentemente que, como já registramos *retro*, a ação possessória típica de força velha não mais está contida na regra do procedimento especial, e sim do comum (art. 272 do CPC).

É, desta forma, perfeitamente plausível ocorrer o contido no art. 273 do Código de Processo Civil, e isto sempre que a ação estiver em situação que se encaixe no processo de conhecimento. O instituto da antecipação da tutela do art. 273 do Código de Processo Civil veio, conforme doutrina consistente de Cândido Rangel Dinamarco, "com o objetivo de ser uma arma poderosíssima contra os males corrosivos do tempo no processo. Inserindo-o no Livro I do Código de Processo Civil, que tem por objeto o processo de conhecimento, o legislador tomou posição quanto a uma questão conceitual que já foi muito importante, que é a da possível natureza cautelar da antecipação da própria tutela pretendida no processo de conhecimento".

Anota, por outro lado, o autor acima apontado: "No clássico compêndio de Calamandrei, a antecipação de provimentos decisórios comparece entre as figuras de medidas cautelares: através dela, disse 'decide-se provisoriamente uma relação controvertida, à espera de que através do processo ordinário se aperfeiçoe a decisão definitiva'. Sua finalidade é afastar situações de indefinição das quais, se fosse necessário esperar até que seja emitido o julgamento definitivo, *'potrebbero derivare a una delle parti irreparabili danni'*".[482] [483]

---

[481] BARRETO, Ricardo de Oliveira Paes. *Curso de direito processual civil*: conforme a jurisprudência. 2. ed. Rio de Janeiro: Renovar, 2003. p. 590. Ainda, segundo o autor: "A tutela específica ora pode ter caráter preventivo, como no mandado de segurança, na ação popular, na ação civil pública e na ação direta de inconstitucionalidade, ora satisfativo, como nas ações possessórias, em alguns casos de locação, na ação de alimentos por ex., ou nas ações para cumprimento de obrigação de fazer ou não fazer, também no próprio corpo da ação, em forma de liminar".

[482] DINAMARCO, Cândido Rangel. *A reforma do Código de Processo Civil*. 2. ed. São Paulo: Malheiros, 1995. p. 138-139.

[483] É de ponderar-se, ainda, que os interditos possessórios, em razão da possibilidade da concessão de liminar (quando a ação for de força nova), serviram de fonte de inspiração para que o legislador pátrio inserisse antecipação de tutela na forma disciplinada pelo art. 273 do CPC. No mesmo sentido, a lição de Cândido Rangel Dinamarco: "Vê-se com clareza que os interditos possessórios representados pelas liminares em ações possessórias são os casos mais antigos de antecipação que o direito consagra em sua história mais que milenar. Antecipa-se algo, tanto cá como lá, diante da razoável previsão de que o autor virá a obter

Pelo próprio objetivo do art. 273 do Código de Processo Civil, como visto *supra*, não há como não vislumbrarmos sua aplicação às demandas possessórias de força velha, pois o processo não pode prejudicar o autor que tem razão, ou, em outras palavras, como anota Luiz Guilherme Marinoni, "se o processo for compreendido como o procedimento ordinário ele certamente prejudicará o autor que desde logo tem um direito evidenciado. O procedimento ordinário, como se sabe, não admite a cisão da apreciação do mérito, ou o julgamento do mérito, através de decisão interlocutória, em momento anterior ao da sentença. É, portanto, um procedimento absolutamente incapaz de permitir que o autor não seja prejudicado pelo tempo e demora do processo".[484] Aliás, o mesmo autor referido entende que mesmo passado ano em dia é possível a aplicação, em favor do autor, do preconizado pelo art. 461-A do CPC.[485]

E, que fique claro, pelo fato de a ação possessória ser de força velha não quer significar que o autor não possa ter razão em ser manutenido, ou reintegrado, conforme o caso, imediatamente na posse da coisa *sub judice*, o que, quando evidenciado, será garantido por meio da concessão de antecipação de tutela (que se insere no rito do processo de conhecimento — art. 272 do CPC), considerando que não pode ser beneficiado pela reintegração ou manutenção *in limine* do rito especial, em face do contido no art. 924 do CPC.

Caso não fosse possível a aplicação da antecipação de tutela, em favor do autor, no caso da ação possessória de força velha, seria a negação

---

afinal a tutela definitiva que veio a juízo postular. Antecipa-se, cá como lá, mediante decisão revogável e reversível (por isso é que se exigem cauções idôneas). Antecipa-se, enfim, para que o autor não sofra extraordinariamente com a demora do processo" (DINAMARCO, Cândido Rangel. *Fundamentos do processo civil moderno*. 5. ed. rev. e atual. por Antonio Rulli Neto. São Paulo: Malheiros, 2002. t. II, p. 1342).

[484] MARINONI, Luiz Guilherme. *Tutela antecipatória, julgamento antecipado e execução imediata da sentença*. São Paulo: Revista dos Tribunais, 1997. p. 104.

[485] MARINONI, Luiz Guilherme. Ações para obtenção de coisa: art. 461-a do CPC. *Jus Navigandi*, Teresina, ano 11, n. 1188, 2 out. 2006. Disponível em: <http://jus2.uol.com.br/doutrina/texto.asp?id=8844>. Acesso em: 13 set. 2007. Diz o autor, sobre a possibilidade da aplicação do art. 461-A, do CPC, em ação de reintegração de posse: "Passado ano e dia não mais é possível invocar o procedimento especial estabelecido em favor da ação possessória (art. 926 e ss., CPC). Atualmente, porém, diante dos termos do art. 461-A, a reintegração de posse pode se valer da técnica antecipatória e da sentença de executividade intrínseca. É possível dizer, assim, que a reintegração de posse, ainda que já passado ano e dia, encontra no art. 461-A 'forma processual' capaz de conferir-lhe efetividade". Acresce ainda o autor em comento: "Diante do procedimento do art. 461-A, será possível conceder tutela antecipatória se ficar evidenciada circunstância que conduzir à conclusão de urgência no deferimento da reintegração ou restar demonstrado motivo que tenha obstaculizado a propositura da ação no prazo de ano e dia".

do próprio instrumento de celeridade processual colocado ao alcance do magistrado, pois se o autor tiver que percorrer todos os caminhos da demanda ordinária, terá, com certeza, ao fim e ao cabo, prejuízo, e, por outro lado, a demora na solução da lide poderá vir a representar prejuízo irreparável em desfavor do autor. O mesmo raciocínio se aplica quando for o réu que pretenda, em face do caráter dúplice das ações possessórias típicas, a concessão de antecipação de tutela, em razão de pleito formulado na contestação com reconvenção ao pretendido pelo autor.

Aliás, sobre a questão de antecipação de tutela, que entendemos como perfeitamente possível em matéria possessória, acentua Cláudia Aparecida Simardi:

> Tem-se com o instituto da antecipação da tutela novo instrumento de defesa da posse, o qual não conflita com a possibilidade de concessão liminar possessória. Isto porque os requisitos exigidos à liminar possessória, estão centrados na posse e no tempo de efetivação da violência contra ela. Os requisitos impostos à concessão da antecipação de tutela não se prendem aos elementos temporal.
> Assim na ação possessória que não comportar liminar por ter-se consumado a respectiva ofensa há mais de ano e dia, tem o autor (ou o réu que deduziu pedido contraposto) a oportunidade de requerer a antecipação de tutela com base nos incs. do art. 273 do CPC. Não se cogita, nesta situação, do requisito tempo, mas, sim, dos pressupostos insertos em referido dispositivo legal.[486]

Este é o entendimento mais coerente e está de acordo com o próprio pensamento do legislador[487][488][489] em dar maior segurança jurídica

---

[486] SIMARDI, Cláudia Aparecida. *Proteção processual da posse*. São Paulo: Revista dos Tribunais, 1997. p. 254.

[487] VENOSA, Sílvio de Salvo. *Direito civil*: direitos reais. 3. ed. São Paulo: Atlas, 2003. v. 5, p. 127, também comunga desta mesma opinião.

[488] Por outro lado, com amparo doutrinário em Francisco Antonio Casconi (*Tutela antecipada nas ações possessórias*. São Paulo: Juarez de Oliveira, 2001. p. 121), temos que: "A tutela antecipada, de inegável semelhança com os interditos possessórios, buscando emprestar ao processo segurança jurídica por certo não pretende deixar desabrigada da efetividade a posse de força velha, ou melhor, o ato atentatório que se prolongou no tempo por razões que apenas o possuidor destituído conhece".

[489] Também se enfileira nesta linha de pensar Donaldo Armelin (A tutela da posse no Novo Código Civil. In: NETTO, Domingos Franciulli; MENDES, Gilmar Ferreira; MARTINS FILHO, Ives Gandra (Coord.). *O novo Código Civil*: estudos em homenagem ao prof. Miguel Reale. São Paulo: Revista dos Tribunais, 2003. p. 971), ao dizer: "São, portanto, a antecipação de tutela e as liminares possessórias institutos que convergem para o mesmo fim, pois ambas propiciam a antecipação dos efeitos de uma eventual e futura sentença que acolhe o pedido do autor da ação. A antecipação pode ser mais restrita que a liminar possessória, porque pode versar apenas alguns dos efeitos do pedido, ao passo que a liminar possessória antecipa praticamente todos os efeitos da sentença que acolher o pedido".

em prol daquele que tem, face às condições processuais apresentadas e apreciadas, o direito buscado em juízo e cuja demora, se tiver de aguardar pela sentença de mérito em processo ordinário, poderá tornar ineficaz a sentença concedida, o que é evitado pela antecipação de tutela desde logo concedida ou no curso do processo, ainda que não signifique isto, a antecipação de tutela concedida, que a matéria não comporte mudança de posicionamento quando da decisão final da demanda.[490]

Registrando, finalmente, que mesmo no curso do processo em ação possessória típica, onde esteja presente a antecipação de tutela, poderá o réu, nos caso de comprovar que o autor não carece de idoneidade financeira — caso venha a decair da ação —, para responder com perdas e danos, requerer ao juiz que o mesmo seja compelido a prestar caução, o que, se deferido, ocorrerá no prazo de cinco dias, sob pena de a própria coisa em litígio ser depositada como garantia.[491]

---

[490] Carlos Francisco Büttenbender (*A antecipação dos efeitos da tutela jurisdicional pretendida*. Porto Alegre: Síntese, 1997. p. 24), destaca: "Em resumo, podemos afirmar que a antecipação de tutela, ou de seus efeitos, não significa que a disputa sobre o bem jurídico esteja encerrada, ou que esteja este definitivamente alocado ao autor. Apenas, entenda-se, usufruirá o autor deste bem jurídico, de forma provisória, enquanto permanecer o litígio, efetivando-se de completo apenas no momento da prolação de final decisão, em que seja declarado vencedor da demanda".

[491] A matéria encontra previsibilidade legal no art. 925 do Código de Processo Civil, quanto à pretensão do réu, e no art. 826 do Código de Processo Civil, onde estão inseridos os meios legais de caução. Cabendo acentuar, por fim, como faz ver José Ernani de Carvalho Pacheco (*Interditos possessórios*. 8. ed. Curitiba: Juruá, 1999. p. 61), que "a caução é uma garantia que a pessoa fica obrigada a prestar por imposição de contrato ou de lei. Poderá ser efetivada por meio de dinheiro, papéis de crédito, título da dívida pública, etc., bem como na forma fidejussória, através de fiador".

CONSIDERAÇÕES FINAIS

Ao longo desta obra, procuramos realizar um estudo pormenorizado sobre a posse e seus variados efeitos e, com isto, demonstrar, ou pelo menos deixar sedimentado, que o entendimento de todos os mecanismos, quer de ordem material, quer de ordem processual — que regem a posse —, devem ser perfeitamente conhecidos e compreendidos para possibilitarem sua efetiva aplicação prática.

No estudo realizado, não medimos esforços no que diz respeito a uma análise ampla sobre a posse, inclusive demonstrando seus pontos de sustentação de natureza jurídica, como, também, doutrinária; apontamos, por outro lado, alguns tópicos que são considerados controvertidos em matéria possessória, tais como a questão da antecipação de tutela em ações de natureza possessória — quer referentes à posse velha, quer referentes à posse nova; assim como a questão da função social que deve ter a posse. Não foi (e nem poderia ser) nosso objetivo esgotar o assunto, contudo, não nos furtamos de ingressar em todos os tópicos que tenham pertinência com a matéria possessória.

Está permeada, no curso desta obra, a preocupação que tivemos em realizar o estudo da posse em multifacetários aspectos. Tanto é verdade, que abordamos o assunto tanto pelo campo do Direito Civil, como, quando o caso, pelo campo do Direito Processual Civil; não perdemos de vista, por outro lado, pontos relevantes da legislação extravagante e, por fim, procedemos na inserção da matéria no campo protetivo da Constituição Federal de 1988, no que diz respeito, objetivamente, à questão da proteção dada à posse em razão da função social que a mesma desenvolve ao lado, ou à margem, da propriedade.

Estudar a posse sempre representou um grande desafio para os que se dedicam ao estudo dos direitos reais, de sorte que enfrentamos o desafio e desenvolvemos um estudo, ainda que compactado, sobre as mais variadas formas como a posse pode se apresentar, isto tanto pelo prisma da aquisição de seus direitos, assim como, na contrapartida, pelo prisma da perda de seu direito; também não deixamos de tratar da importantíssima questão dos meios de defesa da posse (manutenção de posse; reintegração de posse; interdito proibitório e desforço pessoal) e, no momento próprio, abordamos todos eles, inclusive aqueles meios admitidos pela doutrina e pela jurisprudência (ação de dano infecto; ação de embargos de terceiro e ação de nunciação de obra nova), os quais, embora não sendo específicos para a defesa da posse — pois que também são válidos para a defesa do direito de propriedade —, também podem ter aplicação em matéria estritamente de ordem possessória.

Poderíamos, e quanto a isto não resta dúvida, discorrer mais sobre determinados tópicos. Se assim não procedemos foi para não fugir do fim colimado nesta obra, que foi o de levar a cabo um estudo completo, ainda que de forma compactada, sobre a matéria possessória em razão do contido no Código Civil de 2002, com a devida correlação, quando possível, com o Código Civil de 1916.

O aprofundamento de determinados tópicos abordados nesta obra fica em aberto e no permanente desafio para todos os que se dedicarem ao estudo da posse. Não queremos, com isto, dizer que a matéria ficou comprometida, pelo contrário, foi feita uma abordagem geral e pormenorizada, no entanto, um ou outro tópico poderá, no futuro, vir a ser objeto de estudo mais particularizado e com isto possibilitar uma maior profundidade em sua abordagem.

O desenvolvimento da obra, conforme mencionamos nas considerações iniciais, deixa claro que o estudo da posse sempre foi (e ainda continua sendo) um dos assuntos de maior relevância e complexidade no campo dos direito reais, e, porque não, no campo do Direito Civil como um todo. Qualquer estudo que envolver a posse será sempre objeto de muitas perquirições e respostas nem sempre totalmente satisfatórias, e assim é pela própria natureza da posse, pois que a mesma nasce de uma situação fática e, sabidamente, tudo que provém do campo fático se presta a intermináveis polêmicas.

Com o estudo desenvolvido nesta obra, esperamos, com toda a sinceridade e devida humildade científica, ter emprestado valiosa contribuição para o elucidamento de questões complexas que envolvem o instituto de direito real da posse.

Por fim, como já alertamos em outras obras de nossa lavra, não custa repetir que, como toda obra, esta também não é, em absoluto, a dona da verdade, pois não seríamos pretenciosos a ponto de julgarmos que elaboramos um trabalho derradeiro e final sobre os vários assuntos tratados ou que elucidamos todas as dúvidas pendentes sobre os mesmos, entretanto sentimo-nos gratificados porque o primeiro passo foi dado, o que tornará, sem qualquer sobra de dúvida, mais seguros e coesos os passos futuros desta obra.[492]

---

[492] OLIVEIRA, Cláudio Teixeira de (Coord). *Manual do servidor público do governo de Roraima.* Boa Vista: Gráfica do Departamento de Imprensa Oficial, 1986. p. 123-125 e OLIVEIRA, Cláudio Teixeira de. *Direitos reais no Código Civil de 1916 e no Código Civil de 2002:* anotações doutrinárias, textos legais e notas comparadas e remissivas. Criciúma: Unesc, 2003. p. 375.

ANEXOS

ANEXO A – TEXTOS COMPARADOS, ALUSIVOS AOS ARTIGOS DO CÓDIGO CIVIL DE 2002 E DO CÓDIGO CIVIL DE 1916 SOBRE A POSSE COMO MATÉRIA DE DIREITOS REAIS

Livro II
Do Direito das Coisas

Título I
Da Posse

Capítulo I
Da Posse e sua Classificação

Art. 1.196 do CC/2002. Considera-se possuidor todo aquele que tem de fato o exercício, pleno ou não, de algum dos poderes inerentes à propriedade.[1]

Art. 485 do CC/1916. Considera-se possuidor todo aquele que tem de fato o exercício pleno, ou não, de algum dos poderes inerentes ao domínio, ou propriedade.

Art. 1.197 do CC/2002. A posse direta, de pessoa que tem a coisa em seu poder, temporariamente, em virtude de direito pessoal, ou real, não anula a indireta,

---

[1] Este artigo deve ser visto com o que dispõe o art. 1.228, *caput*, do CC de 2002, e art. 524 do CC de 1916.
Art. 1.228, *caput*, do CC/2002: "O proprietário tem a faculdade de usar, gozar e dispor da coisa, e o direito de reavê-la do poder de quem quer que injustamente a possua ou a detenha".
Art. 524 do CC/1916: "A lei assegura ao proprietário o direito de usar, gozar e dispor de seus bens, e de reavê-los do poder de quem quer que injustamente os possua".

de quem aquela foi havida, podendo o possuidor direto defender a sua posse contra o indireto.

Art. 486 do CC/1916. Quando, por força de obrigação, ou direito, em casos como o do usufrutuário, do credor pignoratício, do locatário, se exerce temporariamente a posse direta, não anula esta às pessoas, de quem eles a houveram, a posse indireta.

Art. 1.198 do CC/2002. Considera-se detentor aquele que, achando-se em relação de dependência para com outro, conserva a posse em nome deste e em cumprimento de ordens ou instruções suas.
Parágrafo único. Aquele que começou a comportar-se do modo como prescreve este artigo, em relação ao bem e à outra pessoa, presume-se detentor, até que prove o contrário.

Art. 487 do CC/1916. Não é possuidor aquele que, achando-se em relação de dependência para com outro, conserva a posse em nome deste e em cumprimento de ordens ou instruções suas.

Art. 1.199 do CC/2002. Se duas ou mais pessoas possuírem coisa indivisa, poderá cada uma exercer sobre ela atos possessórios, contanto que não excluam os dos outros compossuidores.

Art. 488 do CC/1916. Se duas ou mais pessoas possuírem coisa indivisa, ou estiverem no gozo do mesmo direito, poderá cada uma exercer sobre o objeto comum atos possessórios, contanto que não excluam os dos outros compossuidores.

Art. 1.200 do CC/2002. É justa a posse que não for violenta, clandestina ou precária.

Art. 489 do CC/1916. É justa a posse que não for violenta, clandestina, ou precária.

Art. 1.201 do CC/2002. É de boa-fé a posse, se o possuidor ignora o vício, ou o obstáculo que impede a aquisição da coisa.
Parágrafo único do CC/2002. O possuidor com justo título tem por si a presunção de boa-fé, salvo prova em contrário, ou quando a lei expressamente não admite esta presunção.

Art. 490 do CC/1916. É de boa-fé a posse, se o possuidor ignora o vício, ou o obstáculo que lhe impede a aquisição da coisa, ou do direito, possuído.
Parágrafo único do CC/1916. O possuidor com justo título tem por si a presunção de boa-fé, salvo prova em contrário, ou quando a lei expressamente não admite esta presunção.

Art. 1.202 do CC/2002. A posse de boa-fé só perde este caráter no caso e desde o momento em que as circunstâncias façam presumir que o possuidor não ignora que possui indevidamente.

Art. 491 do CC/1916. A posse de boa-fé só perde este caráter no caso e desde o momento em que as circunstâncias façam presumir que o possuidor não ignora que possui indevidamente.

Art. 1.203 do CC/2002. Salvo prova em contrário, entende-se manter a posse o mesmo caráter com que foi adquirida.

Art. 492 do CC/1916. Salvo prova em contrário, entende-se manter a posse o mesmo caráter com que foi adquirida.

Capítulo II
Da Aquisição da Posse

Art. 1.204 do CC/2002. Adquire-se a posse desde o momento em que se torna possível o exercício, em nome próprio, de qualquer dos poderes inerentes à propriedade.

Art. 493 do CC/1916. Adquire-se a posse:
I – do CC/1916. pela apreensão da coisa, ou pelo exercício do direito;
Sem igual disposição no CC/2002.
II – do CC/1196. pelo fato de se dispor da coisa, ou do direito;
Sem igual disposição no CC/2002.
III – do CC/1916. por qualquer dos modos de aquisição em geral.
Sem igual disposição no CC/2002.
Parágrafo único do CC/1916. É aplicável à aquisição da posse o disposto neste Código, arts. 81 a 85.
Sem igual disposição CC/2002.

Art. 1.205 do CC/2002. A posse pode ser adquirida:
I – do CC/2002. pela própria pessoa que a pretende ou por seu representante.
II – do CC/2002. por terceiro sem mandato, dependendo de ratificação.

Art. 494 do CC/1916. A posse pode ser adquirida:
I – do CC/1916. pela própria pessoa que a pretende;
II – do CC/1916. por seu representante, ou procurador;
III – do CC/1916. por terceiro sem mandato, dependendo de ratificação;
IV – do CC/1916. pelo constituto possessório.
Sem igual disposição no CC/2002.

Art. 1.206 do CC/2002. A posse transmite-se aos herdeiros ou legatários do possuidor com os mesmos caracteres.

Art. 495 do CC/1916. A posse transmite-se com os mesmos caracteres aos herdeiros e legatários do possuidor.

Art. 1.207 do CC/2002. O sucessor universal continua de direito a posse do seu antecessor; e ao sucessor singular é facultado unir sua posse à do antecessor, para os efeitos legais.

Art. 496 do CC/1916. O sucessor universal continua de direito a posse do seu antecessor; e ao sucessor singular é facultado unir sua posse à do antecessor, para os efeitos legais.

Art. 1.208 do CC/2002. Não induzem posse os atos de mera permissão ou tolerância assim como não autorizam a sua aquisição os atos violentos, ou clandestinos, senão depois de cessar a violência ou a clandestinidade.

Art. 497 do CC/1916. Não induzem posse os atos de mera permissão ou tolerância, assim como não autorizam a sua aquisição os atos violentos, ou clandestinos, senão depois de cessar a violência, ou a clandestinidade.

Art. 1.209 do CC/2002. A posse do imóvel faz presumir, até prova contrária, a das coisas móveis que nele estiverem.

Art. 498 do CC/1916. A posse do imóvel faz presumir, até prova contrária, a dos móveis e objetos que nele estiverem.

Capítulo III
Dos Efeitos da Posse

Art. 1.210 do CC/2002. O possuidor tem direito a ser mantido na posse em caso de turbação, restituído no de esbulho, e segurado de violência iminente, se tiver justo receio de ser molestado.

Art. 499 do CC/1916. O possuidor tem direito a ser mantido na posse, em caso de turbação, e restituído, no de esbulho.

§1º. – O possuidor turbado, ou esbulhado, poderá manter-se ou restituir-se por sua própria força, contanto que o faça logo; os atos de defesa, ou de desforço, não podem ir além do indispensável à manutenção, ou restituição da posse.

Art. 502 do CC/1916. O possuidor turbado, ou esbulhado, poderá manter-se, ou restituir-se por sua própria força, contanto que o faça logo.
Parágrafo único – Os atos de defesa, ou de desforço, não podem ir além do indispensável à manutenção ou restituição da posse.

§2º. – Não obsta à manutenção ou reintegração na posse a alegação de propriedade, ou de outro direito sobre a coisa.

Art. 505 do CC/1916. Não obsta à manutenção, ou reintegração na posse, a alegação de domínio, ou de outro direito sobre a coisa. Não se deve, entretanto, julgar a posse em favor daquele a quem evidentemente não pertencer o domínio.

Art. 1.211 do CC/2002. Quando mais de uma pessoa se disser possuidora, manter-se-á provisoriamente a que tiver a coisa, se não estiver manifesto que a obteve de alguma das outras por modo vicioso.

Art. 500 do CC/1916. Quando mais de uma pessoa se disser possuidora, manter-se-á provisoriamente a que detiver a coisa, não sendo manifesto que a obteve de alguma das outras por modo vicioso.

Art. 1.212 do CC/2002. O possuidor pode intentar a ação de esbulho, ou a de indenização, contra o terceiro, que recebeu a coisa esbulhada sabendo que o era.

Art. 504 do CC/1916. O possuidor pode intentar a ação de esbulho, ou a de indenização, contra o terceiro, que recebeu a coisa esbulhada, sabendo que o era.

Art. 1.213 do CC/2002. O disposto nos artigos antecedentes não se aplica às servidões não aparentes, salvo quando os respectivos títulos provierem do possuidor do prédio serviente, ou daqueles de quem este o houve.

Art. 509 do CC/1916. O disposto nos *artigos antecedentes* não se aplica às servidões contínuas não aparentes, nem às descontínuas, salvo quando os respectivos títulos provierem do possuidor do prédio serviente, ou daqueles de quem este o houve.

Art. 1.214 do CC/2002. O possuidor boa-fé tem direito, enquanto ela durar, aos frutos percebidos.

Art. 510 – O possuidor de boa-fé tem direito, enquanto ela durar, aos frutos percebidos

Parágrafo único do CC/2002. Os frutos pendentes ao tempo em que cessar a boa-fé devem ser restituídos, depois de deduzidas as despesas da produção e custeio; devem ser também restituídos os frutos colhidos com antecipação.

Art. 511 do CC/1916. Os frutos pendentes ao tempo em que cessar a boa-fé devem ser restituídos, depois de deduzidas as despesas da produção e custeio. Devem ser também restituídos os frutos colhidos com antecipação.

Art. 1.215 do CC/2002. Os frutos naturais e industriais reputam-se colhidos e percebidos, logo que são separados; os civis reputam-se percebidos dia por dia.

Art. 512 do CC/1916. Os frutos naturais e industriais reputam-se colhidos e percebidos, logo que são separados. Os civis reputam-se percebidos dia por dia.

Art. 1.216 do CC/2002. O possuidor de má-fé responde por todos os frutos colhidos e percebidos, bem como pelos que, por culpa sua, deixou de perceber, desde o momento em que se constituiu de má-fé; tem direito às despesas da produção e custeio.

Art. 513 do CC/1916. O possuidor de má-fé responde por todos os frutos colhidos e percebidos, bem como pelos que, por culpa sua, deixou de perceber, desde o momento em que se constituiu de má-fé; tem direito, porém, às despesas da produção e custeio.

Art. 1.217 do CC/2002. O possuidor de boa-fé não responde pela perda ou deterioração da coisa, a que não der causa.

Art. 514 do CC/1916. O possuidor de boa-fé não responde pela perda ou deterioração da coisa, a que não der causa.

Art. 1.218 do CC/2002. O possuidor de má-fé responde pela perda, ou deterioração da coisa, ainda que acidentais, salvo se provar que de igual modo se teriam dado, estando ela na posse do reivindicante.

Art. 515 do CC/1916. O possuidor de má-fé responde pela perda, ou deterioração da coisa, ainda que acidentais, salvo se provar que do mesmo modo se teriam dado, estando ela na posse do reivindicante.

Art. 1.219 do CC/2002. O possuidor de boa-fé tem direito à indenização das benfeitorias necessárias e úteis, bem como, quanto às voluptuárias, se não lhe forem pagas, a levantá-las, quando o puder sem detrimento da coisa, e poderá exercer o direito de retenção pelo valor das benfeitorias necessárias e úteis.

Art. 516 do CC/1916. O possuidor de boa-fé tem direito à indenização das benfeitorias necessárias e úteis, bem como, quanto às voluptuárias, se não lhe forem pagas, a levantá-las, quando o puder sem detrimento da coisa. Pelo valor das benfeitorias necessárias e úteis, poderá exercer o direito de retenção.

Art. 1.220 do CC/2002. Ao possuidor de má-fé serão ressarcidas somente as benfeitorias necessárias; não lhe assiste o direito de retenção pela importância destas, nem o de levantar as voluptuárias.

Art. 517 do CC/1926. Ao possuidor de má-fé serão ressarcidas somente as benfeitorias necessárias; mas não lhe assiste o direito de retenção pela importância destas, nem o de levantar as voluptuárias.

Art. 1.221 do CC/2002. As benfeitorias compensam-se com os danos, e só obrigam ao ressarcimento se ao tempo da evicção ainda existirem.

Art. 518 do CC/1916. As benfeitorias compensam-se com os danos, e só obrigam ao ressarcimento, se ao tempo da evicção ainda existirem.

Art. 1.222 do CC/2002. O reivindicante, obrigado a indenizar as benfeitorias ao possuidor de má-fé, tem o direito de optar entre o seu valor atual e o seu custo; ao possuidor de boa-fé indenizará pelo valor atual.

Art. 519 do CC/1916. O reivindicante obrigado a indenizar as benfeitorias tem direito de optar entre o seu valor atual e o seu custo.

Capítulo IV
Da Perda da Posse

Art. 1.223 do CC/2002. Perde-se a posse quando cessa, embora contra a vontade do possuidor, o poder sobre o bem, ao qual se refere o art. 1.196.

Art. 520 do CC/1916. Perde-se a posse das coisas:
I – pelo abandono;
Sem igual disposição no CC/2002.
II – pela tradição;
Sem igual disposição no CC/2002.
III – pela perda, ou destruição delas, ou por serem postas fora do comércio.
Sem igual disposição no CC/2002.
IV – pela posse de outrem, ainda contra a vontade do possuidor, se este não foi manutenido, ou reintegrado em tempo competente;

Sem igual disposição no novo Código Civil.
V – pelo constituto possessório.
Sem igual disposição no CC/2002.
Parágrafo único – Perde-se a posse dos direitos, em se tornando impossível exercê-los, ou não se exercendo por tempo que baste para prescreverem.
Sem igual disposição no CC/2002.

Art. 1.224 do CC/2002. Só se considera perdida a posse para quem não presenciou o esbulho, quando, tendo notícia dele, se abstém de retornar a coisa, ou, tentando recuperá-la, é violentamente repelido.

Art. 522 do CC/1916. Só se considera perdida a posse para o ausente, quando, tendo notícia da ocupação, se abstém de retomar a coisa, ou, tentando recuperá-la, é violentamente repelido.

ANEXO B – DESTAQUES DE ARTIGOS DO CÓDIGO CIVIL DE 1916 NÃO REPETIDOS PELO CÓDIGO CIVIL DE 2002

ESCLARECIMENTOS PARA FINS DE CONSULTA HISTÓRICA: Pelo revogado Código Civil de 1916 foram ignorados pelo Código Civil 2002, os seguintes dispositivos legais, os quais transcrevemos como fonte de consulta histórica:

Art. 521 – Aquele que tiver perdido, ou a quem houverem sido furtados, coisa móvel, ou título, ao portador, pode reavê-los da pessoa que os detiver, salvo a esta o direito regressivo contra quem lhos transferiu.

Parágrafo único – Sendo o objeto comprado em leilão público, feira ou mercado, o dono, que pretender a restituição, é obrigado a pagar ao possuidor o preço por que o comprou.

Art. 501 – O possuidor que tenha justo receio de ser molestado na posse, poderá impetrar ao juiz que o segure da violência iminente, cominando pena a quem lhe transgredir o preceito.

Art. 503 – O possuidor manutenido, ou reintegrado, na posse, tem direito à indenização dos prejuízos sofridos, operando-se a reintegração à custa do esbulhador, no mesmo lugar do esbulho.

Art. 506 – Quando o possuidor tiver sido esbulhado, será reintegrado na posse, desde que o requeira, sem ser ouvido o autor do esbulho antes da reintegração.

Art. 507 – Na posse de menos de ano e dia, nenhum possuidor será manutenido, ou reintegrado judicialmente, senão contra os que não tiverem melhor posse.

Parágrafo único – Entende-se melhor a posse que se fundar em justo título; na falta de título, ou sendo os títulos iguais, a mais antiga; se da mesma data, a posse atual. Mas, se todas forem duvidosas, será seqüestrada a coisa, enquanto se não apurar a quem toque.

Art. 508 – Se a posse for de mais de ano e dia, o possuidor será mantido sumariamente, até ser convencido pelos meios ordinários.

Art. 523 – As ações de manutenção e as de esbulho serão sumárias, quando intentadas dentro em ano e dia da turbação ou esbulho; e, passado esse prazo, ordinárias, não perdendo, contudo, o caráter possessório.

Parágrafo único – O prazo de ano e dia não corre enquanto o possuidor defende a posse, restabelecendo a situação de fato anterior à turbação, ou ao esbulho.

Nota: Os artigos 506, 507, 508 e 523 do Código Civil de 1916, conforme retratados acima, são exclusivamente de ordem processual e, por tal motivo, não foram repetidos pelo Código Civil de 2002, pois que a disciplina legal da matéria se encontra nos artigos 920 a 933, do Código de Processo Civil, os quais estão destacados nesta no ANEXO C.

ANEXO C – DESTAQUES DE ARTIGOS DO CÓDIGO DE PROCESSO CIVIL EM MATÉRIA DE AÇÕES POSSESSÓRIAS

Objetivando facilitar a consulta do Código de Processo Civil, no que diz respeito às ações possessórias, transcrevemos os mesmos nesta obra. Com base nos artigos transcritos, o consulente poderá fazer o devido confrontamento da matéria com aqueles artigos correspondentes do Código Civil de 2002, e, também, para fins de estudos comparativos, com o revogado Código Civil de 1916.

Código de processo civil (Lei nº 5.869, de 11 de janeiro de 1973)

Capítulo V
Das Ações Possessórias

Seção I
Das Disposições Gerais

Art. 920. A propositura de uma ação possessória em vez de outra não obstará a que o juiz conheça do pedido e outorgue a proteção legal correspondente àquela, cujos requisitos estejam provados.

Art. 921. É lícito ao autor cumular ao pedido possessório o de:
I – condenação em perdas e danos;
II – cominação de pena para caso de nova turbação ou esbulho;
III – desfazimento de construção ou plantação feita em detrimento de sua posse.

Art. 922. É lícito ao réu, na contestação, alegando que foi o ofendido em sua posse, demandar a proteção possessória e a indenização pelos prejuízos resultantes da turbação ou do esbulho cometido pelo autor.

Art. 923. Na pendência do processo possessório, é defeso, assim ao autor como ao réu, intentar a ação de reconhecimento do domínio.

Art. 924. Regem o procedimento de manutenção e de reintegração de posse as normas da seção seguinte, quando intentado dentro de ano e dia da turbação ou do esbulho; passado esse prazo, será ordinário, não perdendo, contudo, o caráter possessório.

Art. 925. Se o réu provar, em qualquer tempo, que o autor provisoriamente mantido ou reintegrado na posse carece de idoneidade financeira para, no caso de decair da ação, responder por perdas e danos, o juiz assinar-lhe-á o prazo de 5 (cinco) dias para requerer caução sob pena de ser depositada a coisa litigiosa.

Seção II
Da Manutenção e da Reintegração de Posse

Art. 926. O possuidor tem direito a ser mantido na posse em caso de turbação e reintegrado no de esbulho.

Art. 927. Incumbe ao autor provar:
I – a sua posse;
II – a turbação ou o esbulho praticado pelo réu;
III – a data da turbação ou do esbulho;
IV – a continuação da posse, embora turbada, na ação de manutenção; a perda da posse, na ação de reintegração.

Art. 928. Estando a petição inicial devidamente instruída, o juiz deferirá, sem ouvir o réu, a expedição do mandado liminar de manutenção ou de reintegração; no caso contrário, determinará que o autor

justifique previamente o alegado, citando-se o réu para comparecer à audiência que for designada.
Parágrafo único. Contra as pessoas jurídicas de direito público não será deferida a manutenção ou a reintegração liminar sem prévia audiência dos respectivos representantes judiciais.
Art. 929. Julgada procedente a justificação, o juiz fará logo expedir mandado de manutenção ou de reintegração.
Art. 930. Concedido ou não o mandado liminar de manutenção ou de reintegração, o autor promoverá, nos 5 (cinco) dias subseqüentes, a citação do réu para contestar a ação.
Parágrafo único. Quando for ordenada a justificação prévia (art. 928), o prazo para contestar contar-se-á da intimação do despacho que deferir ou não a medida liminar.
Art. 931. Aplica-se, quanto ao mais, o procedimento ordinário.

Seção III
Do Interdito Proibitório

Art. 932. O possuidor direto ou indireto, que tenha justo receio de ser molestado na posse, poderá impetrar ao juiz que o segure da turbação ou esbulho iminente, mediante mandado proibitório, em que se comine ao réu determinada pena pecuniária, caso transgrida o preceito.
Art. 933. Aplica-se ao interdito proibitório o disposto na seção anterior.

Capítulo VI
Da Ação de Nunciação de Obra Nova

Art. 934. Compete esta ação:
I – ao proprietário ou possuidor, a fim de impedir que a edificação de obra nova em imóvel vizinho lhe prejudique o prédio, suas servidões ou fins a que é destinado;
II – ao condômino, para impedir que o co-proprietário execute alguma obra com prejuízo ou alteração da coisa comum;
III – ao Município, a fim de impedir que o particular construa em contravenção da lei, do regulamento ou de postura.
Art. 935. Ao prejudicado também é lícito, se o caso for urgente, fazer o embargo extrajudicial, notificando verbalmente, perante duas testemunhas, o proprietário ou, em sua falta, o construtor, para não continuar a obra.
Parágrafo único. Dentro de 3 (três) dias requererá o nunciante a ratificação em juízo, sob pena de cessar o efeito do embargo.
Art. 936. Na petição inicial, elaborada com observância dos requisitos do art. 282, requererá o nunciante:
I – o embargo para que fique suspensa a obra e se mande afinal reconstituir, modificar ou demolir o que estiver feito em seu detrimento;
II – a cominação de pena para o caso de inobservância do preceito;
III – a condenação em perdas e danos.
Parágrafo único. Tratando-se de demolição, colheita, corte de madeiras, extração de minérios e obras semelhantes, pode incluir-se o pedido de apreensão e depósito dos materiais e produtos já retirados.
Art. 937. É lícito ao juiz conceder o embargo liminarmente ou após justificação prévia.
Art. 938. Deferido o embargo, o oficial de justiça, encarregado de seu cumprimento, lavrará auto circunstanciado, descrevendo o estado em que se encontra a obra; e, ato contínuo, intimará o construtor e os operários a que não continuem a obra sob pena de desobediência e citará o proprietário a contestar em 5 (cinco) dias a ação.
Art. 939. Aplica-se a esta ação o disposto no art. 803.
Art. 940. O nunciado poderá, a qualquer tempo e em qualquer grau de jurisdição, requerer o prosseguimento da obra, desde que preste caução e demonstre prejuízo resultante da suspensão dela.
§1º A caução será prestada no juízo de origem, embora a causa se encontre no tribunal.
§2º Em nenhuma hipótese terá lugar o prosseguimento, tratando-se de obra nova levantada contra determinação de regulamentos administrativos.

Capítulo X
Dos Embargos de Terceiro

Art. 1.046. Quem, não sendo parte no processo, sofrer turbação ou esbulho na posse de seus bens por ato de apreensão

judicial, em casos como o de penhora, depósito, arresto, seqüestro, alienação judicial, arrecadação, arrolamento, inventário, partilha, poderá requerer lhe sejam manutenidos ou restituídos por meio de embargos.
§1º Os embargos podem ser de terceiro senhor e possuidor, ou apenas possuidor.
§2º Equipara-se a terceiro a parte que, posto figure no processo, defende bens que, pelo título de sua aquisição ou pela qualidade em que os possuir, não podem ser atingidos pela apreensão judicial.
§3º Considera-se também terceiro o cônjuge quando defende a posse de bens dotais, próprios, reservados ou de sua meação.
Art. 1.047. Admitem-se ainda embargos de terceiro:
I – para a defesa da posse, quando, nas ações de divisão ou de demarcação, for o imóvel sujeito a atos materiais, preparatórios ou definitivos, da partilha ou da fixação de rumos;
II – para o credor com garantia real obstar alienação judicial do objeto da hipoteca, penhor ou anticrese.
Art. 1.048. Os embargos podem ser opostos a qualquer tempo no processo de conhecimento enquanto não transitada em julgado a sentença, e, no processo de execução, até 5 (cinco) dias depois da arrematação, adjudicação ou remição, mas sempre antes da assinatura da respectiva carta.
Art. 1.049. Os embargos serão distribuídos por dependência e correrão em autos distintos perante o mesmo juiz que ordenou a apreensão.

Art. 1.050. O embargante, em petição elaborada com observância do disposto no art. 282, fará a prova sumária de sua posse e a qualidade de terceiro, oferecendo documentos e rol de testemunhas.
§1º É facultada a prova da posse em audiência preliminar designada pelo juiz.
§2º O possuidor direto pode alegar, com a sua posse, domínio alheio.
Art. 1.051. Julgando suficientemente provada a posse, o juiz deferirá liminarmente os embargos e ordenará a expedição de mandado de manutenção ou de restituição em favor do embargante, que só receberá os bens depois de prestar caução de os devolver com seus rendimentos, caso sejam afinal declarados improcedentes.

Art. 1.052. Quando os embargos versarem sobre todos os bens, determinará o juiz a suspensão do curso do processo principal; versando sobre alguns deles, prosseguirá o processo principal somente quanto aos bens não embargados.
Art. 1.053. Os embargos poderão ser contestados no prazo de 10 (dez) dias, findo o qual proceder-se-á de acordo com o disposto no art. 803.
Art. 1.054. Contra os embargos do credor com garantia real, somente poderá o embargado alegar que:
I – o devedor comum é insolvente;
II – o título é nulo ou não obriga a terceiro;
III – outra é a coisa dada em garantia.

REFERÊNCIAS

AKEL, Hamilton Elliot. Das servidões prediais. In: NETTO, Domingos Franciulli; MENDES, Gilmar Ferreira; MARTINS FILHO, Ives Gandra (Coord.). *O novo Código Civil*: estudos em homenagem ao Prof. Miguel Reale. São Paulo: Revista dos Tribunais, 2003.

ALMEIDA, Francisco de Paula Lacerda. *Direito das cousas*. Rio de Janeiro: J. Ribeiro dos Santos, 1908.

ALVES, Heitor. *História das Américas*. Rio de Janeiro: Ed. do Brasil, 1954.

ALVES, José Carlos Moreira. *Posse*. 2. ed. Rio de Janeiro: Forense, 1997. v. 2, t. I.

ALVES, Vilson Rodrigues. *Uso nocivo da propriedade*. São Paulo: Revista dos Tribunais, 1992.

ALVIM, Arruda. *Manual de direito processual civil*. 9. ed. São Paulo: Revista dos Tribunais, 2005.

AMARAL, Ricardo Rodrigues do. *Direito das coisas*. Presidente Prudente: Data Juris, 1994.

ARMELIN, Donaldo. A tutela da posse no Novo Código Civil. In: NETTO, Domingos Franciulli; MENDES, Gilmar Ferreira; MARTINS FILHO, Ives Gandra (Coord.). *O novo Código Civil*: estudos em homenagem ao Prof. Miguel Reale. São Paulo: Revista dos Tribunais, 2003.

ARONNE, Ricardo. *Código Civil anotado*: direito das coisas: disposições finais e legislação especial selecionada. São Paulo: IOB Thomson, 2005.

ASCENSÃO, José de Oliveira. *Direito civil*: reais. 5. ed. Coimbra: Coimbra Ed., 1993.

AZEVEDO, Renan Falcão de. *Posse*: efeitos e proteção. 3. ed. Caxias do Sul: Universidade de Caxias do Sul – EDUCS, 1993.

BARBI, Celso Agrícola. *Comentários ao Código de Processo Civil*. 2. ed. Rio de Janeiro: Forense, 1981. 1 v.

BARRETO, Ricardo de Oliveira Paes. *Curso de direito processual civil*. 2. ed. Rio de Janeiro: Renovar, 2003.

BARRETO, Ricardo de Oliveira Paes. *Curso de direito processual civil*: conforme a jurisprudência. 2. ed. Rio de Janeiro: Renovar, 2003.

BASTONE, Francisco Jorge da Cunha. *A ação de usucapião*. Rio de Janeiro: Pallas, 1976.

BASTOS, Celso Ribeiro; MARTINS, Ives Gandra. *Comentários à Constituição do Brasil*. São Paulo: Saraiva, 1989. v. 2. Art. 5º a 17.

BATISTA, Antenor. *Posse, possessória e ação rescisória*: manual teórico e prático. 2. ed. São Paulo: Juarez de Oliveira, 2004.

BESSONE, Darcy. *Da posse*. São Paulo: Saraiva, 1996.

BEVILÁQUA, Clóvis. *Direito das coisas*. 2. ed. Rio de Janeiro: Freitas Bastos, 1946. 1 v. em 2.

BITTAR, Carlos Alberto. *Direitos reais*. Rio de Janeiro: Forense Universitária, 1991.

BITTAR, Carlos Alberto; BITTAR FILHO, Carlos Alberto. *Tutela dos direitos de personalidade e dos direitos autorais nas atividades empresariais*. 2. ed. São Paulo: Revista dos Tribunais, 2002.

BITTAR, Carlos Alberto; BITTAR, Eduardo C. B. *Direito de autor*. 3. ed. Rio de Janeiro: Forense Universitária, 2000.

BONADIA NETO, Liberato. Disponível em: <http://www.jurista.adv.br>. Acesso em: 11 jan. 2011.

BROGNOLI, Thales. *Das terras nas ilhas e do dos terrenos de marinha*. Florianópolis, 2001.

BÜTTENBENDER, Carlos Francisco. *A antecipação dos efeitos da tutela jurisdicional pretendida*. Porto Alegre: Síntese, 1997.

CARNEIRO, Waldir de Arruda Miranda. *Perturbações sonoras nas edificações urbanas*. 2. ed. São Paulo: Revista dos Tribunais, 2002.

CASCONI, Francisco Antonio. *Tutela antecipada nas ações possessórias*. São Paulo: Juarez de Oliveira, 2001.

CHAMOUN, Ebert. *Instituições de direito romano*. 4. ed. Rio de Janeiro: Forense, 1962.

COELHO, Fábio Ulhoa. *Curso de direito civil*. São Paulo: Saraiva, 2003. v. 1.

CORRÊA, Carina Milioli. A nova sistemática do agravo de instrumento retido. *Revista da Ordem dos Advogados do Brasil – OAB*, Florianópolis, n. 121, dez. 2005.

CORREA, Orlando de Assis. *Posse e ações possessórias*: teoria e prática. 2. ed. Porto Alegre: Síntese, 1979.

COSTA, Cásssia Celina Paulo Moreira da. *A constitucionalização do direito de propriedade privada*. Rio de Janeiro: América Jurídica, 2003.

CRETELLA JÚNIOR, José. *Comentários à Constituição brasileira de 1988*. Rio de Janeiro: Forense Universitária, 1993. v. 8. Art. 170 a 232.

CRETELLA JÚNIOR, José. *Curso de direito romano*: o direito romano e o direito civil brasileiro. 20. ed. Rio de Janeiro: Forense, 1996.

CRETELLA JÚNIOR, José. *Do ato administrativo*. 2. ed. São Paulo: José Bushatsky, 1977.

CUNHA JÚNIOR, Dirley da. Terras devolutas nas constituições republicanas. *Justiça Federal em Sergipe – JFSE*. Disponível em: <http://www.jfse.jus.br/obras%20mag/artigoterrasdevdirley.html>. Acesso em: 05 fev. 2009.

DANTAS, San Tiago. *Programa de direito civil*: direito das coisas. 3. ed. Rio de Janeiro: Ed. Rio, 1984. 3 v.

DEAN, Warren. *A ferro e fogo*: a história e a devastação da mata atlântica brasileira: São Paulo: Companhia das Letras, 1996.

DECISÃO do Tribunal Pleno, na Representação n° 1.100-AM. *Revista Trimestral de Jurisprudência do Supremo Tribunal Federal*, v. 115, p. 992, mar. 1986. Disponível em: <http://www.notadez.com.br/content/noticias.asp?id=10130>.

DINAMARCO, Cândido Rangel. *A reforma do Código de Processo Civil*. 2. ed. São Paulo: Malheiros, 1995.

DINAMARCO, Cândido Rangel. *Fundamentos do processo civil moderno*. 5. ed. rev. e atual. por Antonio Rulli Neto. São Paulo: Malheiros, 2002. t. II.

DINIZ, Maria Helena. *Código Civil anotado*. 8. ed. São Paulo: Saraiva, 2002.

DINIZ, Maria Helena. *Curso de direito civil brasileiro*: direito das coisas. 17. ed. São Paulo: Saraiva, 2002. 4 v. em 7.

ESPÍNDOLA, Eduardo. *Código de Processo Penal anotado*. Atualizado por José Geraldo da Silva e Wilson Lavorenti. Campinas: Bookseller, 2000.

ESPÍNDOLA, Eduardo. *Posse, propriedade, compropriedade ou condomínio, direitos autorais*. Atualizado por por Ricardo Rodrigues Gama. Campinas: Bookseller, 2002.

ESSER, Renata. Ações possessórias. Disponível em: <reesser.wordpress.com/2010/04/09/acoespossessorias/>.

FABRÍCIO, Adroaldo Furtado. *Comentários ao Código de Processo Civil*. Rio de Janeiro: Forense, 1980. v. 8.

FACHIN, Luiz Edson. *Comentários ao Código Civil*: parte especial do direito das coisas. Coordenação de Antônio Junqueira de Azevedo. São Paulo: Saraiva, 2003. v. 15. Art. 1277 a 1368.

FADEL, Sergio Fahione. *Código de Processo Civil comentado*. Rio de Janeiro: José Konfino, 1974. t. V. Art. 890 a 1220.

FARIAS, Cristiano Chaves de; ROSENVALD, Nelson. *Direitos reais*. 4. ed. Rio de Janeiro: Lumen Juris, 2007.

FERREIRA, Pinto. *Curso de direito agrário*. 2. ed. São Paulo: Saraiva, 1995.

FERREIRA, Pinto. *Da ação de nunciação de obra nova*. São Paulo: Saraiva, 1986. (Coleção Saraiva de Prática Jurídica).

FERREIRA, Solon Angelim de Alencar. Outros meios processuais de defesa da posse. *Jus Navigandi*, Teresina, ano 5, n. 47, 1º nov. 2000. Disponível em: <http://jus2.uol.com.br/doutrina/texto.asp?id=591>. Acesso em: 13 set. 2007.

FERREIRA, Waldemar. *História do direito brasileiro*: as capitanias coloniais de juro e herdade. São Paulo: Saraiva, 1962.

FIGUEIRA JÚNIOR, Joel Dias. *Da competência nos juizados especiais cíveis*. São Paulo: Revista dos Tribunais, 1996.

FIGUEIRA JÚNIOR, Joel Dias. *Liminares nas ações possessórias*. São Paulo: Revista dos Tribunais, 1995.

FIGUEIRA JÚNIOR, Joel Dias. *Novo Código Civil comentado*. Coordenação de Ricardo Fiúza. 9. tir. São Paulo: Saraiva, 2003.

FIGUEIREDO, Lúcia Valle. *Curso de direito administrativo*. 7. ed. São Paulo: Malheiros, 2004.

FRANÇA, R. Limongi. *A posse no Código Civil*: noções fundamentais. Rio de Janeiro: José Bushatski, 1964.

FRANCISCO, Caramuru Afonso. *Estatuto da cidade comentado*. São Paulo: Juarez de Oliveira, 2001.

FULGÊNCIO, Tito. *Da posse e das ações possessórias*. 5. ed. atual. por José de Aguiar Dias. Rio de Janeiro: Forense, 1978.

GAGLIANO, Pablo Stolze; PAMPLONA FILHO, Rodolfo. *Novo curso de direito civil*. 5. ed. São Paulo: Saraiva, 2004. v. 1. Parte geral.

GAGLIANO, Pablo Stolze; PAMPLONA FILHO, Rodolfo. *Novo curso de direito civil*. 3. ed. São Paulo: Saraiva, 2003. v. 2. Obrigações.

GAMA, Ricardo Rodrigues. *Direito das coisas*. Presidente Prudente: Data Juris, 1994.

GASPARINI, Diogenes. *Direito administrativo*. 3. ed. São Paulo: Saraiva, 1993.

GIORDANI, José Acir Lessa. *Curso básico de direito civil*: direito das coisas. 2. ed. Rio de Janeiro: Lumen Juris, 2005. t. I. Introdução e posse.

GODOY, Luciano de Souza. *Direito agrário constitucional*: o regime da propriedade. São Paulo: Atlas, 1998.

GOMES, Orlando. *Direitos reais*. 6. ed. Rio de Janeiro: Forense, 1978.

GONÇALVES, Carlos Roberto. *Direito das coisas*. São Paulo: Saraiva, 2003.

GONÇALVES, Marcus Vinícius Rios. *Dos vícios da posse*. São Paulo: Oliveira Mendes, 1998.

GONÇALVES, Marcus Vinícius Rios. *Procedimentos especiais*. 4. ed. São Paulo: Saraiva, 2005. (Coleção Sinopses Jurídicas, v. 13).

GOULART, Ney Rosa. *Direito das coisas*. Santa Maria: Universidade Federal de Santa Maria, 1979. v. 1.

GOULART, Ney Rosa; SEFFRIN, Paulo Eurides Ferreira. *Usufruto, uso e habitação*: teoria e prática. Rio de Janeiro: Forense, 1986.

GILLISSEN, John. *Introdução histórica do direito*. 2. ed. Lisboa-Portugal: Fundação Calouste Gulbenkian, 1995.

GRECO FILHO, Vicente. *Direito processual civil brasileiro*. São Paulo: Saraiva, 2000.

HAENDCHEN, Paulo Tadeu. *Ação de reintegração e de manutenção de posse*. São Paulo: Saraiva, 1985. (Coleção Saraiva de Prática do Direito).

HAENDCHEN, Paulo Tadeu; LETTERIELLO, Rêmolo. *Ação reivindicatória*. 4. ed. São Paulo: Saraiva, 1988.

HENRIQUE, João. *Direito romano*. Porto Alegre: Livraria do Globo, 1938.

HENRIQUE, João. *Direito romano*. Porto Alegre: Livraria do Globo, 1938. t. II.

IHERING, Rudolf von. *A finalidade do direito*. Trad. José Antonio Faria Correa. Rio de Janeiro: Ed. Rio, 1979. v. 1.

IHERING, Rudolf von. *Posse e interditos possessórios*. Trad. Adherbal de Carvalho. Salvador: Livraria Progresso Ed., 1959.

IHERING, Rudolf von. *Teoria simplificada da posse*. Trad. Pinto Aguiar. 2. ed. Bauru: Edipro, 2002.

LARA, Betina Rizzato. *Liminares no processo civil*. 2. ed. atual. São Paulo: Revista dos Tribunais, 1994.

LEVENHAGEN, Antônio José de Souza. *Comentários didáticos*. 4. ed. São Paulo: Atlas, 1995.

LEVENHAGEN, Antônio José de Souza. *Posse, possessória e usucapião*. 3. ed. São Paulo: Atlas, 1982.

LIMA, Getúlio Targino. *A posse agrária sobre bem imóvel*. São Paulo: Saraiva, 1992.

LISBOA, Roberto Senise. *Manual elementar de direito civil*: direitos reais e direitos intelectuais. 2. ed. São Paulo: Revista dos Tribunais, 2003. 4 v. em 5.

LOPES, Miguel Maria de Serpa. *Curso de direito civil*. 4. ed. Rio de Janeiro: Freitas Bastos, 1996. 6 v.

LOUREIRO, Ricardo Luiz Maia. *Posse e ações possessórias*. São Paulo: Livraria e Ed. Universitária de Direito, 2006.

MAIA, Altim de Souza. *Discriminação de terras*. Brasília: Fundação Petrônio Portela, 1982.

MARINONI, Luiz Guilherme. Ações para obtenção de coisa: art. 461-a do CPC. *Jus Navigandi*, Teresina, ano 11, n. 1188, 2 out. 2006. Disponível em: <http://jus2.uol.com.br/doutrina/texto.asp?id=8844>. Acesso em: 13 set. 2007.

MARINONI, Luiz Guilherme. *Tutela antecipatória, julgamento antecipado e execução imediata da sentença*. São Paulo: Revista dos Tribunais, 1997.

MARQUESI, Roberto Wagner. *Direitos reais agrários e função social*. Curitiba: Juruá, 2001.

MEDAUAR, Odete. *Direito administrativo moderno*. 10. ed. São Paulo: Revista dos Tribunais, 2006.

MERÉJE, Rodrigues de. *Teorias jurídicas da posse*. São Paulo: Edições e Publicações Brasil, 1942.

MINISTÉRIO DA POLÍTICA FUNDIÁRIA E DO DESENVOLVIMENTO AGRÁRIO. Instituto Nacional de Colonização e Reforma Agrária. *O livro branco da grilagem de terra no Brasil*. p. 12. Disponível em: <http://www.mst.org.br/mst/pagina.php?cd=5700>. Acesso em: 20 jan. 2009.

MIRABETE, Julio Fabbrini. *Código de Processo Penal interpretado*: referências doutrinárias, indicações legais, resenha jurisprudencial: atualizado até dezembro de 2001. 9. ed. São Paulo: Atlas, 2002.

MIRANDA, Pontes de. *Tratado das ações*: ações condenatórias. Atualizado por Vilson Rodrigues Alves. Campinas: Bookseller, 1999. v. 7, t. V.

MIRANDA, Pontes de. *Tratado das ações*: ações mandamentais. Atualizado por Vilson Rodrigues Alves. Campinas: Bookseller, 1999. v. 7, t. VI.

MIRANDA, Pontes de. *Tratado das ações*: ações mandamentais. Atualizado por Vilson Rodrigues Alves. Campinas: Bookseller, 1999. v. 7, t. V.

MONTEIRO, Washington de Barros. *Curso de direito civil*: direito das coisas. 32. ed. São Paulo: Saraiva, 1995. 3 v. em 6.

MONTEIRO, Washington de Barros. *Curso de direito civil*: direito das coisas. 37. ed. Atualizado por Carlos Alberto Dabus Maluf. São Paulo: Saraiva, 2003.

MONTENEGRO FILHO, Misael. *Ações possessórias*. São Paulo: Atlas, 2004.

NADER, Natal. *Usucapião de imóveis*. 5. ed. Rio de Janeiro: Forense, 1995.

NASCIMENTO, Tupinambá Miguel Castro do. *Posse e propriedade*. Rio de Janeiro: Aide, 1986.

NEGRÃO, Theotonio; GOUVÊA, José Roberto Ferreira. *Código Civil e legislação em vigor*. 22. ed. São Paulo: Saraiva, 2003.

NEQUETE, Lenine. *O poder judiciário no Brasil a partir da independência*. Livraria Sulina Ed., 1973. v. 1. Império.

NERY JÚNIOR, Nelson. *Princípios fundamentais*: teoria geral dos recursos. 2. ed. rev. e ampl. São Paulo: Revista dos Tribunais, 1990.

NERY JUNIOR, Nelson; NERY, Rosa Maria Andrade. *Código de Processo Civil comentado*. 5. ed. São Paulo: Revista dos Tribunais, 2001.

NERY JUNIOR, Nelson; NERY, Rosa Maria Andrade. *Direito processual civil brasileiro*. 2. ed. São Paulo: Saraiva, 1986. v. 3.

OLIVEIRA, Carlos Alberto Alvaro de; LACERDA, Galeno. *Comentários ao Código de Processo Civil*. Rio de Janeiro: Forense, 1988. v. 8, t. II. Art. 813 a 889.

OLIVEIRA, Cláudio Teixeira de. *Direitos reais no Código Civil de 1916 e no Código Civil de 2002*: anotações doutrinárias, textos legais e notas comparadas e remissivas. Criciúma: UNESC, 2003.

OLIVEIRA, Cláudio Teixeira de. *Manual do servidor público do governo de Roraima*. Boa Vista: Departamento de Imprensa Oficial, 1986.

OLIVEIRA, Gleydson Kleber Lopes de. *Ações possessórias*: enfoque sobre a cognição. São Paulo: Juarez de Oliveira, 2001.

OLIVEIRA, José Lopes de. *Curso de direito civil*: direito das coisas. São Paulo: Sugestões Literárias, 1980. 4 v. em 5.

PACHECO, José Ernani de Carvalho. *Interditos possessórios*. 8. ed. Curitiba: Juruá, 1999.

PEREIRA, Caio Mário da Silva. *Instituições de direito civil*. 12. ed. Rio de Janeiro: Forense, 1997. 4 v. em 6.

PEREIRA, Caio Mário da Silva. *Instituições de direito civil*: direitos reais. 18. ed. Rio de Janeiro: Forense, 2003. 4 v. em 6.

PEREIRA, Rodrigues Lafayette. *Direito das coisas*. 5. ed. Rio de Janeiro: Freitas Bastos, 1943. 1 v. em 2.

PONTES, Tito Lívio. *Da posse no direito civil brasileiro*. São Paulo: Juscrédi, [1961?].

PORCHAT, Reynaldo. *Curso elementar de direito romano*. São Paulo: Duprat & Cia., 1909.

PUGLIESE, Roberto J. *Summa da posse*. São Paulo: Livraria e Ed. Universitária de Direito – LEUD, 1992.

REALE, Miguel. *Filosofia do direito*. 5. ed. São Paulo: Saraiva, 1969. v. 1.

REALE, Miguel. *O projeto do novo Código Civil*. 2. ed. refor. e atual. São Paulo: Saraiva, 1999.

RIBEIRO, Darcy. *O povo brasileiro*: a formação e o sentido do Brasil. São Paulo: Companhia das Letras, 1995.

RIZZARDO, Arnaldo. *Direito das coisas*. Rio de Janeiro: Aide, 1991. v. 1.

RODRIGUES, Marcelo Guimarães. *Direito civil*: questões dissertativas com respostas. Belo Horizonte: Inédita, 1999.

RODRIGUES, Silvio. *Direito civil*: direito das coisas. 22. ed. São Paulo: Saraiva, 1995. 5 v. em 7.

RODRIGUES, Silvio. *Direito civil*: direito das coisas. 27. ed. São Paulo: Saraiva, 2002.

ROSA, Alexandre Morais da. *Código de Processo Civil anotado*: segundo a jurisprudência do Tribunal de Justiça de Santa Catarina. 2. ed. Florianópolis: Terceiro Milênio, 1998.

SANTIAGO JÚNIOR, Aluísio. *Posse e ações possessórias*: doutrina, prática e jurisprudência. Belo Horizonte: Mandamentos, 1999.

SANTOS, Ernane Fidélis dos. *Manual de direito processual civil*. São Paulo: Saraiva, 1996. v. 3.

SANTOS, Marisa Ferreira dos; CHIMENTI, Ricardo Cunha. *Juizados especiais cíveis e criminais*: federais e estaduais. 3. ed. São Paulo: Saraiva, 2005. (Coleção Sinopses Jurídicas, v. 15).

SANTOS, Ulderico Pires dos. *Usucapião constitucional, especial e comum*: doutrina, jurisprudência e prática. 3. ed. São Paulo: Paumape, 1991.

SILVA, De Plácido e. *Vocabulário jurídico*. 26. ed. Atualizado por Nagib Slaibi Filho e Gláucia Carvalho. Rio de Janeiro: Forense, 2006.

SILVA, Ovídio A. Batista da. *Ação de imissão de posse*. 2. ed. São Paulo: Revista dos Tribunais, 1997.

SILVA, Ovídio A. Batista da. *Comentários ao Código de Processo Civil*. São Paulo: Revista dos Tribunais, 2000. v. 3.

SIMARDI, Cláudia Aparecida. *Proteção processual da posse*. São Paulo: Revista dos Tribunais, 1997.

SOUZA, José Luiz Ribeiro de. *Acções possessorias*: theoria e pratica. São Paulo: Typografia Condor, 1927.

TEIXEIRA, Sálvio de Figueiredo. *Código de Processo Civil anotado*. 7. ed. São Paulo: Saraiva, 2003.

THEODORO JÚNIOR, Humberto. *Código de processo civil anotado*. 9. ed. Rio de Janeiro: Forense, 2005.

THEODORO JÚNIOR, Humberto. *Curso de direito processual civil*: procedimentos especiais. 28. ed. Rio de Janeiro: Forense, 2002. 3 v.

TORRES, Marcos Alcino de Azevedo. *A propriedade e a posse*: um confronto em torno da função social. Rio da Janeiro: Lumen Juris, 2007.

UILTON, Arlindo de Oliveira. *Usucapião urbano e rural*: prática, jurisprudência, doutrina e legislação. 6. ed. São Paulo: Data Juris, 1997.

VENOSA, Sílvio de Salvo. *Direito civil*: direitos reais. 3. ed. São Paulo: Atlas, 2003. v. 5.

VENOSA, Sílvio de Salvo. *Direito civil*: direitos reais. São Paulo: Atlas, 1995.

VENOSA, Sílvio de Salvo. *Direito civil*: parte geral. 3. ed. São Paulo: Atlas, 2003. v. 1.

VIANA, Marco Aurelio da Silva. *Curso de direito civil*: direito das coisas. Belo Horizonte: Del Rey, 1993. 3 v. em 3.

VIANA, Marco Aurelio da Silva. *Das ações possessórias*. São Paulo: Saraiva, 1985. (Coleção Saraiva de Prática Jurídica).

WALD, Arnoldo. *Curso de direito civil brasileiro*: direito das coisas. 10. ed. São Paulo: Revista dos Tribunais, 1993.

WALD, Arnoldo. *Curso de direito civil brasileiro*: direito das coisas. 11. ed. São Paulo: Saraiva, 2002.

WAMBIER, Luiz Rodrigues; ALMEIDA, Flávio Renato Correia de; TALAMINI, Eduardo. *Curso avançado de processo civil*. 3. ed. 2. tir. São Paulo: Revista dos Tribunais, 2000. 3 v.

WEBER, Max. *História agrária romana*. São Paulo: Martins Fontes, 1994.

ZAVASCKY, Teori Albino. *Antecipação da tutela*. São Paulo: Saraiva, 1997.

Códigos e Constituições

Código Civil Brasileiro
Código Civil da Argentina

Código Civil da Espanha
Código Civil da Venezuela
Código Civil de Cuba
Código Civil de Honduras
Código Civil de Macau (China)
Código Civil de Portugal
Código Civil do Chile
Código Civil do Equador
Código Civil do México (Código Federal de Procedimientos Civiles)
Código Civil do Paraguai
Código Civil do Uruguai
Código Civil Italiano
Código de Processo Civil (e Comercial) da Argentina
Código de Processo Civil Brasileiro
Código de Processo Civil de Honduras
Código de Processo Civil de Macau (China)
Código de Processo Civil de Portugal
Código de Processo Penal Brasileiro
Código Napoleão: ou Código Civil dos Franceses
Código Penal Brasileiro
Código Processual Civil do Uruguai
Constituição da República dos Estados Unidos do Brasil de 1891
Constituição do Brasil de 1988
Constituição do Império do Brasil de 1824

ÍNDICE DE ASSUNTO

A
Abandono 130
Accessio possessionis 107, 124
Ação petitória 209, 210
Ação rescisória 223, 224, 233-235
Ações possessórias 92
- Atípicas 196-207, 240
- De força nova 92, 173, 195
- De força velha 92, 173, 195, 196, 252-257, 254, 255
- Fungibilidade 245-247
- Liminares 173-186
- Típicas 141, 146, 155, 157-186, 195, 196, 224, 239, 248
- - Caráter dúplice 170-186, 187, 256
- - Perdas e danos 186
Actio spolii 58, 143, 144
Ad interdicta (efeitos) 98
Ad usucapionem (efeitos) 98, 99, 114
Agravo de instrumento 179-180, 184, 235-237
Amazônia Legal 31-33, 38
Ampla defesa 233
Animus 53, 61, 62, 64-67
- Domini 64, 102, 103, 114
- Possidenti 134
Antecipação de tutela 89, 93, 184, 196, 224, 237-239, 252-257, 259
Apossamento 19, 23, 30, 32, 121, 129
Apreensão 205-207
Assistência 221
Audiência de justificação 176
Autor 213-215, 219

B
Bem 44, 48
Benfeitorias 84, 86, 158-161, 163
- Indenização 88, 89
- Necessárias 86
- Não pagas 160
- Voluptuárias 86

Bens
- Dominicais 109
- Imóveis 36, 128, 132, 194-196, 218, 222, 224, 226
- Inalienáveis 109, 132, 133
- Inesgotáveis 44
- - União 36, 37
- Móveis 127, 128, 132, 194, 195, 220, 222, 224, 230, 241
- Natureza imaterial 45, 192
- Natureza incorpórea
  ver Bens, Natureza imaterial
- Não usucapidos 109, 110
- Públicos 109
Boa-fé (bona fides) 82, 113, 161, 162
Brasil 19, 20, 39, 144, 145
- Colonização 23-27
- Descobrimento 20, 24, 34
- Independência 27, 28, 33, 34
- Posses imobiliárias 27-29
- Questão fundiária 36-38
- Registro de terras 29
- Regularização fundiária 28
Bula inter-coetera 21

C
Capitanias hereditárias 24, 25
Cartório de Registro de Imóveis 31, 102, 103, 105, 111, 115, 191
Causa possessionis 81
Código Civil de 1916 (Brasil) 15, 17, 18, 39, 46, 47, 50, 51, 52-55, 57, 58-60, 63, 65-67, 70, 72, 76, 79, 80, 82-84, 86-90, 93, 97, 104, 105, 107-109, 112, 115, 118, 120-125, 127, 128, 130-132, 134-136, 140, 145, 152, 157-159, 162-164, 167, 169, 176, 190-193, 197, 198, 200, 202, 208-212, 241, 242, 260, 265, 267, 269, 271, 273
Código Civil de 2002 (Brasil) 15, 17, 18, 33, 39, 46, 47, 50, 51, 52-55, 57, 58, 60, 63, 65-67, 69, 70, 76, 79, 80, 82-84, 86-90, 93, 95, 97, 100, 104, 105, 107-109,

página	página
112, 115, 118, 120-125, 127, 128, 130-132, 134-136, 140, 152, 157-159, 162-164, 167, 169, 176, 190-192, 197, 198, 200, 202, 208, 210-212, 241, 242, 260, 265, 267, 269, 271, 273	Denunciação à lide .... 220 Desforço pessoal .... 134, 135, 138, 150, 155, 241-244 Detenção (posse) 49, 52, 65
Código Civil da Espanha 137	Detentor 50, 51, 113, 133, 134
Código Civil da Venezuela 125	Digesto de Justiniano 83, 122, 128, 131
Código Civil de Cuba 137	Direito das coisas
Código Civil de Macau (China) 190, 203	*ver* Direitos reais
Código Civil de Portugal 97, 190, 203	Direito de sequela 42, 43
Código Civil do Chile 46	Direito de propriedade 59
Código Civil do Equador 46	Direito processual estrangeiro 146-155
Código Civil do México 128	- Honduras 151
Código Civil do Paraguai 46	- Macau (China) 153-155
Código Civil do Uruguai 46	- México 152
Código de Processo Civil (Brasil) ... 15-19, 25, 39, 51, 56, 82, 89-93, 111, 114, 118, 131, 136-138, 141, 146, 157, 160-162, 164, 165, 167, 169-171, 173, 179, 182-184, 186, 187, 189, 195-204, 207-209, 211, 213-215, 222-224, 236-238, 240, 245, 247, 248, 250-255, 257, 271, 273, 275	- Portugal .... 147, 148 - Uruguai .... 148-150 Direitos autorais .... 193 Direitos pessoais .... 44, 57, 58 Direitos reais .... 41-45, 47, 48, 57-59 - Conceito .... 43, 44 Domínio .... 209-211 - Exceção de domínio
Código de Processo Civil 1939 (Brasil) 19, 118, 146, 147, 247, 249	(*exceptio proprietatis*) 209-212
Código de Processo Civil 1973 (Brasil) 15, 16, 118, 146, 209, 247, 248, 250, 273	**E** Embargos - À primeira
Código de Processo Penal (Brasil) 205, 207, 243, 244	*ver* Nunciação de obra nova - De retenção 158-164
Coisa 44, 48, 61, 67, 85	- De terceiro 203-208, 222
- Destruição 131	Esbulho 78, 81, 91, 97, 134, 135, 147, 148, 153, 156, 158, 166-168, 171, 173-178, 185-188, 214, 227, 228, 243, 245, 267, 269, 271, 273, 274
- Perda 131	
Coisa hábil (*res habilis*) 112	
Composse 77, 93-98, 216, 217	
- De mão comum 94	- Prazo 174, 175
- Simples 93	Espanha 20
Compossuidores 95-98	Estados-Membros 34, 35
Concessão de uso especial 71, 72	*Exceptio* 143, 144
Constituição Federal de 1988 ..... 16, 17, 33, 34, 37, 45, 59, 68, 70, 71, 105-107, 109, 112, 125, 133, 157, 170, 225, 228, 229, 244, 259	Extracomercialidade .... 132 **F** Fâmulo da posse .... 48-53, 62, 81, 113, 220 Foro 215, 222, 227
Constituto possessório 133	- Opção 231
Conversibilidade 245-247	Frutos (*fructus*) 84-89
Coroa espanhola 20-23	- Civis 85, 87
Coroa portuguesa 20-25, 34	- Consumidos 87
Corpus 61, 62, 64, 66, 67, 98, 102	- Estantes 87
Cultivares 193	- Industriais 85, 87
D Dano infecto 200-203	- Naturais 85, 86

ÍNDICE DE ASSUNTO | 287

página

- Pendentes 87
- Percebidos 87
- Percipiendos 87

G
Grilagem 27, 31, 32

H
Honorários advocatícios 189

I
Igreja católica 22, 145
Imediaticidade 242
Imissão 16
- De posse 247, 251
Imposto Predial Territorial Urbano
 (IPTU) 239
Imposto Territorial Rural (ITR) 240
Incapaz (posse) 122
Índio 20-23, 30, 37, 133, 228
Instituto Nacional de Colonização e
 Reforma Agrária (INCRA) .. 27, 34, 35
Interdito 50, 98
- Possessório 51, 57, 67, 79, 93,
  96-98, 136, 142, 150
- - *Interdictum uti possidetis* 143
- - *Interdictum utrubi* 142
- - *Recuperandae possessionis* 142, 143,
  155, 157, 158
- - *Retinandae possessionis* 142, 143,
  155, 164
- Proibitório 56, 143, 150, 167-170,
  178, 185-187, 207, 229

J
Juiz 181-183, 205
Juizado Especial Civil 224-239
- Competência 230
- Estadual 225, 226, 241
- Federal 225, 227-230, 235, 241
Jus possessionis 66, 248, 251
Jus possidenti 66, 248, 250, 251
Justiça comum 232, 234
Justo receio 169
Justo título (*titulus*) 112

L
Legítima defesa 241-244
Legitimidade 214, 219
Liminar 181, 185, 186, 195, 196

página

- *Initio litis* 176-178, 185, 186, 222
- *In limine litis* 183, 185
- Concessão 179-182
Litisconsórcio
- Ativo 215, 218, 233-235
- Facultativo 216
- Passivo 215, 233-235

M
Má-fé (*mala fides*) 83, 163
Mandado de segurança 59, 179-18, 207
Medidas cautelares 237-239
Menoridade 121, 122
Ministério Público 221, 235

N
Nomeação à autoria 220
Nunciação de obra nova 197-200, 208

O
Ocupação 23
- Originária 19, 23
Oposição 219
Ordenações Manoelinas 23
Ordenações Philippinas 23, 118, 144

P
Patente 192
Penhora 204
Polo
- Ativo 212-215
- Passivo 212-215
Portugal 20, 33, 54, 144, 145, 147, 148
Posse 15, 16, 18, 30, 47,
  49, 65, 113, 259
- Agrária 70
- Aquisição 82, 84, 117, 120-127
- - Modo derivado 120, 121
- - Modo originário 120, 121
- Aspectos históricos 19-40
- Classificação 76
- - Pela aquisição 79-82
- - Pelas virtudes e pelos vícios 82-89
- - Pelo exercício 76-79
- - Pelo tempo 89
- - Pelos efeitos 98
- Conceito 48
- Consequências jurídicas 49-52
- Defesa 141, 142, 154, 208, 241, 244, 260
- Derivada 53, 62, 63, 77, 101, 102

	página
- Direta	51, 77, 79
- Doutrina	46-48, 52-54, 57, 59, 60, 69, 70, 79, 83, 84, 95, 110, 114, 141-143, 174, 181, 182, 192, 199, 201, 207, 208, 211, 216, 224, 242, 247, 249, 254, 260
- Efeitos	135-138
- Exclusiva	98
- Função social	16, 17, 31, 67-73, 259
- Idade	92, 93
- Impropriamente dita	53
- Indireta	77-79, 103, 133
- Injusta	80-82, 103
- - Posse clandestina	81, 126, 127, 129
- - Posse violenta	80, 126, 129
- Jurisprudência	47, 59, 169, 174, 181, 182, 192, 199-201, 204, 206, 207, 211, 214, 216, 224, 240, 246, 259
- Justa	79-82
- Natureza jurídica	54-60
- - Direito	54, 56, 59
- - Fato	54, 56, 59
- Nova	89, 90, 259
- Originária	101, 102, 118
- Perda	117, 128-135
- Precária	81, 99, 125, 126, 129
- *Pro diviso*	94, 97
- *Pro indiviso*	95, 96
- *Pro Labore*	70
- Propriamente dita	53
- Proteção jurídica	56
- Transmissão (posse)	123
- Tratamento jurídico	136-138
- União de posses	124
- Velha	89, 90, 259
- Viciada	125
Possuidor	23, 28, 29, 46, 48, 50, 52, 53, 56, 59, 62, 67, 69, 71, 81, 82, 89, 97-99, 101, 103, 104, 120, 124, 125, 131, 138, 152, 155, 163, 164, 166, 168, 194, 198, 203, 208, 220, 241, 248, 253
- Boa-fé	87, 88, 105, 158, 159
- Direto	78, 104
- Indireto	78, 104
- Má-fé	87, 88, 158, 159
Precariedade	125
Preceito cominatório	200-202
Produtos	85
Propriedade	17, 26, 46, 64, 67, 70, 72, 98, 99, 100, 102, 137, 198
- Industrial	192-194

	página
- Intelectual	192
- Rural	68
- Urbana	68
- - Edificada	68
- - Não edificada	68
Proprietário	48, 50, 52, 53, 62, 78, 81, 100, 101, 103, 105, 132, 201, 203
Proteção possessória	146-155, 192, 207, 214
Prova da posse	90-93

Q
Quase-posse	53, 62

R
Região Amazônica	27
Registro do vigário *ver* Brasil, Registro de terras	
Registro paroquial *ver* Brasil, Registro de terras	
Reintegração de posse	157-163, 178, 182, 207, 220
Representante legal	122
Res derelicta	23, 118
Res nullium	118
Res nullius	23
Réu	161, 171, 176, 178, 183, 184, 186, 213, 215, 217, 219-221

S
Sentença	
- *Extra petita*	160, 172
- *Infra petita*	172
- Judicial	114
Sequestro (imóveis)	206, 207
Servidão predial	190, 191
Sesmarias	23-28
Substituição processual	218, 219
Sucessão universal	123
Sujeição	49
- De direito	49
- De fato	49

T
Tempo (*tempus*)	113
Teoria objetiva	60, 61, 63-65, 67, 102, 155
Teoria subjetiva	60-63, 65, 66, 102, 155
Terceiro (posse)	122, 123
Terras devolutas	33-37

ÍNDICE DE ASSUNTO | 289

página

Terras públicas................ 26, 27, 30-34, 36
Tolerabilidade...202
Tradição..130
- Consensual...131
- Efetiva ou material...............................130
- Simbólica ou ficta.................................130
Tratado de Tordesilhas (1494)..........21, 24
Turbação............... 78, 91, 97, 153, 164-168,
171, 173-175, 178, 185-188, 227,
228, 241, 243, 245, 267, 271, 273, 274
- Prazo..174, 175
Tutela cautelar..238
Tutela específica.....................................238

U
Usucapião...................34, 49, 50, 52, 53,
65, 69, 72, 78, 99, 101-108, 125, 126
- Administrativo.....................................109
- Aquisitivo.......................................100, 101
- Conceito..100
- De bens de particular pelo
  poder público.......................................110

página

- Extintivo...100, 101
- Modalidades................................ 104-108
- - Especial rural.......................................107
- - Especial urbano...........................105, 106
- - - sobre imóvel urbano.......................106
- - - sobre imóvel urbano coletivo.........106
- - Extraordinário sobre bem imóvel.....104
- - Extraordinário sobre bem móvel......104
- - Ordinário sobre bens móveis..........104
- - *Pro labore*...................................105, 113
- Prazo..107, 108
- Regras processuais civis.............111, 112
- - Foro..111
- - Petição inicial............................111, 227
- Requisitos................................... 112-115
- Sentença declaratória.......................103

V
Valor da causa...............212, 224, 225, 229,
232, 239-241
Violência a mão armada (*vis armata*)..156
Vizinho...202, 203

ÍNDICE DA LEGISLAÇÃO

D
Decreto-Lei nº 329-A/95 147
Decreto-Lei nº 1.164/71 35
Decreto-Lei nº 2.375/87 35
Decreto-Lei nº 3.688, de 3 de outubro
de 1941 200
Decreto-Lei nº 4.657, de 4 de setembro
de 1942 244
Decreto-Lei nº 9.760, de 5 de setembro
de 1946 36
Decreto nº 1.318/1854 .... 29, 30, 36, 70
Decreto nº 4.449, de 30 de outubro
de 2002 38
Decreto nº 6.553, de 1º de setembro
de 2008 38
Decreto nº 6.992, de 28 de outubro
de 2009 39
Decreto nº 7.348, de 22 de outubro
de 2010 33
Decreto nº 87.620, de 21 de setembro
de 1982 109

L
Lei Imperial nº 601, de 18 de setembro
de 1850 .... 23, 27-30, 36, 70
Lei nº 3.071, de 1º de janeiro
de 1916 (Código Civil de 1916) 15,
17, 18, 39, 46, 47, 50, 51, 53-55, 57, 58-60,
63, 65-67, 70, 72, 76, 79, 80, 82-84, 86-90,
93, 97, 104, 105, 107-109, 112, 115, 118,
120-125, 127, 128, 130-132, 134-136, 140,
145, 152, 157-159, 162-164, 167, 169, 176,
190-193, 197, 198, 200, 202, 208-212, 241,
242, 260, 265, 267, 269, 271, 273
Lei nº 4.504, de 30 de novembro
de 1964 (Estatuto da Terra) 31, 32,
36, 68, 70, 105
Lei nº 4.591, de 16 de dezembro
de 1964 .... 133, 200
Lei nº 4.947, de 6 de abril de 1966 ..... 36, 37
Lei nº 5.868 de 12 de dezembro
de 1972 .... 37, 38

Lei nº 5.869, de 11 de janeiro
de 1973 (Código de
Processo Civil) 15, 16, 19,
118, 146, 209, 247,
248, 250, 273-275
Lei nº 6.001, de 19 de dezembro
de 1973 133
Lei nº 6.015, de 31 dezembro
de 1973 .... 37, 38,
102, 103, 115
Lei nº 6.669, de 10 de dezembro
de 1981 109
Lei nº 6.739, de 5 de dezembro
de 1979 37
Lei nº 6.820, de 16 de setembro
de 1980 .... 210, 211
Lei nº 8.437, de 30 de junho
de 1992 178
Lei nº 8.666, de 21 de junho
de 1993 38
Lei nº 8.952, de 13 de dezembro
de 1994 .... 217, 252
Lei nº 9.099, de 26 de setembro
de 1995 .... 224-227, 230-234,
236, 239, 241
Lei nº 9.139, de 30 de novembro
de 1995 .... 179, 180
Lei nº 9.245, de dezembro
de 1995 .... 137, 193,
195, 230-232
Lei nº 9.279, de 24 de maio
de 1996 .... 46, 193
Lei nº 9.393, de 19 de dezembro
de 1996 37
Lei nº 9.456, de 25 de abril de 1997 193
Lei nº 9.609, de 19 de fevereiro
de 1998 45
Lei nº 9.610, de 19 de fevereiro
de 1998 193
Lei nº 9.620, de 19 de fevereiro
de 1998 45
Lei nº 10.257, de 10 de julho de 2001 71,
102, 106, 125

| página |

Lei nº 10.259, de 12 de julho
    de 2001.................................. 224-229,
            232, 233, 237, 241
Lei nº 10.267, de 28 de agosto
    de 2001.. 36-38
Lei nº 10.352/2001 180
Lei nº 10.406 de 10 de janeiro
    de 2002 (Código Civil de 2002)......15,
    17, 18, 33, 39, 46, 47, 50, 51, 53-55, 57,
    58, 60, 63, 65-67, 69, 70, 76, 79, 80, 82-84,
    86-90, 93, 95, 97, 100, 104, 105, 107-109,
    112, 115, 118, 120-125, 127, 128, 130-132,
    134-136, 140, 152, 157-159, 162-164, 167,
    169, 176, 190, 197, 200, 202, 208, 210-212,
        241, 242, 260, 265, 267, 269, 271, 273

| página |

Lei nº 10.444, de 07 de julho
    de 2002...238
Lei nº 11.187, de 19 de outubro
    de 2005......................................180, 181
Lei nº 11.763, de 1º de agosto
    de 2008...38
Lei nº 11.952, de 25 de junho
    de 2009, ...32, 38, 39
Lei nº 12.016/2009 59
Lei nº 12.153, de 22 de dezembro
    de 2009 ....229, 230

M

Medida Provisória nº 2.220,
    de 4 de setembro de 2001...........71, 72

ÍNDICE ONOMÁSTICO

página

A
Akel, Hamilton Elliot..........................191
Almeida, Francisco de Paula
  Lacerda de.......................................123, 124
Alves, Vilson Rodrigues...............44, 59, 79
Alvim, Arruda.......162, 163, 172, 182, 246
Armelin, Donaldo.................................256
Aronne, Ricardo.............................50, 67
Ascensão, José de Oliveira....................54
Azevedo, Renan Falcão..........................52

B
Barbi, Celso Agrícola..............................60
Barbosa, Rui............................... 57-59, 144
Barreto, Ricardo de Oliveira Paes......219,
  223, 224, 238, 253, 254
Bastos, Celso Ribeiro..............................68
Batista, Antenor...................223, 224, 249
Bermudes, Sérgio.................................217
Bessone, Darcy......................................54
Beviláqua, Clóvis.......40, 44, 59, 64, 66, 137
Bittar, Carlos Alberto............128, 193, 204
Bittar, Eduardo..............................193, 194
Bonadia Neto, Liberato.......................225
Brognoli, Thales.....................................30
Büttenbender, Carlos Francisco..........257

C
Cabral, Pedro Álvares............................20
Carneiro, Waldir de Arruda Miranda....201
Casconi, Francisco Antonio.................256
Chamoun, Ebert.............................48, 142
Chimenti, Ricardo Cunha............231, 232,
  234-237, 239
Coelho, Fábio Ulhoa..............................47
Colombo, Cristóvão..............................20
Corrêa, Carina Milioli..........................181
Correa, Orlando de Assis....................184
Cretella Junior, José.............................155
Cunha Júnior, Dirley da.................28, 33

D
Dantas, San Tiago.........................242, 243

página

Dean, Warren...26
Dinamarco, Cândido Rangel........236, 254
Diniz, Maria Helena.................89, 94, 129,
  197, 198, 201, 212

E
Espíndola, Eduardo............60, 78, 93, 205
Esser, Renata..187

F
Fabrício, Adroaldo Furtado...........58, 91,
  171, 198
Fachin, Luiz Edson.......................202, 203
Fadel, Sergio Sahione...................171, 186
Farias, Cristiano Chaves de.........99, 103,
  107, 126, 162, 163
Ferreira, Pinto...30
Ferreira, Solon Angelim de Alencar....198,
  203
Ferreira, Waldemar................................24
Figueira Junior, Joel Dias............123, 211,
  231, 236
Figueiredo, Lúcia Valle........................110
França, R. Limongi.........................93, 101
Francisco, Caramuru Afonso..............106
Fulgêncio, Tito.....................................114

G
Gagliano, Pablo Stolze..................132, 159
Garcia, Paulo............................28, 30, 35
Gasparini, Diogenes............................110
Giordani, José Alcir Lessa...................248
Godinho, Osório....................................72
Godoy, Luciano de Souza.....................71
Gomes, Orlando 43, 127, 201
Gonçalves, Carlos Roberto............91, 164,
  171, 195
Gonçalves, Marcus Vinicius Rios.........51,
  52, 185
Goulart, Ney Rosa.................................59
Greco Filho, Vicente....................174, 232

página	página
H Haendchen, Paulo Tadeu 24	Oliveira, Carlos Alberto Álvaro de .....251 Oliveira, Cláudio Teixeira de..............60 Oliveira, Gleydson Kleber
I Ihering, Rudolf von.............47, 48, 56, 62-66, 68, 147, 211, 213	Lopes de...............................188, 240 Oliveira, José Lopes de......................158 **P**
L Lacerda, Galeno.......................251 Lara, Betina Rizzato................203 Letteriello, Rêmolo................24, 28 Levenhagen, Antônio José de Souza.............................83, 126 Lima, Getúlio Targino...........................70 Lins, Edmundo.......................................60 Lisboa, Roberto Senise............69, 134, 204 Lopes, Miguel Maria de Serpa ....45, 66, 97, 250 Loureiro, Ricardo Luís Maia..........93, 212	Pacheco, José Ernani de Carvalho......168, 257 Pamplona Filho, Rodolfo ....132, 159, 165, 179, 189, 201, 211 Pereira, Caio Mario da Silva........164, 165, 179, 189, 201, 211 Pereira, Rodrigues Lafayette.......54, 66, 93 Pontes, Tito Lívio...............47, 61, 156, 175 Porchat, Reynaldo ....23 Pugliese, Roberto J. ....57 **R**
M Maia, Altim de Souza ....24, 28 Maluf, Carlos Alberto Dabus...............112 Marinoni, Luiz Guilherme..................255 Marky, Thomas...85 Marquesi, Roberto Wagner....................56 Martins Filho, Ives Gandra....................68 Meréje, Rodrigues de..............................66 Mirabete, Julio Fabbrini.................206, 207 Miranda, Pontes de ....47, 55, 59, 79, 143, 166, 169, 171, 175, 181, 182, 192, 193 Monteiro, Washington de Barros .....39, 78, 93, 95, 112, 165, 167, 185 Montenegro Filho, Misael............50, 211, 231, 253	Ráo, Vicente ....165 Reale, Miguel ....55, 67, 191, 256 Rezende, Astolpho ....137 Ribeiro, Darcy...25 Rizzardo, Arnaldo.......................137, 208 Rodrigues, Marcelo Guimarães...........134 Rodrigues, Silvio ....43, 47, 77, 98, 99, 114, 120, 135 Rosenvald, Nelson ....99, 103, 107, 126, 162, 163 **S** Santiago Júnior, Aluísio.........................51 Santos, Marisa Ferreira dos ....231, 232, 234-236, 239 Santos, Ulderico Pires dos...................109 Savigny, Friederich Carl Von..........60-66, 147 Sefrin, Paulo Eurides Ferreira ....59 Simardi, Cláudia Aparecida ....76, 245, 246, 256 Silva, Ovídio Baptista ....177, 248 Souza, José Luiz Ribeiro......................82
N Nader, Natal....................................101, 105 Nascimento, Tupinambá Miguel Castro.................................109 Nequete, Lenine ....145 Nery, Rosa Maria Andrade ....55, 214, 222, 233, 238 Nery Junior, Nelson..............55, 210, 214, 222, 233, 234, 236, 238	**T** Teixeira, Sálvio de Figueiredo .....111, 186 Theodoro Júnior, Humberto........47, 57, 58, 111, 161, 175, 179, 199, 209, 214, 236, 240, 248
O Oliveira, Arlindo de 114	Torres, Marcos Alcino de Azevedo......20, 22, 28, 30, 72

V

Venosa, Sílvio de Salvo............42, 45, 48, 64, 67, 101, 136, 137, 185, 188, 190, 218, 256

Viana, Aurelio da Silva.........168, 187, 189

W

Wald, Arnoldo......................42, 51, 62, 63, 78, 131, 144, 198, 201, 202, 253

Weber, Max..48

Z

Zea, Valência...52

Esta obra foi composta em fonte Palatino Linotype, corpo 10
e impressa em papel Offset 75g (miolo) e Supremo 250g (capa)
pela Gráfica e Editora O Lutador.
Belo Horizonte/MG, outubro de 2011.